Psihologie practică

Coordonarea colecției:
Vasile Dem. Zamfirescu

Lawrence E. Shapiro

Limbajul secret al copiilor

Cum să-ţi înţelegi mai bine copilul

Traducere din engleză de
CRISTINA SPĂTARU

TREI

Editori:
SILVIU DRAGOMIR
VASILE DEM. ZAMFIRESCU

Director editorial:
MAGDALENA MĂRCULESCU

Coperta colecției:
FABER STUDIO

Director producție:
CRISTIAN CLAUDIU COBAN

Dtp:
OFELIA COȘMAN

Redactare:
VICTOR POPESCU

Corectură:
ROXANA SAMOILESCU, RALUCA GOȚIA

Descrierea CIP a Bibliotecii Naționale a României
SHAPIRO, LAWRENCE E.
    Limbajul secret al copiilor: cum să-ți înțelegeți mai bine copilul /
Lawrence E. Shapiro ; trad.: Cristina Spătaru. - București : Editura Trei,
2011
    ISBN 978-973-707-448-5

I. Spătaru, Cristina (trad.)

159.922.7

Titlul original: *The Secret Language of Children.*
                 How to understand what your kids are really saying
Autor: Dr. Lawrence E. Shapiro

C.P. 27-0490, București
Tel./Fax: +4 021 300 60 90
e-mail: comenzi@edituratrei.ro
www.edituratrei.ro

ISBN 978-973-707-448-5

Cuprins

Soției mele, Beth Shapiro, pentru ajutorul și dragostea ei

Mulțumiri

Dați-mi voie să încep prin a mulțumi specialiștilor care m-au ajutat să public această carte. Agenților mei, Marilyn Allen și Bob DiForio, care m-au susținut de când au aflat de ideea acestei cărți. Editorului meu, Hillel Black, care m-a ajutat să fac ca această carte să fie deopotrivă practică și interesantă. De asemenea, doresc să le mulțumesc lui Robin Morris și Beth Shapiro pentru ilustrațiile acestei cărți.

În continuare, doresc să mulțumesc întregii mele familii, prietenilor și colegilor mei care m-au încurajat în scrierea acestei cărți și în toate strădaniile mele de a-i sprijini pe părinți să-i ajute pe copiii lor: Frances Shapiro, Jessica Lamb-Shapiro, Ed Werz, Karen Schaeder, Jeanne Mangels, Joan Rondano, Beth Ann Marcozzi, Mark Tracten, David Greenwald, Eric Scott, Cindy Garvin și mulți alții.

În final, doresc să mulțumesc nenumăraților părinți și copii care m-au inspirat și mi-au îmbogățit viața.

Nota autorului

Numele și evenimentele folosite ca exemple în această carte au fost modificate pentru a proteja confidențialitatea copiilor și a familiilor lor. Chiar dacă am folosit pronumele personal masculin, exceptând cazurile unde se specifică în mod clar, toate sfaturile acestei cărți se aplică ambelor sexe.

Secretul este dezvăluit

Majoritatea oamenilor sunt de acord că o comunicare deschisă dintre un părinte și copilul său reprezintă una dintre cele mai importante ingrediente în construirea unei legături afective și intime. Atunci când copiii se simt înțeleși și când sunt îndrumați cu încredere de părinții lor prin suișurile și coborâșurile vieții, ei dobândesc un sentiment de securitate și încredere în sine, care formează bazele sentimentului propriei valori. În lumea noastră complexă și stresantă, psihologii au început să simtă că părinții care găsesc o cale de a comunica eficient cu copiii lor de la o vârstă fragedă ajung să crească niște tineri care vor fi bine adaptați și care vor suferi mai puțin de pe urma vastelor probleme emoționale și relaționale ce îi afectează pe cei mai mulți dintre adulți.

Acest lucru nu este ceva nou. Aproape fiecare carte pentru părinți pe care o citiți subliniază importanța comunicării deschise cu copiii voștri. Cu toate acestea, foarte puține cărți vă vor spune că a vorbi cu copilul vostru reprezintă doar o mică parte a comunicării emoționale. Potrivit cercetărilor psihologice, doar aproximativ 10% din comunicarea emoțională este exprimată în cuvinte. Celelalte 90% provin din comportamente ce însoțesc cuvintele: gesturile, contactul vizual, postura, tonul și inflexiunile vocii și așa mai departe. Întrebați orice expert în comunicare — negociatori, avocați, politicieni, comercianți, vânzători — despre modul în care îi „citesc" pe ceilalți oameni și vă vor spune că noi toți comunicăm prin intermediul acestui limbaj secret, care transmite mesajele noastre mult mai bine decât o fac cuvintele noastre.

Un psiholog vă va spune că acest limbaj secret poate să vă arate nu numai ce gândește cu adevărat copilul vostru, dar vă poate arăta și cele mai profunde temeri și conflicte interioare, precum și nevoile și dorințele lor ascunse. Limbajul secret deschide ușa către dezvoltarea emoțională a copilului, de a cărei existență știu foarte puțini părinți.

Din momentul nașterii, copilul începe să vorbească prin intermediul comunicării nonverbale și fără să vă dați seama răspundeți acestui tip de comunicare. Dar chiar și atunci când copilul vostru începe să rostească cuvinte și fraze, limbajul secret rămâne baza comunicării lui. Așa cum veți vedea în nenumărate exemple date în această carte, părinții care cunosc acest limbaj secret sunt mult mai siguri în a le răspunde copiilor lor și a le îndruma pașii. Ei știu când copilul lor le spune adevărul sau când acesta este evaziv. Știu când copilul este stresat sau trece printr-un conflict emoțional pe care nu-l poate exprima în cuvinte. Și folosesc limbajul secret pentru a le oferi alinare și a crea o legătură puternică cu acesta.

Citind mai departe, veți afla că limbajul secret include multe căi de comunicare cu copiii. Ca și alți specialiști care îi ajută pe tineri să-și rezolve problemele emoționale, știu că adesea tinerii nu își găsesc cuvintele să vorbească deschis despre sentimentele lor cele mai intime, și nici cuvintele pe care noi le folosim nu par să le confere alinare. Limbajul emoțiilor nu este un limbaj al cuvintelor, așa încât atunci când doresc să-i ajut pe copii să facă față problemelor lor, le vorbesc prin intermediul artei lor, a povestirilor și viselor lor și, mai ales, prin intermediul jocului. Cu siguranță că veți dori și voi să faceți aceasta.

În ce constă marele secret?

Cu mai bine de douăzeci și cinci de ani în urmă, pe când mă pregăteam să devin psiholog pentru copii, aș fi considerat o carte ca aceasta drept o erezie. Ca mulți dintre colegii mei, credeam că a-i ajuta pe copii să-și înțeleagă problemele emoționale necesită ani de instruire, pentru a învăța tehnici foarte sofisticate și subtile. Influențat în mare parte de teoria psihanalitică a dezvoltării copilului, o teorie care subliniază înțelesurile simbolice profunde și conflictele inconștiente, nu m-am gândit niciodată că părinții ar putea fi învățați să descopere misterele ascunse ale minții copiilor lor. Acum îmi dau seama că greșeam. Astăzi consider că nimeni nu-i poate înțelege mai bine pe copii decât părinții acestora. Nimeni nu este mai interesat de sănătatea și de bunăstarea lor. Și, cu siguranță, nimeni nu petrece mai mult timp cu ei (poate cu excepția profesorilor, care ar trebui să fie, și ei, experți în limbajul secret). Potrivit Asociației Naționale de Sănătate Mentală din SUA, doar puțini copii ajung să fie ajutați să-și rezolve problemele emoționale în afara familiei. Doar aproximativ

20% dintre tinerii cu probleme serioase ajung să consulte un specialist sau un psihoterapeut. Restul rămân să se descurce singuri.

Faptul că au ajuns să recunoască o creștere a problemelor emoționale și comportamentale și au realizat că acestea apar la copiii din ce în ce mai mici i-a determinat pe mulți specialiști să abandoneze metodele lor convenționale de consiliere individuală a copiilor. Pentru mulți dintre noi, programele de instruire pentru părinți par să fie căi logice și viabile de a-i ajuta pe copii să-și rezolve tot felul de probleme. Și nu există niciun dubiu că părinții nu ar reuși să fie la fel de eficienți în folosirea limbajului secret pentru a-i ajuta pe copii cu același succes ca un psihoterapeut. Programe precum Proiectul de Terapie Filială, susținut la Penn State University de către Bernard și Louise Guerney, se desfășoară de zeci de ani. Acest program îi instruiește pe părinți în limbajul secret al jocului și, pe parcursul a trei luni, o singură dată pe săptămână, părinții pot învăța cum să-și ajute copiii, așa cum o fac și specialiștii care sunt formați în decurs de ani.

Limbajul secret constituie cheia către inteligența emoțională

Comunicarea emoțională eficientă este caracteristica cea mai importantă a inteligenței emoționale a oamenilor. Când ne uităm la conducătorii unei afaceri, ai comunității noastre sau la niște politicieni, vedem oameni care au succes deoarece pot comunica la nivel emoțional. Aceștia știu că limbajul secret al comunicării emoționale constituie fundamentul tuturor relațiilor umane. Știu cum să-l citească și știu cum să-l vorbească.

În 1995, cartea de succes a lui Daniel Goleman *Inteligența emoțională* i-a făcut pe oameni să conștientizeze importanța comunicării emoționale pentru a avea succes la școală, la serviciu și în cadrul relațiilor lor. Goleman a citat studiu după studiu, din care reieșea faptul că inteligența emoțională sau EQ este mult mai importantă pentru a avea succes decât capacitatea intelectuală, sau cum îi spunem în mod obișnuit IQ. Atunci când oamenii învață să-și exprime sentimentele și să înțeleagă sentimentele celorlalți, obțin slujbe mai bune, au relații mult mai reușite și sunt chiar mai sănătoși psihic. Acest lucru este adevărat în cazul conducătorilor politici, din afaceri și ai comunității, precum și al oamenilor obișnuiți.

În ultimii ani, secretul referitor la importanța inteligenței emoționale s-a răspândit cu iuțeală în întreaga lume. În afaceri, în America și în întreaga lume, administratorii și angajații învață modul în care comunicarea emoțională poate să le crească productivitatea muncii, să le scadă absenteismul și să-i ajute pe oameni să aprecieze atât munca pe care o întreprind, cât și familiile lor.

Mii de profesori au auzit despre cât de important este a-i ajuta pe tineri să înțeleagă cum se dezvoltă emoțional. Au început să-i învețe pe copii și pe adolescenți să dobândească abilitățile inteligenței emoționale (prin ceea ce se cheamă alfabetizare emoțională sau educarea caracterului), ca parte a eforturilor lor de a reduce violența în școli, de a micșora numărul problemelor de comportament și de a reduce comportamentele riscante, cum ar fi fumatul și consumul de alcool.

Dar, chiar şi odată cu creşterea conştientizării impor-
tanţei inteligenţei emoţionale, nu vă puteţi baza doar pe
şcoală. Învăţarea şi comunicarea prin intermediul lim-
bajului secret al emoţiilor începe de la naştere şi continuă
în fiecare zi a copilului vostru. Deşi programele desfă-
şurate în şcoli pot fi eficiente şi cu siguranţă că au ajuns
să fie din ce în ce mai populare, şansa copilului vostru
de a învăţa inteligenţa emoţională în şcoală este destul de
redusă. Chiar şi atunci când copilul vostru este destul de
norocos încât să primească educaţia emoţională în şcoală,
programul va dura doar timp de câteva luni. Este evident
faptul că nu poate avea acelaşi impact ceea ce se predă
în şcoală precum influenţa zilnică a părintelui.

Semnele secrete ale buclucului

Probabil că părinţii sunt cei mai motivaţi să înveţe
limbajul secret atunci când descoperă primele semne ale
problemelor emoţionale sau comportamentale la copiii lor.
Cele mai multe dintre problemele psihologice pot fi preve-
nite sau micşorate semnificativ atunci când sunt tratate
în faza incipientă, chiar înainte de apariţia simptomelor.
Multe cărţi s-au axat în a-i ajuta pe părinţi să recu-
noască simptomele problemelor psihologice, dar, aşa cum
vom vedea împreună, părinţii pot învăţa cum să recu-
noască semnele supărărilor şi conflictelor cu mult înainte
de apariţia simptomelor, prin înţelegerea comunicării
nonverbale a copiilor, a artei prin intermediul căreia se
exprimă aceştia, a povestirilor lor, a jocurilor şi prieteniilor
acestora. Nu există argument mai bun care să sublinieze
importanţa învăţării limbajului secret al copiilor.

Învățându-l, veți reuși să vă dezvoltați și voi inteligența emoțională și veți deveni mult mai intuitivi cu copiii.

A ști limbajul secret al copiilor permite părinților să devină mai eficienți în a-i învăța pe copiii lor valorile, în a-i face mai cooperanți și mai sensibili față de ceilalți, în a-i ajuta să relaționeze mai bine cu prietenii lor.

De exemplu, într-o zi, mama unui copil de paisprezece ani mi s-a plâns:

— Fiul meu se uită la mine de parcă aș fi de pe altă planetă. Îmi reproșează că nu am habar cine e el și cum e viața lui. Dar nu vrea să stea nici măcar zece minute să vorbească cu mine! Atunci, cum să aflu cine e el și ce vrea de la viață?

De fapt, acest băiat îi spune mamei sale exact cine este el, tot timpul, doar că ea nu a învățat încă să-l înțeleagă. Aproape în fiecare zi, poartă tricouri care-l descriu pe luptătorul său preferat, un „băiat bun", numai mușchi, care contracarează în permanență atacurile verbale și fizice ale „băieților răi". Își poartă părul lung, în coadă, aceasta făcându-l să arate aproape ca tatăl său, în poza făcută cu douăzeci și cinci de ani în urmă. Ascultă mai mult Beatles, decât hard rock sau rap, așa cum fac prietenii lui. În fiecare seară, după cină, se ghemuiește pe podea cu căștile în urechi, arătând ca un copil mic care caută alinare. Acesta este modul în care toți copiii și adolescenții spun ceea ce simt, ce au nevoie și care le sunt problemele; prin intermediul hainelor pe care le poartă, al felului în care își poartă părul, al intereselor lor, al limbajului trupului și al altor „semne secrete". Și totuși, ca mulți alți părinți, această mamă nu știe cum să interpreteze aceste mesaje.

Un alt cuplu pe care-l cunosc a fost chemat la școală pentru a afla că băiatul lor în vârstă de doisprezece ani este pe punctul de a fi exmatriculat.

— Habar nu aveam că are probleme, i-a spus tatăl directorului școlii.

Directorul a scos un raport din care reieșea că, în ultimele cinci luni, fiul lor mai mult lipsise de la școală decât trecuse pe acolo.

— Habar nu am avut de ceea ce se întâmplă, repetă tatăl.

Ne punem întrebarea cum de părinții nu văd toate aceste semne care atestă că adolescenții sau copiii lor au probleme, dar dacă ne uităm la statisticile despre sănătatea mentală a tinerilor, putem presupune că asta se întâmplă în mii de familii, în fiecare zi.

Știm că în America, în fiecare zi, trei mii de copii se apucă de fumat, șaptesprezece mii de elevi sunt suspendați din școli din cauza comportamentului lor, cinci mii de adolescenți sunt arestați de poliție și aproape unul din trei adolescenți sunt consumatori de droguri sau de alcool. Și cei mai mulți dintre părinții acestor copii își spun sieși sau unul altuia: „Habar nu am avut de ceea ce se întâmplă". De fapt, indiciile că adolescenții sau copiii lor au probleme sunt peste tot. Ele fac parte din limbajul secret pe care părinții nu l-au învățat încă.

Limbajul secret este cea mai bună cale de a vă îmbogăți relația cu copilul vostru

Se poate ca aspectul cel mai important al limbajului secret să fie acela că va adânci relația cu copilul vostru și vă va ajuta să deveniți un părinte mai eficient. A comunica prin intermediul limbajului secret al emoţiilor cu fiul sau fiica voastră vă va ajuta la orice vârstă şi în orice stadiu al dezvoltării copilului vostru. Părinţii sugarilor pot ajunge să simtă că înţeleg mai bine nevoile copiilor lor. Răspund mai bine când aceştia plâng şi le oferă o stimulare mai potrivită. Atunci când părinţii învaţă limbajul secret al bebeluşilor lor, vor fi capabili să vorbească singura limbă pe care o cunosc aceştia.

Pentru unii părinţi, anii în care copilul lor este sugar pot fi foarte frustranţi. „Nu" este de obicei unul dintre primele zece cuvinte pe care le învaţă sugarii şi pe care nici nu-l mai uită vreodată. Dar, şi în acest caz, limbajul secret poate fi de ajutor, deoarece acesta este singurul limbaj folosit de sugar. Prin intermediul lui, puteţi înţelege mai rapid ce vrea un copilaş de la voi, chiar dacă acesta încă nu cunoaşte cuvintele necesare prin care să-şi exprime nevoile. Acest nou mod de comunicare vă va oferi şi o nouă modalitate de a vorbi cu sugarul vostru şi de a-l învăţa pe acesta valorile şi comportamentele care-i vor asigura succesul social şi şcolar. Nu puteţi face acest lucru prin intermediul cuvintelor, dar o puteţi face prin intermediul limbajului trupului, al povestirilor şi al jocului.

De exemplu, mama unui copil de trei ani s-a prezentat la cabinetul meu şi, cu o mină sobră, mi-a spus:

— Fata mea şi cu mine avem nevoie de ajutor. A ajuns să îmi controleze viaţa! *Ea* este aceea care îmi spune ce să mâncăm în fiecare seară. Dacă îi spun că e vremea să se culce, mă trimite pe *mine* la culcare. Trebuie să fac ce îmi spune ea!

M-am uitat la fetiţa de trei ani şi m-am uitat şi la mama ei (încercând să mă abţin să arăt că nu credeam ce auzisem) și m-am întrebat: „Cum este posibil? Cum ajung părinții să-i lase pe copiii lor să controleze lucrurile?". Dar această mamă nu știa cum să vorbească cu fetița ei în limbajul secret al autorității. Ea nu știa că vorbele nu sunt îndeajuns pentru a-i face pe copiii încăpățânați să respecte regulile și să se poarte cum trebuie. Așa că am învățat-o limbajul secret pe care mulți dintre părinți se pare că l-au uitat: limbajul prin care să-i facă pe copii să se poarte frumos (vezi capitolul 20). Importanța limbajului secret nu se diminuează odată cu creșterea în vârstă a copilului vostru. Deși își măresc vocabularul și capacitatea de a raționa, cuvintele și logica sunt rareori îndeajuns. Chiar și atunci când copiii voștri ajung la adolescență, veți descoperi că a ști limbajul secret al emoțiilor vă va ajuta să înțelegeți nevoile acestora și vă va oferi modalități noi de a-i susține în încercarea lor de a face față tuturor provocărilor vieții.

Limbajul secret este limbajul vindecării emoționale

Atunci când învățați limbajul secret al comunicării emoționale, nu numai că reușiți să identificați primele semne ale problemelor, dar vă puteți ajuta copiii să le facă față și să le rezolve. Tehnicile pe care le folosesc psihoterapeuții cu copiii sunt mult mai simple decât ceea ce pot realiza părinții. De exemplu, cu ceva ani în urmă, pe când lucram ca psiholog la o școală din Castle Rock, Colorado, am primit un telefon din partea unei mame îngrijorate de faptul că Amy, timida ei fată în vârstă de șapte ani, urma să petreacă singură întreaga vară.

— Nu are niciun prieten, din pricina timidității ei, explica mama lui Amy. Nu pot să suport să o văd petrecându-și întreaga vară stând în fața televizorului, în timp ce toți ceilalți copii se joacă afară.

Amy mai avea doar două săptămâni de școală, dar i-am promis mamei ei că o voi vedea pe Amy cel puțin de două ori și că voi încerca să găsesc ceva de făcut peste vară pentru amândouă, ceva care să o ajute pe Amy să scape de timiditatea ei. La sfârșitul celei de-a doua ore de terapie, i-am dat lui Amy un joc pe care-l făcusem pentru ea și pe care-l denumisem „Jocul de făcut prieteni". Jocul consta într-o simplă tablă pe care o desenasem doar pentru Amy. Desenasem un model în formă de șarpe, cu treizeci de pătrățele, cu un pătrățel de Start și unul de Final. Pe această tablă inserasem la întâmplare zece semne de întrebare și o utilasem cu niște pioni și zaruri. Apoi am scris cincizeci de cărți care-i întrebau pe jucători cum răspund la diferite probleme de socializare. Iată câteva dintre ele:

— Barrie nu este invitată niciodată la petreceri. Ce trebuie să facă ea pentru a schimba această situație?

— Darren nu citește prea bine și nu vrea ca prietenii lui să afle acest lucru. Ce trebuie să facă el?

— Numiți trei lucruri pentru care credeți că sunteți admirat de ceilalți.

Regulile jocului erau simple. Jucătorii dădeau cu zarul, iar atunci când ajungeau pe un pătrățel pe care era trecut un semn de întrebare, trăgeau o carte și răspundeau la întrebarea scrisă pe ea. În cazul în care jucătorul dădea un răspuns corect, primea două puncte. Primul jucător care ajungea la final primea trei puncte în plus. La sfârșitul jocului, jucătorul cu cele mai multe puncte era declarat învingător.

În ultimii douăzeci de ani, am inventat sute de astfel de jocuri pentru a-i ajuta pe copii sau pe părinții acestora să învețe anumite aspecte ale limbajului secret (vezi partea a III-a). În acest caz, jocul pe care i l-am dat lui Amy a fost proiectat pentru a o ajuta să învețe aptitudinile sociale de bază, cum ar fi să-și invite un prieten la joacă, să facă un compliment și să aleagă activități plăcute atât pentru ea, cât și pentru prietenii ei. I-am cerut mamei lui Amy să joace acest joc de două sau trei ori pe săptămână, iar dacă Amy dorea, putea să invite la ea alți copii și să-l joace împreună cu aceștia.

În septembrie, la câteva săptămâni după începerea școlii, m-a sunat mama lui Amy și, aproape fără niciun cuvânt introductiv, a exclamat:

— Jocul dumneavoastră a funcționat în chip miraculos! Nu îmi vine să cred că este același copil. La începutul verii, Amy nu avea niciun prieten. Acum are trei sau patru. Nu mai știu exact. Este atât de fericită! Fetița era nerăbdătoare să înceapă școala și să-și reîntâlnească prietenii.

Am fost încântat să aflu că jocul „funcționase în chip miraculos", deși nu sunt un magician. Totuși, cred că părinții pot fi magicieni. Atunci când folosiți ustensilele și tehnicile potrivite, limbajul secret al emoțiilor vă va oferi mai multă magie decât puteți găsi în orice carte cu Harry Potter. În prima parte a acestei cărți, veți învăța cum să înțelegeți limbajul secret al bebelușilor: cum să răspundeți mai bine nevoilor lor emoționale și să comunicați cu ei atât prin intermediul acțiunilor, cât și al cuvintelor. În partea a doua, veți învăța cum să vă jucați cu copilul vostru, lucru ce-i poate spori inteligența emoțională.

În partea a treia, veți afla tehnici de povestire care vă pot ajuta să modelați comportamentul și dezvoltarea morală a copilului vostru. În partea a patra, veți dobândi câteva tehnici de folosire a artei, ce vă vor ajuta să depășiți traumele și să preveniți ca acestea să devină o forță determinantă a copilului. În partea a cincea, veți învăța secretele care vă vor face copilul mai sociabil, ajutându-l să aibă relații bune în toate stadiile dezvoltării sale.

Dar nu există trucuri magice. Aceste tehnici de bun-simț pe care vi le voi preda sunt la fel de simple ca oricare altele. Și pe deasupra mai sunt și distractive! Tot ce trebuie să țineți minte este să le folosiți și să le integrați în viața voastră zilnică.

Doar în cincisprezece minute pe zi, puteți schimba cursul dezvoltării emoționale a copilului vostru

Așa cum voi nota de nenumărate ori pe parcursul acestei cărți, sunteți deja conștienți de existența limbajului secret, chiar și numai la nivel subconștient. Interpretați gesturile, postura și expresia facială fără a fi conștienți că faceți acest lucru. Știți cu siguranță cum să vă jucați cu copilul vostru, să-i spuneți povești și să-i desenați, toate acestea fiind părți importante ale limbajului secret al copilului vostru. Acum veți învăța cum să folosiți aceste simple plăceri ale copilăriei în același mod în care psihologii se folosesc de ele, pentru a-i ajuta pe copii să-și înțeleagă sentimentele și ceea ce simt față de celelalte persoane.

A le integra în viața de zi cu zi nu este ușor. Ca orice altă limbă, limbajul secret al emoțiilor necesită practică zilnică dacă doriți să dea rezultate în dezvoltarea copilului vostru. A-l ajuta pe copil să fie sănătos emoțional nu este ca atunci când îl hrăniți bine, îi faceți o igienă orală corectă sau îl spălați pe mâini înainte de a mânca. A comunica cu copilul vostru prin intermediul limbajului secret al emoțiilor poate preveni apariția unor probleme serioase ale copilăriei, de la tulburările de alimentație la incapacitatea școlară, *dar numai dacă utilizați acest limbaj în fiecare zi.* Este nevoie doar de cincisprezece minute, dar acestea sunt foarte importante pentru obținerea succesului.

Așa încât, înainte de a începe să utilizați secretele pe care le veți învăța pe parcursul acestei cărți, luați-vă angajamentul de a practica zilnic comunicarea emoțională împreună cu copilul sau adolescentul vostru, așa cum vă veți angaja să îl ajutați să învețe tabla înmulțirii sau un sport nou. Pe parcursul acestei cărți, vă voi sugera multe exerciții și activități pe care le puteți face împreună cu copilul vostru și voi insista să încercați cât de multe puteți.

Nu trebuie să stabiliți o oră exactă din zi pentru a exersa comunicarea emoțională, deoarece, așa cum veți vedea, limbajul secret poate lua multe forme, de la poveștile de culcare la un joc de cuvinte pe care-l jucați în mașină când mergeți împreună la cumpărături. Vă asigur că acest timp pe care-l veți petrece în fiecare zi pentru a comunica în limbajul secret vă va aduce o răsplată pe parcursul întregii vieți.

Partea I

Limbajul secret al bebelușilor

Capitolul 1

Bebelușii pot vorbi cu adevărat

Părinții sunt programați să înțeleagă ce doresc și ce au nevoie bebelușii lor doar uitându-se la ei sau ascultându-i. De exemplu, un bebeluș de șase luni își poate întoarce capul și țuguia buzele într-un anumit mod, iar mama lui să-i răspundă: „Vrei biberonul?". Privirea plină de plăcere și acceptarea satisfăcută a biberonului îi spune mamei: „Ai dreptate, mămico, chiar îmi era sete. Îți mulțumesc! Ești minunată!". Faptul că mama a înțeles corect limbajul corporal al bebelușului ei este atât confirmat, cât și răsplătit de plăcerea imediată obținută de acesta.

Cei mai mulți părinți intuiesc foarte bine ce încearcă să le comunice bebelușii lor, dar unii dintre aceștia sunt mai greu de „citit" decât alții. De asemenea, părinții petrec mai mult sau mai puțin timp cu copiii lor. Dacă lucrați, iar pe parcursul zilei copilul este în îngrijirea altei persoane, ajungeți uneori să simțiți că nu mai înțelegeți care sunt nevoile celui mic. Acest lucru este adevărat, mai cu seamă atunci când aveți un copil „dificil". Margaret, mama unui bebeluș de șase săptămâni, i se plânge mamei sale:

— Cred că nu mă iubeşte copilul. Nu pare să fie fericit atunci când mă vede intrând în cameră. Adesea începe să plângă dacă îl iau în braţe. Am senzaţia că nu fac ce trebuie.

Nu există niciun dubiu că unii bebeluşi sunt foarte uşor de manevrat şi de temperat, iar alţii sunt mai nervoşi şi mai uşor iritabili. Copiii dificili nu dorm bine şi adesea au probleme de alimentaţie. Aceştia plâng mai mult decât ceilalţi sugari, iar plânsul lor tinde să fie mai strident şi mai discordant. Părinţii copiilor dificili trebuie să fie şi mai conştienţi de limbajul secret al copiilor lor. Vestea proastă e că temperamentul copilului nu se schimbă odată cu înaintarea în vârstă. Sugarii dificili tind să fie copii mult mai dificili şi chiar adolescenţi dificili. Vestea bună este că nu se întâmplă întotdeauna aşa. Le spun părinţilor că personalitatea bebeluşului lor este 49% înnăscută şi 51% educată, aceasta însemnând că şansele înclină în favoarea lor să poată schimba natura dificilă a copilului. (Nimeni nu ştie cu exactitate procentajul dintre înnăscut şi dobândit pentru a determina personalitatea unui copil, dar eu cred cu tărie în puterea gândirii pozitive.) Dacă aveţi un copil „cuminte", veţi descoperi că a-i înţelege limbajul secret va face lucrurile şi mai distractive. În cazul în care aveţi un copil mai dificil, veţi descoperi că utilizarea limbajului secret constituie o parte esenţială în a-l face pe acesta mai flexibil şi mai receptiv la eforturile pe care le depuneţi. Vom începe prin a analiza cum puteţi afla mai multe despre micuţul vostru doar prin a fi un bun observator.

Sunteţi de serviciu

Este greu să nu te uiţi la un copil. De fapt, a face asta e împotriva naturii noastre umane. Când trecem pe lângă un bebeluş (sau chiar pe lângă un pui de animal), aproape întotdeauna ne oprim câteva secunde pentru a ne uita la figura şi la expresia acestuia.

Cu toate acestea, deşi ne place să ne uităm la bebeluşi, uneori nu înţelegem ce vor ei să ne transmită. Cindy, mama unei fetiţe de trei luni, i se plânge soţului său:

— N-ai nici cea mai mică idee ce înseamnă să o distrezi în fiecare clipă. Iar când începe să devină capricioasă, nimic din ce fac nu pare să funcţioneze.

Cindy nu înţelesese că, de fapt, copilul ei era mult prea stimulat. Cindy se juca cu fetiţa ei până ce aceasta nu mai putea face faţă. Când fetiţa exploda, Cindy simţea că nu a făcut suficient şi continua să se joace cu ea. Dar fetiţa ei nu mai voia să se joace, dorea să fie lăsată în pace. Cu siguranţă că Cindy încerca să facă tot ce îi stătea în putinţă pentru fetiţa ei, dar nu înţelegea ce încerca aceasta să îi spună.

Pentru a începe să învăţaţi cum să înţelegeţi limbajul secret al copilului vostru, trebuie să învăţaţi mai întâi cum să deveniţi un atent observator. Acesta poate părea cel mai evident sfat, şi totuşi, mulţi dintre părinţi sunt înclinaţi să acţioneze — dornici să facă lucruri pentru şi împreună cu bebeluşii lor —, astfel că nu îşi fac timp să îi observe pe aceştia. Observaţia obiectivă constituie „secretul profesional" pe care trebuie să-l învăţaţi pentru a putea comunica şi interacţiona la un nivel mai profund cu copilul vostru. Dar trebuie să fiţi avizaţi că această abilitate necesită ceva timp pentru a fi dobândită. Când mă pregăteam să devin psiholog, am petrecut sute de ore observând copii de toate vârstele și mi-au trebuit multe luni pentru a simți că sunt un bun observator.

Este și mai dificil să învățați să fiți obiectivi atunci când este vorba despre copilul vostru. Uneori, proiectăm propriile sentimente și anxietăți asupra copiilor noștri și căutăm lucruri care nu există. N-am s-o uit niciodată pe acea femeie care a venit la mine pentru o consultație, pentru copilul ei în vârstă de șase luni.

— Îmi reamintește atât de puternic de tatăl meu, mi-a mărturisit tânăra mamă, iar tatăl meu era alcoolic. Este posibil să îmi spuneți dacă va avea și el probleme cu alcoolul?

Am asigurat-o pe mamă că la vârsta de șase luni, singura băutură de care trebuia să fie îngrijorată era porția de lapte și i-am sugerat că ar putea să meargă la terapie pentru a-și rezolva propria ei problemă referitoare la tatăl ei.

Alți părinți nu reușesc să fie obiectivi, deoarece sunt mult prea îngrijorați din cauza copilului lor. Atunci când sunteți permanent îngrijorați de siguranța și bunăstarea copilului vostru este uneori greu să vă gândiți la aspectele subtile ale dezvoltării acestuia.

Oricare ar fi motivele pentru care nu vă puteți privi în mod obiectiv propriul copil, observarea atentă este o abilitate care merită a fi dobândită. Iată câteva îndrumări care v-ar putea fi de folos:

1. Imaginați-vă că vă uitați la altceva decât copilul vostru, ca și cum ați observa o creatură de pe altă planetă. Acest lucru vă va ajuta să vă eliberați de

orice idei preconcepute referitoare la felul în care ar trebui să acţioneze copilul.

2. Limitaţi-vă această observare la doar trei minute. Observaţia obiectivă este greu de realizat şi necesită o concentrare deosebită. Puteţi afla multe lucruri despre copilul vostru în numai câteva minute.

3. Obişnuiţi-vă să efectuaţi observarea într-un mod metodic. De exemplu, începeţi prin a vă observa copilul de la cap în jos, oprindu-vă să înţelegeţi ce „spune" fiecare parte a corpului (cap, partea de sus a torsului, braţele, mâinile, partea de jos a corpului, picioarele, labele picioarelor) şi notând dacă diferitele părţi ale corpului transmit acelaşi lucru.

4. Fiţi atenţi la contextul în care vă observaţi copilul. Atunci când vă observaţi copilul, nu trebuie să vă uitaţi doar la el, ci să luaţi în calcul tot ceea ce îl înconjoară pe acesta: ora din zi, temperatura camerei, lumina, sunetele. Copilul vostru foloseşte toate simţurile pe care le are pentru a înţelege lumea din jurul său, şi tot aşa trebuie să procedaţi şi voi.

Primul lucru pe care trebuie să-l observaţi este ceea ce oamenii de ştiinţă numesc „macrosemne". Acestea sunt semnele evidente, cum ar fi expresiile faciale, gesturile, postura şi mişcările. Părinţii nu se gândesc în mod obişnuit la macrosemnele pe care le văd la sugarii lor, dar le pot descrie dacă li se cere aceasta. Dacă un străin spune:

— De unde aţi ştiut că bebeluşul dumneavoastră vrea să bea lapte?

Mama îi va putea răspunde:

— Ei bine, s-a uitat spre masa pe care ţin de obicei biberonul la răcit, după care şi-a ridicat ochii şi şi-a ţuguiat buzele şi s-a uitat la mine ca atunci când îl alăptez.

·

Pentru această mamă este ușor să descrie semnalul secret pe care i-l transmite bebelușul ei atunci când este înfometat, deoarece l-a înțeles și i-a răspuns corect de sute de ori. Macrosemnele sunt evidente pentru părinți, dar acestea pot fi secrete pentru cei care nu sunt familiarizați cu bebelușul, cum ar fi persoanele care-l supraveghează sau o nouă îngrijitoare de la creșă.

Mai există și o altă formă, mult mai subtilă, de limbaj nonverbal pe care-l utilizează bebelușii, dar de care părinții nu sunt conștienți. Acest tip de limbaj al trupului este denumit „microsemne". Exemple de microsemne ar fi culoarea pielii bebelușului atunci când plânge, modul în care-și încleștează pumnii atunci când îl doare ceva sau felul în care i se dilată pupilele când este confuz. Microsemnele sunt foarte subtile și este nevoie de multă practică pentru a le putea observa, dar cu siguranță că sunteți conștienți de ele într-o oarecare măsură. Microsemnele sunt acelea la care adesea ne referim când spunem că avem o „intuiție" despre cineva — niște „sentimente" pe care le avem față de unele persoane, fără a le putea explica. Creierul nostru emoțional reacționează la microsemne chiar și atunci când partea care gândește nu o face. În timp ce învățați să recunoașteți chiar și numai o parte a acestora la bebelușul vostru, veți fi mult mai conectați la nevoile lui zilnice.

Încercaţi şi voi

Citiţi semnele nonverbale ale bebeluşului vostru

Folosind tabelul de mai jos veţi avea posibilitatea să începeţi să înţelegeţi limbajul nonverbal al bebeluşului vostru de la şase luni în sus.

Continuaţi să folosiţi tabelul în timp ce învăţaţi să recunoaşteţi alte semne macro şi micro ale bebeluşului şi ce înseamnă acestea.

Ce vedeţi	Ce pot să însemne
Gesticulează cu braţele înainte şi înapoi	Semn de frustrare şi mânie.
Arată cu degetul şi priveşte fix	Dorinţa sau intenţia de a merge într-o direcţie anume sau a obţine ceva dintr-un loc anume.
Braţele ridicate, restul corpului nefiind în mişcare	Incertitudine. De asemenea, dorinţa de a fi luat în braţe.
Mâinile întinse cu palmele în sus şi capul drept	Un mesaj de liniştire. Bebeluşul vostru vrea să spună: „Îmi pare rău" sau „Hai să fim prieteni".
Braţele ţinute rigid în părţi	Adesea reprezintă un semn de anxietate sau de teamă.
Mâinile strânse înainte	La bebeluşii de peste nouă luni, acesta poate reprezenta un semn de supunere. Fiţi atent la acest semn atunci când se află în preajmă copii mai mari decât el.
Mâinile puse pe ochi	Asta poate face parte dintr-un joc sau poate fi un mod de a obţine atenţie, dar poate fi şi un semn de stinghereală sau de anxietate.
Îşi masează sau îşi freacă mâinile	Acesta poate fi un semn de anxietate.

Ce vedeți	Ce pot să însemne
Mestecarea sau sugerea degetelor	La bebelușii mai mici, acesta este un semn de plăcere, dar după vârsta de un an poate fi un semn de anxietate.
Contact vizual prelungit	Acesta este un semn de „bun-venit". Copilul vostru vă invită la joacă.
Întreruperea contactului vizual după ce s-a zgâit la voi	Atunci când bebelușul întrerupe contactul vizual, întorcând capul într-o parte sau alta, poate să vrea doar să fie lăsat în pace pentru câteva minute.
Întreruperea contactului vizual după ce s-a zgâit la voi	Atunci când bebelușul întrerupe contactul vizual privind în jos, acesta poate fi un semn de supunere sau de înfrângere.
Lovirea capului	Acesta este un semn de frustrare sau de anxietate.
Cap înclinat	Acesta este un semn prietenesc și adesea este combinat cu un zâmbet cald și o privire directă. Este modul în care bebelușii spun „te rog" sau „vrei să te joci?".
Cap plecat cu bărbia înăuntru	Acesta poate fi un semn de mânie, când este însoțit de pumni încleștați și alte tensiuni musculare.
Dă din picioare	La copiii mai mari de un an, acesta este un semn că bebelușul vostru are nevoie de atenție sau că este supărat.

Ce vedeţi	Ce pot să însemne
Bate din palme	Semn de bucurie şi veselie.

Cum să înţelegeţi plânsetul bebeluşului vostru

Nimănui nu-i place să audă un bebeluş plângând, iar aceasta este o reacţie pe care o avem de la natură. Plânsul unui sugar este modalitatea lui cea mai puternică de a le vorbi părinţilor şi de a le capta atenţia. Atunci când bebeluşul vostru plânge, el aşteaptă să i se răspundă.

Plânsetele unui bebeluş sunt stresante pentru oricine le aude. Atunci când auziţi plânsetul bebeluşului vostru, inima începe să vă bată mai repede, vă creşte presiunea arterială şi este posibil să aveţi un sentiment de anxietate, o presimţire neplăcută. Fiecare celulă a creierului şi a corpului vostru strigă: „Fă ceva! Repede!". Dar de unde să ştiţi ce trebuie să faceţi?

Bebeluşii plâng pentru a vă transmite diferitele lor nevoi, având plânsete diferite pentru fiecare nevoie în parte. Cercetătorii care studiază natura plânsetului sugarului folosesc echipamente sonore sofisticate pentru a înregistra diferenţele subtile ale înălţimii sunetului, ale frecvenţei şi ale lungimii pauzelor acestuia. Ei au stabilit că plânsetul unui bebeluş nu conţine doar un sunet, ci o combinaţie de mai multe sunete eliberate în acelaşi timp. În timp ce plânsetele de bază, care indică foamea, furia sau durerea, împărtăşesc anumite caracteristici, fiecare bebeluş are un plânset unic, ce poate fi distins de cel al oricărui alt bebeluş.

Cel mai adesea, părinții știu exact ce vor bebelușii lor atunci când plâng. Într-o zi, împreună cu soția mea, am primit vizita unor prieteni, Joan, Bob și fiul lor, Patrick, în vârstă de trei luni. Patrick era un bebeluș liniștit, temperat și numai zâmbet. După o oră de la sosirea lor, bebelușul a început să plângă. Imediat, Joan a exclamat: „Îi este foame!", și până să termine propoziția, Bob s-a ridicat să îi aducă biberonul cu lapte. Trei minute mai târziu, Patrick era în brațele tatălui său, sorbind din biberon.

Părinții nou-născuților învață în câteva săptămâni ce vor bebelușii lor atunci când plâng. Ei învață să distingă sunetul unui plânset de altul. De asemenea, ei folosesc și indicii vizuale pentru a „citi gândurile bebelușilor lor" și, desigur, știu care este programul acestora.

Un alt cuplu, Frank și Sharon, a venit în vizită la noi, împreună cu fiica lor de o lună, Amanda. Aproape imediat ce au intrat în sufragerie, Amanda a început să urle. Imediat, Frank și Sharon s-au uitat unul la celălalt și au revizuit rapid lista de nevoi a Amandei:

Frank: Când a mâncat ultima oară?
Sharon: Acum o oră.
Frank: Când a fost schimbată ultima dată?
Sharon (pipăind scutecul Amandei): Nu este udă.
Frank: O fi obosită?
Sharon: A dormit zece minute în mașină, dar probabil
    că nu a fost suficient.
Amândoi părinții s-au zgâit la fata lor cea nefericită.
Sharon: Cred că e obosită. Hai să o punem să doarmă.

Frank a întins o saltea portabilă într-un colț mai liniștit al sufrageriei. Sharon a așezat-o pe Amanda cu fața la ea, pe mijlocul saltelei, şi a început să o maseze pe spate. În mai puţin de un minut, Amanda s-a oprit din plâns. Cinci minute mai târziu dormea.

Părinţi ca Bob şi Joan sau ca Frank şi Sharon se vor gândi arareori la modul în care au învăţat să interpreteze plânsetul copilului lor. Ştiu, pur şi simplu, ce înseamnă acesta. Dar sunt şi unii părinţi care nu reuşesc să-i înţeleagă pe micuţii lor, unii bebeluşi fiind mai greu de intuit. Mulţi dintre sugari îşi petrec mare parte din zi mai mult cu cei care au grijă de ei decât cu părinţii lor, care nu au aceeaşi legătură intuitivă şi care nu sunt pe aceeaşi lungime de undă cu aceştia. În aceste situaţii, adulţii trebuie să meargă mai departe de intuiţia lor şi să abordeze mult mai analitic plânsetul bebeluşilor lor.

Dr. Barry Lester, profesor de psihiatrie şi studii comportamentale la Universitatea Brown, a studiat plânsetul bebeluşilor timp de mai bine de douăzeci de ani şi a descoperit că un sugar poate plânge în douăsprezece moduri distincte. Deşi există unele variaţii de la un sugar la altul, iată caracteristicile pentru zece tipuri de plânset.

„Îmi e foame"

Acesta este cel mai obişnuit plânset. Începe, în mod tipic, cu un plânset sau cu un scâncet ritmic atunci când bebeluşul vostru simte că i s-a golit stomacul. În câteva minute, auziţi un ţipăt puternic, urmat de o pauză în care-şi trage răsuflarea. Apoi auziţi mai multe ţipete, care devin din ce în ce mai puternice până ce sugarul primeşte de mâncare. Vă poate fi de folos să ştiţi când a fost hrănit ultima oară, pentru a şti să identificaţi un plânset de foame, dar uneori părinții sunt surprinși să audă acest tip de plânset chiar și la scurt timp după ce sugarul a fost hrănit. În cazul bebelușilor mai mici, este recomandat să îi lăsați pe aceștia să-și stabilească propriul orar de masă. Dacă îl hrăniți la sân, iar copilul vostru pare să nu se sature niciodată, trebuie să consultați medicul pediatru. Dacă îl hrăniți cu biberonul, iar acesta nu termină niciodată sticla, asigurați-vă mai întâi că gaura din tetină nu este prea mică, impunând sugarului un efort mult prea mare pentru a suge.

„Am mâncat prea mult!" (Atunci când bebelușul vostru este supraalimentat)

Deoarece plânsul de foame este cel mai obișnuit, alimentarea bebelușului este primul răspuns pe care-l dau părinții țipătului copilului lor. Este important de ținut minte că, până la vârsta de șase sau opt săptămâni, acesta nu știe cum să bea din biberon și va suge până ce-l va goli, chiar dacă asta înseamnă că mănâncă mai mult decât are nevoie. Uneori, bebelușii mai mari vor accepta sticla sau sânul pentru a se simți bine, chiar și atunci când nu foamea este cea care-i necăjește. Însă stomacul bebelușilor este mic, iar sistemul lor digestiv este imatur, așa că, dacă mănâncă prea mult, ajung să vomite și încep să plângă din nou. Un bebeluș care regurgitează mereu și începe să plângă imediat după ce mănâncă vă spune că ar fi mai bine să-l hrăniți mai des, cu mai puțină mâncare.

„Sunt obosit"

Atunci când bebeluşul vostru este adormit sau obosit, poate să dea şi semne de nervozitate, nu numai să plângă. Plânsetul acestuia va fluctua în ton şi volum şi va fi aritmic. Acesta va emite şi alte semne. Ar putea să se lovească peste urechi, să îşi sugă degetele sau să se frece la ochi. Dacă vrea să meargă la culcare, se va opune eforturilor voastre de a vă juca cu el şi vă va întoarce spatele. Dacă încercaţi alte metode de a-l alina, ar putea deveni şi mai agitat, deoarece tot ce doreşte e să fie lăsat în pace. Dacă bebeluşul vostru are un program de somn regulat, veţi recunoaşte uşor atunci când este obosit şi când vrea, pur şi simplu, să fie lăsat în pace. Cei mai mulţi bebeluşi plâng cinci–zece minute până ce adorm, chiar dacă nu îi deranjează nimic.

„Au!"

Bebeluşii plâng aproape la fel atunci când simt o durere externă sau internă. Acest plânset debutează brusc şi este puternic, îndelung şi strident. Bebeluşul vostru va emite un ţipăt lung de durere după care va face o pauză lungă, ca şi cum şi-ar ţine respiraţia. Când începe din nou să plângă, corpul lui vă va spune şi el că ceva nu este în ordine. Acesta va fi tensionat, iar mâinile şi picioarele se vor ridica în sus. Gura îi va fi larg deschisă şi veţi observa pe faţa lui o expresie de disconfort.

Primul lucru pe care trebuie să-l faceţi este să verificaţi cauzele externe ale durerii. Şi-a prins vreun deget în fermoar? Are vreo urticarie? Îl strâng hainele? Adesea va trebui să îi scoateți toate hainele pentru a afla ce anume nu este în regulă.

Desigur, este mult mai greu de ghicit plânsetul cauzat de o durere internă. Ar putea avea o infecție în ureche, o durere în gât sau o durere de stomac.

Dacă acest tip de plânset continuă, va trebui să chemați medicul pediatru și să-i spuneți acestuia ce semne v-a transmis copilul vostru. Semnele fizice care însoțesc durerea acestuia includ roșeața, umflăturile, sensibilitatea la atingere, febră, o modificare a scaunului (inclusiv a culorii sau a mirosului), voma și respirația zgomotoasă, rapidă și dificilă.

Faceți mai multe copii ale tabelului de la pagina următoare. Aceasta vă va ajuta să aflați în mod sistematic înțelesul ascuns al plânsetului de durere al copilului vostru. Puteți să dați acest tabel și celor care îngrijesc copilul în lipsa voastră, educatoarelor sau celorlalte persoane care nu sunt atât de familiarizate cu sugarul vostru. Cu cât veți putea da mai multe informații la telefon doctorului, cu atât îi va fi mai ușor acestuia să vă prescrie un remediu care să înlăture disconfortul copilului. Vom analiza mai atent toate acestea în capitolul 3, „Cum cer bebelușii ajutor".

„Nu vezi că m-am săturat?" (Plânsetul de iritare)

Bebelușii devin iritați atunci când sunt obosiți sau suprastimulați, ca și în cazul adulților. Acest plânset este de obicei îndelung și puternic și nu poate fi liniștit cu metodele obișnuite. Acest plânset apare chiar înainte de ora

CUM SĂ ÎL AJUT PE BEBELUŞUL MEU ATUNCI CÂND PLÂNGE	
Ce să observ	Notaţi modificările observate
Verificaţi dacă pielea acestuia este ciupită sau strangulată de haine.	
Verificaţi dacă nu are urticarie.	
Se loveşte sau se atinge peste urechi?	
Mănâncă normal?	
Ce culoare are?	
Transpiră?	
Este sensibil la atingere?	
Şi-a modificat scaunul?	
Vomită?	
Există vreo modificare a respiraţiei (zgomotoasă, rapidă, dificilă)?	
Există alte simptome sau diferenţe?	

de culcare. După câteva încercări de a vă linişti bebeluşul, lăsaţi-l singur pentru câteva minute. Plânsetul acestuia poate fi o formă de eliberare a tensiunii, iar după o vreme, veţi vedea cum se calmează. După ce s-a liniştit, poate răspunde la o mângâiere uşoară, la biberon sau la sân.

„Îmi este rău"

Acesta poate fi un plânset scâncit sau nazal, similar cu cel de durere, dar mai slab. Bebeluşul vostru se va îmbujora şi este posibil să fie cald atunci când îl atingeţi.

În cazul în care continuă să aibă febră sau dacă mai apar
și alte simptome, consultați medicul pediatru.

„Schimbă-mi scutecele"

Datorită capacității absorbante a scutecelor, mare parte
dintre bebeluși nu simt disconfort atunci când sunt uzi.
Alții strigă cât pot de tare și se vaită ca și cum ar fi în
chinuri. (Desigur, uneori se poate ca bebelușul vostru să
simtă durere din cauza urinei care i-a iritat pielea.) Verifi-
carea scutecelor este primul lucru pe care-l fac cei mai
mulți dintre părinți atunci când plânge copilul lor.

„Îmi este frică"

Plânsetul de teamă este brusc, tare și pătrunzător,
urmat de suspine. Unii bebeluși sunt mult mai sensibili
decât alții la zgomote, temperatură sau sperieturi. De
obicei, acest plânset se sfârșește la fel de subit cum începe.

„Ce crezi că faci?" (Plânsetul de mânie sau de frustrare)

Sugarii au niveluri diferite de frustrare, așa cum au și
adulții. Unii bebeluși se simt frustrați foarte ușor și vă
arată acest lucru. Sugarii au motive diferite de a fi nervoși.
Un bebeluș se înfurie dacă i se scoate tricoul peste cap.
Altul se înfurie dacă îi cad din gură pastilele de calmat.
Un altul nu poate să suporte căciula pe care i-ați pus-o.

Plânsetul de frustrare sau de furie al bebelușului vostru va fi ilustrat pe fața acestuia și prin mișcările pe care le face. Gura lui se transformă într-un rânjet. Își arcuiește spatele sau își întoarce fața într-o parte, pentru vă arăta că nu-i place ceea ce-i faceți. De obicei, aceste plânsete nu durează mult și se termină în clipa în care motivul frustrării sale dispare.

„Ai grijă de mine" (Plânsetul de plictiseală sau de singurătate)

Patty a dus-o la culcare pe fiica ei, Elizabeth, în vârstă de nouă luni, în timp ce pregătea masa pentru o vecină de-a sa. După cinci minute, vecina a fost tulburată de plânsetul neîntrerupt al copilei. A întrebat-o șovăitoare pe Patty:

— Nu mergi să vezi dacă e totul în ordine cu micuța ta?

— Ah, nu, răspunse mama, mult mai atentă să toarne cafeaua, Elizabeth se preface. Vrea doar să stea cu noi, dar e timpul să doarmă.

Ce voia, de fapt, Patty să spună era că Elizabeth încerca să-i atragă atenția plângând, dar că plânsetul ei era prefăcut și nu indica o nevoie anume. Se poate ca ea să fi avut dreptate. Dar bebelușii nu încearcă să ne manipuleze, ci pur și simplu vor ceva anume. Un sugar care plânge deoarece este plictisit sau singur încearcă să își satisfacă o nevoie, iar atunci când înțelegeți ce încearcă să vă spună, puteți alege cea mai bună cale de a-i răspunde nevoilor sale.

*   *   *

Atunci când vă încredeți în propriile instincte și folosiți metoda încercării și a erorii, veți afla ce trebuie să faceți pentru a răspunde plânsetului copilului vostru. Excepția de la această regulă apare atunci când copilul plânge prea mult sau când vă dați seama că nu știți cum să-l calmați. Modul prin care puteți testa dacă trebuie să mergeți mai departe de intuiția voastră și să analizați ceea ce comunică sugarul prin intermediul plânsetului său este simplu: trebuie să-i răspundeți sugarului în decurs de un minut și jumătate și să-l calmați în decursul a zece minute. De ce un minut și jumătate? Deoarece cercetările au arătat că, cu cât răspundeți mai rapid la plânsetul bebelușului (sub șase luni), cu atât mai repede se va calma. Cel puțin un studiu a arătat că atunci când adulții întârzie mai mult de un minut și jumătate pentru a stabili o legătură cu sugarul lor, le va lua de două ori mai mult timp pentru a-l calma.

Regula de zece minute se bazează mai mult pe instinct decât pe cercetare. Există un registru larg referitor la cât de mult timp plânge un copil în mod normal. Bebelușii care plâng până la trei ore pe zi sunt considerați ca făcând parte din registrul normal. Dar, după mine, și mă gândesc la toți cei care țin în brațe copii care plâng, zece minute de plâns înseamnă foarte mult. În decursul a zece minute cu sugarul vostru, ar trebui să-i puteți oferi o oarecare alinare și ar trebui să-l liniștiți. Dacă vedeți că voi sau o altă persoană care are grijă de micuț nu-l poate liniști în decursul a zece minute, înseamnă că există cu siguranță o lipsă de comunicare și v-aș recomanda să fiți mai atenți la plânsetul copilului vostru.

A studia plânsetul copilului vostru înseamnă să ajun-geți să stabiliți o mai bună legătură cu acesta, oferindu-i sentimentul de siguranţă şi simţind că nevoile îi sunt satisfăcute. Iar vouă vă va da un sentiment de încredere şi vă va asigura că deveniţi din ce în ce mai receptiv la limbajul secret al bebeluşului vostru. Dar să nu aveţi mari aşteptări. Studiile ne arată că cel puţin patru din cinci bebeluşi plâng de la cincisprezece minute până la o oră pe zi, fără un motiv explicabil. Aceste perioade în care plâng apar de obicei seara, probabil datorită faptului că micuţii sunt obosiţi sau poate din cauză că aceasta este perioada cea mai agitată pentru cei mai mulţi dintre părinţi, iar sugarul are nevoie de toată atenţia acestora. Unii bebeluşi plâng pentru a adormi, căci acesta este modul în care reacţionează ei la oboseală, şi nu prea aveţi ce face în acest caz. Oricare ar fi motivul pentru care plânge copilul vostru sau chiar dacă plânge fără niciun motiv, puteţi fi siguri că, pe la vârsta de şapte–opt luni, bebeluşul va găsi şi alte modalităţi de comunicare.

Capitolul 2

O altă modalitate
de a-l privi și a-l asculta
pe copilul vostru

Sara, în vârstă de cinci luni, tocmai și-a băut biberonul, i-a fost pudrat fundulețul și i-a fost schimbat scutecul. Acum este timpul să fie îmbrăcată. Mama ei se grăbește să ajungă la magazin, așa încât să se întoarcă la timp pentru a pregăti cina. Dar, în loc să gângurească bucuroasă, cum face de obicei când o vede pe mama ei punându-și haina, Sara începe să scâncească jalnic, după care izbucnește în plâns. „Ce s-a întâmplat?" întreabă mama ei, gândind că trebuie să-și amâne drumul la magazin. „Dacă ai putea vorbi!"

Dacă sugarii ar putea vorbi! Toți părinții ajung să gândească astfel la un moment dat și abia așteaptă ca bebelușul lor să înceapă să vorbească. Ar vrea să le poată spune atunci când îi doare ceva sau ce le place ori ce nu le place să mănânce. Așteaptă nerăbdători ca aceștia să rostească cele mai dragi cuvinte: „Te iubesc".

Părinții cred, în mod greșit, că nu vor putea comunica cu copiii lor până la optsprezece luni, când ajung la vârsta la care pot spune măcar treizeci de cuvinte. Dar cei mai mulți dintre părinți nu realizează faptul că aceștia le vorbesc tot timpul; numai că folosesc un limbaj fără cuvinte. Este limbajul atingerilor, al plânsetelor, al expresiei faciale, al posturii corpului și al tensionării mușchilor. Este limbajul secret al copiilor.

Deși părinții nu sunt conștienți de acest limbaj, îl vorbesc și ei atunci când li se adresează micuților. Părinții și copiii lor sunt programați genetic să știe ce vrea celălalt și să formeze o legătură intimă unică. Deși comunicarea apare în mod natural, cei mai mulți dintre părinți au senzația că nu înțeleg nevoile emoționale ale copiilor lor. Cei aflați la primul copil se simt adesea nesiguri, mai cu seamă în ceea ce privește viața emoțională a bebelușului. Potrivit unui studiu național făcut pe mai mult de o mie de părinți, condus de Peter D. Hart Research Associates, doar aproximativ o treime din părinți poate aprecia cu siguranță dacă stadiul de dezvoltare emoțională a copilului lor este normal pentru vârsta acestuia.

Atunci când cunoașteți limbajul secret al expresiei faciale a sugarului vostru, al posturii, al mișcărilor și plânsetelor acestuia, vi se deschide o nouă cale de a vă înțelege copilul. Limbajul secret vă va ajuta să vă simțiți mai aproape de bebelușul vostru și să răspundeți mai bine și mai prompt nevoilor acestuia. Studiile sugerează faptul că, cu cât comunicați mai eficient cu sugarul vostru, cu atât veți fi mai capabili să-i oferiți un mediu îmbogățit, care-i va stimula dezvoltarea intelectuală.

Cel mai important lucru este că înțelegerea limbajului secret al sugarului va contribui la dezvoltarea sa emoțională. În acest capitol, ne vom referi la trei pietre de

temelie ale dezvoltării emoţionale a bebeluşului: proce-
sul de formare a unei legături, în decursul căruia se
formează sentimentul de încredere în voi şi în el însuşi;
procesul de stimulare, în care bebeluşul învaţă cum să
primească şi cum să dăruiască; şi autoliniştirea, în care
acesta învaţă cum să-şi tempereze propriile temeri, anxie-
tăţi şi stări.

Legătura afectivă prin intermediul limbajului secret

Pat şi Jean sunt avocaţi, ambii dorind să-şi continue
carierele în timp ce-şi cresc copiii. Ei au hotărât să angajeze
o dădacă permanentă, care să aibă grijă de primul lor
născut, Lydia. Însă, din momentul în care Jean s-a reîntors
la serviciu, pe când Lydia avea doar trei săptămâni, a
început să se îngrijoreze dacă fetiţa o să o mai iubească.
În cea mai mare parte din timp, dădaca era aceea care o
hrănea pe Lydia, o schimba şi îi cânta să adoarmă. Jean
a început să se gândească că Lydia va crede că dădaca este
mama ei şi că va începe să respingă dragostea lor. Când
nu se mai îngrijora de faptul că Lydia şi dădaca sunt prea
apropiate, începea să îşi facă griji că dădaca va pleca. Jean
gândea că fetiţa va fi traumatizată dacă va pierde persoana
de care este atât de dependentă.

Îngrijorarea lui Jean în ceea ce priveşte legătura dintre
ea şi fetiţă era nefondată. Bebeluşii reuşesc să creeze o
legătură cu adulţii mult mai uşor decât îşi închipuie aceştia,
iar o pierdere prematură nu devine o traumă ireversibilă,
cum gândeau mai demult psihologii. Parte din grijile lui
Jean se bazau pe cercetările psihologice care nu se aplică

în cazul multora dintre copii. De exemplu, doar cu câteva zeci de ani în urmă, mulți dintre psihologi credeau că există o „fereastră de oportunitate" pentru a forma o legătură afectivă cu un bebeluș, perioadă care era relativ îngustă. Gândirea lor se baza pe cercetările lui Konrad Lorenz, care a descoperit că, imediat după ce a ieșit din ou, puiul de gâscă se duce după orice obiect în mișcare, raportându-se la acesta ca și cum ar fi mama lui. Puii de gâscă ai lui Lorenz se duceau după o minge, o siluetă în mișcare, îl urmau chiar și pe el. La acea vreme, Lorenz și alți cercetători credeau că legătura se stabilea în timpul unei scurte „perioade critice" și că, odată ce avea loc, era ireversibilă. Psihologii credeau că există și în cazul copiilor această perioadă critică în care se stabilește o legătură între ei și persoanele care-i îngrijesc, iar după această perioadă nu vor mai putea stabili niciodată un astfel de atașament.

Însă acum știm că sugarii și copiii mici au o capacitate mult mai mare de a stabili astfel de legături decât se credea înainte. Deși sugarii încep să formeze această legătură cu părinții lor sau cu persoanele care-i îngrijesc în primele luni după naștere, atașamentul cel mai profund se formează pe parcursul unei perioade mai îndelungate, aceștia putând stabili astfel de legături cu mai multe persoane. Ca și în cazul părinților care au adoptat copii mai mari, se poate forma un atașament cu ei, acesta fiind echivalent celui față de părinții biologici.

Procesul de formare a acestei legături apare între adulți și copii și prin intermediul limbajului secret, care, în cazul sugarilor, este cel al simțurilor.

Mirosul

Una din primele modalități prin care copiii mici învață să-și recunoască părinții este prin intermediul mirosului. Din cele cinci simțuri, cel al mirosului este singurul care este complet dezvoltat la naștere, el constituind modalitatea primară prin care copiii învață să recunoască primele persoane care apar în viața lor. Deși bebelușul vostru va învăța să vă recunoască mirosul încă din primele zile de viață, puteți să contribuiți la acest proces folosind același parfum, săpun sau deodorant.

Atingerea

O altă parte a procesului de formare a unei legături constă în modul în care vă atingeți bebelușul. Trebuie să aveți încredere în propriile instincte în ceea ce privește felul în care-l țineți în brațe sau îl atingeți. Natura v-a programat deja să interacționați așa cum trebuie cu copilul vostru. De exemplu, în cadrul unui studiu făcut pe părinții nou-născuților, s-a descoperit că aproape fiecare mamă își mângâia nou-născutul în același fel; mai întâi dezmierdându-i și atingându-i degetele de la mâini și de la picioare, iar apoi dezmierdându-l pe spate și pe corp.

Odată ce bebelușul vostru înaintează în vârstă, este posibil să nu vă mai simțiți la largul vostru atunci când îl atingeți. Studiile interculturale asupra atingerii arată că există mari diferențe referitor la cât de mult își ating părinții copiii și cât de mult se ating unii pe alții (populația din America de Nord este apreciată ca fiind destul de zgârcită în mângâieri). Aceste studii sugerează totodată că, pe măsură ce îl atingeți și îl masați mai mult pe copilul vostru, el va fi mai mulțumit și mai fericit.

Dacă nu vă masați bebelușul în mod obișnuit, puteți lua în considerare această activitate ca făcând parte din utilizarea limbajului secret. Acest lucru este cu atât mai important în cazul în care doriți să petreceți mai mult timp cu bebelușul vostru sau atunci când acesta are un temperament care-l face irascibil și iritabil. Fiecare mângâiere, cuibărire, pupic pe care i-l dați este important, dar cinci–zece minute de masaj, pe tot corpul, vor trans-mite un mesaj aparte, prin intermediul limbajului secret. Nu numai că masajul sugarului induce încrederea și siguranța dintre voi și acesta, dar ajută și la eliberarea tensiunii, a durerii și induce somnul. Totodată, stimulează conștientizarea tactilă a sugarului.

Masajul bebelușului este un proces foarte natural, dar trebuie să luați în seamă câteva precauții. Atunci când îi faceți un masaj bebelușului vostru, trebuie să folosiți ulei pentru masaj, deoarece produsele lubrifiante vor face ca masajul să fie ușor și liniștitor. Evitați folosirea produselor pe bază de petrol, cum ar fi uleiul pentru bebeluși sau pudra de talc. Uleiurile de masaj organice (cum ar fi cele din semințe de struguri, alune, ulei de nucă de cocos) sunt mai bune pentru micuți, deoarece pielea le absoarbe mai ușor și ajută la curățarea acesteia de celulele moarte, ofe-rindu-i bebelușului o creștere sănătoasă. Deși aceste ule-iuri nu trebuie ingerate, în cazul în care sugarul vostru își bagă mâna în gură, nu va păți nimic. Doar unii copii au reacții alergice la astfel de uleiuri, dar, cu toate acestea, trebuie să testați de fiecare dată un nou ulei înainte de a-l folosi. Aplicați puțin ulei pe o porțiune de piele și aşteptaţi treizeci de minute. Dacă este alergic, vor apărea pete roşiatice, care vor dispărea în câteva ore. Dacă ştiţi că este alergic, consultaţi un medic pediatru înainte de a încerca orice ulei.

Deoarece celor mai mulţi dintre bebeluşi le place masajul, este bine de ţinut minte că unii sunt mai sensibili la atingere decât alţii. Acestora poate să le facă plăcere masajul, dar uneori poate să le creeze şi neplăcere. Copilului vostru nu o să-i placă să fie masat dacă nu se simte bine sau este obosit.

Înainte de a începe să-l masaţi, trebuie să vă asiguraţi că sunteţi relaxat şi că bebeluşul este într-o stare bună. Temperatura din cameră trebuie să fie potrivită. De la naştere până la două luni, bebeluşul vostru va răspunde cel mai bine la un masaj uşor. Având mâinile relaxate şi uleiate, începeţi să-l dezmierdaţi de sus în jos, de la umeri în jos, pe braţe, piept, şolduri şi picioare. Repetaţi aceasta timp de un minut.

Apoi, sugarul fiind aşezat pe o parte, masaţi-l pe spate în sensul acelor de ceasornic. Repetaţi timp de un minut. Dacă bebeluşului îi place, puteţi să-l aşezaţi pe spate şi să-l masaţi uşor de la umeri la tălpi, timp de un minut–două. În cazul în care continuă să îi facă plăcere, întoarceţi-l pe burtică şi masaţi-l uşor pe spate, de la umeri în jos, timp de un minut–două.

Vocea

Împreună cu mirosul şi simţul tactil, sunetul vocii voastre constituie, şi el, o modalitate importantă prin intermediul căreia bebeluşul învaţă să vă cunoască şi să vă iubească. Cu cât îi vorbiți mai mult, îi cântați și îi citiți, cu atât vă va cunoaște mai bine vocea și o va asocia cu plăcerea. Cercetătorii ne spun că, chiar și în pântece, copilul reacționează când vă aude vocea sau când îi cântați (inima acestuia bătând mai încet, în loc să-și întețească ritmul), iar la o săptămână de la naștere, va arăta o plăcere anume la auzul vocii mamei lui, în comparație cu alte voci (aceasta putând fi apreciată prin intermediul ritmului accelerat în care suge).

În mod inconștient, îi oferiți copilului exact stimularea lingvistică de care acesta are nevoie. V-ați întrebat vreodată de ce adulții folosesc un limbaj copilăresc atunci când le vorbesc bebelușilor lor? Deoarece acest tip de vorbire este exact ceea ce vor bebelușii să audă. Sugarii aud foarte clar acest tip de vorbire, și cu cât ascultă mai mult un astfel de limbaj, cu atât își dezvoltă mai repede propriile lor aptitudini de comunicare. Așa încât, țineți minte și vorbiți în permanență cu copilul vostru!

Prin intermediul limbajului secret, învățați-l pe copilul vostru ce sunt emoțiile

Voi sunteți primul și cel mai bun profesor al copilului și îi puteți stimula dezvoltarea emoțională prin intermediul limbajului secret pe care-l împărtășiți cu el. Cu fiecare cuvânt, fiecare privire și fiecare atingere, îl învățați pe micuț ceva important. Copiii se nasc cu capacitatea de a învăța, în primul an de viață formând milioane de conexiuni neurale. Cu toate acestea, chiar dacă bebelușul vostru acumulează cunoștințe în fiecare clipă a zilei, psihologii comportamentaliști tot recomandă zece–cincisprezece minute, o dată sau de două ori pe zi, pentru a-l stimula și a-l învăța cum să relaționeze cu voi și cu ceilalți, ce reprezintă sentimentele pe care le trăiesc.

Alegeți un moment din zi când amândoi sunteți vioi și gata de joacă. Așezați-vă copilul în picioare astfel încât să-i vedeți fața, iar ochii lui să fie la același nivel cu ai voștri. Copilul trebuie să vă poată vedea mâinile, brațele și partea superioară a corpului.

Acum puteți începe. Vorbiți, cântați un cântecel, dați din palme, faceți o grimasă, arătați-i o jucărie, sărutați-l și gâdilați-l. Distrându-vă împreună astfel, copilul vostru ajunge să învețe ce sunt emoțiile. Există multe cărți care sugerează diferite moduri de joacă, dar cel mai bine este să vă lăsați ghidat de instinct. Deși poate nu vă dați seama de acest lucru, cele mai obișnuite moduri de a ne juca cu copiii noștri sunt cele mai importante pentru dezvoltarea lor emoțională.

Încercați și voi

Timpul alocat copilului

Iată câteva dintre jocurile mele preferate pentru copii

Eu și cu tine
Ce facem: Luați o oglindă pentru copii și oglindiți-vă în ea împreună cu copilul vostru. Arătați în oglindă figura voastră și apoi pe a lui. Strâmbați-vă în oglindă și urmăriți care sunt reacțiile lui. Observați dacă acesta imită în oglindă ceea ce vede la voi sau dacă întinde mâna înspre oglindă.
Mesajul: „Tu și cu mine suntem interconectați. Uite cât de bine ne distrăm împreună."

Tic-tac
Ce facem: Luați copilul în brațe și legănați-l înainte și înapoi ca pendulul unui ceas.

Mesajul: „Hai să avem o aventură împreună! Nu îți voi da drumul. Poți avea încredere în mine."

Unde sunt?
Ce facem: Plimbați-vă în jurul scaunului lui, ieșind din câmpul lui vizual, și întrebați-l: „Unde sunt?", așteptând ca acesta să se întoarcă după voi și să vă caute cu privirea.
Mesajul: „Poți să îmi recunoști vocea și să mă găsești atunci când ai nevoie de mine."

Cu-cu
Ce facem: Ascundeți-vă fața după o batistă sau după un alt obiect, apoi ieșiți la iveală.
Mesajul: „Chiar dacă plec și nu mă mai vezi, tot mă întorc la tine."

Lovește în tigaie
Ce facem: Țineți o tigaie la o distanță de câțiva centimetri de piciorul copilului, în timp ce acesta este culcat pe spate. Folosiți-o ca pe o țintă în care să lovească. Scoateți un sunet și faceți o grimasă atunci când reușește să atingă tigaia.
Mesajul: „Atunci când faci un gest, eu îți răspund. Îmi place când te concentrezi și te străduiești."

Te prind!
Ce facem: Când bebelușul vostru începe să se târască, spuneți-i: „Stai că te prind", cu o voce zglobie. Lăsați-l să avanseze puțin, apoi prindeți-l și frecați-vă nasul de al lui (la început mai delicat, iar apoi, dacă îi place, puțin mai ferm).
Mesajul: „Asta e puțin cam înfiorător, dar poți să-ți controlezi temerile. Poți să controlezi mai multe sentimente în același timp."

Hai să facem ceva împreună
Ce facem: Între zece și douăsprezece luni, bebelușul vostru va începe să vă imite în tot ce faceți. Dați-i o lingură și un castronel pentru a vă imita când amestecați ceva, o mătură de jucărie pentru a se face că mătură și el sau un ciocan de plastic cu care să ciocănească.
Mesajul: „Îmi place când faci și tu ce fac eu. Îmi place să te învăț ce să faci."

Copilul vostru vă va spune exact ceea ce îi place să
faceți zâmbindu-vă, dând din brațe și din picioare, lovind
și manifestându-și diferitele tipuri de emoții.

Acest gen de joacă va fi o parte preferată a limbajului
secret pe care-l împărtășiți cu copilul vostru, învățând să
găsiți plăcere în cadrul interacțiunii directe cu acesta. Dar,
pe lângă faptul că vă distrați și că îl stimulați, construiți
și fundamentul tuturor viitoarelor sale relații.

Pentru a învăța cum să structurați orele de joacă, trageți
cu ochiul la Joy și la orele ei de joacă cu Rachel, în vârstă
de trei luni, atunci când folosesc limbajul secret. Privin-
du-le cum se joacă, puteți observa multele niveluri ale
comunicării emoționale și sociale a limbajului secret.
Puteți observa că fiecare zece–cincisprezece minute de
joacă au etape diferite: pregătirea, salutul, interacțiunea
și eliberarea. Această structură este importantă pentru a-l
învăța pe copil despre interacțiunea umană. Aceasta oferă
ritm și ordine comunicării dintre voi și copil, devenind
baza comunicării emoționale.

Ce se întâmplă	Ce se comunică
Pregătirea Joy o așază pe Rachel într-un scaun pentru copii, pe podea, și împrăștie câteva jucării în fața acesteia. Rachel se uită la mama ei cum împrăștie jucăriile, după care zâmbește cu plăcere, în timp ce Joy își ridică privirea gata de joacă.	Bebelușilor le place rutina și recunosc ritualurile familiare. Prin împrăștierea jucăriilor, Joy vrea să spună: „Este timpul să ne jucăm". Când jucăriile sunt împrăștiate, Rachel o privește pe Joy cum ridică privirea și stabilește un contact vizual cu ea. Acesta este modul ei de a spune: „Sunt gata de joacă!". Aceasta completează etapa de orientare în care Rachel și mama ei cad de acord asupra viitoarei activități.

Ce se întâmplă	Ce se comunică
Salutul „Ești gata de joacă, Rachel?", își întreabă Joy fetița, cu o voce melodioasă, pe care adesea o folosim când ne adresăm unui sugar. Rachel îi răspunde fluturându-și mâinile și picioarele și zâmbindu-i mamei sale.	Aceasta este denumită etapa de întâmpinare, în care Joy o invită pe Rachel la joacă. Începând de la trei luni, bebelușii pot să-și recunoască numele atunci când este rostit și știu că urmează să se întâmple ceva după ce-l aud. „Vocea de bebeluș", melodică, pe care o folosește Rachel este ceva obișnuit în toate culturile, așa că putem presupune că suntem programați să vorbim într-un mod cât mai plăcut pentru urechile unui sugar. Mișcările de răspuns ale lui Rachel sunt precum cele ale unui cățel care dă din coadă. Este un răspuns care ne atestă fără dubiu faptul că suntem aprobați.
Interacțiunea „Hai să ne jucăm «Sunetele»!" propune Joy. „Eu iau o jucărie și scot un sunet anume, și astfel aflăm care jucărie îți place mai mult." Rachel se uită atentă la fața mamei ei. Joy ridică o jucărie și o scutură în fața lui Rachel. Așteaptă ca aceasta să-i răspundă și o întreabă: „Îți place sunetul pe care-l scoate? Îți place zornăitoarea?". Rachel întinde mâna spre jucărie. Joy îi spune: „Bravo! Acum poți să o zornăi singură."	Desigur că Rachel nu înțelege cu adevărat ce îi spune mama ei, dar, în felul acesta, descoperă limbajul. Curând, ea va înțelege că atunci când punem o întrebare, tonul vocii noastre se ridică la sfârșitul propoziției și că așteptăm un răspuns. Când Rachel se întinde să apuce jucăria, Joy îi răspunde. Ele s-au sincronizat în dansul comunicării. Acesta este începutul învățării emoționale. Bebelușii au patru emoții de bază: dezgustul, tristețea, fericirea și teama.

Ce se întâmplă	Ce se comunică
Joy ia o lingură de lemn și lovește cu ea într-o tobă de plastic. Ea imită toba, rostind „bum, bum", dar Joy observă pe fața lui Rachel o expresie de agitație. „Te sperie zgomotul acesta?", întreabă ea. „E în regulă, nu mai scoatem zgomotul acesta acum."	Pe baza acestora, ei vor construi o infinitate de alte sentimente.
Despărțirea După zece minute, Rachel începe să pară plictisită. Își întoarce privirea de la mama ei, care continuă să se joace. „Te-ai săturat de jocul acesta?", întreabă Joy. „Hai să punem jucăriile la loc și să ne pregătim să mergem afară."	Aceasta este etapa de despărțire. Copiii ne arată când s-au săturat de ceva, întorcându-se în altă direcție. Joy știe că acesta nu este un semn de respingere, ci doar unul prin care fetița ei îi spune că e timpul să treacă la altceva.

Veți observa probabil că, atunci când vorbiți și vă jucați cu copilul vostru, o faceți într-un fel anume. Observați cum fiecare mișcare a corpului este încetinită și accentuată. Observați că începeți să vorbiți mai rar și mai atent, ca și cum i-ați vorbi unei persoane într-o limbă străină, repetând cuvintele și frazele de mai multe ori. Vă opriți atunci când copilul vostru își întoarce privirea. Asta îi dă ocazia să „se gândească" la ceea ce se petrece și să pună ordine în ceea ce vede.

Cum să-l învăţaţi pe copilul vostru să se autoliniştească prin intermediul limbajului secret

Cea de-a treia parte importantă a comunicării emoţionale constă în învăţarea bebeluşului cum să se liniştească atunci când este supărat. Acest lucru este foarte dificil atât pentru copii, cât şi pentru părinţi.

În primele luni de viaţă, părinţii sunt încurajaţi să răspundă fiecărui plânset al copilului lor, pentru a putea forma o legătură între ei şi acesta. Este momentul în care bebeluşul trebuie să afle că vă aflaţi lângă el pentru a-i satisface orice nevoie. Totuşi, începând cu luna a patra, copilul vostru trebuie să capete sentimentul de siguranţă, iar voi ar trebui să începeţi să puteţi distinge diferitele nevoi ale acestuia din felul în care se mişcă sau plânge (vom analiza acest lucru în detaliu, pe parcursul capitolului următor).

Între trei şi nouă luni, ar trebui să aflaţi ce înseamnă fiecare plânset în parte. Dacă veţi învăţa să recunoaşteţi modul în care vă comunică atunci când este obosit, îi este foame sau este plictisit, veţi şti cum să răspundeţi mai bine acestor nevoi ale sale. Veţi şti când să vă grăbiţi să ajungeţi la pătuţul lui atunci când plânge pentru că îl doare ceva, îi este frică de ceva, dar nu o veţi face dacă ştiţi că plânsetul lui vă spune: „Sunt obosit şi sâcâit". În acest caz, veţi vrea să-l învăţaţi cum să se potolească singur ca să poată adormi. Dacă veţi răspunde la fiecare plânset al lui, încercând să-l alintaţi, zi şi noapte, bebeluşul nu va învăţa niciodată să se liniştească singur.

Autoliniştirea reprezintă o piatră de temelie emoţională critică, deoarece ea stabileşte etapa pentru controlul emoţional ulterior şi pentru autodisciplină. Oamenii de ştiinţă cred că bebeluşii învaţă să-şi controleze emoţiile în primul an de viaţă, în timp ce creierul acestora se maturizează. Ei presupun că partea din creier denumită amigdală, reprezentând centrul controlului emoţiilor noastre, acţionează în mod diferit în cazul copiilor care învaţă să se liniştească singuri. În mod aparte, această parte a creierului pare să fie capabilă să-i ajute pe copii să „oprească" substanţele biochimice (adrenalină, epinefrină, norepinefrină, cortizon şi altele) care îi fac furioşi, anxioşi sau le induc teama. Cercetătorii cred că, în cazul sugarilor şi al copiilor mici care învaţă să se calmeze, creierul acestora învaţă cumva să controleze mai bine substanţele chimice care sunt asociate stresului emoţional. Dacă micuţii nu învaţă să se calmeze prin propria lor voinţă, ei continuă să fie dependenţi de părinţii lor, aşteptând în permanenţă ca aceştia să o facă în locul lor. Când se fac mari, sunt mult mai supuşi riscului apariţiei problemelor sentimentale.

Să luăm exemplu de la cazul Christinei şi al lui Harvey, părinţii îngrijoraţi ai lui Emily, în vârstă de unsprezece luni. Emily a fost întotdeauna un copil timid şi sensibil. Nu-i plăceau sunetele puternice şi nu-i plăcea să fie luată în braţe de altcineva în afară de părinţii ei. Ţipa de fiecare dată când era pusă în pătuţul ei. Ca urmare, Christine şi Harvey şi-au organizat întreaga viaţă în jurul fetiţei lor mai mult decât era nevoie sau i-ar fi fost de ajutor acesteia. Întotdeauna o ţineau în braţe până ce adormea. Dacă se trezea noaptea, lucru care se întâmpla destul de des, o luau în patul lor. Nu ieşeau niciodată undeva fără Emily.

Odată au încercat să o lase pe Emily cu o bonă, dar copilul a izbucnit într-un plâns isteric în momentul în care au ieşit pe uşă. După zece minute, când au sunat acasă, Emily încă plângea. S-au întors din drum şi au revenit acasă, aceasta fiind ultima lor încercare de a ieşi undeva seara.

După mai bine de trei ani, Emily era tot un copil timid şi sensibil. Dormea încă împreună cu părinţii ei. La grădiniţă era şovăitoare şi timidă. Christine şi Harvey încă nu ieşeau nicăieri seara fără Emily.

Cercetările efectuate pe acest tip de copii şi bebeluşi timizi ne arată că această trăsătură de personalitate persistă în timp ce copii cresc. Bebeluşii timizi se transformă în preşcolari timizi, care se transformă în copii timizi şi apoi în adolescenţi timizi, iar în cele din urmă, în adulţi timizi. (Bebeluşii furioşi şi anxioşi tind să păstreze aceste trăsături de caracter în timp ce se fac mari, deşi nu neapărat până la a deveni timizi, aceasta părând a fi în legătură cu o „genă a timidităţii".)

Dar soarta unui bebeluş timid, furios sau anxios nu e bătută în cuie, mai ales dacă vă învăţaţi sugarul să se liniştească şi singur, cu ajutorul limbajului secret. Jerome Kagan de la Universitatea Harvard ne-a arătat cum părinţii pot fi învăţaţi să-i obişnuiască pe copiii lor timizi să se calmeze, ajungând ca, la vârsta de cinci ani, să nu mai aibă aceste trăsături. De fapt, ei nu se mai deosebesc de colegii lor curajoşi şi stăpâni pe sine.

Aveţi un copil de şase luni sau mai mare care este prea dependent de voi? Vă este teamă să-l lăsaţi cu o bonă? Doarme în pat cu voi sau trebuie să staţi cu el până ce adoarme? Plânge când îl aşezaţi în pătuţul lui sau când ieşiţi din cameră pentru câteva minute? Dacă aţi răspuns cu „da" la toate aceste întrebări, atunci trebuie să-l învăţaţi cum să dobândească aptitudinile de a se calma singur. Asta nu doar pentru sănătatea voastră, ci și pentru sănătatea lui emoțională. Ca medic pediatru, William Sammons scrie în cartea sa „The Self-Calmed Baby" (*Bebelușul care se liniștește singur*): „Autoliniștirea determină o mai bună siguranță de sine și independență. În loc să fie un copil neajutorat, el poate să se descurce singur. Dobândește un sentiment de împlinire și nu mai este vulnerabil, deoarece este mai puțin dependent de ceilalți. Autoliniștirea produce un nivel de control și flexibilitate pe care nu-l pot forma doar părinții".

Temperamentul unui bebeluș este cel mai bun profet care ne poate spune cum se va comporta în următoarele luni. Dacă începeți să-l învățați de mic cum să se autoliniștească, va conta foarte mult atunci când va încerca să pună alte pietre de temelie ale sistemului său emoțional.

Deci, cum îl învățați pe bebelușul vostru să se liniștească singur? Cum îl faceți să adoarmă singur și să doarmă toată noaptea? Desigur, prin intermediul limbajului secret! „Trucul" constă în a-i transmite că sunteți lângă el și îl alinați fără a-l lua în brațe și a-l legăna, așa cum o făceați când avea mai puțin de șase luni. Este important și să subliniați faptul că acesta este un proces care se desfășoară treptat. Psihologii îl numesc procesul „desensibilizării". Aceasta înseamnă că, încet-încet, răspundeți din ce în ce mai puțin la plânsetul emoțional al copilului vostru (spre deosebire de plânsetele de foame, disconfort sau durere, care sunt bazate pe nevoi fizice), așa încât, el învață treptat cum să aibă singur grijă de nevoile sale afective. Sammons recomandă un procedeu în cinci pași pentru învățarea bebelușului să se calmeze singur:

- Pasul 1: *Când începe să plângă, controlați dacă totul este în ordine.* Descifrați plânsetul acestuia și semnele sale nonverbale pentru a vedea ce încearcă să vă transmită.

- Pasul 2: *Așteptați un minut sau două, după care spuneți-i câteva cuvinte.* Vocea voastră este foarte liniștitoare pentru el, însă nu-i conferă acestuia tot confortul de care are nevoie, cum s-ar întâmpla dacă l-ați lua în brațe. Dacă bebelușul nu poate adormi noaptea, puteți să-i înregistrați pe o casetă audio cum îi cântați un cântecel.

- Pasul 3: *Apăreți în cadru și lăsați-l să vă observe.* Doar faptul de a vă vedea reprezintă următorul pas în liniștirea copilului vostru. Poate fi de ajutor și a-i lipi prin cameră, aproape de pătuțul lui, câteva poze de-ale voastre sau ale persoanei care are grijă de el.

- Pasul 4: *Dacă tot plânge, verificați-i scutecele și mângâiați-l puțin pe spate, continuând să-i vorbiți. Nu-l luați în brațe.* Prin această atitudine, îi spuneți că sunteți acolo, dar nu sunteți dispusă să îl alintați. Este greu de procedat astfel, dar aceasta este o parte importantă a procesului de desensibilizare.

- Pasul 5: *Dacă nimic nu pare a funcționa, iar el continuă să plângă, atunci luați-l în brațe pentru câteva minute. Mângâiați-l și apoi așezați-l înapoi în pătuțul lui, în poziția în care-i place cel mai mult.*

Prin intermediul atingerii, al vocii și al limbajului trupului, îi transmiteți bebelușului că totul este în regulă și că este timpul să doarmă sau să se joace liniștit. Mesajul pe care încercați să i-l transmiteți este: „Te iubesc, dar nu pot sta cu tine absolut tot timpul. Poți să stai și singur". Atunci când vreți să-i comunicați acest mesaj, trebuie să îl credeți și voi. Este greu să stați departe de copil, care vă dorește atât de mult. Instinctul vă îndrumă să faceți ceva care să-l liniștească. Dar, în acest caz, instinctul poate să greșească. A vă iubi copilul înseamnă totodată a-i stabili niște limite nu numai acum, ci și pe tot parcursul copilăriei sale.

Dacă micuțul continuă să plângă când e vremea lui de culcare, repetați acești cinci pași. În niciun caz nu disperați. După cum veți vedea, există multe căi care vă pot ajuta să creșteți un copil fericit și sănătos, atunci când înțelegeți și folosiți limbajul secret.

Capitolul 3

Cum cer bebelușii ajutor

Cum să înțelegeți durerea copilului vostru

Nu cred că există ceva mai rău decât un bebeluș care plânge de durere. Oricare dintre părinții pe care-i cunosc ar prefera să ia asupra lor durerea decât să îi vadă pe micuții lor cum suferă. Sigur că, uneori, durerea de moment aduce după sine sănătatea, ca atunci când copilul vostru face un vaccin. Iar durerea poate fi, și ea, cel mai bun profesor. Dacă bebelușul pune mâna pe o ceașcă de cafea fierbinte sau se rostogolește din scaunul său înalt până ce cade și se lovește la cap, este puțin probabil că va mai face asta încă o dată.

Însă, indiferent cât de mult am dori, este greu să acceptăm durerea provocată de boală sau de o lovitură. Durerea cronică încetinește însănătoșirea unui copil după o boală gravă. Îi perturbă apetitul și somnul. Afectează legătura normală dintre copii și adulți. Încetinește capacitatea de a vă stimula copilul și, ca urmare, îi încetinește acestuia dezvoltarea.

Există unele persoane care cred că bebeluşii nu simt durerea la fel ca adulţii, considerând că sistemul lor nervos nu este la fel de dezvoltat precum al acestora şi, deci, nici atât de sensibil. Dar, de fapt, avem motive să credem că lucrurile stau exact pe dos: bebeluşii simt durerea mult mai puternic decât adulţii. Din cauza sistemului lor nervos imatur şi a lipsei dezvoltării cognitive, sugarii nu au aceleaşi posibilităţi de a face faţă durerii. Şi mai tulburător este că unele studii recente indică următorul fapt: cu cât sugarii simt mai multă durere, cu atât devin mai sensibili la ea când se fac mari.

Aceasta este teoria doctorului M.A. Ruda, şeful departamentului de neuroştiinţe celulare de la Institutul Naţional de Sănătate de Cercetare Dentară şi Craniofacială. Atunci când echipa de cercetători a doctorului Ruda a injectat lăbuţa unor şoricei nou-născuţi cu o substanţă iritantă, a descoperit că şi după ce animalele ajunseseră la maturitate, iar lăbuţele lor se vindecaseră de mult, tot mai erau sensibile la durere, chiar şi la simpla atingere. Ruda notează: „Am descoperit că animalele care au suferit dureri şi răni neonatale aveau mai mulţi centri nervoşi, iar aceste fibre acoperă o lungime mai mare a coloanei vertebrale decât în mod obişnuit". Alte studii indică faptul că bebeluşii născuţi prematur şi cu greutate redusă, care presupunem că sunt supuşi multor proceduri dureroase şi repetate pe parcursul şederii în spital, se vor plânge mai mult atunci când îi doare ceva, în comparaţie cu semenii lor născuţi normal.

Dacă această ipoteză este adevărată, cu cât vă veţi ajuta bebeluşul să treacă peste durerile pe care le are acum, când este mic, cu atât îi va fi mai uşor în viitor. Puteţi face aceasta şi mai bine, atunci când înţelegeţi modalităţile secrete prin care bebeluşii vă comunică durerea şi neliniştile lor.

Mai întâi, aflaţi unde îl doare

Kyle, unicul părinte al Lillianei, o fetiţă în vârstă de opt luni, s-a trezit într-o noapte auzind-o pe micuţă ţipând în pătuţul ei. Era ceva neobişnuit pentru Lilliana să se trezească noaptea, iar plânsetul ascuţit al acesteia i-a spus lui Kyle că ceva nu este în regulă. Kyle s-a grăbit la pătuţul fetiţei sale, a luat-o în braţe şi, instinctiv, a pipăit-o peste tot, să vadă ce nu era în regulă. În timp ce o ţinea pe Lilliana în braţe, a observat că trupul acesteia era rigid, iar spatele arcuit. Pe faţă avea o grimasă — ochii strânşi, sprâncenele contractate, iar limba scoasă şi gura larg deschisă. Plânsetul Lillianei era mai strident ca niciodată. După câteva clipe de legănat şi vorbit cu ea, plânsetul micuţei a început să se domolească puţin şi a devenit ritmic. Mergând a doua zi cu ea la medicul pediatru, Kyle a aflat că Lillian are o infecţie în ambele urechi.

Este greu de confundat plânsetul de durere al unui sugar. Corpul rigid, grimasa, plânsetul strident, care nu poate fi ignorat — acestea sunt trei „semne" care vă spun că bebeluşul vostru suferă (deşi este important de observat faptul că nu întotdeauna sunt prezente toate trei). De exemplu, când fiica mea cea mare, Jessica, avea cinci luni, a avut un mic chist pe gât, care se pare că îi provoca o mare durere. În timpul zilei, Jessica refuza să-şi bea laptele, chiar dacă era o mâncăcioasă de felul ei. Se strâmba atunci când bea din sticluţa ei, dar nu plângea. Spre seară, chistul din gât crescuse de mărimea unei mingiuţe, iar fetița începuse să aibă febră. Dar tot nu plângea, deși abia își putea ridica capul. Am mers de urgență cu ea la spital și i-a fost extirpat chistul.

Este atât de frustrant pentru părinți când nu știu cum să descopere ce anume îl doare pe copilașul lor. Din fericire, există un număr redus de motive care i-ar putea provoca durere acestuia, iar dacă sunteți sensibili la limbajul secret al copilului vostru, puteți descoperi rapid cauza durerii sale.

Ca și Kyle, din exemplul de mai sus, primul lucru pe care trebuie să-l încercați este să localizați motivul durerii. Deoarece infecțiile urechilor sunt atât de obișnuite, acesta ar trebui să fie primul loc în care să vă uitați. Dacă palpați urechea exterioară a copilului, iar acesta încearcă să vă înlăture mâna, s-ar putea ca durerea sa să provină de acolo (deși uneori pe bebeluși nu-i deranjează dacă le atingeți urechea infectată).

Apoi, trebuie să-l examinați pe corp, să vedeți dacă nu i-au apărut pete roșii sau umflături. Eczemele datorate scutecelor provoacă în mod obișnuit durere micuților, deși există cel puțin opt tipuri de eczeme ce apar la sugari. Unele arată mai rău decât altele, dar nu-i deranjează cu adevărat. Altele pot fi foarte dureroase, mai ales atunci când urina ajunge la pielea lor sensibilă.

Atunci când pe bebelușul vostru îl doare ceva, veți observa în mod normal, în decursul a două zile, o modificare a somnului și a alimentației acestuia. Sigur că dacă are febră, își schimbă scaunul (mirosul sau culoarea), vomită sau regurgitează mai mult decât de obicei, are o respirație zgomotoasă, rapidă sau dificilă, atunci puteți aprecia pe dată că este bolnav.

În cazul în care consideraţi că micuţul are dureri, trebuie să chemaţi imediat medicul pediatru. Dar, cu cât îi puteţi da mai multe detalii la telefon, cu atât îi va fi mai uşor să vă ajute. Folosiţi tabelul de mai jos pentru a vă ajuta pe voi sau persoana care-l îngrijeşte pentru a fi un „detectiv al durerii". Notaţi tot ce vedeţi, auziţi, simţiţi sau mirosiţi. Ţineţi minte că, atunci când „citiţi" limbajul secret al bebeluşului vostru, trebuie să faceţi uz de toate simţurile voastre.

Încercaţi şi voi

Tabelul durerii

Notă: Faceţi mai multe copii ale acestui tabel şi învăţaţi-le pe toate persoanele care se ocupă de copil cum să-l folosească. Notaţi în acest tabel numărul de telefon al medicului şi cel de la spitalul de urgenţă.

Numele şi numărul de telefon al medicului

_____

Numărul de telefon de la spitalul local sau cel de la urgenţă

_____

Ce trebuie să faceţi	Notaţi ceea ce observaţi
Verificaţi dacă degetele sau părul copilului nu sunt prinse în ceva.	
Verificaţi dacă au apărut eczeme sau alte decolorări ale pielii.	
Dacă la atingere este prea cald, luaţi-i temperatura.	
Verificaţi scaunul bebeluşului.	
Observaţi dacă există modificări ale somnului sau ale alimentaţiei.	

Ce trebuie să faceţi	Notaţi ceea ce observaţi
Fiţi atenţi la felul plânsetului acestuia.	
Urmăriţi şi alte simptome fizice (respiraţie dificilă, nas înfundat, sensibilitate la atingere).	
Notaţi dacă există modificări ale mediului ambiant sau ale programului bebeluşului (schimbări ale laptelui sau ale mâncării, modificarea programului vostru, oameni sau animale noi în casă etc.)	

Cum să-l ajutaţi pe copilul vostru atunci când are dureri cronice

Dacă bebeluşul vostru trebuie să stea mult timp în spital, este posibil ca acesta să aibă dureri acute şi cronice. Odată cu progresele făcute de medicina neonatală, din ce în ce mai mulţi copii sunt scutiţi de urmările şi bolile care le-ar fi fost fatale cu câteva zeci de ani în urmă. Dar odată cu aceste descoperiri medicale intervin şi proceduri care determină dureri şi disconfort prelungit copilului. În cazul în care copilul vostru are o boală gravă, care necesită operare sau spitalizare îndelungată, ar fi de folos să ştiţi că medicii fac mari eforturi pentru a înţelege limbajul secret al durerii copiilor.

Există numeroase scale care implică în mod obişnuit atât observarea, cât şi analizele medicale pe care le folosesc specialiştii pentru a măsura durerea sugarilor. Este necesară o apreciere corectă a durerii acestora, deoarece echipa de medici doreşte ca bebeluşul vostru să primească medicaţia necesară care să-l facă să se simtă bine şi nu să îi dea prea multe medicamente. Prea multe medicamente împotriva durerii pot să încetinească procesul de însănătoşire şi, în unele cazuri, să reprezinte un risc.

Un exemplu de astfel de scală este scala de durere postoperatorie POCES (în engleză: CRIES), pe care o folosesc asistentele medicale şi celelalte cadre medicale pentru a măsura următorii cinci parametri: P = plânsul; O = nevoia de oxigen; C = semne vitale crescute (presiunea arterială, bătăile inimii); E = expresia facială; S = somnul. Scorul se determină pe o scală de zece puncte şi se măsoară la o oră înainte de scorare, un scor mai mare însemnând mai multă durere.

Puteţi măsura singuri trei dintre aceşti cinci parametri. Pentru Plâns, daţi nota:

- 0 = nu plânge;
- 1 = plânset strident, dar copilul poate fi liniştit;
- 2 = plânset strident, dar copilul nu poate fi liniştit.

Observându-i expresia facială, apreciaţi:

- 0 = bebeluşul vostru nu arată niciun semn de durere;
- 1 = bebeluşul face grimase coborând sprâncenele, strângând din ochi şi deschizând gura;
- 2 = bebeluşul face grimase şi scoate sunete ca şi cum ar mormăi.

În ceea ce priveşte somnul, notaţi cu:

- 0 = bebeluşul doarme continuu cu o oră înainte de a-l observa;
- 1 = bebeluşul este treaz la diferite intervale de timp;
- 2 = bebeluşul este treaz în permanenţă.

Medicul va măsura totodată și saturația oxigenului și presiunea arterială crescută, dar, fără ajutorul ustensilelor medicale sau al unei pregătiri medicale, puteți aprecia durerea copilului vostru doar cu ajutorul acestor trei indicatori și pe o scală de șase puncte. Atunci când bebelușul iese din spital după o operație sau un alt tratament medical, întrebați medicul despre toate modurile în care acesta își exprimă durerea și aflați tot ce este nevoie să știți pentru a putea avea grijă de el.

Bebelușii care plâng prea mult

Era începutul unei zile obișnuite pentru Ezra, un contabil în vârstă de treizeci și patru de ani, care lucra la o mare firmă din New Jersey. Ochii săi erau cam roșii și aproape incapabili să se concentreze asupra a ceva. Era proaspăt spălat și bine îmbrăcat, dar comportamentul lui era al unui om care încheia ziua, nu care abia o începea. Sorbea din ceașca de cafea în timp ce aștepta să i se pornească computerul. Își dorea cu disperare să-și pună capul pe birou și să doarmă măcar o oră sau două înainte de a se apuca de lucru. Dar trebuia să aștepte până la pauza de prânz, când putea să-și devoreze sendvișul și apoi să tragă un pui de somn de patruzeci și cinci de minute pe bancheta din spate a mașinii sale.

Asta fusese rutina lui Ezra în ultimele cinci luni, de când se născuse fiul său, Josh. Deși își iubea foarte mult copilul, trecuseră 153 de zile de când Ezra și soția sa, Paula, nu mai dormiseră o noapte întreagă. Ezra îi explica unui coleg înțelegător: „Josh este un plângăcios. Plânge toată ziua și toată noaptea, și nimeni nu ne poate spune de ce. Medicii lui ne spun că îi va trece, dar mă tem că eu n-o să apuc ziua aceea".

Disperarea lui Ezra nu este ceva neobișnuit. Mulți dintre proaspeții părinți sunt extenuați, întrebându-se cum un copil care le aduce atâta bucurie îi poate aduce într-un asemenea stadiu de disperare.

Plânsul nu este ceva plăcut, iar unii bebeluși au un plânset puternic și țipător. Anumite condiții din timpul perioadei de sarcină, cum ar fi malnutriția sau toxico-mania, pot determina ca plânsetul unui copil să aibă de la șapte sute la opt sute de cicluri pe secundă, în loc de trei sau patru sute, așa cum e în mod normal. Plânsetul unor copii are până la optzeci de decibeli (comparativ cu sunetul unui ciocan pneumatic, care este de o sută de decibeli). Copiii prematuri sau bebelușii care sunt insufi-cient de dezvoltați pentru vârsta lor pot avea un plânset mai puternic, mai țipător sau mai regulat decât ceilalți copii, acest tip de plânset fiind mult mai neplăcut. Este un fapt nefericit, dar adevărat, că bebelușii cu plânset puternic și țipător sunt mai predispuși la a fi pedepsiți.

Plânsul excesiv, denumit adesea acut, apare la 20–25% dintre sugari și afectează în fiecare an mai mult de șapte sute de mii de familii din Statele Unite. Cei mai mulți dintre medicii pediatri definesc plânsul excesiv prin „Regula de 3":

- sugarul plânge mai mult de 3 ore pe zi;
- sugarul plânge în mod excesiv mai mult de 3 zile pe săptămână;
- modelul comportamental continuă pentru cel puțin 3 săptămâni consecutive la bebelușii sănătoși.

Există și alte caracteristici care definesc plânsul exce-siv. Una dintre ele este felul în care începe. Plânsul excesiv porneşte rapid şi deodată, fără să fie prea închegat. Şi mai supărător pentru părinţi, bebeluşii par a nu avea un „buton de oprire" pentru acest tip de plâns. Plânsul continuă la nesfârşit, fără a se modifica. Unii părinţi îi descriu pe sugari ca având o „criză". Alţii spun că bebeluşii lor par să nu „aibă niciun control" sau că pare să îi doară în permanenţă ceva.

Pe lângă plânset, mai există şi alte semne distinctive pe care le emite un bebeluş în timpul acestor perioade în care plânge excesiv. I se strânge burtica, îşi încleştează pumnii şi îşi ridică picioarele şi genunchii. Mulţi dintre sugari par că îşi ţin respiraţia în timpul acestor plânsete. Faţa li se înroşeşte, li se răcesc picioarele şi gura le devine lividă.

Dar cel mai supărător aspect al acestor plânsete este faptul că sugarul nu poate fi liniştit. Cei mai dedicaţi şi neobosiţi părinţi spun că nimic nu pare să funcţioneze când încearcă să-şi calmeze copiii, iar fiecare perioadă în care plâng pare să-şi urmeze propriul curs. La unii bebeluşi, tehnicile de calmare prin încercare şi eroare par chiar a înrăutăţi lucrurile.

De ce mi se întâmplă mie asta?
De ce i se întâmplă copilaşului meu asta?

Se apreciază că unul din cinci copii au perioade inexplicabile de plâns acut, sever şi persistent, care încep de obicei în jurul vârstei de trei săptămâni, ating apogeul în cea de a şasea săptămână şi încep să descrească semnificativ în cea de a patra sau a cincea lună de viaţă. Desigur că părinţii vor să afle de ce plâng copiii lor, dar, din păcate, ştiinţa nu le poate oferi un răspuns clar la această întrebare. Cu siguranţă că factorii biologici joacă un rol. Presupunem că bebeluşii cu plâns colic au un temperament dificil şi că sunt mai reactivi atât la disconfortul propriului lor corp, cât şi la lumea înconjurătoare. Mulţi dintre pediatri cred că sugarii colici au un tract intestinal imatur, dar această presupunere nu a dus la obţinerea niciunui răspuns care să ne spună ce e de făcut. Primul lucru recomandat este a-i administra sugarului lapte pe bază de soia, dar funcţionează doar în cazul unui număr redus de copii.

Unii compară colicii copiilor cu durerile de cap ale adulţilor. Vă poate durea capul la tâmple, în jurul ochilor, la ceafă sau fruntea, dar voi descrieţi toate aceste dureri ca pe o singură indispoziţie — durerea de cap. Ca şi în cazul colicilor, există multe lucruri care pot provoca dureri de cap — un zgomot persistent, foamea, lipsa somnului. În sfârşit, ştim că unii oameni sunt mai predispuşi la durerile de cap decât alţii, deşi nu ştim de ce se întâmplă astfel. Dar, spre deosebire de durerile de cap, care trec repede cu ajutorul medicamentelor, colicii nu răspund bine la intervenţiile medicale şi rareori sunt prescrise medicamente pentru acestea.

Unul dintre cele mai neplăcute aspecte pe care le determină apariţia colicilor este efectul pe care-l au asupra părinţilor. Un copil care are suferă de colici poate declanşa o gamă largă de reacţii adverse ale părinţilor săi, de la depresie la o îngrijire nepotrivită, prin supraalimentare sau subalimentare. Stările şi comportamentele iritabile ale părinţilor le pot înrăutăţi şi mai tare pe cele ale copiilor. Faptul că fiecare sugar va depăşi această perioadă de plâns excesiv, probabil după ce trece de patru luni, şi cu siguranţă după şase luni, reprezintă o slabă consolare pentru părinţi.

Ce ajută în aceste cazuri

Cel mai bun tratament în cazurile copiilor care plâng prea mult este o combinație de tehnici care ajută la reducerea disconfortului bebelușului și la creșterea capacității părinților de a face față acestei situații. Există zeci de modalități de a calma un copil, și chiar și cel mai dificil sugar răspunde de obicei la una sau două dintre acestea. Iată câteva dintre cele mai populare:

- **Legănatul ritmic**. Cei mai mulți dintre copii răspund la legănatul în brațe, în cărucior sau în leagăn. Veți observa de îndată că bebelușul vostru are propriul ritm — unora dintre sugari le place să fie legănați încet, altora mai repede (dar aveți grijă să nu-i legănați niciodată prea puternic, deoarece bebelușii pot ameți precum adulții). Unele mame au observat că bebelușilor le place să fie legănați lateral și că se calmează când îi leagănă de sus în jos, dar fiecare bebeluș și fiecare părinte trebuie să descopere ce îi face să se simtă bine.
- **Înfășatul**. Pentru unii dintre sugari, înfășatul este un lucru foarte plăcut. Se presupune că acest lucru le dă impresia că se află din nou în pântecele cald și protector al mamelor lor.
- **O baie caldă**. Pe unii bebeluși, baia îi ajută, dar pe alții nu. Unii dintre sugari devin agitați când sunt introduși în apă și vă veți da seama foarte repede de acest lucru. Țineți minte să introduceți sugarul treptat în baia călduță, mai întâi udându-l cu mâna și apoi, treptat, băgându-i picioarele în apă, după care restul corpului. Vocea voastră calmă și uniformă

şi mâinile îl vor ajuta pe micuţ să înţeleagă că baia este o experienţă reconfortantă.

- **Mirosuri plăcute.** Există anumite mirosuri plăcute bebeluşilor, mai cu seamă cel de lavandă şi muşeţel. Deoarece simţul mirosului este perfect dezvoltat la naştere, sugarul vostru va reacţiona la mirosurile puternice la fel ca şi adulţii. În unele ţări europene, mamele pun potpuriuri cu lavandă în camera bebeluşului, pentru a-l ajuta pe acesta să doarmă. În ultimii câţiva ani, numeroase firme de cosmetice au produs uleiuri aromate, special pentru baia copiilor. Nu ştiu dacă aceste uleiuri ajută cu adevărat, dar s-ar putea să vă calmeze pe voi.

  Ştiu că cel mai plăcut miros pentru un sugar este cel al părinţilor săi şi al persoanelor care-l îngrijesc. Dacă aveţi un sugar mai mic de trei ani, aveţi grijă să folosiţi în fiecare zi acelaşi săpun, şampon, parfum sau apă de toaletă. Aceste mirosuri combinate cu mirosurile voastre naturale sunt cele pe care copilul le recunoaşte şi pe care le consideră plăcute.

- **O plimbare.** Am auzit de la mulţi părinţi că singurul lucru care-l linişteşte pe bebeluşul lor este o plimbare cu căruciorul sau cu maşina. Unii recomandă un aparat numit „Sleep Tight" (Somn Uşor), care atunci când este ataşat de pătuţul bebeluşului creează o mişcare asemănătoare cu cea a maşinii.

- **Cântaţi-i un cântecel.** Chiar dacă nu aveţi chef să cântaţi atunci când ţineţi în braţe un bebeluş care urlă, încercaţi totuşi să o faceţi. Există un motiv clar pentru care aproape în fiecare cultură mamele cântă bebeluşilor lor melodii plăcute — acestora le place! Găsiţi un cântec care îi place copilului vostru şi cântați-l la nesfârșit. Țineți minte că bebelușilor le place repetiția.

- **Sunete ritmice.** Unii bebeluși se liniștesc atunci când aud sunetele unor aparate, cum ar fi aspiratorul sau mașina de spălat. Dacă nu vă vine să dați drumul mereu acestora, puteți cumpăra înregistrări cu sunetele pe care le agreează copilul sau puteți, pur și simplu, să le înregistrați voi înșivă.
- **Masaj.** Așa cum am menționat în capitolul 2, masajul bebelușului este o minunată cale de comunicare cu acesta și, de asemenea, o modalitate de a-l liniști. Totuși, unii sugari sunt deosebit de sensibili la atingere și pot plânge chiar și mai tare dacă îi masați.

Indiferent ce se întâmplă, fiți perseverenți. Nu lăsați ca simțul vostru subiectiv să stea în calea celor pe care bebelușul vostru încearcă să vi le transmită prin intermediul limbajului secret. Cercetările arată că, adesea, părinții bebelușilor care plâng mult supraestimează cât timp plâng aceștia și subestimează propria lor capacitate de a-i calma. Așa cum vom vedea, dacă-i observați atent și îi înregistrați, vă veți da seama ce funcționează și ce nu.

Cât de mult plânge cu adevărat bebelușul vostru?

Un lucru important de făcut atunci când bebelușul vostru plânge prea mult este de a observa obiceiurile sale legate de plâns. Psihologii numesc aceasta o evaluare de bază și este un punct de plecare esențial în reducerea plânsetului copilului. Această evaluare vă va spune dacă bebelușul plânge sau nu atât de mult cât apreciați voi.

Încercaţi şi voi

Orarul de plâns

Cât de mult plânge cu adevărat bebeluşul vostru?
Ţineţi o evidenţă atentă a plânsetelor copilului vostru, timp
de trei–patru zile, şi notaţi modul în care reacţionează la
răspunsurile pe care i le daţi. Observaţi când anume plânge
şi la ce intervenţie răspunde mai bine.

Ora	Durata plânsetului	Ce observaţi?	Ce înseamnă plânsetul lui?	Cum aţi intervenit?	Ce i-a fost de folos bebeluşului?

Totodată, vă va ajuta să apreciaţi când anume plânge
acesta, făcând ca momentele ce vi se par neprevăzute să
fie mai de înţeles. În general, sugarii plâng cel mai mult
în timpul mesei, mai cu seamă la cină, între orele 17.00
şi 18.00. Ei tind să plângă mai mult seara şi pe timpul
nopţii. Dacă veţi afla când anume plânge mai mult bebe-
luşul vostru, veţi fi mai pregătit pentru aceste perioade
din zi.

Mulţi părinţi găsesc că este de ajutor să revadă orarul
zilnic al bebeluşului lor. Uneori, aceştia plâng mai puţin
dacă sunt hrăniţi mai des. Este posibil să aibă nevoie de
alte ore de somn. Comportaţi-vă ca un detectiv, încercând

să înțelegeți secretul scântecelor copilului vostru. Se simte mai bine dacă i-ați schimbat orarul de somn? Doarme mai bine într-un loc decât într-altul? Starea voastră îl afectează?

Orice ar fi, verificați dacă dumneavoastră sau soțul primiți toate informațiile de care aveți nevoie. Programele care au succes în ajutorarea părinților cu copii care plâng excesiv impun nevoia de ajutorare a ambilor părinți pentru a evita depresia, anxietatea și lipsa de somn, toate acestea înrăutățind lucrurile.

Dacă sunteți părintele unui bebeluș care plânge excesiv, cereți prietenilor apropiați și familiei să vă ajute să aveți grijă de acesta, să-i pregătiți masa sau să aveți grijă de casă. Dacă ziua stați cu copilul, asigurați-vă că aveți de la treizeci de minute la o oră pe zi să ieșiți din casă și să vă refaceți energia. Găsiți timp măcar o dată pe săptămână, ca și cuplu, pentru a vă face planuri pentru noua voastră familie.

Nu în ultimul rând, țineți minte că bebelușul vostru trece printr-o etapă dificilă. Foarte curând, va dobândi multe alte căi de comunicare. Va crește și vă va copleși cu dragostea și afecțiunea lui. Va găsi mii de feluri în care să vă spună: „Vă mulțumesc că ați fost atât de răbdători cu mine".

Capitolul 4

Limbajul mâinilor: cum puteți comunica cu bebelușul vostru înainte ca acesta să poată vorbi

Bebelușii sunt mult mai inteligenți decât ne închipuim

Cu fiecare decadă care trece, aflăm că bebelușii sunt mai inteligenți decât ne-am aștepta. Într-un studiu care a analizat momentul în care bebelușii încep să-și recunoască părinții, cercetătorii au descoperit că, în decurs de o oră de la naștere, aceștia pot distinge imaginile fețelor umane privind o serie de desene trasate aleatoriu. În decurs de o săptămână, bebelușii încep să zâmbească atunci când văd pe cineva, iar la puțin timp după aceasta, își dau seama că zâmbetul lor va determina o reacție din partea părinților sau a persoanelor care au grijă de ei. Înțeleg că, atunci când zâmbesc, persoanele drăguțe cu capete mari (este valabil pentru orice adult, dar sunt preferați părinții) vor face fețe nostime și vor scoate sunete amuzante. Bebelușii încep să înțeleagă faptul că, atunci când zâmbesc, adulții le acordă atenție, iar când își întorc capul, aceștia îi lasă în pace. Acesta este primul dialog stabilit de bebeluși.

Bebelușii continuă să încerce să ne vorbească în propria lor limbă, și cei mai mulți dintre părinți reușesc să-i asculte. Luați exemplu de la Ella, în vârstă de zece luni și jumătate, care mânca alături de tatăl ei, în timp ce mama era la o ședință la birou.

> Tatăl Ellei: Ce bine arată mâncarea asta. Vrei să mănânci niște ouă-jumări?
> Ella își întoarce privirea.
> Tatăl Ellei: E așa de bun!
> Ella se uită curioasă la tatăl ei.
> Tatăl Ellei: Vrei să guști?
> Ella nu își mai întoarce privirea. Își ridică ușor capul. Deschide ușor buzele.
> Tatăl Ellei: (entuziasmându-se de interesul arătat de fetița lui): Ce bunătate! (Plescăind.)
> Ella plescăie și ea.
> Tatăl Ellei: Ouă-jumări. Sunt făcute de găină. (Dă din brațe, imitând sunetul făcut de găină.) Vrei puțin?
> Ella se uită la tatăl ei (și-ar fi întors privirea dacă nu era interesată de noul tip de mâncare), așa încât tatăl ei îi dă o lingură plină de ouă-jumări. Plescăie din buze, arătând că e gata să mai primească încă o porție.

În exemplul de mai sus, Ella nu a scos niciun cuvânt, dar acest lucru nu l-a oprit pe tatăl ei. Pentru un observator obișnuit, o conversație ca aceea desfășurată între Ella și tatăl ei pare a fi doar de o singură parte, dar lucrurile nu stau așa. Astfel de conversații sunt pline de semnificație.

A gândi că o conversație trebuie să constea numai în cuvinte este greșit. Mulți părinți cu copii mici consideră că vorbirea se referă doar la comunicarea vocală. Ei așteaptă cu nerăbdare primele cuvinte ale copilului lor sau primele fraze pe care acesta ajunge să le spună cam pe la optsprezece, douăzeci de luni, nedându-și seama că vorbesc cu copiii lor de luni întregi.

Oricât de importante devin cuvintele, există multe alte căi de comunicare cu sugarii. De exemplu, când Ella a văzut că ouăle erau prea fierbinți, și-a țuguiat buzele și a suflat către tatăl ei. Ea știe că asta face tatăl ei pentru a răci mâncarea, și astfel îi cerea să facă și în acest caz. Când a vrut să bea din cana cu suc, pur și simplu a întins mâna către aceasta și s-a zgâit la ea. De obicei, acest truc funcționează. Pe la vârsta de șapte–opt luni, bebelușii folosesc tot timpul astfel de gesturi pentru a arăta ce vor. Astăzi, părinții de pretutindeni învață că și ei pot folosi aceleași gesturi pentru a conversa cu copiii lor.

În 1982, Linda Acredelo și Susan Goodwyn, ambele psihologi la Universitatea din Los Angeles, California, au observat cum copiii mici foloseau gesturi în loc de cuvintele pe care nu le puteau rosti. În ultimii douăzeci de ani, ele au ținut sute de cursuri prin care să-i învețe pe părinți să-și înțeleagă copiii prin gesturile pe care le fac aceștia și folosind aceleași gesturi să comunice cu ei. Ele au numit această metodă de creștere a comunicării prin intermediul gesturilor „Semnele bebelușilor".

Programul „Semnele bebelușilor" nu presupune a-i învăța pe copii un limbaj formal al semnelor (deși această metodă a limbajului gesturilor are anumite beneficii proprii, așa cum vom vedea într-o altă parte a acestui capitol). În schimb, îi ajută pe părinți să fie mult mai sensibili la

semnele naturale pe care le folosesc copiii lor şi îi încu-
rajează să folosească aceste semne repetându-le şi secon-
dând cuvintele vorbite.

De multe ori, gesturile unui bebeluş ne sunt evidente,
dar, alteori, un bebeluş ne poate transmite semne ale căror
înţelesuri nu sunt tocmai clare. De exemplu, părinţii lui
Danielle au observat că fata lor în vârstă de unsprezece
luni se trage de ureche ori de câte ori intră în cameră
Ginger, câinele familiei. Danielle radia de plăcere să-l vadă
pe marele ciobănesc şi îi zâmbea larg lui Ginger în timp
ce se trăgea de ureche. Părinţii ei se întrebau de ce Danielle
foloseşte acest semn pentru a „vorbi" despre câinele ei.
După un timp, mama acesteia şi-a amintit cum Ginger
lingea firimiturile căzute de la masa ei. În schimb, Danielle
apuca o ureche a lui Ginger şi îl trăgea scurt. Mama lui
Danielle îşi aminteşte cum i-a spus acesteia: „Nu e voie".
Apoi şi a tras-o pe Danielle de ureche, spunându-i: „Pe
Ginger îl doare când îl tragi de ureche. Nu-i place să-i faci
asta". Şi astfel a inventat Danielle semnul pentru Ginger,
trăgându-se de ureche.

Părinţii lui Danielle au citit despre programul „Semnele
bebeluşului" şi şi-au dat seama de importanţa comunicării
cu fetiţa lor în propriul ei limbaj secret. Ei au început să
folosească cu fiecare ocazie semnele fetiţei pentru desem-
narea câinelui familiei. Când Ginger nu se afla în cameră,
tatăl lui Danielle îi spunea: „Unde este Ginger?", trăgân-
du-se în acelaşi timp de ureche. Danielle se uita în jur,
trăgându-se şi ea de ureche. După aceea, tatăl fluiera după
câine, iar Danielle zâmbea şi dădea din palme când Ginger
năvălea în cameră. Aceasta este adevărata comunicare.

Când tatăl lui Danielle folosea semnul pentru Ginger,
în acelaşi timp îi şi vorbea direct fetiţei. Este important

să subliniem faptul că a adăuga gesturi modului în care vorbiți copilului vostru nu înseamnă să deveniți tăcuți. De fapt, atunci când părinții folosesc comunicarea prin gesturi cu copiii lor, cei mici ajung să vorbească mai mult.

Cei mai mulți dintre părinții care încep să folosească în mod conștient gesturile pentru a vorbi cu copiii lor, vorbesc mai mult cu aceștia. De exemplu, Marcia a observat că fiul ei, John, folosea un semn de „alintare" atunci când apărea în cadru pisica familiei. Se bătea cu mâna dreaptă peste dosul palmei stângi, ca și cum ar fi mângâiat pisica. Când se plimba cu el în cărucior, Marcia l-a observat pe John folosind acest semn. Ea a exclamat: „Ah! Ai văzut o pisică!". Și s-a uitat în jur să vadă unde este. „Iat-o acolo!" Marcia a făcut și ea același gest. „Așa este! Aceea *este* o pisică! Pisica aceea seamănă cu a noastră, nu-i așa?"

Prin urmare, când bebelușii văd că părinții lor folosesc din ce în ce mai mult limbajul semnelor, fac și ei asemenea. Ca rezultat, adulții vorbesc mai mult, bebelușii gesticulează mai mult, iar achiziționarea limbajului se face mult mai repede. Folosind gesturile, părinții găsesc o nouă cale prin care să „converseze" cu copiii lor, cu aproximativ șase luni înainte ca aceștia să înceapă să folosească limbajul vorbit.

Cum să începeți să vorbiți prin gesturi cu copiii voștri

Dacă bebelușul vostru are șapte–opt luni, a început deja să vorbească prin intermediul gesturilor. De acum înainte, tot ce aveți de făcut este să-i acordați mai multă atenție.

Între nouă și paisprezece luni, copilașul vostru folosește deja multe semne. Unele dintre acestea pot fi originale, pe care le-a inventat el, în timp ce altele sunt comune celor mai mulți copii și sunt mai ușor de recunoscut. Eu le numesc gesturi *imitative*, deoarece sunt simple imitări ale mișcărilor asociate cuvintelor sau propozițiilor. Câteva dintre aceste gesturi imitative sunt trecute în tabelul de mai jos. Urmăriți-le și fiți atenți și la celelalte gesturi folosite de copilul vostru.

GESTURI REPREZENTÂND CUVINTE SAU FRAZE	
Gesturi	**Semnificația acestora**
Arată către gură; plescăie din buze	Îi este sete
Bate cu degețelele în masă sau pe alte suprafețe	Vrea mai mult
Se scarpină la subsuoară	Face pe maimuța
Își lovește ușor creștetul capului	Vrea o căciulă/o pălărie/ceva pe cap
Indexul unit într-un cerc cu degetul mare	Salut
Plescăie din buze	Pește
Ține palmele alăturate și deschise	Carte
Face un cerc din index și degetul mare, pe care-l duce la ochi	Aparat foto
Atinge dosul unei mâini ca și cum ar mângâia un animal	Tandrețe
Se apucă de nas cu indexul și degetul mare și strâmbă din nas	Miros urât
Ridică palmele în sus, ridică umerii și sprâncenele	Nu știu

GESTURI REPREZENTÂND CUVINTE SAU FRAZE	
Gesturi	**Semnificația acestora**
Ridică palmele și desface brațele	Unde?

Așa cum târâtul pe jos îi îmboldește pe copii să învețe să meargă, tot astfel, învățarea comunicării prin gesturi îi determină să încerce să găsească alte căi de comunicare mai bune. Cercetătorii ne spun că atunci când părinții găsesc o semnificație a folosirii gesturilor față de sugarii sau bebelușii lor, aceștia învață mult mai repede să comunice prin cuvinte.

Încercați și voi

Tabelul gesturilor sugarului

Observați ce alte gesturi mai face copilul vostru. Notați gesturile și semnificația acestora în tabelul de mai jos. Verificați dacă sunteți siguri de semnificația gesturilor sale punându-i întrebări ca: „Asta vrei?". Bebelușii vor da din cap că „da" sau că „nu" sau vor face un alt gest de aprobare.

Gesturi	Semnificația acestora

În timp ce învățați să descifrați gesturile bebelușului vostru, este important să observați că nu toate semnele acestuia se potrivesc cu ceea ce vor ei să spună. Tanya, în vârstă de unsprezece luni, făcea semn că se spală pe mâini atunci când voia să primească ursulețul de pluș. Mergea la părinții ei și își freca mâinile, iar când aceștia îi găseau ursulețul îl lua în brațe bucuroasă. Părinții Tanyei se întrebau de ce folosea acest semn pentru a le spune că vrea ursulețul. Să fi asociat spălatul cu ursulețul de când aceștia îl spălaseră în mașina de spălat rufe? Să fi observat că mama ei se spăla pe mâini în timp ce ea se juca cu ursulețul? De cele mai multe ori, putem pune cap la cap modul în care copiii asociază gesturile unei semnificații anume, dar nu se întâmplă întotdeauna astfel. Uneori, trebuie să-i permitem copilului să folosească propriul limbaj pentru a ne transmite gândurile sale. Important este că atunci când Tanya a făcut „semnul" echivalent ursulețului său, părinții ei au știut ce vrea ea.

Ultimul pas în folosirea limbajului gesturilor este de a începe să folosiți și voi același limbaj când vreți să vorbiți cu copilul vostru. De exemplu, Derrick, în vârstă de paisprezece luni, nu a început încă să vorbească. Spune un fel de „mama" și de „tata", dar nimic altceva. La sfatul unui logoped, părinții lui Derrick au început să folosească gesturi pentru a vorbi cu cel mic. Atunci când și-au manifestat îngrijorarea că asta va înrăutăți lucrurile, iar Derrick va ajunge să se exprime doar prin gesturi, logopedul i-a liniștit și i-a asigurat că nu se va întâmpla aceasta. Derrick nu arăta că ar avea dificultăți ale auzului sau deficiențe fizice care l-ar împiedica să învețe să vorbească. Unii copii, mai cu seamă băieții, încep să vorbească ceva mai târziu. Învățarea gesturilor accelerează limbajul vorbit, nu-l inhibă.

Părinţii lui Derrick au făcut o listă cu aproape cinci-
zeci de gesturi pe care le folosea acesta. (Nu este ceva
neobişnuit ca bebeluşii să folosească până la şaptezeci de
gesturi diferite pentru a-şi comunica nevoile, chiar înain-
te de a putea rosti primele cuvinte.) Apoi, au început să
le folosească şi ei. Derrick avea trei semne diferite pentru
băuturile care-i plăceau. Îşi ţuguia buzele pentru suc de
portocale. Îşi ridica mâinile ca şi cum ar bea din biberon
atunci când voia lapte. Îşi strângea pumnii când voia suc
de mere (bea sucul dintr-o cutie de carton pe care o strân-
geau când se termina). Când mama lui îl întreba: „Derrick,
îţi este sete? Vrei să bei ceva?" ea adăuga: „Lapte?" şi făcea
semnul pe care-l folosea Derrick atunci când voia să bea
lapte. „Ce-ai zice de suc de portocale?", şi îşi ţuguia
buzele. Lui Derrick îi plăcea acest nou joc. Îşi strângea
pumnul. „Deci, vrei suc de mere", spunea mama lui entu-
ziasmată, şi făcea şi ea acelaşi gest ca şi cum ar stoarce
cutia de suc. În sfârşit au ajuns să comunice.

Cum să-l învăţaţi noi semne pe bebeluşul vostru

Eleganţa programului „Semnele bebeluşului" constă
în faptul că acesta este extrem de firesc. Nu aveţi nevoie
de jucării speciale, de cărţi sau de vreun altfel de echipa-
ment. Copilul vostru trasează calea şi tot ce aveţi de făcut
este să-l urmaţi. Dar există şi avantaje atunci când îl
învăţaţi semne pe care acesta nu le ştie.

Joseph Garcia, autorul cărţii „Sign with Your Baby" (Vor-
beşte prin semne cu bebeluşul tău), abordează puţin diferit
comunicarea cu bebeluşii prin intermediul semnelor. El
pledează pentru învăţarea copiilor de la opt luni în sus

să folosească Limbajul American al Semnelor, același limbaj al semnelor folosit de copiii care sunt surzi. Ca și Acredelo și Goodwyn, Garcia a descoperit prin intermediul cercetărilor sale că acei copii care aud au capacități cognitive și lingvistice mult mai avansate decât cele vocale și că a-i învăța pe copii să vorbească prin intermediul semnelor îi ajută să asimileze mai ușor gramatica și sintaxa, timpurile prezent și trecut și limba, în general.

Garcia și alții pledează pentru folosirea limbajului semnelor cu copiii care aud, considerând că a-i învăța pe aceștia semnele prin care pot comunica ar trebui să fie o experiență naturală. Dacă bebelușul vostru se uită la dansul copiilor, spuneți-i doar cuvântul „dans" și arătați-i semnul pentru „dans" (o mână ținută cu palma în sus, iar indexul și degetul mijlociu al celeilalte mâini se mișcă în palmă ca și cum ar dansa). Bebelușii asociază rapid înțelesul unui semn dacă le este arătat semnul în același timp cu acțiunea.

Atunci când alegeți ce semn să-l învățați pe copilul vostru, cu siguranță trebuie să începeți cu cele care au importanță pentru el și pentru voi. Puteți împrumuta de la bibliotecă un dicționar de semne, dar puteți începe cu aceste douăzeci și cinci de semne folosite în mod frecvent de părinții copiilor mici.

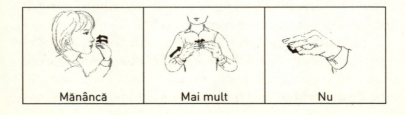

Mănâncă   Mai mult   Nu

Minge	Ajutor	Te iubesc
Da	Baie	Pericol
Fierbinte	Rece	Durere/rană
Ora de culcare	Unde?	Pisică
Murdar	Prăjiturică	Obosit
Supărat	Fericit	Stop

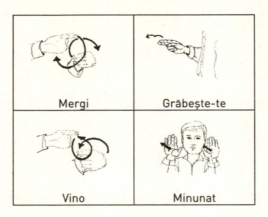

Începeți prin a alege unul sau două semne care sunt importante atât pentru voi, cât și pentru copil și folosiți-le frecvent și cât de mult posibil. De exemplu, Donna și Eric au început să folosească aceste semne împreună cu fiul lor, Seth, când acesta a avut o durere de ureche, chiar înainte de ziua lui de naștere. Băiețelul lor fusese deosebit de nefericit și nervos timp de mai multe zile, până să meargă cu el la medicul pediatru, când i-au descoperit infecția din ureche. Au hotărât pe dată că trebuie să-l învețe pe Seth cum să le spună dacă îl doare ceva, chiar dacă nu putea vorbi. L-au învățat semnul pentru durere (indexurile ambelor mâini lovite unul peste celălalt deasupra locului dureros) în timp ce spuneau: „Au! Asta doare". De fiecare dată când Seth cădea sau se lovea ușor, ei exclamau: „Au, doare!" și făceau semnul pentru durere, arătând către locul în care se lovea acesta. În decursul a câtorva săptămâni, Seth ajunsese să folosească semnul pentru durere ori de câte ori căpăta câte un cucui sau o vânătaie.

Dar schimbarea semnificativă s-a produs cu adevărat când Seth a împlinit treisprezece luni. Evenimentul a constat în faptul că Seth a făcut semnul pentru „durere" și a arătat către burtica lui. Aceasta era o durere pe care părinții nu aveau cum să o „vadă", dar prin intermediul limbajului secret al semnelor, au știut ce nu era în regulă și ce aveau de făcut. I-au dat să bea apă în loc de lapte, l-au întins în pat și nu și-au făcut griji că a sărit peste o masă. Ziua următoare, Seth s-a simțit bine. Când s-a sculat din pat, tatăl său a arătat către burtica lui și a făcut semnul pentru „bine", spunând în același timp: „Acum te simți bine?". Seth i-a răspuns făcând semnul pentru „bine" și a plecat la joacă.

Atunci când îl învățați pe copilul vostru un semn nou, țineți mâinile apropiate de ochii acestuia și fața la nivelul feței lui. Rostiți cuvântul în timp ce îi arătați semnul pentru acesta și compuneți o expresie anume. Să nu vă așteptați ca cel mic să învețe semnul de prima dată, dar urmăriți pe fața lui dacă a înțeles și dacă face o asociere între gestul făcut și cuvântul rostit. Dacă acesta este interesat, puteți să-l ajutați să facă semnul respectiv cu mânuțele lui (însă nu-l forțați niciodată). Acest lucru îl va ajuta să înțeleagă că acest gest particular are un anume înțeles atât pentru voi, cât și pentru el.

Dacă vreți într-adevăr ca bebelușul vostru să învețe rapid limbajul semnelor, cereți fiecărei persoane din casă, atât adulților, cât și celorlalți copii, să folosească semnul de câte ori spun cuvântul sau propoziția asociată lui. Toți trebuie să folosească semnele în același fel, încercând să rostească aceleași cuvinte sau fraze.

Vă va fi de ajutor să-i învățați respectivele semne pe cei care au grijă de copil, inclusiv pe bonă și pe educatoare. Profesorii folosesc adesea gesturi sau semnale pentru a obține atenția bebelușilor și a copiilor mai mari. Aceștia pot aprinde și stinge lumina din cameră pentru a cere să se facă liniște sau să sune clopoțelul atunci când e vremea pentru adunare.

Încercați și voi

Dicționar de semne

Dați-i educatoarei un „mini-dicționar" al semnelor pe care le folosiți. Aceasta poate să-l folosească pentru a face un tabel de perete pentru celelalte îngrijitoare sau ceilalți părinți. Cu cât descoperiți mai multe căi de comunicare cu copiii voștri, cu atât le va fi mai bine acestora.

De ținut minte

Bebelușii vorbesc și înțeleg limbajul secret din momentul în care se nasc. Primul lor limbaj este cel al simțurilor, și chiar dacă realizează sau nu, părinții vorbesc și ei același limbaj, comunicând cu copiii lor prin intermediul atingerii, al vocii și chiar al mirosului. Deși sunteți programați genetic să-i dați copilului vostru exact ce are nevoie pentru a-l ajuta să se dezvolte, învățându-l să folosească limbajul secret veți fi mai conștienți de dezvoltarea emoțională și socială a sugarului. Prin intermediul observației și fiind atenți la diferitele sale tipuri de a plânge, puteți înțelege mai bine ce dorește și ce nevoi are copilul vostru, mai cu seamă dacă acesta are un temperament dificil sau dacă este bolnav.

Există și o dovadă tot mai mare a faptului că puteți vorbi cu acesta prin intermediul limbajului gesturilor și deschide o nouă cale de comunicare cu mai multe luni înainte ca el să poată rosti primul său cuvânt. Ori că alegeți să imitați pur și simplu gesturile naturale ale copilului vostru, ori că îl învățați limbajul formal al semnelor, îi oferiți acestuia un punct de pornire în dezvoltarea limbajului său, acest lucru ajutându-l totodată să închege o relație mai bună cu voi și cu celelalte persoane care-l au în grijă.

Învățarea limbajului secret al copilului vostru constituie doar un început. Așa cum vom vedea, îl puteți învăța la orice vârstă să vorbească limbajul secret al emoțiilor, iar când veți reuși acest lucru, veți deschide o nouă cale de comunicare atât pentru voi, cât și pentru el.

Partea a II-a

Limbajul secret al jocului

Capitolul 5

Joaca: munca celor mici

Este sâmbătă dimineața, în jurul orei șapte. Stau pe canapea și îmi sorb cafeaua. Fiica mea Tess, în vârstă de patru ani, încă în pijama, vine spre canapea. Își începe ziua de joacă.

Tess: Tu ești copilul, iar eu sunt sora mai mare.

Eu: Bine, eu sunt copilul. Ua, ua, ua.

Tess: Oh! Kelly a dat în tine? (Kelly este păpușa ei favorită.)

Eu: Da. Kelly m-a lovit și a fost rea cu mine. Te rog să o oprești.

Tess: O să o pun la colț. (Tess o aruncă pe Kelly pe un scaun.) Așa îți trebuie! (Tess se cațără pe canapea lângă mine și mă mângâie pe cap.) Ai făcut pe tine? Îți este foame?

Eu (încercând să ies din rol): Tess, vrei să ieși la joacă?

Tess: Da! Da! Da! Să mergem la locul de joacă și să ne dăm în leagăn!

Eu: Ce idee bună!

Tess: Da, ce idee bună! Acum sunt coafeza și o să te tund, așa încât o să putem să mergem la locul de joacă. Bine? (Tess se cațără pe canapea și se preface că mă tunde.)

Țac, țac, țac. (Examinează presupusa mea tunsoare.)
Oh, ești frumoasă! Cred că astăzi o să-ți fac o codiță.

În timp ce îmi petreceam împreună cu Tess o sâmbătă dimineață obișnuită — acasă, la locul de joacă și făcând câteva comisioane —, ea a făcut următoarele sugestii:

- Tu ești copilul, iar eu sunt mămica.
- Hai să ne jucăm de-a „gogoașa înfuriată"! Tu ești cumpărătoarea, iar eu sunt vânzătoarea de gogoși.
- Hai să ne jucăm de-a v-ați ascunselea. Tu te ascunzi și eu te găsesc.
- Hai să ne jucăm de-a nuca de cocos. Tu o să fii tata, iar eu o să-ți fac budică (cuvântul pe care-l folosește ea în loc de budincă).
- Hai să ne jucăm de-a librăria. Eu o să cumpăr cărți și tu o să fii casierița.

Ne-am jucat de două ori *Candy Land* și o dată *Ascunde rața* (eu ascund rățuște de plastic în jurul casei, iar Tess trebuie să le găsească). Restul zilei, Tess s-a jucat la fel cu soția mea și vreo trei ore cu bona, care a plecat acasă la ea pe la nouă seara, extenuată.

Dacă aveți un preșcolar, știți că energia lui pentru joacă este delimitată doar de somnul de după-amiază sau de ora de culcare. Timpul în care este treaz reprezintă timp de joacă. Anna Freud, fiica lui Sigmund, ea însăși un psiholog renumit, este adesea citată cu formula: „Joaca este munca celor mici". Dar joaca este totodată și a adulți-lor care au grijă de copil, iar adesea această muncă devine foarte extenuantă.

Jocul este cea mai importantă parte a limbajului secret al copilului vostru. Este maniera prin care acesta învață ce este lumea. Prin intermediul jocului, copilul îşi formează cea mai mare parte a limbajului şi a inteligenţei. El foloseşte jocul şi pentru a-şi analiza emoţiile. Prin intermediul jocului îşi exprimă îngrijorările, conflictele interioare, speranţele şi temerile. Jocul este o parte importantă a modului prin care învaţă să se raporteze la ceilalţi. Deoarece jocul este o parte atât de importantă a dezvoltării emoţionale a copilului, acesta constituie primul mijloc prin intermediul căruia consilierii psihologi şi ceilalţi specialişti tratează problemele emoţionale şi comportamentale ale copiilor sub doisprezece ani.

Prin intermediul jocului, terapeuţii pot să-i înveţe pe copiii diagnosticaţi cu tulburare de deficit al atenţiei (ADHD) şi pe cei deprimaţi să găsească alte moduri de a se bucura. Folosind jocul, terapeuţii pot să-i înveţe pe copiii anxioşi şi fricoşi cum să-şi depăşească îngrijorările şi să se străduiască să facă faţă provocărilor, noilor situaţii şi noilor persoane pe care le întâlnesc. Terapeuţii şi consilierii folosesc jocul pentru a-i ajuta pe copiii mici când apar probleme emoţionale şi comportamentale, dar secretul folosirii jocului pentru a-i ajuta pe cei mici în problemele afective nu se limitează doar la obiectivele terapeutice. Există nenumărate şi variate programe, unele fiinţând de zeci de ani, prin care s-a descoperit că părinţii pot fi la fel de eficienţi în a-i ajuta pe micuţi prin intermediul jocului, aşa cum fac şi specialiştii.

Un astfel de program, inventat de doctorii Bernard şi Louise Guerney de la Universitatea de Stat din Penn, îi învaţă pe părinţi cum să folosească terapia prin joc pentru a-şi ajuta copiii în rezolvarea diverselor probleme. Părinţii îşi împărtăşesc reuşitele în cadrul şedinţelor de grup, urmărind înregistrări video ale orelor de joacă şi cerând păreri asupra modului în care ar putea îmbunătăți calitatea jocului. Cercetările efectuate de cei doi Guerney indică faptul că părinții instruiți sunt la fel de eficienți ca și terapeuții în ajutarea copiilor lor prin intermediul jocului.

Într-un alt program, denumit Terapia Interacțională Părinte–Copil, conceput de Sheila Eyberg și de colegii ei, părinții copiilor cu probleme comportamentale majore sunt învățați cum să formeze o legătură cu ei prin intermediul jocului, ca o precondiție spre a-i învăța să se comporte mai bine. Acești cercetători și mulți alți clinicieni cred că jocul nondirectiv, în care părinții participă în jocul copiilor lor, dar îi lasă pe aceștia să conducă jocul, este cea mai bună cale de a stabili o relație profundă și atentă între copii și adulți. Acest tip de joacă, pe care-l voi descrie în capitolul 18, se bazează pe acceptarea necondiționată a copilului, în timp ce acesta își exprimă cele mai intime dorințe, îngrijorări sau temeri.

În decursul lucrului cu copiii efectuat de mine în ultimii douăzeci de ani, am învățat sute de părinți cum să-și ajute copiii prin intermediul unei alte tehnici de joacă, denumită jocuri de învățare emoțională. Multe dintre aceste jocuri sunt simple derivații ale jocurilor pe care copiii deja le plac, dar am atribuit fiecărui joc o mică schimbare, pentru a-i învăța pe copii (și pe părinții acestora) o nouă abilitate emoțională sau comportamentală.

Dl și dna Paul s-au plâns că Ann, fiica lor de zece ani, nu vrea să le mai vorbească. Dl Paul mi s-a plâns: „Anna vorbește cu prietenele ei la telefon ore întregi. Știu că se înțelege bine cu profesoara ei și vorbește cu ea în fiecare zi. Stă la calculator ore întregi, vorbind cu Dumnezeu știe cine, toată ziua. Dar se pare că nu are nimic să îi spună mamei sau tatălui ei. E mare lucru dacă în timpul mesei ne spune «dă-mi sarea te rog»".

Așa încât, am hotărât să le recomand un joc de Dame cu Sentimente pe care dl Paul să-l joace cu fiica sa, prin intermediul căruia să-și comunice unul altuia mai bine sentimentele. Pentru a pregăti jocul, am lipit pe fiecare piesă cuvinte care desemnează diferite sentimente — cum ar fi „furie", „ură", „teamă", „curaj", „surprindere", „mândrie", „bucurie" și așa mai departe. Regulile erau următoarele: „Se joacă la fel ca și jocul de dame, cu excepția faptului că atunci când « săriți» peste piesa altui jucător trebuie să spuneți când ați avut sentimentul care este notat pe piesa voastră. Când primiți o «damă», în-seamnă că deveniți Regina Sentimentelor. Când dama sare peste alte piese, jucătorul poate vorbi despre orice senti-ment dorește". Deși câștigați jocul ca atunci când jucați dame în mod obișnuit, eliminând de pe tablă toate piesele celuilalt jucător, adevăratul obiectiv al jocului este acela ca oamenii să vorbească despre sentimentele lor.

La început, dl Paul a fost cam sceptic. „Nu o să vrea să joace în felul acesta", a spus el.

„Eu cred că fetița va juca dacă *dumneavoastră* vreți să joace", i-am sugerat eu. „Copiilor le place la orice vârstă să practice jocuri împreună cu părinții lor. Și chiar dacă vă vine să credeți sau nu, le place să aibă încredere în aceștia. Tot ce aveți de făcut este să le dați posibilitatea să vorbească mai deschis. Dacă faceți clare regulile jocului și vă arătați entuziasmat de joc, vă garantez că va începe să vă vorbească despre sentimentele ei."

Dl Paul și Anna au jucat Dame cu Sentimente de trei ori în săptămâna următoare. Doamna Paul și Anna au jucat jocul încă de două ori. La următoarea lor oră de

terapie, domnul Paul mi-a mărturisit: „Trebuie să recu-
nosc că am fost puţin îngrijorat de sarcina pe care ne-aţi
atribuit-o. M-am temut că Anna o să refuze pur şi simplu
să joace jocul şi cred că am mai fost îngrijorat că va spune
lucruri pe care nu doream să le aud. Dar ne-am distrat
de minune! Şi am fost atenţi la toate cuvintele rostite,
având grijă să nu spunem ceva supărător, dar fiind
totodată foarte deschişi. Într-o seară, după ce am terminat
jocul, Anna şi cu mine am stat de vorbă ore întregi".

Cu altă ocazie, am dat unei familii un alt joc, pe care-l
numesc Robotul Cooperant. Părinţii lui Brian, un băieţel
în vârstă de opt ani, se plângeau că acesta „nu face nicio-
dată ordine în camera lui, nu-i ajută cu nimic în casă, nu
se gândeşte niciodată decât la el". Atunci când părinţii
mi s-au plâns că acesta este necooperant, le-am explicat
că unii copii par să fie cooperanţi de felul lor, iar alţii au
un temperament care-i face mai încăpăţânaţi şi mai
îndărătnici. Dar toţi copiii pot învăţa să fie mai cooperanţi,
prin intermediul limbajului secret al jocului. Aşa cum vom
vedea în capitolul 8, puteţi să-i învăţaţi pe copii orice
comportament important şi necesar dezvoltării lor, prin
intermediul jocurilor emoţionale educative. Aptitudinile
emoţionale şi comportamentale, cum ar fi cooperarea,
autocontrolul, empatia, comunicarea emoţională sau
chiar politeţea, sunt învăţate prin intermediul jocurilor
simple şi distractive.

Pentru a juca Robotul Cooperant, i-am cerut lui Brian
să stea între părinţii lui şi să-i ţină de mână. Le-am spus:
„Regula acestui joc este de a funcţiona ca o singură uni-
tate — un robot cooperant. Brian, tu eşti la mijloc, aşa că
tu eşti «creierul». Mămica şi tăticul, care stau «în părţile
laterale», au, fiecare, câte o mână liberă. Ei bine, Robotule

(adresându-mă întregii familii), vreau să faci un sendviş cu unt de alune". Şi le-am dat un borcan cu unt de alune, un cuţit şi două bucăţi de pâine.

Pentru trei oameni care se ţin de mână, a face un sendviş cu unt de alune nu este atât de uşor cum aţi crede. Dar obiectivul jocului era să înveţe să coopereze fără să se certe sau să se învinuiască şi să se şi distreze în acelaşi timp. Nu este greu deloc. În acest joc, ca şi în alte jocuri de cooperare, ori lucrezi laolaltă cu ceilalţi, ori pierzi. Familia lui Brian, ca şi celelalte familii care au jucat acest joc, au zâmbit şi au chicotit pe parcursul îndeplinirii sarcinii atribuite şi au reuşit, în cele din urmă, să facă un sendviş.

Dar acesta era doar primul pas în a-l ajuta pe Brian şi pe familia lui. Jocurile, prin natura lor, sunt plăcute atunci când sunt jucate iar şi iar, şi de aceea sunt atât de potrivite pentru învăţarea emoţională. Pentru următoarea săptămână, am scris trei sarcini pe care urmau să le îndeplinească Brian şi familia lui:

1. Să facă curăţenie în camera lui Brian.
2. Să facă o budincă.
3. Să dea cu aspiratorul în sufragerie.

Am mai adăugat o regulă: fiecare dintre aceste sarcini să fie îndeplinită în mai puţin de zece minute. La şedinţa din săptămâna ce a urmat, mama lui Brian mi-a spus că toate cele trei sarcini au fost îndeplinite jucând Robotul Cooperant, şi nici măcar o dată nu s-au certat pentru ce aveau de făcut. În final, Brian a adăugat: „Dă-ne încă trei lucruri de făcut şi pun pariu că le vom îndeplini şi mai rapid!".

Cum să ai un cămin jucăuș

Pentru a începe folosirea limbajului secret al jocului, trebuie mai întâi să observați care sunt obiceiurile de joacă ale familiei. Copiii au un impuls natural de a se juca, iar părinții din ziua de astăzi sunt mult mai înclinați ca altădată spre a se juca cu cei mici. Cu toate acestea, de multe ori copiii nu practică acele jocuri care le-ar fi de folos. Pun o parte din vină pe seama predominanței televizorului și a jocurilor video din cele mai multe cămine și pe dificultatea multora dintre părinți de a limita aceste activități. Așa cum a spus un prieten de-al meu care lucrează în domeniul jucăriilor: „Intervalul în care copiii se joacă jocuri creative se îngustează din ce în ce mai mult. Copiii care la vârsta de șapte–opt ani se jucau cu păpuși sau cu marionete, astăzi le cer părinților jocuri video. Desigur că acest lucru aduce o schimbare și în domeniul jucăriilor, dar schimbă totodată și natura copilăriei".

O altă parte a problemei este faptul că mulți dintre adulții din ziua de astăzi nu-și fac timp să se joace, chiar și atunci când au copii mici. Tehnologia avansată a făcut să putem lucra virtual mai ușor oricând și oriunde, iar ca rezultat, granița dintre muncă și timpul liber dedicat familiei a devenit confuză. De exemplu, aproape de fiecare dată când merg la câte un loc de joacă împreună cu fetița mea de trei ani, văd cel puțin un tătic sau o mămică dând în leagăn un bebeluș în timp ce vorbește la telefonul mobil. Invariabil, acel părinte vorbește despre afaceri în curs sau comisioane ce trebuie făcute, chiar dacă se află acolo pentru a se juca cu copilul lui.

Dacă vreți să puteți comunica cu copilul vostru prin intermediul limbajului secret al jocului, atunci trebuie să începeți prin a face jocul și distracția o prioritate în căminul vostru, indiferent de cât de mari vă sunt copiii. Există multe moduri de joacă — jocuri imaginative, jocuri de cuvinte, jocuri cu jetoane și cărți, sporturi și altele —, așa încât sunt sigur că puteți găsi măcar unul care să vă facă plăcere atât vouă, cât și copiilor.

Din punct de vedere mental, a vă juca cu copiii voștri constituie o parte importantă a educației, deoarece acest lucru este esențial pentru dezvoltarea lor emoțională. Copilul vostru are nevoie zilnic de o hrană sănătoasă, un somn bun, exerciții fizice, timp pentru a învăța și timp de joacă. Luați în considerare doar câteva dintre următoarele lucruri care fac jocul atât de important în viața copilului vostru.

Jocul este antidotul stresului

Munca duce la stres, jocul ajută la scăderea acestuia. Jocul reduce la nivelul creierului substanțele chimice responsabile pentru stres, cele care afectează sănătatea fizică și mentală a copilului. Atunci când copiii (sau adulții) sunt stresați, creierul produce o substanță biochimică numită cortizon, unul dintre cei aproape o sută de neurotransmițători care ne controlează emoțiile și comportamentul. În cantități mici, cortizonul stimulează atenția și conștiența, dar în cantități mari sau moderate, după o perioadă mai lungă de timp, cortizonul acționează ca o otravă. Cantitățile excesive de cortizon pot determina mari probleme atât sănătății mentale, cât și celei fizice. Nivelurile

crescute de cortizon au fost asociate cu multe forme de
boli, putând scurta viața cu ani întregi. Totuși, când ne
jucăm, nivelul de cortizon se reduce automat și există
dovezi că sistemul imunitar poate fi astfel întărit.

Jocul îi învață pe copii să devină sociabili

Cercetările ne arată că, la vârste mici, copiii care joacă
jocuri în care au diferite roluri tind să fie mai populari.
Jocul dramatic, folosind păpuși, figurine sau marionete,
îi ajută pe copii să repete diferite forme de comunicare
socială, care apoi sunt folosite în situațiile reale de viață.
Urmăriți-le, de exemplu, pe Sally și pe prietena ei Amanda,
amândouă în vârstă de cinci ani:

Sally (prefăcându-se că este mămica, stând în ușa bucătă-
    rioarei căsuței de jucărie): Copii, cina este gata. V-am
    pregătit ce vă place mai mult, pizza și înghețată!
Amanda (luând atitudinea unui băiat): Mămico, am
    mâncat și serile trecute același lucru. Nu putem
    să primim ceva mai bun, cum ar fi spanac și fasole
    verde?
Sally (din nou pe post de mămică): Nu, ați mâncat deja
    prea multe legume săptămâna asta. Puteți mânca
    pizza și înghețată sau puteți rămâne flămânzi!
Amanda: Mămico, cred că ai încurcat lucrurile. Legumele
    sunt bune pentru tine. Pizza și înghețata nu sunt bune
    pentru tine.
Sally: Ah, cred că ai dreptate. Hai să mâncăm legume în
    seara asta. Vom avea morcovi și broccoli.
Amanda: Ura, îmi plac legumele.
Sally: Bine, drăguțule, acum ajută-mă să pun masa.

Acum hai să analizăm schimbul social care s-a făcut în aceste câteva minute de joacă. Sally a început pornind de la o idee hazlie: o mamă care crede că pizza și înghețata sunt bune pentru copilul ei. Amanda i-a răspuns ca „o voce a realității", acceptând acest schimb de roluri și reflectând la valorile vieții reale, pe care le-a învățat. Amanda a dovedit și ea prin intermediul acestui schimb că poate fi asertivă. Chiar dacă ea juca rolul „copilului", în acest teatru, Amanda i-a răspuns „adultului" care susținea ceva contrar credințelor sale.

Atunci când a fost contrazisă, Sally a arătat flexibilitate și disponibilitatea de a accepta că a făcut o confuzie. Ar fi putut să se certe cu Amanda în cadrul acestei pretinse piese și să insiste, așa cum face și Iepurele Alb din *Alice în țara minunilor*, că lucrurile stau cu susul în jos, dar a ales să consimtă. Capacitatea acestor fete de a juca diferite roluri, de a-și comunica dorințele, de a lua amândouă poziții active și pasive și, în cele din urmă, de a rezolva un potențial conflict indică existența unui sofisticat simț al relaționării sociale.

În cazul în care copiii voștri nu arată o astfel de conștiință socială în jocurile lor, atunci ar trebui să vă jucați cu ei și să le modelați aceste aptitudini sociale importante. Cercetările au arătat că, inclusiv atunci când copiii se joacă cu soldăței sau cu alte figurine „agresive", ei vor demonstra roluri de educatori și de rezolvare de conflicte dacă adulții le modelează aceste comportamente.

Puteți modela și alte abilități sociale importante, prin intermediul altor tipuri de jocuri, inclusiv jocurile cu table sau diversele sporturi. Folosiți timpul de joacă al copilului vostru pentru a-l învăța importanța respectării regulilor și a limitelor, a fair play-ului, a schimbului de locuri/roluri și a felului în care știu să câștige sau să piardă. Acesta este modul de comunicare prin intermediul limbajului secret al jocului.

Jocul induce exerciții fizice

Rareori trece o săptămână în care să nu aflăm de agravarea problemei obezității la copii sau adolescenți. Un studiu recent a arătat că aproape 25% dintre copii și adolescenți sunt supraponderali, iar 70% sunt lipsiți de o bună condiție fizică. Jocurile active pot fi de ajutor în aceste cazuri. Copiii au nevoie de cel puțin o oră de activități viguroase pe zi și o jumătate de oră de activitate moderată. În mod obișnuit, această rutină nu pune probleme copiilor mai mici, dar începând de pe la opt–nouă ani, copiii din Statele Unite participă mai puțin decât ar fi nevoie la astfel de activități, iar acest lucru descrește și mai mult către adolescență. Deși a-i oferi copilului o dietă corespunzătoare constituie un factor important în păstrarea unei greutăți sănătoase, exercițiile fizice se află pe locul doi. Asigurați-vă că copilul vostru petrece același timp în activități fizice cât în cele sedentare, cum ar fi jocurile video sau urmărirea emisiunilor la televizor. În timp ce cresc, participarea regulată în cadrul unui sport activ este cel mai eficient mod pentru adolescenți de a-și păstra o bună condiție fizică.

Jocul stimulează creativitatea și rezolvarea anumitor probleme

Conor, în vârstă de doi ani și jumătate, se juca cu cuburile lui de lemn când a dat peste clasica problemă de a introduce o piesă pătrată într-un orificiu rotund. L-a împins cu o altă piesă, dar tot nu a reușit. L-a răsucit și l-a întors pe toate părțile, dar fără rezultat. A încercat să se așeze pe cub, dar nici asta nu a mers. Apoi a găsit soluția. A aruncat cubul și a căutat altă piesă care să se potrivească. Astfel de victorii apar în mod frecvent în cazul jocului copiilor. Lumea jocului este lumea în care regulile adulților vin în urma regulilor copiilor, dar, cu toate acestea, copiii au ocazia de a descoperi lumea adulților, o lume logică și decizională. De la puzzle-uri simple la hobby-uri avansate, jocul oferă copiilor ocazii nelimitate de a explora noi moduri de gândire și de rezolvare a problemelor.

Jocul imaginativ ajută în mod aparte copiii care încearcă să-și rezolve conflictele emoționale. Copiii folosesc adesea jucăriile, păpușile și marionetele pentru a recrea situații care le sunt confuze sau le creează probleme. Miniaturizând problemele pe care le trăiesc în lumea reală, ei pot dobândi simțul controlului și al rezolvării problemelor respective. De exemplu, îmi aduc aminte că am primit un telefon din partea unei bunici disperate, care era îngrijorată de jocul repetitiv al nepotului ei, Alan, în vârstă de șapte ani. Tatăl lui Alan avusese un atac de cord într-o duminică dimineață, cu câteva luni înainte de acest telefon, iar Alan văzuse cum acesta căzuse pe podea și ulterior fusese luat de salvare. Tatăl lui murise la numai câteva ore după ce fusese dus la spital. Alan nu fusese la înmormântare, iar de atunci înainte se juca cu o mașinuță de salvare, ridicând o figurină după alta și lăsându-le pe fiecare pe rând într-o cutie aflată în spatele canapelei. Bunica lui era îngrijorată de faptul că micuțul fusese traumatizat de nefericitul eveniment.

În timp ce o asiguram pe bunica lui Alan că acest joc
făcea parte din procesul de doliu al copilului, am simțit
totodată că era momentul să treacă la stadiul următor.
Jocul repetitiv poate fi o modalitate potrivită a copiilor
de a face față anxietății lor, dar în cazul în care jocul se
prelungește pe o perioadă prea mare de timp, indică
faptul că anxietatea lor nu se reduce, ci că se păstrează
în continuare. I-am sugerat bunicii ca fie ea, fie mama lui
Alan să intre în jocul acestuia, dar să treacă la un nivel
logic. Ce aveau de făcut era să stabilească un loc unde se
află spitalul și în care să ajungă ambulanța, iar apoi un
cimitir de jucărie, unde sunt duși pacienții care mor la
spital. Le-am recomandat să folosească figurinele pentru
a-i spune lui Alan ce s-a întâmplat cu tatăl lui după ce a
fost luat de salvare. Bunica mi-a spus că-i relataseră lui
Alan ce se petrecuse cu tatăl său, iar acesta nu întrebase
nimic. I-am explicat cum copiii au nevoie să proceseze
informația în felul lor, iar cea mai bună cale pentru copiii
mici este să facă acest lucru prin intermediul jocului.

Am sugerat ca, după ce-i va spune lui Alan cum a murit
tatăl său, să-i urmărească timp de mai multe zile felul în
care se joacă, stând cu el pe podea și fiind pregătită să-i
răspundă oricărei întrebări. Așa cum era de așteptat, după
ce i-au fost indicate toate evenimentele, Alan a dus jocul
până la final. Bărbații de jucărie erau duși la spital, unde
doctorii încercau să îi salveze, uneori cu succes, iar alteori
fără succes. Unii dintre acești oameni erau înmormântați
în cimitir, după ce celelalte figurine spuneau rugăciuni
și își luau rămas-bun de la ei. Acest tip de joc a mai durat
doar câteva zile, după care Alan părea că și-a luat și el
rămas-bun, cel puțin pentru momentul prezent. Am știut
că s-a întâmplat așa, deoarece când bunica lui l-a întrebat:

Încercați și voi

Sarcini de joc pentru copii

Există multe feluri de jocuri, iar copiii beneficiază de pe urma unei ample varietăți de activități ludice. Dați următoarele sarcini de joc copilului vostru cu vârsta cuprinsă între trei și doisprezece ani, pentru a vă asigura că acesta beneficiază de tot ceea ce poate oferi limbajul secret al jocului. În decursul unei săptămâni, urmăriți și bifați fiecare tip de joc practicat de copilul vostru în fiecare zi. Bifați încă o dată atunci când voi (sau alt adult) vă jucați împreună cu acesta.

Țineți minte că nu puteți comunica cu copilul vostru prin intermediul limbajului secret al jocului dacă stați deoparte, temându-vă să nu vă șifonați sau să nu vă murdăriți hainele. Relaxați-vă! Îmbrăcați-vă cu haine mai vechi sau cu ceva lejer. Scuturați-vă mâinile și picioarele, șoldurile și fundul. Ciufuliți-vă părul, răsuciți-vă ochii de cinci ori și încercați să vă atingeți nasul cu limba. În regulă? Acum sunteți pregătiți să vorbiți limbajul secret al jocului.

	Luni	Marți	Miercuri	Joi	Vineri	Sâmbătă	Duminică
Activități motorii ușoare (folosind foarfecele, desenând și pictând, făcând un puzzle, avioane și alte obiecte de artă)							
Activități de construit (folosind cuburi de lemn, Lego, mașinuțe, păpușele și alte accesorii)							
Jocuri de transport (cu							

	Luni	Marți	Miercuri	Joi	Vineri	Sâmbătă	Duminică
mașinuțe și camioane, mers pe bicicletă, patinaj etc.)							
Muzică (cântat la instrumente, dansat, jucat jocuri în care se cântă sau se dansează, cum ar fi Scaunele Muzicale etc.)							
Jocuri de fantezie (cu păpuși, figurine, marionete)							
Jocuri educative (jocul de-a școala, imitarea rolurilor din familie, jocul de-a restaurantul etc.)							
Activități motorii ample (fotbal și alte jocuri cu mingea)							
Joc cu animale (adu obiectul, alergatul, tachinarea ușoară etc.)							
Hobby-uri (colecții de							

	Luni	Marți	Miercuri	Joi	Vineri	Sâmbătă	Duminică
obiecte, știință, artă, computer)							
Jocuri cu table și jetoane							
Jocuri solitare (jocuri imaginative, activități de colorat și de rezolvat enigme)							
Jocuri cu alt copil							
Jocuri cu un grup de copii							

„Vrei să mă joc cu tine azi?", acesta i-a răspuns: „Da, bunico, dar putem să ne jucăm de-a altceva?".

Etapele jocului

Ca și alte aspecte ale limbajului secret al copiilor, jocul copilului vostru se va schimba de la o vârstă la alta. La fiecare etapă, jocul va avea o influență semnificativă asupra dezvoltării cognitive, a limbajului și dezvoltării sociale, iar părinții pot facilita aceasta participând la activitățile de joacă ale copiilor lor.

Cei mai mulți dintre părinți se joacă cu copiii lor atunci când sunt sugari sau bebeluși, dar când aceștia cresc și merg la școală, o fac din ce în ce mai puțin, participarea lor la jocul copiilor descrescând cu fiecare etapă care trece. Când copiii ajung la vârsta adolescenței, puține familii se mai joacă cu aceștia în mod obișnuit. Pentru a înțelege mai bine ce aveți de făcut, vă voi spune cum puteți fi un participant activ în cadrul jocului copilului vostru la fiecare vârstă în parte, folosind jocul pentru a-i ajuta să-și potențeze dezvoltarea emoțională, socială, lingvistică și cognitivă.

Jocul bebelușului

În decursul unei săptămâni după întoarcerea de la spital, Alyson a primit pentru Kimberly, bebelușul ei, un dulap plin de jucării. Cele mai multe dintre prietenele ei erau tinere mame și aveau ultimele cărți referitoare la dezvoltarea sugarului. Toate achizițiile făcute de acestea erau bune din punct de vedere al educației și al dezvoltării. Avea jucării moi, colorate în alb și negru (în primele luni de viață, bebelușii sunt mai atenți la culorile contrastante). Era un cub tactil cu șase tipuri de texturi (bebelușul explorează lumea mai mult prin intermediul simțului tactil, decât prin intermediul văzului sau al auzului) și o casetă cu „Mozart pentru bebeluși" (muzică clasică, în mare parte Mozart, care se presupune că le stimulează aptitudinea matematică și vederea în spațiu). Mai erau și niște zornăitoare, animale de pluș și altele. Erau o mulțime de jucării cu care să se joace micuța Kimberly, dar niciuna dintre ele nu era cu adevărat necesară.

Ca și alți sugari, micuța Kimberly a venit pe lume cu trei dintre cele mai minunate jucării inventate vreodată:

mămica ei, tăticul ei și propriul ei corp. În ciuda existenței unei industrii înfloritoare a jucăriilor pentru dezvoltarea sugarilor, cercetătorii ne spun că niciuna dintre acestea nu înseamnă prea mult în comparație cu cadourile pe care ni le-a oferit mama natură. Cele mai multe dintre jocurile pe care le jucați cu copilul vostru sunt transmise de la o generație la alta, deoarece știți în mod instinctiv că acestea oferă exact stimularea de care are nevoie sugarul vostru. Luați în considerare următoarele jocuri cu copiii:

- *Jocul cu degețelele* îi stimulează simțul tactil, are ritm melodic și un element-surpriză.
- *Cu-cu* este un joc preferat de micuți, deoarece nu există nimic mai interesant pentru bebeluș decât fața voastră. Văzându-vă apărând și dispărând este mult mai incitant pentru el decât orice jucărie.
- *Cine e copilașul acela?* Se joacă ținând sugarul în fața unei oglinzi. Îi place să vadă fața voastră și, deoarece este un animal social, îi place să-l vadă pe bebelușul din oglindă (fără să-și dea seama încă de faptul că se uită la el însuși).
- *Cântecele de tipul „An-tan-te/Dize-mane-pe".* Bebelușilor le plac cântecele și mișcările repetitive. Pe la un an, copilul va încerca să imite mișcările mâinii voastre, intrând în etapa imitării.

Pentru primele douăsprezece luni, principalul interes în ceea ce privește jucăriile este de a le manipula. Pe la un an, sugarul va începe să folosească jucării și alte obiecte pentru a îndeplini funcțiile acestora. Cuburile sunt stivuite, coșurile sunt umplute, iar păpușile și animalele de pluș sunt hrănite, puse la culcare și, desigur, strânse la piept.

Între nouă și douăsprezece luni, cei mai mulți sugari au câte o jucărie preferată care trebuie să-i acompanieze pretutindeni, mai cu seamă atunci când merg la culcare. Aceste jucării aparte — de obicei un ursuleț de pluș sau un alt animal, dar și o păturică sau o cârpă moale — sunt numite „obiecte tranziționale" și sunt deosebit de importante pentru dezvoltarea emoțională a copilului vostru. Aceste jucării preferate acționează ca o punte între nevoia sugarului ca părintele lui să-i ofere confort și capacitatea sugarului de a-și oferi singur confort. Adesea, copiii se leagă atât de tare de aceste jucării, încât părinții nu le pot lua nici măcar pentru a le spăla. Mulți dintre copii cară după ei aceste jucării până pe la patru–cinci ani, renunțând la ele abia când se conving că sunt prea de bebeluși.

Încercați și voi

Modurile în care le place bebelușilor să se joace

Tuturor ne place să ne jucăm cu bebelușii, iar asta e exact ceea ce doresc și au nevoie cei mici. Fiecare joc încurajează dezvoltarea sugarului vostru: dezvoltarea socială, emoțională, cognitivă, motorie și lingvistică. Iată o listă cu modurile mele preferate de joacă cu bebelușii. Țineți o listă asemănătoare în camera copilului, pentru ca ceilalți adulți să o poată vedea, așa încât cel mic să îi atragă pe toți în jocurile lui preferate. Bebelușul vostru vă va arăta care dintre jocuri îi place mai mult.

- *Lovirea țintei*. Țineți o tigaie deasupra copilului, în timp ce acesta stă culcat pe spate, și lăsați-l să dea cu piciorul în ea. Îi va plăcea sunetul pe care-l scoate și reacția voastră când va atinge tigaia.
- *Rostogolirea mingii*. Rostogoliți o minge în fața copilului și lăsați-l să o privească. După ce va învăța să se târască, va încerca să o prindă.
- *Jocul de-a avionul*. Culcați-vă pe spate și țineți copilul deasupra voastră, făcându-l să zboare ca un avion.
- *Formația ritmică*. Dați drumul la muzică. Dați-i o zornăitoare și luați și voi una. Scuturați zornăitoarea în ritmul muzicii, încurajându-l pe copil să vă imite.

Copiii mici și preșcolarii

Pe la unsprezece luni, un an, copiii încep să practice jocuri de roluri, în care imită activitățile celor din jurul lor. Pe la un an și jumătate sau doi, cei mici au evoluat până în punctul în care pretind că îndeplinesc activități multiple cu sens, cum ar fi că gătesc, se joacă de-a vânzătorul sau au grijă de copil. Jocul paralel începe pe la un an și trei luni, un an și jumătate. Aceasta este etapa în care copilul face ceea ce vede la un alt copil. Deși bebelușii vorbesc, își zâmbesc unul altuia și își oferă jucării, nu interacționează cu adevărat în jocul lor.

Când ajung la cea de-a doua lor aniversare, copiii încep să joace jocuri cooperante. La această vârstă, copiii se joacă pe o anumită temă și joacă un anumit rol. Le place să se joace cu copii de același sex cu ei și știu exact ce jucării și ce jocuri sunt potrivite pentru băieți și fete. Copiii diferă destul de mult în capacitatea lor de a se juca cu alții. Unii dintre ei sunt foarte agresivi. Altora le vine greu să-și împartă jucăriile sau să-și aștepte rândul. Adulții îi ajută să devină sociabili. Studiile arată că toți copiii se joacă mai cooperant și mai mult atunci când adulții sunt prezenți, le temperează conflictele și îi îndrumă.

Între doi și trei ani, copiii intră în lumea fanteziei, care le permite să exploreze subiecte ce îi sperie, să facă față sentimentelor agresive și să trăiască întreaga gamă de emoții umane.

Era o vreme când se credea că cei mici care aveau prieteni de joacă imaginari erau timizi și inadecvați social. Dar cercetătorii ne spun că, departe de a fi un semn de imaturitate afectivă, prietenii imaginari constituie o parte sănătoasă și specifică a dezvoltării copilului. Fetele au mai degrabă prietene imaginare. Băieții au de obicei animale drept prieteni imaginari. Prietenii imaginari reprezintă o modalitate prin care copiii exersează limbajul și aptitudinile sociale și pot constitui chiar predictori ai succesului social din primii ani.

Pe la trei ani, copiii sunt gata să învețe jocuri simple. Le place să urmeze reguli, dar le place și să câștige. La această vârstă este important să-i ajutăm pe copii să învețe să fie corecți.

Încercați și voi

Cutia cu idei

Nu-mi place să-i aud pe copii spunând: „Nu am nimic de făcut". Îmi displace și mai mult atunci când aud un părinte răspunzându-i: „De ce nu te uiți la televizor sau la video?". Copiii au atât de multe moduri în care să se joace, încât nu ar trebui să se plictisească niciodată. De-a lungul anilor, am descoperit că cei mici nu epuizează niciodată jocurile când părinții lor își fac timp să le construiască o „Cutie cu idei". Luați o cutie de pantofi și scrieți douăzeci și cinci de propuneri de joc pe bucățele mici de hârtie. Eu am scris douăzeci și cinci de lucruri care-i plac fetiței mele, dar fiecare părinte trebuie să se raporteze la interesele copilului său. Când copilul vostru vrea să se joace, tot ce aveți de făcut este să-i cereți să închidă ochii și să tragă din cutie trei idei de joc. Apoi să-l aleagă pe cel care-i place cel mai mult. Dacă vă place „Cutia cu idei" și adăugați noi activități la fiecare câteva săptămâni, mă îndoiesc că veți ajunge să-l mai auziți vreodată pe copilul vostru spunând: „Nu am cu ce să mă joc". Copiați ideile de la pagina următoare și decupați-le, apoi introduceți-le în „Cutia cu idei".

Construiește un bloc din cuburi.	Fă-te că gătești.	Prefă-te că scrii scrisori și le duci la poștă.
Cântă la instrumente muzicale.	Fă un puzzle.	Îmbracă jucăriile sau păpușile.
Colorează o cutie de pantofi și pune-ți în ea toate lucrurile de valoare.	Fă șerpi din plastilină.	Fă-te că pleci într-o excursie și împachetezi într-o cutie ce o să iei cu tine.
Joacă-te de-a v-ați ascunselea.	Joacă-te cu garderoba cu haine, pantofi și pălării vechi.	Joacă-te de-a prinselea.
Sparge baloane.	Joacă-te cu mașinuțele și camioanele și prefă-te că le garezi pe hol.	Fă o grădină zoologică din animalele de pluș.
Construiește o casă din perne și cutii.	Decorează prăjiturele făcute din plastilină.	Desenează-ți pe o hârtie mâinile și picioarele, după care colorează-le.
Joacă-te un joc oarecare sau unul de cărți.	Pictează cu degetele.	Fă exerciții de gimnastică (tumbe, alergări, sărituri etc.).

Vârsta școlară

Când merg la școală, copiilor tot le mai plac jocurile imaginative. Fetițelor le plac păpușile și căsuțele de păpuși, iar băiețeilor le place să se joace cu figurine sau jucării de construit, dar și unora, și altora le place să joace roluri în lumea lor miniaturală. Cu fiecare an care trece, copiii își diversifică și mai mult jocurile. Pe la vârsta de șapte-opt ani, ar trebui să înceapă să facă diferite sporturi. Deoarece capacitățile lor intelectuale cresc, le plac jocurile strategice, jocurile de cărți și, desigur, jocurile video. Tot la această vârstă încep să le facă plăcere hobby-urile și artele. Anna Freud nota că hobby-urile sunt exact la jumătatea drumului dintre joc și muncă; sunt plăcute, dar, în același timp, le formează copiilor importante aptitudini cognitive și, totodată, autodisciplina. Luați-l ca exemplu pe Sean, căruia la vârsta de zece ani îi place să facă scamatorii. Sean a învățat trucuri de magie, economisindu-și banii pentru magazinul de magie din orașul învecinat. Citește cărți despre istoria magiei. Își repetă la nesfârșit scamatoriile în oglindă. Ține reprezentații pentru părinții și fratele lui și uneori chiar pentru prieteni. Caută pe internet idei noi pentru trucurile sale. S-a înscris într-un club de tineri magicieni.

Între șapte și doisprezece ani, copiii devin adesea pasionați de activități cum ar fi sportul, arta sau un hobby. Acestea trebuie încurajate, deoarece le stimulează gândirea, necesită o interacțiune socială și, ca și hobby-ul lui Sean, implică o varietate de sarcini interesante. Jocurile video, o activitate tot mai solicitată de milioane de copii, nu întrunesc aceste criterii. Deși jocurile nonviolente pot constitui o activitate distractivă, ca și în cazul televizorului, acest tip de joc ar trebui limitat la cel mult o oră și jumătate pe zi. Dacă vedeți că micuțul vostru petrece mai mult timp jucându-se jocuri video, recomandați-i să meargă la librărie și să-și ia cărți despre sutele de activități în care s-ar putea implica și care i-ar stimula dezvoltarea. Iată câteva dintre acestea:

- Colecții de diferite obiecte
- Cusut

- Proiecte de ajutor comunitar
- Să îngrijească animale
- Să practice diferite sporturi
- Să construiască un set de știință
- Grădinărit
- Clovn (sau comediant)
- Teatru de marionete

Jocul cu adolescenții

Josh era un adolescent dificil. Era inteligent, dar, deoarece arareori își făcea temele, avea mereu note de nivel mediu. Rareori respecta limitele și interdicțiile puse de părinții săi. Dacă trebuia să fie acasă pe la 11:00 seara, puteai să fii sigur că apare după miezul nopții. Dacă i se interzicea să meargă la o petrecere, părinții erau siguri că-l găsesc acolo. Într-un final, când aceștia au găsit marijuana și o sticlă de whisky ascunse în camera lui, au hotărât să meargă la un terapeut. Părinții lui Josh sperau ca terapeutul să-i poată ajuta să găsească o modalitate prin care să-l determine pe Josh să respecte regulile. Josh spera ca terapeutul să le spună părinților săi să fie mai puțin stricți și să se „liniștească". Josh spunea că prietenii lui nu au interdicții, iar că unii dintre părinții acestora știau că „petrec de pomină" și considerau că aceasta face parte din procesul lor de creștere. Dar terapeutul avea alt plan. Acesta le-a spus: „Aș vrea să vă comportați mai mult ca o familie. Asta este prescripția mea pentru a rezolva lucrurile".

Acest terapeut de familie știa că, în ciuda protestelor lor, marii majorități a adolescenților îi place să-și petreacă timpul cu familia. Acesta mai știa și că adolescenții care petrec mai mult timp împreună cu familiile lor în cadrul unor activități plăcute dezvoltă mai puține comportamente riscante și au note mai bune la învățătură. Important este să descopere activități care să le dea sentimentul de apartenență și uniune.

Deși multora dintre adolescenți le place să joace diferite jocuri și să facă sport împreună cu părinții lor, natura competitivă a acestor activități poate face uneori mai mult rău decât bine. Prin definiție, jocurile competitive îi plasează pe jucători sau echipele unele împotriva celorlalte, iar acest conflict poate duce adesea la rănirea sentimentelor sau la resentimentele adolescenților, mai cu seamă atunci când există deja unele fricțiuni, cum este și cazul familiei lui Josh. Jocurile cooperante sunt întotdeauna o alternativă mai potrivită atunci când este vorba de adolescenți, deoarece învață familiile să lucreze împreună pentru atingerea unui anumit scop. Terry Orlick, în cartea sa *The Second Cooperative Sports and Games Book (Sporturi cooperative și jocuri. Cartea a doua)* explică faptul că jocurile competitive obișnuite pot fi transformate în jocuri de cooperare, prin simpla modificare a regulilor acestora, cum ar fi un scor colectiv, în loc de unul individual, sau cerând tuturor jucătorilor să facă o rotație până ce obțin un punct. În acest caz, terapeutul a dat familiei lui Josh un joc de baschet cooperant, știind că lui Josh și tatălui său le plăcea baschetul. Regulile acestuia erau următoarele:

- Toate aruncările fiecărui tur trebuie făcute dintr-un loc anume (cum ar fi linia semicercului). Fiecare persoană are o aruncare, pe rând, cea mai în vârstă începând prima.
- Înainte de aruncare, mingea trebuie să fie pasată fiecărui membru al familiei.

- Jocul ia sfârşit când familia obţine zece puncte.

Terapeutul le-a recomandat acest tip de joc de trei ori pe săptămână. El le-a spus că, dacă se vor plictisi de acest joc cooperant, să inventeze singuri un altul. Singura regulă era ca fiecare dintre ei să câştige doar jucând împreună.

Totodată, le-a mai cerut şi să stea de vorbă despre regulile din familie şi consecinţele încălcării acestora şi le-a sugerat: „Când veţi învăţa să vă jucaţi şi să vă distraţi împreună, fiecare problemă vi se va părea mai uşor de rezolvat".

Lumea jocului aparţine fiecărui copil şi fiecărui adult. Ani întregi le-am spus clienţilor de toate vârstele: „Faceţi-vă timp de joacă în fiecare zi". Când simt că sunt trist sau furios ori lipsit de chef, îmi urmez propriul sfat şi găsesc ceva de joacă.

Jocul este deosebit de important pentru relaţia dintre părinţi şi copii. Jocul este o cale de a vă arăta dragostea, un mod de a învăţa şi de a comunica. Jocul este o modalitate de a construi amintiri. Când li se cere adulţilor să-şi amintească cele mai plăcute momente din copilărie, adesea îşi reamintesc momentele în care se jucau împreună cu părinţii lor. Aşa că, în fiecare zi, faceţi-vă timp de joacă.

Capitolul 6

Cum să înțelegeți limbajul jocului copilului vostru

J ocul reprezintă o unealtă esențială folosită de psihologii care încearcă să-i ajute pe copii să-și înțeleagă problemele afective și comportamentale, dar cu siguranță că nu reprezintă singurul domeniu al terapeutului profesionist. Timp de mai mult de patruzeci de ani, părinți și alte persoane nespecializate au fost învățați cum să utilizeze tehnicile jocului terapeutic pentru a-i ajuta pe copiii cu multiple probleme afective și comportamentale, de la incapacitatea de a face față unei traume la gestionarea unui divorț.

Se întâmplă multe minuni atunci când un adult iubitor se joacă cu un copil. Zeci de mii de copii și-au modificat stilul de viață datorită adulților care au utilizat tehnicile pe care le voi expune în acest capitol.

Atunci când îi ajutăm pe copii prin intermediul limbajului secret al jocului, le insuflăm încredere în sine, le formăm capacitatea de a-și comunica sentimentele și dorința de a înțelege sentimentele celorlalți. Jucându-vă cu

copilul vostru şi folosind aceleaşi tehnici ca şi terapeuţii,
îl veţi ajuta să facă faţă şi să depăşească atât problemele
obişnuite, cât şi pe cele mai puţin obişnuite ale copilăriei.
Studiile au arătat, totodată, că acest mod de joacă nu nu-
mai că-i ajută pe copii să-şi rezolve problemele curente,
dar pot chiar preveni apariţia lor în viitor.

Există multe forme de terapie prin joc, dar cea pe care
o prescriu cel mai adesea pentru părinţi se numeşte Jocul
Special. Jocul Special implică cinci tehnici diferite de
terapie prin joc, pe care adulţii le folosesc pentru a crea
o lume miniaturizată pentru copiii lor. Este o lume în care
aceştia primesc ajutorul şi aprobarea adulţilor, indiferent
ce fac, o lume în care nu există sentimente sau gânduri
rele, în care orice este posibil. Atunci când părinţii intră
în această lume secretă prin intermediul orarului regulat
al Jocului Special, învaţă să asculte nevoile copiilor lor şi
să le privească într-un cu totul alt mod. Când copiii îi văd
pe părinţi intrând în această lume secretă a jocului, le este
mai uşor să-şi trateze problemele şi să găsească noi soluţii,
care înainte ar fi fost considerate imposibile.

Terapia prin joc acasă

Am recomandat Jocul Special pentru multe tipuri de
dificultăţi ale copilăriei, dar am simţit întotdeauna că
acesta este mai cu seamă benefic pentru copiii cu probleme
de comportament. Uneori, aceşti copii sunt etichetaţi cu
tulburare de deficit de atenţie şi hiperactivitate (ADHD),
alteori cu tulburare a opoziţionismului provocator. De
multe ori, sunt diagnosticaţi cu ambele. Dar, indiferent
de etichetă, părinţii şi specialiştii sunt familiarizaţi cu

motivele perturbatoare pentru care acestor copii li se recomandă o intervenție specializată: încăpățânarea, temperamentul, lipsa de cooperare, incapacitatea de a-și stăpâni agresivitatea și o atitudine negativistă.

Cei mai mulți clinicieni sunt de părere că, cu cât este mai dificil și mai provocator comportamentul copiilor, cu atât vor beneficia mai mult de pe urma terapiei prin joc aplicată în cadrul familial. Acest tip de joc ajută părinții să se bucure de copiii lor într-o manieră pe care mulți o considerau imposibilă. Poate repara relația dintre părinți și copil, relație care s-a deteriorat din cauza neînțelegerilor și a conflictelor permanente. Le transmite copiilor mesajul că, deși au probleme, sunt apreciați și iubiți așa cum sunt. În plus, atunci când părinții sunt învățați tehnicile Jocului Special, aceștia încep să simtă că pot îmbunătăți viața copilului lor.

Îmi aduc aminte când îl tratam pe Alex, un copil de șapte ani diagnosticat cu ADHD, ce fusese adus de mama sa chinuită și înnebunită, la cererea directorului școlii. Robin, unicul părinte al lui Alex, era avocat și o femeie care reușise singură să-și facă o carieră. Abandonată de propria ei mamă și crescută de o familie adoptivă, Robin se întreținuse singură în facultate și la școala de avocatură. La douăzeci și opt de ani aflase că a rămas însărcinată cu un bărbat cu care nu mai voia să aibă nimic de-a face, hotărându-se să crească singură copilul și înhămându-se cu hotărâre și entuziasm să facă față tuturor problemelor care aveau să apară.

Însă Alex i-a oferit lui Robin o altfel de provocare decât se aștepta aceasta. Fusese un bebeluș cuminte, care nu crease probleme la grădinița particulară aflată lângă serviciul lui Robin. Dar, așa cum îi plăcea lui Robin să spună,

„când a făcut primul pas, Alex a luat-o direct la sănătoasa și nu s-a mai oprit de atunci". Alex a fost eliminat din trei grădinițe, până ce a fost înscris la o școală specială pentru copii cu probleme de comportament. Ca mulți copii bolnavi de ADHD, nu era numai faptul că era foarte activ și nu stătea locului aproape niciodată; Alex era și necooperant. La școală, nu voia să facă ce făceau ceilalți copii. Așa cum s-a exprimat o profesoară, „el mărșăluiește în ritmul unei alte tobe". Ceea ce voise să spună aceasta era de fapt: „De ce nu se poartă și el ca toți ceilalți copii?". Acasă, Alex făcea numai ce voia el. De fiecare dată se certa din cauza orei de culcare, a băii sau a temelor pentru acasă.

I-am arătat lui Robin câteva tehnici comportamentale de bază pe care să le aplice cu băiatul ei, dar am știut că asta nu va fi îndeajuns. „Vreau să începi să-ți ajuți băiatul prin a te juca cu el", i-am spus, și i-am descris următoarea tehnică a Jocului Special.

Jocul Special constă din cinci tehnici folosite de terapeuții specialiști pentru a crea o relație cu copiii, indiferent de problemele pe care le au aceștia. Aceste tehnici îi încurajează totodată pe copii să-și analizeze sentimentele și acțiunile și să-și modifice comportamentul pentru a obține aprobarea terapeutului. Cele cinci tehnici despre care vorbesc sunt ușor de ținut minte, folosind acronimul PRIMA — prețuirea, reflectarea, ignorarea, modelarea și aprecierea. Acronimul are, desigur, conotațiile de „excepțional" și „primul", și vă puteți gândi la Jocul Special ca la o modalitate *excepțională* de a comunica cu copilul vostru, *primul* pas în construirea unei modalități pozitive de a interacționa cu lumea.

Cei mai mulți clinicieni sunt de părere că Jocul Special, care ajută la modelarea comportamentului copilului prin intermediul atenției pozitive, constituie primul pas al oricărui program terapeutic. Russel Barkley, un expert de marcă în tratarea copiilor diagnosticați cu ADHD, a inventat acest tip aparte de joc ca prim pas al programului său în opt pași, care să-i ajute pe copii să aibă un comportament mai bun. În cartea sa *Taking Charge of ADHD (Cum tratăm ADHD-ul)*, acesta notează:

> Primul pas al programului constă în a învăța cum să observați comportamentul adecvat al copilului în timpul jocului... nu preluați controlul jocului sau nu-i dați ordine (dar)... după ce-l urmăriți cum se joacă, începeți să descrieți cu voce tare ce face acesta pentru a-i arăta că îi dați atenție... Nu puneți nicio întrebare și nu dați ordine... Țineți minte că acesta este timpul în care copilul vostru se relaxează și se bucură de prezența voastră, nu timpul în care-l învățați ceva sau preluați conducerea jocului acestuia.

Deși unii terapeuți subliniază tehnicile diferite pe care trebuie să le folosească părinții pe parcursul Jocului Special, cel mai important element în ajutarea copiilor cu probleme de comportament este de a restabili cu aceștia o relație pozitivă, satisfăcătoare de ambele părți. În restul capitolului, vă voi vorbi despre felul în care puteți folosi Jocul Special pentru a-i ajuta pe copiii de la trei la doisprezece ani, dar așa cum veți vedea, multe dintre principii pot fi aplicate și pentru adolescenți. Tehnicile sunt următoarele:

- *Arătați-i că-l* **Prețuiți**. Pe parcursul orelor de joacă, părintele îi arată stimă copilului, oferindu-i atenție și o afecțiune necondiționată, atât verbal, cât și nonverbal.

- **R**eflectați, *oglindiți sentimentele copilului.* În timp ce copilul se joacă, părintele oglindește și descrie sentimentele care crede el că fac parte din jocul copilului.
- **I**gnorați *afirmațiile, sentimentele și comportamentele nepotrivite.* În timp ce copilul se joacă, părinții ignoră lucrurile care ar contribui la problemele comportamentale sau afective ale acestuia.
- **M**odelați *afirmațiile, sentimentele și comportamentele potrivite.* Părintele descrie ce face copilul, arătându-i acestuia că este atent la ceea ce face el.
- **A**preciați-*vă copilul pentru gândurile, acțiunile și sentimentele pozitive.* În timp ce copilul se joacă, părintele îl laudă pentru comentariile și deciziile potrivite.

Puteți începe prin alocarea a cincisprezece–douăzeci de minute pe zi, când, atât voi, cât și copilul, sunteți vioi și relaxați. Alegeți câteva dintre jucăriile acestuia și înșirați-le pe covor. Alegeți jucării care să stimuleze jocul imaginativ, figurine, păpuși, haine și costume, marionete, obiecte de creație, animale de jucărie, camioane, cuburi de construit sau alte jucării de construit și așa mai departe. În cazul copiilor mai mari, le puteți cere să-și aleagă singuri jucăriile. Atât timp cât încurajați jocuri active, opuse jocurilor video sau uitatului la televizor, vor funcționa aceleași principii. Spuneți-i copilului că veți juca împreună Jocul Special timp de douăzeci de minute și că poate să se joace în ce fel dorește. Apoi, folosiți următoarele tehnici ale Jocului Special.

Apreciați-vă copilul pentru gândurile, acțiunile și sentimentele pozitive

Lauda este o unealtă puternică, pe care o puteți folosi pentru a vă învăța copilul valorile și a-i întări comporta-mentele pe care le apreciați ca fiind importante. Nu e niciun dubiu că vă lăudați copilul pentru a vă exprima dragostea față de el, dar tipul de apreciere la care fac referire este mult mai focalizat. Gândiți-vă la laudă ca la o întărire importantă a comportamentelor care reflectă dezvoltarea afectivă și socială a copilului vostru. Când participați la orele de Joc Special, accentuați aprobările copilului pentru activitățile de joc care vor construi relația dintre voi și acesta. Țineți minte că, cu fiecare comentariu pe care-l faceți asupra jocului copilului, faceți și un comentariu general asupra comportamentului său zilnic. De exemplu, când spuneți „îmi place cum își vorbesc păpușile tale unele altora", îi transmiteți copilului mesajul: „Conver-sația este foarte importantă pentru mine". Când îi spu-neți că „este minunat că persiști în a rezolva puzzle-ul, chiar dacă este foarte greu", îi întăriți perseverența și răbdarea de a îndeplini o sarcină dificilă.

Oamenii de știință cred că motivul pentru care lauda și alte forme de atenție pozitivă întăresc atitudinile copiilor este că ele stimulează în creier producerea neurotrans-mițătorului dopamină. Dopamina este o substanță care activează stările noastre de plăcere. Creierul produce dopa-mină când mâncați bine, când vă întâlniți cu cineva de care vă simțiți atrași sau când faceți o plimbare într-o zi frumoasă de primăvară. Atunci când îl lăudați pe copilul vostru, aprobarea induce producția de dopamină în creier, copilul simțind plăcere, tot așa cum simțiți și voi atunci când primiți un compliment sincer.

Totuși, trebuie să aveți grijă că odată cu lauda, ca și cu multe alte lucruri, copiii pot ajunge să exagereze. În cazul în care părinții își laudă copiii în tot ceea ce fac, această tehnică puternică își pierde valoarea. Pe parcursul Jocului Special, trebuie să lăudați anumite afirmații, comportamente și sentimente care simțiți că vor încuraja dezvoltarea afectivă a copilului și capacitatea acestuia de a face față și de a depăși problemele zilnice.

Luați-o ca exemplu pe Caitlin, de cinci ani, a cărei mamă a fost învățată Jocul Special pentru a-și ajuta fiica să facă față unui divorț dificil. Caitlin a fost foarte necăjită când a aflat de divorțul părinților, iar când tatăl ei a plecat din casă, a început să arate semne de depresie. Din fericire, mama lui Caitlin a cerut imediat ajutor, înainte ca lucrurile să se înrăutățească. Terapeutul a simțit că reacțiile lui Caitlin erau potrivite evenimentelor, dar i-a recomandat Jocul Special ca modalitate de a o ajuta pe Caitlin (și pe mama ei) cum să învețe cea mai bună metodă de a face față unei astfel de situații.

Mamei lui Caitlin i s-a cerut să facă o listă cu cele mai importante trei gânduri pe care dorea ca micuța să le aibă în mod obișnuit. Terapeutul i-a explicat că atunci când copiii își schimbă modul de gândire, își schimbă și sentimentele și comportamentul. Mama lui Caitlin a notat următoarele trei propoziții:

- Divorțul nu s-a produs din cauza ta.
- Tăticul și mămica ta te iubesc în continuare.
- Totul va fi bine, chiar dacă vor avea loc niște schimbări în viața noastră.

Apoi, mamei lui Caitlin i s-a cerut să scrie trei tipuri de comportament pe care le apreciază ea ca fiind mai importante în a o ajuta pe micuță să-și depășească tristețea provocată de divorț. Aceasta a scris:

- Să facă lucruri distractive, chiar dacă situația în care se află este dificilă.
- Să vorbească despre ceea ce simte.
- Să-i spună mămicii sau tăticului ei când are nevoie de ajutor.

În final, i s-a cerut să scrie trei sentimente pe care le-a observat că lipsesc din viața zilnică a lui Caitlin. I s-a cerut să se descrie cum recunoaște comportamentele prin care Caitlin arată aceste sentimente. Ea a notat următoarele:

- Bucurie: i se luminează fața și râde cu gura până la urechi.
- Asertivitate: își susține părerile și are un ton foarte convingător.
- Calm: pare relaxată și că se bucură de moment... nu este anxioasă și nu stă pe marginea scaunului.

Mama lui Caitlin avea la subsol o veche căsuță de păpuși și s-a gândit că acesteia i-ar face plăcere să se joace cu ea. A umplut o cutie de pantofi cu păpușile și figurinele lui Cailin și a așezat-o în fața căsuței de păpuși. Iată câteva moduri prin care o lăuda pe Caitlin în timpul Jocului Special:

- Caitlin s-a bucurat să vadă căsuța de păpuși. Mama i-a spus: „Mă bucur să te văd fericită!". Ea îi întărea lui Caitlin modul în care aceasta își exprima senti-mentele pozitive.
- Caitlin a pus două păpuși să „planifice" o petrecere. Mama i-a spus: „E drăguț că păpușile tale pot să-și

vorbească despre ceea ce simt". Ea o încuraja pe Caitlin să vorbească despre sentimentele ei.

- Caitlin a luat o jucărie de plastic și a numit-o „sora cea urâtă". Caitlin a spus: „Aceasta este sora cea urâtă, care nu merge niciodată la petreceri". Mama ei a ignorat această afirmație, nespunând nimic.

Când comunicați cu copilul vostru prin intermediul Jocului Special, trebuie să ignorați comentariile sau comportamentele negative care contravin scopurilor propuse. Așa cum veți vedea, a ignora comentariile sau comportamentele nepotrivite este la fel de important pentru Jocul Special cum este și lauda.

Încercați și voi

Jocul Special

Faceți o listă cu gândurile, trăirile și comportamentele pe care vreți să le încurajați prin intermediul laudei pe parcursul Jocului Special. Este posibil să revizuiți această listă înaintea fiecărei ore de joacă.

Notați trei gânduri pozitive pe care doriți să le aibă copilul vostru. Le puteți rosti în timpul jocului, când vi se ivește ocazia, și apoi să le reîntăriți dacă acestea se repetă. Nu le rostiți ca pe niște „lecții" care trebuie învățate, ci ca pe niște propoziții obișnuite.

1._____
2._____
3._____

Notați trei tipuri de comportamente pe care doriți să le aibă copilul vostru pe parcursul jocului (de exemplu: blândețe, atenție, interes pentru ceilalți, răbdare etc.). Lăudați aceste comportamente pe parcursul jocului și, desigur, și cu alte ocazii.

1._____
2._____
3._____

> Notați trei sentimente pe care doriți să le vedeți mai des la copilul vostru. Încercați să creați pe parcursul jocului situații în care aceste sentimente să apară natural și apoi întăriți-le, acordându-le atenție și lăudându-le.
> 1._____
> 2._____
> 3._____

Reflectați sentimentele copilului vostru

Parte din munca întreprinsă de un terapeut constă în a reflecta sau a oglindi sentimentele, conflictele și dorințele pe care crede că le arată copilul prin intermediul jocului. Când un terapeut descrie comportamentul care iese la iveală sau parafrazează cuvintele copilului, acest lucru îl ajută pe copil să vorbească mai mult despre trăirile lui și să le înțeleagă mai bine.

Psihologii cred că atunci când copiii (sau adulții) învață să-și exprime sentimentele într-o relație solidă, aceasta îi ajută să întărească căile neurale ale creierului care fac legătura dintre partea cognitivă a acestuia (neocortexul) și partea care simte (sistemul limbic). Acest lucru îi va ajuta pe copii să-și controleze trăirile prin intermediul gândirii conștiente, un ingredient important al sănătății mentale.

În timp ce copilul vostru se joacă, puteți reflecta trăirile acestuia pur și simplu comentând ceea ce vedeți, ca un crainic sportiv (dar fără a fi exagerat sau a avea un entuziasm forțat). Fiți naturali în comentariile și observațiile pe care le faceți, putând ca în cea mai mare parte să țintiți chiar la obiect. Veți ști când ați avut dreptate, deoarece copilul vă va răspunde prin a vorbi și comenta mai mult despre ceea ce simte. Uneori veţi greşi, putând spune ceva cu totul contrar. Nu vă alarmaţi. Acest lucru se întâmplă chiar şi celor mai experimentaţi terapeuţi. Dacă veţi vorbi despre un sentiment apreciat ca incorect de către copilul vostru, el vă va corecta. După aceea, va trebui pur şi simplu să repetaţi corectura făcută de el.

De exemplu, Connie folosea Jocul Special pentru a-l ajuta pe fiul ei, Brad, să înveţe să-şi controleze temperamentul. Brad le vorbea în răspăr părinţilor săi şi avea izbucniri de furie în timp ce se juca cu prietenii săi. Potrivit spuselor părinţilor lui, avea câte o astfel de „explozie" aproape în fiecare zi. Consilierul şcolar i-a sugerat mamei lui Brad să folosească Jocul Special pentru a o ajuta să înţeleagă de ce este acesta atât de furios şi să îi dea ocazia să exerseze alte modalităţi de a-şi exprima sentimentele. Iată un exemplu de joc al lui Brad şi oglindirile făcute de mama acestuia:

> Brad (vorbind în numele unei marionete feminine, ca o vrăjitoare iritată): Eu sunt profesoara lui Brad, reaua de dna Potter. Îl urăsc pe Brad. Este un prost.
> Mama lui Brad (reflectând trăirile acestuia): Eşti supărat pe profesoara ta.
> Brad (folosind marioneta profesoară): Brad este un băiat mic şi rău. Îmi dă dureri de cap.
> Mama lui Brad: Crezi că profesoara nu te place.
> Brad (luând o marionetă câine): Eu sunt Brad. Nimeni nu mă place. Profesoara mea este rea cu mine.
> Mama lui Brad: Brad spune că nimeni nu-l place.
> Brad (întorcându-se furios către mama lui): Nu! Am spus că *profesoara* mea nu mă place!
> Mama lui Brad (rămânând calmă şi cu o voce neutră): Profesoara ta nu te place.

Brad (vorbindu-şi sieşi): Da, profesoara mea nu mă place.
(Apoi vorbind profesoarei marionetă.): De ce nu mă
placi, doamnă Potter? Am să încerc să fiu mai bun.
Mama lui Brad: Vrei să încerci să fii mai bun.
Brad: Da. Voi încerca.

Când oglindiţi trăirile copilului vostru în timpul Jocului
Special, vă exprimaţi acceptul necritic al sentimentelor lui,
acest lucru ajutându-l să aibă încredere în sine. Auzind
cum îi exprimaţi îngrijorările, îl ajutaţi să le aprecieze ca
îndreptăţite, acest lucru oferind posibilitatea de a le accep-
ta şi a le explora pe viitor. Există şi o eliberare afectivă
care apare la copii în acest tip de joc. Copiii, ca şi adulţii,
se simt mai bine atunci când vorbesc despre trăirile lor,
iar reflectând şi descriind sentimentele acestora îi încu-
rajaţi să se joace cu mai mult interes. În final, acest tip de
joc ajută copiii să facă faţă trăirilor lor la un nivel simbolic.
În exemplul de mai sus, Brad îşi analizează furia şi dezamă-
girea faţă de profesoara sa, folosindu-se de marionete în
loc să o facă în viaţa reală, unde cu siguranţă că nu ar
primi o încurajare necondiţionată.

O altă cale de reflectare a sentimentelor copilului vostru
este prin imitaţie sau „copiindu-i" comportamentul. Dacă
nu sunteţi sigur ce să spuneţi, sau poate că nu aveţi nimic
potrivit de spus, imitaţi pur şi simplu jocul copilului.
Imitându-l pe micuţ în timp ce se joacă, nu numai că îi
veţi da senzaţia că sunteţi atent la ceea ce face, dar sunteţi
totodată şi legat afectiv de el. Când îi imitaţi jocul, rostiţi:
„Îmi place ce faci. Îmi place atât de mult, încât o să fac şi
eu ca tine".

Ţineţi minte ca, în timp ce reflectaţi, descrieţi şi imitaţi
trăirile şi comportamentele copilului vostru, să rămâneţi

obiectiv. Din nefericire, acest lucru nu e întotdeauna atât de uşor precum pare. Suntem obişnuiţi să judecăm în permanenţă comportamentele celorlalţi şi face parte din natura umană să împărţim ceea ce vedem în lucruri bune şi rele. În cadrul limbajului secret al jocului, pentru copil, obiectivitatea este absolut necesară în comunicarea părerilor pozitive. A fi pe deplin obiectiv, atât în cuvinte, cât şi în tonul vocii şi în limbajul trupului, poate părea greu la început, dar curând veţi reuşi. Este nevoie de puţin exerciţiu.

Încercaţi şi voi

Observarea obiectivă

Cei mai mulţi dintre părinţii care învaţă tehnicile Jocului Special au nevoie de puţin exerciţiu pentru a reuşi să fie obiectivi cu copiii lor. Vedeţi dacă puteţi modifica următoarele afirmaţii critice într-unele mult mai obiective. La primele, v-am oferit câteva exemple pentru cum puteţi face acest lucru.

Afirmaţie critică: Dacă mai înalţi mult acea construcţie, o să se dărâme.

Afirmaţie obiectivă: Ce turn înalt construieşti din cuburile tale!

Afirmaţie critică: Rochia aceea nu se potriveşte păpuşii Barbie, este de la o altă păpuşă.

Afirmaţie obiectivă: Păpuşa ta Barbie se îmbracă cu o rochiţă.

Afirmaţie critică: O să-l strici dacă îl mai loveşti mult de podea.

Afirmaţie obiectivă: Pari să fii tare mânioasă pe jucăria aceea de o izbeşti aşa de podea!

Acum încercaţi şi voi:
Afirmaţie critică: Ai grijă cu foarfecele, o să tai o parte din fotografie.

Afirmaţie obiectivă: _____

Afirmaţie critică:	Muzica este dată prea tare.
Afirmaţie obiectivă:	_____
Afirmaţie critică:	Nu crezi că ar trebui să foloseşti mai multe culori?
Afirmaţie obiectivă:	_____
Afirmaţie critică:	De ce eşti atât de nervos ori de câte ori te joci?
Afirmaţie obiectivă:	_____
Afirmaţie critică:	Îţi place când mă joc cu tine?
Afirmaţie obiectivă:	_____

Ignoraţi afirmaţiile, sentimentele şi comportamentele inadecvate

Atunci când comunicaţi cu copilul vostru prin intermediul Jocului Special, trebuie să ignoraţi comentariile şi comportamentele negative sau opuse scopurilor propuse. Psihologii ştiu că a ignora un comportament inadecvat este la fel de important ca şi a lăuda unul pozitiv. Acest lucru poate fi dificil de făcut în situaţiile de viaţă reale. Dacă cel mic scoate limba la voi, face pe deşteptul sau se poartă urât la masă, trebuie să impuneţi nişte reguli şi să aplicaţi pedepse corespunzătoare unor astfel de comportamente. Dar Jocul Special este cu adevărat aparte, iar noi tratăm problemele diferit în lumea jocului. Ţineţi minte că lumea în care intraţi este cea a copilului vostru, şi nu a oamenilor mari, iar regulile şi logica sunt diferite în lumea jocului. Scopul este de a reface legătura cu copilul vostru şi de a comunica în cel mai natural limbaj, nu de a-i controla comportamentul. Atunci când copilul face sau spune ceva cu care nu sunteţi de acord sau care nu vă place, rămâneţi obiectiv şi ignoraţi aceste ieşiri.

Dacă apreciaţi ca inadecvate comentariile sau comportamentul acestuia, puteţi să-i întoarceţi spatele şi să vă jucaţi singur (mai departe descriu şi tehnica modelării). Singura excepţie de la principiul ignorării este atunci când copilul se pune în pericol pe el sau pe ceilalţi sau distruge lucruri cu bună ştiinţă. Sigur că în acest caz trebuie să interveniţi imediat, spunând ceva de genul: „Singura regulă pe care o impun în cadrul Jocului Special este că nu poţi răni pe cineva sau strica un lucru. Dacă încalci această regulă, te voi opri pe dată şi vom înceta să ne mai jucăm". (Vezi capitolul 7 pentru o discuţie despre ce e de făcut atunci când copiii persistă în a se juca agresiv.)

Modelaţi afirmaţiile, trăirile şi comportamentele adecvate

Atunci când copilul persistă în a se juca într-o manieră pe care nu o puteţi lăuda, ar trebui să-i arătaţi un model de joc pe care doriţi să-l întăriţi. Aşa cum veţi vedea, imitaţia este o stradă cu două sensuri. Când îi imitaţi pe copii în timp ce se joacă, încep şi ei să vă imite pe voi. Uitaţi-vă la lista pe care aţi făcut-o (cea din caseta „Jocul Special") cu scopurile propuse şi încercaţi să introduceţi în cadrul jocului acele gânduri, comportamente şi trăiri, îndeplinindu-le voi înşivă.

De exemplu, John folosea Jocul Special împreună cu fiica sa, Vanessa, pentru a o ajuta să-şi depăşească o formă extremă de timiditate, numită „mutism selectiv". Ca mulţi dintre copiii cu acest tip de tulburare, Vanessa refuza pur şi simplu să vorbească atunci când nu se afla în casa ei. Orice ar fi spus profesoarele ei, oricât ar fi încurajat-o colegii, Vanessa nu scotea niciun cuvânt. Acasă, Vanessa vorbea ca orice alt copil de vârsta ei, excepţie făcând momentele când se vorbea despre şcoală. Deoarece Vanessa vorbea doar cu părinţii ei, consilierul psihologic de la şcoală a găsit de cuviinţă că aceştia sunt cei mai în măsură să o ajute să depăşească acest comportament. Fiindcă părea să o înţeleagă cel mai bine pe micuţă, tatăl ei a fost ales pentru orele de Joc Special. „Când eram mic, eram foarte timid", i-a spus acesta psihologului şcolar. „Cred că încă mai sunt, într-o oarecare măsură", a mărturisit el. „Dar am învăţat cum să fac faţă timidităţii mele şi aş dori ca şi Vanessa să poate face acest lucru."

Terapeutul i-a sugerat lui John să cumpere o şcoală de jucărie şi să se joace „de-a şcoala" împreună cu fiica lui, folosind tehnicile Jocului Special. Iată un exemplu pentru cum a folosit acesta un model de comportament pentru a-i arăta fiicei sale în ce fel să facă faţă timidităţii excesive.

Tatăl: Vanessa, hai să ne jucăm de-a şcoala. Avem aici o profesoară şi un grup de copii. Ne jucăm cu această clasă şi vedem ce o să se întâmple.

Vanessa: Nu-mi place şcoala. Nu vreau să mă joc cu şcoala de jucărie. Hai să ne jucăm jocul acela cu jetoane şi întrebări.

Tatăl: Ştiu că nu îţi place şcoala adevărată şi că nu-ţi place să vorbeşti când eşti acolo. Dar aici doar ne prefacem. Nu trebuie să-ţi fie teamă să vorbeşti când ne jucăm de-a şcoala. Hai să vedem, eu voi fi elevul, iar tu o să fii profesoara.

Vanessa: Bine (cam fără tragere de inimă, luând figura profesoarei). Luaţi loc, copii, a sosit momentul să citim. Voi staţi într-o parte, iar voi în cealaltă. Acum o să mă plimb printre voi şi o să vă verific.

Tatăl: Eu voi fi acest băiețel (și ia o figurină). El nu citește prea bine. Le spune prietenilor lui: „Sper să nu mă pună pe mine să citesc".

Vanessa (către tatăl ei): Să-l pun să citească?

Tatăl: Desigur; hai să vedem ce se întâmplă.

Vanessa: În regulă (fiind mai interesată de joc și de ceea ce va urma). Ronald, este rândul tău să citești. Mergi să citești în fața clasei?

Tatăl (jucând rolul lui Ronald): Nu prea vreau, doamna profesoară. Puteți să puneți pe altcineva să citească?

Vanessa: Știu că nu vrei să citești. Dar trebuie.

Tatăl: Pot să citesc numai o propoziție? Știu că pot să citesc doar o propoziție. Se poate?

Vanessa: Bine. Poți citi numai o propoziție.

Tatăl: Data viitoare când mă veți pune să citesc, am să citesc două.

Vanessa: În regulă. Desigur. Este bine că te străduiești.

Tatăl Vanessei îi arată fetiței, așa cum îl sfătuise și terapeutul, cum să se poarte — o încurajează să facă încă un pas. În cadrul jocului, copiii se prefac că îndeplinesc sarcini care sunt dificile pentru ei în viața reală, venindu-le mult mai ușor să le ducă la bun sfârșit dacă le arătați cum să facă aceste lucruri.

Încercați și voi

Jocul de teatru

Gândiți-vă la o scenă din viața reală și, în timp ce jucați Jocul Special, creați un scenariu împreună cu copilul vostru. Folosiți figurine sau marionete pentru a pune piesa în scenă. Apoi jucați într-un rol similar copilului și exprimați-vă gânduri, comportamente și trăiri pe care ați vrea să le imite și acesta. Invitați-l să participe la această piesă de teatru, folosind tehnica modelării împreună cu alte tehnici utilizate în Jocul Special.

Arătați-i copilului prețuirea voastră față de el

Atunci când copiii sunt sugari sau sunt foarte mici, îi îmbrățișăm, îi pupăm și ne jucăm cu ei tot timpul. Natura îi face pe micuți atât de adorabili, încât nu ne mai săturăm de ei. Această atenție aproape permanentă pe care le-o acordăm pune temelia sentimentului de sine al acestora și stabilește modurile în care-și vor exprima atenția și afecțiunea față de ceilalți, atunci când se vor face mari.

Dar după ce se fac mai mari devenim mai puțin afectuoși fizic și verbal față de copii, chiar dacă aceasta este o modalitate importantă prin care ei își construiesc stima de sine. Ca psiholog, le spun adesea părinților să modeleze comportamentul copiilor lor cu ajutorul laudelor și al manifestării afecțiunii față de ei și „să le accentueze atunci când sunt buni". Însă, uneori, părinții îmi răspund astfel: „Mi-ar plăcea să-i văd că sunt buni și cuminți, dar nu sunt niciodată astfel". Jocul Special este răspunsul meu pentru părinții care și-au pierdut capacitatea de a le arăta copiilor lor cât de mult țin la ei. Jocul Special ajută la restabilirea tuturor legăturilor importante dintre părinte și copil, legături ce vor constitui prototipul fiecărei relații viitoare a acestuia.

Cea mai importantă modalitate de a vă arăta prețuirea față de copil prin intermediul Jocului Special este prin a o face în mod constant. De prea multe ori, părinții pornesc cu cele mai bune intenții, dar se întâmplă ceva care le întrerupe orele de joacă, până ce părinții își dau seama că nu au mai făcut asta de săptămâni întregi. Trebuie să vă păstrați angajamentul față de copilul vostru, folosind zilnic Jocul Special, de mai multe ori pe săptămână, dacă nu chiar în fiecare zi. Faceți-vă timp (și nu uitați că nu vă ia decât cincisprezece, douăzeci de minute) în care să-i acordați atenție, așa cum faceți atunci când mergeți la o întrunire importantă. Nu lăsați ca treburile zilnice să vă oprească să contribuiți la dezvoltarea afectivă a copilului vostru.

Atunci când vă jucați, aveți grijă să nu existe niciun fel de distrageri de la această activitate. Găsiți un loc în care să nu fiți deranjați. Închideți telefonul și robotul acestuia. Dați-le tuturor din casă un semn ca să înțeleagă că acest timp este foarte important.

În sfârșit, nu uitați că limbajul nonverbal este mai puternic decât cuvintele pe care le rostiți. Iată câteva moduri nonverbale prin care-i puteți arăta copilului stima și aprecierea voastră, folosind noi tehnici ale Jocului Special:

- *Contactul vizual.* Când vă jucați cu copilul, aveți grijă să vă aflați la același nivel cu acesta. Dacă se joacă pe podea, acolo trebuie să stați și voi. Dacă amândoi stați la masă, aveți grijă să stați cu fața la el.
- *Expresia facială.* Copilul vă urmărește în permanență, chiar și atunci când face altceva. Țineți minte că atunci când sunteți interesat de ceva, acest lucru se vede pe fața voastră, iar dacă sunteți plictisit, se va vedea și aceasta.
- *Postura.* Aplecați-vă înspre copil. Astfel îi arătați interesul vostru față de ceea ce face.
- *Gesturile.* Puteți folosi gesturi pentru a vă lăuda copilul, cum ar fi semnul cu „degetul mare în sus", bătându-l ușor pe umăr, bătând din palme și așa mai departe.

- *Hainele*. Hainele pe care le purtați îi transmit copilului dorința voastră de a vă juca cu el. Schimbați-vă în „hainele de joacă" atât voi, cât și copilul.
- *Distanța fizică*. Spațiul vital al unui copil este cam de lungimea unui braț, dar atunci când vă jucați stați ceva mai aproape. Atunci când copilul vrea să stați mai aproape de el sau când are nevoie de mai multă distanță, fiți atenți la semnalele nonverbale.
- *Tonul vocii*. Entuziasmul vostru pentru joc trebuie să reiasă din tonul vocii. Dacă sunteți abătut sau chiar plictisit, copilul va observa acest lucru din felul în care-i vorbiți.

Dacă ați programat o oră de Joc Special, dar sunteți abătut și stresat, atunci reprogramați ora pentru când veți putea acorda atenție deplină copilului vostru. Spuneți-i că ați avut o zi grea și că vreți să vă jucați mai târziu (dar nu amânați pe ziua următoare). Dacă sunteți sincer, copilul va înțelege. Dar aveți grijă să vă țineți promisiunea și să vă jucați cu el cât mai curând posibil. Țineți minte că el cunoaște limbajul secret al jocului mai bine decât voi, și nimic nu e mai grăitor decât o promisiune încălcată. Dacă puteți face din Jocul Special un obicei regulat, vă garantez că veți avea amândoi parte de experiențe pe care nu le veți regreta și nu le veți uita niciodată.

Capitolul 7

Problemele jocului

Î n mod normal, ne gândim la joc ca la cea mai naturală parte a copilăriei. Ce poate fi mai ingenuu decât o fetiță de cinci ani încălțată cu pantofii mamei ei, jucându-se cu păpușile și serviciul de ceai, sau un băiețel de nouă ani stând pe scări și aruncând iar și iar cu mingea de tenis în perete? Dar, ca și alte aspecte ale limbajului secret al copiilor, poate exista un înțeles ascuns în acest joc aparent inocent, o semnificație pe care adulții responsabili trebuie să o interpreteze și căreia trebuie să-i răspundă.

Cei mai mulți dintre părinți își dau seama atunci când copiii lor se joacă într-un mod diferit față de ceilalți copii, dar nu sunt întotdeauna siguri dacă această diferență indică existența unei probleme. Luați ca exemplu îngrijorările curente ale părinților, stipulate mai jos. Pe care dintre ele le considerați a fi semne ale unei probleme?

- După ce s-a născut sora lui, Allison, Nate, în vârstă de patru ani, voia să se joace „de-a bebelușul". Lui Nate îi plăcea să bea din sticlă și să bolborosească şi încerca să îşi facă un scutec din hârtie şi bandă adezivă.

- Maggie, în vârstă de şase ani, era fascinată să-şi îmbrace păpuşile. Dar activitatea ei preferată era să-şi dezbrace păpuşile şi să le pună să „danseze goale".
- Când Juan avea nouă ani, s-a mutat într-un alt cartier, unde nu erau copii hispanici. Deşi era un bun jucător de fotbal, jocul cel mai popular din şcoala sa era baschetul, iar la baschet nu era foarte bun. În cea mai mare parte a timpului stătea pe tuşă, în timp ce ceilalţi copii se jucau.
- Brittany a trecut printr-o perioadă dificilă, după moartea bunicului ei. Fiind în mod normal un copil vesel şi sociabil, acum prefera să stea singură, jucându-se de-a funeraliile cu păpuşile ei şi înmormântându-le într-o cutie cu nisip.

Deci, care dintre aceste cazuri indică semne de distres afectiv? Toate. Jocul regresiv al lui Nate indică anxietatea acestuia dată de faptul că a pierdut din afecţiunea părinţilor din cauza surorii mai mici. Jocul cu păpuşi al lui Maggie indică faptul că a fost expusă cel puţin o dată sexualităţii adulţilor. Izolarea socială a lui Juan poate influenţa dezvoltarea socială a acestuia. Modificarea subită de comportament a lui Brittany şi jocul repetitiv al acesteia scot la iveală profunda durere pe care o simte din cauza pierderii bunicului. Deşi fiecare dintre aceşti copii arată semne ale unui conflict afectiv, niciunul dintre ei nu a ajuns să aibă probleme adevărate. Jocul copiilor va arăta întotdeauna un distres afectiv, dar asta nu înseamnă neapărat că vor ajunge să aibă probleme psihice. Din contră, observarea jocului copilului poate constitui un sistem de prevenire a problemelor psihologice, determinându-vă să acţionaţi mult înaintea apariţiei simptomelor. În fiecare dintre exemplele menţionate mai sus, a existat un adult care a observat atent jocul copilului, oferindu-i fiecăruia în parte îndrumarea necesară.

În unele cazuri, jocul copilului poate indica nevoia intervenţiei unui specialist. Fiecare problemă serioasă a copilăriei — de la agresivitate crescută la depresie — e exprimată mai întâi în cadrul jocului. Dacă luăm în considerare faptul că 5–10% dintre copii exprimă unele forme de probleme afective serioase în copilărie, atunci este posibil ca mulţi dintre cititorii acestei cărţi să aibă copii cu probleme afective sau comportamentale care au nevoie de ajutor specializat. Dacă vi se pare că unele aspecte ale jocului copilului vostru sunt supărătoare, nu ezitaţi să cereţi ajutorul unui specialist. Ţineţi minte că intuiţia este cel mai bun ghid în înţelegerea limbajului secret al copilului vostru. În acest capitol, vom discuta despre cele mai obişnuite probleme specifice jocului şi care pot indica probleme afective şi comportamentale, inclusiv jocul agresiv, jocul sexualizat, jocul ritualizat, despre copii care se joacă singuri şi copii care nu se pot juca cu alţi copii.

Jocul agresiv

Este normal în cazul copiilor mici, mai cu seamă al băieţilor, să-şi exprime agresivitatea prin joc. Multe dintre jucăriile cu care le place băieţilor să se joace sunt făcute în aşa fel încât să-i facă să-şi manifeste impulsurile agresive, aşa că este normal ca jocul lor să includă lupte, împușcături și jocuri de-a războiul. Am cunoscut mulți părinți care au încercat să-și descurajeze copiii să joace jocuri agresive, în speranța că vor crește niște băieți liniștiți și miloși. Dar interzicerea oricărei forme de joc agresiv duce rareori la rezultatul dorit. Dacă cei mici vor să se joace agresiv, vor găsi o modalitate să facă acest lucru. Cu mulți ani în urmă, un prieten de-al meu mi-a povestit un incident în care băiețelul său de doi ani și jumătate i-a cerut să-i cumpere o pușcă de jucărie pe care o văzuse într-un magazin. „Nu am să-ți cumpăr o pușcă", îi spusese mama, „dar am să-ți cumpăr o păpușă cu care să te joci." Când au ajuns acasă, băiețelul a scos păpușa din cutie, a îndreptat-o către sora lui și a rostit: „Bang, Bang!". Și a continuat să folosească toată ziua păpușa pe post de pușcă.

Această mamă a presupus că dacă băiatul ei se va juca cu puști și jucării de război, asta l-ar predispune către agresivitate când se va face mare. Dar nu aceasta este natura jocului. De fapt, acest băiat, după douăzeci și cinci de ani, a ajuns să fie un tânăr gentil, bun la inimă, deși se juca cu puști când era mic. În mod similar, mulți copii, atât băieți, cât și fete, sunt capabili să fie foarte agresivi în sport sau în cadrul jocurilor intelectuale competitive, cum ar fi șahul, însă agresivitatea nu se transpune într-un mod negativ în cadrul comportamentului lor zilnic. De fapt, cercetătorii ne spun că acei copii care sunt cât de cât agresivi în cadrul jocului sunt totodată și mai populari printre colegii lor. Desigur, secretul constă în a fi capabil să controlezi diferite sentimente, chiar contradictorii; să fii insistent, dar și amabil, să ajuți și să îi respecți pe ceilalți.

Furia și agresivitatea în joc nu înseamnă același lucru ca furia și agresivitatea în viața reală. Îmi aduc clar aminte de o perioadă în care o tânără mamă și-a adus fiica în vârstă de cinci ani pentru a fi evaluată, deoarece, când se juca cu căsuţa cu păpuşi, îi vâra cu regularitate capul „mamei" în closet, spunând: „Ia, asta e ce meriţi!". Discuţia cu mama copilei nu a scos la iveală nimic din care să reiasă că fetiţa ar avea probleme cu furia sau cu agresivitatea. I-am reamintit mamei că jocul este o lume a imaginaţiei şi a fanteziei, în care pot fi explorate toate trăirile. Atunci când copiii au adevărate probleme în a-şi controla furia, acestea nu apar numai în cadrul jocului, ci afectează invariabil şi comportamentul din viaţa reală.

Jason, în vârstă de opt ani, este un exemplu de copil cu adevărate probleme de control al furiei. A fost trimis la un terapeut, din cauza izbucnirilor sale incontrolabile. Jason avea probleme în orice fel de joc. Dacă se juca cu trenuleţe electrice şi o piesă nu se potrivea aşa cum trebuia, distrugea tot trenul, aruncând cu şinele şi cu vagoanele prin toată camera. Dacă atunci când se juca cu părinţii lui pierdea un joc, ieşea vijelios din cameră, trântind uşa şi bombănind că nu le va mai vorbi niciodată. Furia devine o problemă în jocul copiilor atunci când aceştia nu mai sunt capabili să înţeleagă şi să respecte limitele jocului. Furia devine o problemă atunci când copii precum Jason ajung să distrugă jucăriile. Părinţii trebuie să se îngrijoreze atunci când jocul cu alţi copii duce la certuri sau confruntări fizice. Totodată, ei trebuie să se îngrijoreze atunci când copilul nu respectă regulile, limitele sau nevoile şi dorinţele celorlalţi.

Dacă copilul vostru are probleme în a-şi controla furia, puteţi face multe lucruri pentru a schimba această situaţie. Mai întâi, trebuie să urmăriţi stilul de viaţă şi mediul copilului şi să vedeţi dacă au loc unele evenimente care pot contribui la furia excesivă a acestuia şi la incapacitatea lui de a se exprima adecvat. Știm că unii copii sunt mai înclinați din punct de vedere temperamental să fie nerăbdători sau să intre în certuri, dar această tendință este exacerbată de factori care pot fi controlați de părinți. Iată câteva lucruri pe care le puteți face prin intermediul limbajului secret al jocului pentru a vă ajuta copilul să învețe cum să-și controleze furia:

- *Eliminați jocurile video și programele violente de la televizor*. Nu există niciun dubiu că agresivitatea poate fi indusă de conținutul violent al programelor de televizor și al jocurilor video.

- *Jucați-vă jocuri de cooperare.* Cei mai mulți dintre copiii cu probleme de control al furiei au dificultăți în a se juca jocuri cooperante. Cu toate acestea, există multe jocuri care induc încrederea și cooperarea. Vă recomand cartea lui Dale Lefevre *Best New Games*, în care puteți găsi zeci de exemple.

- *Faceți-vă mai mult timp pentru joaca în familie*. Copiii cu probleme de control al furiei au, de cele mai multe ori, cel puțin un părinte care este iute din fire. Uneori, chiar ambii părinți se comportă astfel. Atunci când există certuri și conflicte în familie, sfatul meu este ca familia să se joace mai mult timp împreună. Alegeți activități care să placă tuturor. Timpul de joc să fie scurt — zece minute sunt îndeajuns — și asigurați-vă că toată lumea se distrează. Dacă cineva se înfurie pe parcursul jocului, opriți-l de îndată, iar în ziua următoare încercați să vă jucați altceva.

- *Folosiți jocul ca pe o modalitate de a stabili reguli și limite*. Prin definiție, copiii cu probleme de control al furiei acceptă cu greu regulile și limitele. În multe familii, acest lucru se întâmplă în parte din cauza dificultății pe care o au părinții în a stabili reguli clare și de a da pedepse corespunzătoare când acestea sunt încălcate. Jocul creează părinților multe ocazii de a stabili reguli și de a le aplica. Luați în considerare următoarele reguli și urmări din cadrul familiei lui Harris, care are doi băieți năzdrăvani, de șapte și nouă ani. Puteți face și voi o listă asemănătoare atunci când vă jucați cu copilul vostru:

Reguli pentru timpul de joacă	Ce se întâmplă atunci când aceste reguli sunt încălcate
Nu trebuie să te cerți în timpul jocului.	Amândoi băieții trebuie să stea liniștiți timp de cincisprezece minute.
După ce terminați joaca, trebuie să strângeți jucăriile sau celelalte lucruri cu care v-ați jucat.	Jucăriile nestrânse sunt confiscate și puse în dulap pentru o săptămână.
Trebuie să aveți grijă să nu răniți pe nimeni în timp ce vă jucați.	Atunci când unul dintre frați îl rănește pe celălalt, trebuie să îndeplinească îndatoririle celuilalt frate, timp de o săptămână.
Trebuie să încetați imediat jocul atunci când unul dintre părinți spune că e timpul să faceți altceva.	De fiecare dată când vi se reamintește că trebuie să faceți altceva, veți merge la culcare cu cincisprezece minute mai devreme.

În sfârșit, dacă aveți un copil cu probleme de temperament, puteți folosi jocurile pentru a-l învăța aptitudini specifice de control al temperamentului. În capitolul următor, voi vorbi mai mult despre jocurile de învățare a emoțiilor, care-i pot ajuta pe acești copii să-și controleze furia, învățându-i alte căi mai bune prin care să-și poată exprima sentimentele, să înțeleagă sentimentele celorlalți și să-și controleze impulsurile. Dar, dacă nu puteți aștepta, încercați Jocul Ignorării prezentat mai jos, care constă în a-i ajuta pe copii să învețe să renunțe să-i tachineze sau să-i ironizeze pe ceilalți.

Încercați și voi

Jocul Ignorării

Ce anume îi învățați pe cei mici: Copiii cu dificultăți în a-și controla temperamentul sunt în mod obișnuit mai sensibili și răspund mai ușor la lucrurile negative pe care le văd în jurul lor. Sunt mai înclinați decât ceilalți copii înspre a interpreta acțiunile și cuvintele ca fiind provocatoare, chiar și atunci când nu a existat o intenție reală. Atunci când întrebați un copil care tocmai a avut o izbucnire de furie sau s-a certat cu un coleg: „De ce ai făcut asta?", puteți primi un răspuns de genul: „Pentru că s-a uitat urât la mine", „Pentru că mi-a pus o poreclă" sau, pur și simplu, „Ea a început!".

Am inventat Jocul Ignorării pentru a-i ajuta pe copii să învețe cum să ignore ironiile și tachinările celorlalți, în loc să reacționeze cu furie. Veți vedea că puteți folosi acest joc cu orice copil care învață cum să facă față tachinărilor.

Ce aveți nevoie: Un pachet de cărți. Un cronometru, un ceas de bucătărie sau un ceas de mână.

Cum se joacă: Jocul este început de cel mai mic dintre jucători. El sau ea va încerca timp de trei minute să construiască o casă din cărți de joc. Cel de-al doilea jucător îl tachinează verbal sau nonverbal pe jucătorul care încearcă să construiască. Atingerile sunt interzise. Dacă vreunul dintre jucătorii care construiește este atins în vreun fel, acesta câștigă jocul. Jucătorul care construiește primește câte un punct pentru fiecare carte care rămâne în picioare la sfârșitul celor trei minute alocate. Dar pierde câte un punct pentru fiecare privire către jucătorul care îl tachinează. După trei minute, rolurile sunt inversate. Primul jucător care adună douăzeci de puncte este declarat câștigător. (Sfat: este mult mai ușor să construiască o casă din cărți de joc pe covor decât pe o masă lucioasă. Dacă jucătorilor mai mici le vine greu să manipuleze cărțile de joc, folosiți o combinație între cuburi și cărți.)

Latura sexuală a jocului

Într-o duminică după-amiază, am primit un telefon disperat de la mama unei fetiţe de şase ani, care-mi fusese pacientă cu un an înainte. Copilul venise în fugă acasă spunând că prietenii ei se joacă „de-a sexul" şi că nu o lasă şi pe ea să se joace cu ei.

„Ce a vrut să spună prin asta?", am întrebat-o pe mamă, încercând să revin pe dată la gândirea mea de specialist. „Mi-a spus că se jucau cu păpuşile şi le dezbrăcau şi se jucau «de-a sexul» cu ele", îmi răspunse mama, fără să încerce să-şi ascundă panica din voce. „Dar Emmy mi-a spus că una dintre fetiţe era şi ea dezbrăcată, aşa că nu ştiu exact ce s-a petrecut acolo."

Îngrijorarea acestei mame era îndreptăţită. Statisticile ne arată că zeci de mii de copii sunt abuzaţi fizic în fiecare an, cele mai multe fiind fetiţe. Studiile ne mai spun că aceştia nu sunt abuzaţi doar de adulţi. De multe ori, abuzul sexual este înfăptuit de copii mai mari, în casă sau în cartier, şi apare cel mai adesea sub formă de joc.

În acest caz, ca în oricare situaţie în care sunt suspectate abuzul şi exploatarea sexuală, prima regulă este de a rămâne calmi şi de a pune faptele cap la cap. Am sfătuit-o pe mama lui Emmy să stea de vorbă cu aceasta şi să îi ceară să-i povestească exact ce au făcut celelalte fetiţe în timpul jocului. I-am sugerat să le ceară şi celorlalţi părinţi să aibă conversaţii similare cu copiii lor. În acest caz, jocul nu mersese prea departe şi toţi părinţii implicaţi au fost sfătuiţi să-şi observe copiii mai atent şi să discute cu aceştia despre alte jocuri, mult mai potrivite pentru ei. În alte situaţii pe care le-am întâlnit, în cazul în care a fost descoperit abuzul sexual din conversaţiile inițiale, le-am cerut părinților să solicite de urgență ajutor specializat atât pentru familie, cât și pentru copil și să anunțe incidentul la Departamentul de Sănătate și Servicii Sociale sau la alte autorități care se ocupă cu astfel de probleme.

În cazul în care părinții descoperă abuzul sexual prin intermediul jocului, pot de asemenea să se joace într-un mod în care să prevină acest lucru. De exemplu, îi sfătuiesc pe părinții copiilor de cinci ani sau mai mici să folosească păpușile pentru a le explica acestora regula „costumului de baie". Această regulă spune că: „Zonele acoperite de costumul de baie sunt personale și nu trebuie atinse de nimeni, cu excepția cazurilor în care li se face baie de către părinți sau sunt examinați de doctor." Copiii mici gândesc concret și sunt și foarte curioși în ce privește corpul lor și cel al sexului opus. Puteți folosi păpuși pentru a răspunde cât de franc și cinstit puteți tuturor întrebărilor lor.

Una dintre modalitățile de a fi un bun părinte este de a le transmite valorile morale. Astfel, trebuie ca acestea să fie clar exprimate. Acest lucru este cu atât mai adevărat atunci când este vorba despre educația sexuală a copilului. Cei mai mulți psihologi știu că nu mai există „conversații esențiale", în care copiilor li se vorbește despre viață. Mai degrabă, copiii învață despre sex și sexualitate puțin câte puțin, iar fiecare etapă a dezvoltării aduce cu ea ceva în plus.

Jocul vă oferă ocazia unică de a vorbi școlarilor despre aspectele sexului și sexualității. În timpul Jocului Special, așa cum a fost descris în capitolul anterior, nu numai că puteți să le împărtășiți valorile morale, dar puteți să-i și învățați cum să facă față situațiilor dificile. De exemplu, Harry, un fost client de-al meu, a citit într-un ziar despre un incident în care trei băieți în vârstă de nouă ani au încolțit în spatele școlii o fetiță de șase ani și i-au vorbit urât în timp ce încercau să-i ridice fustița. Harry avea o fetiță tot de șase ani și voia să o învețe ce să facă dacă ajunge într-o situație asemănătoare. În timpul unui Joc Special, i-a sugerat acesteia: „Hai să ne imaginăm că cineva te tachinează pentru că ești fetiță. Uneori, fetițele sunt tachinate de băieți și este important să știi ce ai de făcut. Tu o să iei păpușa băiat, iar eu păpușa fetiță, apoi tu o să mă tachinezi pentru că sunt fetiță și o să vedem ce se întâmplă".

Faptul că tatăl a luat rolul fetiței, iar ea a luat rolul băiatului a avut un dublu efect. Mai întâi, i-a oferit lui Harry posibilitatea să afle dacă Patrice a trecut vreodată prin astfel de situații. Lăsând-o pe ea să preia controlul și ascultând limbajul pe care-l folosea, i-a dezvăluit clar experiențele în care aceasta a fost tachinată din cauza sexului ei. În al doilea rând, luând rolul păpușii fetiță, Harry a avut ocazia să-i arate fetiței lui cum trebuie să răspundă în astfel de situații. Prin intermediul acestui joc, el a răspuns demonstrându-i cum trebuie să facă față tachinărilor, adică: să nu rămână niciodată singură; să spună imediat unui adult dacă cineva îi spune sau îi face ceva care o supără; să se îndepărteze de situații care îi creează disconfort.

Pentru copiii mai mari sunt mai utile jocurile comunicative, deoarece le oferă părinților și copiilor ocazia să vorbească deschis despre sexualitate și alte subiecte mai delicate. Unul dintre jocurile de acest fel pe care îl puteți cumpăra este *Ungame*, care a fost inventat de un terapeut specializat pe probleme de vorbire și limbaj special pentru acest lucru. *Ungame* a fost folosit de zeci de mii de familii, pentru a crea o atmosferă în care gândurile și sentimentele sunt împărtășite fără teama că acestea vor fi criticate. În capitolul următor, vă voi învăța cum să vă faceți propria tablă de joc pe care să o folosiți în familie, utilizând tehnica Fă-un-joc, în care puteți scrie împreună cu copiii voștri propriile întrebări, pentru a atinge orice subiect imaginabil.

Jocul ritual, repetitiv sau ciudat

Ocazional, părinții își supraveghează copiii în timp ce se joacă și spun că aceștia par „ciudați" sau că se află „în altă lume". Un părinte m-a sunat îngrijorat fiind deoarece fiul său de șase ani construia același tip de Lego în fiecare zi. Copilul stătea ore întregi folosind aceleași cincizeci și opt de piese — treizeci și două albastre și douăzeci și șase roșii — și le aranja exact în aceeași formă de fiecare dată. Băiatul se uita la construcția lui, holbându-se la ea timp de cincisprezece minute, după care o desfăcea piesă cu piesă, amesteca piesele și o lua de la capăt. Tatăl său spunea că face acest lucru cam de o lună și că mai manifestase și alte ciudățenii, adică se uita fix la ceasul său digital, timp de câte o jumătate de oră.

Jocul ciudat sau sub formă de ritual reprezintă întotdeauna un motiv de îngrijorare. Pe de o parte, acesta este ceva obișnuit în anumite stadii ale copilăriei. Pe de altă parte, când durează o perioadă mai mare de timp sau influențează unele aspecte ale dezvoltării copilului, poate fi un semn al unei probleme psihologice grave, cum ar fi tulburarea obsesivo-compulsivă (TOC) sau tulburarea Asperger, un tip de autism caracterizat prin joc excentric și abilități sociale reduse, în cazul copiilor cu un nivel înalt de inteligență și aptitudini lingvistice deosebite. Jocul de tip ritual poate fi şi o caracteristică a copiilor care au fost abuzaţi fizic sau care au suferit unele traume.

Asta nu înseamnă neapărat că acei copii mici care participă la jocuri ciudate sau ritualice au probleme afective. Unei fetiţe de trei ani pe care-o cunosc îi plăcea ca înainte de culcare să-şi alinieze pe pat cele douăzeci şi trei de păpuşi, exact în aceeaşi poziţie. Acest ritual de culcare începuse să devină şi un ritual de zi, Rachel ajungând să se joace „de-a aliniatul" în fiecare zi. Dar această formă rigidă de comportament a durat numai câteva săptămâni. Odată, o prietenă de-a ei a asistat la jocul „de-a aliniatul" şi i-a spus: „Ce prostie de joc, hai să ne jucăm de-a bucătăria", iar Rachel a fost de acord. După acest eveniment, arareori s-a mai jucat „de-a aliniatul păpuşilor".

Am cunoscut mulţi alţi copii cărora le plăcea să se joace cu jucăriile lor într-o manieră riguroasă şi repetitivă, dar acest lucru nu indica neapărat o problemă gravă. Uneori, copiii se simt confortabil şi în siguranţă atunci când fac acelaşi lucru, iar şi iar. În timp, acest tip de joc le dă posibilitatea să încerce să aibă sentimente şi mai complexe. De exemplu, Gregory trăia într-un orăşel din New Jersey, o suburbie a New Yorkului, unde mulţi dintre părinţi trebuiau să facă naveta în fiecare zi. Gregory împlinise cinci ani pe data de 13 septembrie 2001, la două zile după atacul terorist de la World Trade Center din Manhattan. Gregory nu cunoştea pe nimeni dintre cei care muriseră în acea zi de coşmar, dar părinţii lui cunoşteau mulţi oameni care-şi pierduseră rudele şi, desigur, Gregory văzuse la ştiri cum avioanele loviseră cele două Turnuri Gemene şi cum clădirile se prăbuşiseră. Luni la rând, Gregory se jucase „de-a protecţia" cu jucăriile lui. Înconjura o anume jucărie, figurină sau chiar fotografie înrămată a familiei sale cu cei mai buni „luptători" ai lui. Apoi construia un înalt „scut antigravitațional", pentru a-i apăra de atacurile avioanelor. Se juca astfel o dată sau de două ori pe zi. Era modul său magic de a-și păstra familia în viață. Cu timpul, Gregory a inițiat acest joc din ce în ce mai rar. De Anul Nou, abia dacă se mai juca „de-a protecția", preferând în schimb să se joace cu noile jucării primite de Crăciun.

Jocul repetitiv și cel de tip ritual servesc în cazul celor mici unui scop magic, așa cum se întâmplă și în cazul adulților. Probabil că mergeți la aceeași cafenea în fiecare dimineață sau folosiți aceeași cană din care beți cafeaua acasă. Se poate să purtați un anumit pulovăr sau o anume cravată atunci când aveți o întâlnire importantă sau să țineți o monedă norocoasă și să o frecați între degete pentru a căpăta încredere. Comportamentul repetitiv sau ritual apare în aproape fiecare etapă a dezvoltării noastre, însă devine o problemă doar atunci când nu vă mai puteți opri din el sau dacă nu găsiți alte moduri mai realiste de a scăpa de anxietate. Dacă sunteți îngrijorat cu adevărat de comportamentul ciudat al copilului vostru, consultați neapărat un specialist.

Când copiii au dificultăți în a se juca cu colegii lor

Nu cu mult timp în urmă, țineam o prelegere unui grup de părinți despre importanța de a se juca cu copiii lor, când mama unui copil de șapte ani a venit și mi-a spus: „Dr. Shapiro, ați spus că este important să ne jucăm cu copiii noștri, dar tot ce fac este să mă joc cu copilul meu! Mă joc cu el cel puțin trei–patru ore pe zi. De câte ori mă

vede prin preajmă vrea să se joace cu mine. Indiferent ce
fac, dacă pregătesc masa, fac paturile, el vrea să se joace.
Nu ajung să duc nimic la bun sfârșit, iar asta mă înnebu-
nește. Spuneți că părinții trebuie să se joace cu copiii lor
în fiecare zi, dar nu este oare posibil ca eu să mă joc prea
mult cu al meu?".

Problema cu care se confrunta această mămică nu era
faptul că se juca prea mult cu copilul ei, ci provenea din
lipsa stabilirii unor limite. Ea trebuia să învețe să spună:
„NU, sunt prea ocupată acum pentru a mă juca cu tine,
trebuie să-ți găsești altceva de făcut". Problema mai consta
și în faptul că cel mic (care avea cinci ani) nu știa cum să
se joace singur.

Este normal pentru copii să dorească să obțină atenția
părinților lor cât de mult posibil și să dorească să participe
în cadrul activităților care le fac plăcere. Dar copiii trec
prin multe etape de joacă în timp ce cresc și ar trebui să
caute compania celorlalți copii cam de la vârsta de doi ani
și jumătate, trei. Pe la cinci ani, ar trebui să le placă să se
joace în mai multe feluri, cu oameni diferiți. Trebuie să
se poată juca în egală măsură cu părinții lor, cu colegii și
chiar și singuri. În mod obișnuit, pe la șapte ani, copiii
preferă mai degrabă să se joace cu prietenii lor.

Dar, din nefericire, mulți copii fac cu greu trecerea de
la a se juca cu membrii familiei la a se juca cu cei de vârsta
lor. Dintre cele mai diferite probleme pe care copiii vi le
spun prin intermediul limbajului secret al jocului lor, cea
mai obișnuită este: „Nimeni nu vrea să se joace cu mine.
Sunt așa de singur". Există multe motive pentru care copiii
se simt izolați sau singuri, inclusiv problemele comporta-
mentale, timiditatea, diferențele fizice sau culturale și chiar
problemele de familie care-i fac pe copii să se concentreze

asupra relațiilor din casă mai mult decât asupra celor pe care le au cu ceilalți copii.

De cele mai multe ori, există o combinație între factori situaționali și temperamentali care-l împiedică pe copil să facă față provocărilor date de întâlnirile cu copiii de aceeași vârstă. Luați-l ca exemplu pe Noah, un băiat supraponderal aflat în clasa a cincea, care arareori se joacă cu ceilalți copii. Noah este timid din fire, dar faptul că e supraponderal înrăutățește și mai mult acest aspect. În pauze, când ceilalți colegi se joacă împreună, Noah stă și citește. Când colegii lui se adună să se joace în weekenduri, Noah stă acasă și se uită la televizor.

Fiecare etapă a dezvoltării are hopurile ei importante, care sperăm ca pot fi trecute de copiii noștri. În zona dezvoltării sociale ne așteptăm ca, între șapte și nouă ani, copiii să aibă cel puțin un „prieten foarte bun", iar pe la unsprezece ani să aibă un grup de prieteni (de obicei de același sex). Dar Noah nu avea nici măcar un prieten. Pe lângă faptul că era singur, incapacitatea lui de a-și face prieteni anunța consecințe destul de grave. Copiii care sunt izolați social riscă să aibă o multitudine de probleme psihologice când vor ajunge la adolescență, de la depresie și tulburări de alimentație la abuz de droguri și consum de alcool. Adesea credem că copiii precoce sunt singuratici în școală, dar de fapt cei mai izolați social sunt cei care au note slabe și care riscă să aibă probleme la învățătură și chiar să renunțe la școală.

Dacă copilul vostru are între șase și doisprezece ani și nu se joacă cu ceilalți copii, acest lucru trebuie să vă îngrijoreze. Din perspectiva psihologiei dezvoltării, această perioadă reprezintă „o deschidere" în care copiii capătă abilități relaționale pe care le vor folosi pentru a face față provocărilor sociale ale adolescenței și ale vârstei adulte. Trebuie să depuneți toate eforturile posibile pentru a-i învăța limbajul secret al jocului cu ceilalți. Iată câteva lucruri pe care le puteți face.

Jucați-vă mai mult cu copilul vostru

„Colegii" de joacă adulți nu sunt la fel ca prietenii de aceeași vârstă, dar jocul este un limbaj care poate fi utilizat la orice vârstă. Copilul vostru poate învăța cum să dobândească aptitudini importante de socializare, în timp ce se joacă cu voi sau cu alți adulți din casă — jocuri de gândire creativă, jocuri de rol, cum să știe să câștige sau să piardă și altele. După ce își formează aceste aptitudini ajutat de voi, încurajați-l să le folosească și cu ceilalți copii.

Încurajați-vă copilul să aibă un hobby, iar prin intermediul acestuia să relaționeze cu alți copii

Copiilor le este foarte ușor să își facă prieteni care au interese asemănătoare cu ale lor. Nu contează despre ce hobby este vorba — colecții de benzi desenate, șah, skateboarding, excursii montane —, fiecare conține elemente de joc și veselie.

Învățați-vă copilul aptitudinile de care are nevoie pentru a-și face și a-și păstra prieteni

Există unele motive pentru care unii copii sunt mai simpatizați decât alții. Copiii populari au abilități de socializare mai bune decât ceilalți, celor nepopulari sau izolați lipsindu-le aceste abilități. De exemplu, Aaron era un copil bolnav de ADHD. Avea doar câte un prieten ocazional și nu era niciodată invitat la vreo petrecere, deoarece era considerat „autoritar" și lăudăros. De fapt, Aaron nu era deosebit de „autoritar" și lăudăros pentru un copil de vârsta lui, dar ajunsese să fie considerat astfel din cauza slabei lui capacități de adaptare la situațiile sociale. Dacă Aaron vedea un grup de băieți jucând baschet, striga: „Sunt un jucător nemaipomenit. Am două mingi de baschet acasă. Pot să joc și eu?". Iar băieții nu făceau altceva decât să-l ignore. Aaron îi întreba din nou dacă poate să joace și el cu ei, dar în cele din urmă se lăsa păgubaș.

Părinții lui Aaron erau îngrijorați, deoarece acesta nu avea niciun prieten, și au cerut sfatul terapeutului școlar. Acesta le-a recomandat un grup de formare a aptitudinilor sociale în cadrul căruia copiii erau învățați anumite aptitudini sociale care să-i ajute să-și facă prieteni și să se joace cu ceilalți copii. De exemplu, în loc să strige către un grup de copii cu care Aaron voia să se joace, a fost învățat să aleagă un copil care i se părea mai prietenos și să meargă la el, să se uite în ochii lui și să întrebe politicos dacă poate să se joace împreună cu ei.

Grupurile de aptitudini sociale de acest gen sunt de mare ajutor atât copiilor bolnavi de ADHD și celorlalți cu probleme comportamentale, cât și celor care sunt timizi sau se manifestă ciudat din punct de vedere social. Mulți consilieri-psihologi cred că acest fel de formări sunt utile tuturor copiilor (unii susținând că le-ar fi de folos chiar și adulților). În cazul în care copilul vostru are dificultăți în folosirea limbajului secret al jocului, atunci puteți întreba la școala acestuia dacă există grupuri de învățare a aptitudinilor sociale. Dacă nu există, tabelul următor conține niște sugestii pe care le puteți urma singuri.

Încercați și voi

Zece aptitudini sociale pe care copiii le pot învăța în timpul jocului

Începeți prin a vă observa copilul în timp ce se joacă cu ceilalți copii. Încercați să nu interveniți, chiar dacă lucrurile nu se desfășoară tocmai bine. Apoi revizuiți lista de mai jos și vedeți dacă există ceva care l-ar putea ajuta pe copilul vostru să aibă mai mult succes atunci când se joacă cu ceilalți copii. Repetați această aptitudine prin joc de rol, împreună cu copilul vostru. Dacă aveți posibilitatea, înregistrați video jocul de rol pentru a-i da posibilitatea copilului să vadă cum se descurcă cu noua aptitudine socială dobândită. Încurajați-vă copilul să se joace cu ceilalți, indiferent de împrejurări. Mulți dintre copiii cu probleme de comportament se joacă mai bine cu copiii ceva mai mici decât ei, deoarece și aceștia sunt imaturi din punct de vedere social. Țineți minte că jocul este cea mai bună cale prin intermediul căreia copilul vostru poate dobândi abilități relaționale care vor dura toată viața, așa încât aveți grijă ca acesta să învețe zilnic aceste abilități:

1. Cum să invite un alt copil la joacă
2. Cum să joace pe rând
3. Cum să respecte regulile jocului
4. Cum să fie un câștigător generos
5. Cum să fie un învins împăcat
6. Cum să dea jucării sau alte lucruri de joacă
7. Cum să se poarte pentru a fi încurajat de colegii de joacă
8. Cum să fie flexibil în fața nevoilor cuiva
9. Cum să evalueze succesul sau eșecul social
10. Cum să citească replicile nonverbale ale celorlalți

Cincisprezece minute de joacă pe zi: o rețetă pentru a avea un copil mai fericit și mai sigur pe sine

Timp de mai bine de douăzeci de ani am prescris jocuri pentru a-i ajuta pe copii să învețe limbajul afectiv. Am inventat jocuri cu table, cărți, cuvinte, jocuri de rezolvat cu creionul și hârtia, jocuri pentru afară și jocuri de practicat în mașină. Deoarece îi învăț și pe alți psihologi și psihoterapeuți aceste jocuri, știu că le-au folosit cu zeci de mii de copii din Statele Unite și din întreaga lume.

Fiecare joc pe care-l inventez este proiectat pentru a-i învăța pe copii o abilitate afectivă sau socială aparte, cum ar fi comunicarea sentimentelor, respectarea drepturilor celorlalți, rezolvarea pașnică a certurilor și altele. Dintre toate tehnicile pe care le-am folosit pentru a ajunge la copii prin intermediul limbajului secret, jocurile au fost cele mai eficiente, deoarece sunt cel mai ușor de utilizat și pentru că ele constituie o atracție universală. Astăzi, jocurile de învățare a limbajului sentimentelor sunt considerate un tratament standard pentru ajutarea copiilor în cadrul terapeutic, dar cred că nu există loc mai potrivit pentru folosirea acestora decât acasă.

Jocurile pentru gestionarea emoțiilor sunt în mare parte modificări ale jocurilor deja familiare copiilor. Asta le și face atât de accesibile copiilor, dar și părinților. Un exemplu este jocul „Mămica spune" (o derivație de la familiarul joc „Simon spune"), pe care l-am folosit pentru a-l ajuta pe Ray, un băiețel de șase ani, să fie mai cooperant cu părinții lui.

Rosemary, mama lui Ray, mi l-a adus în cabinet, plângându-se: „Nu mă ascultă niciodată. Nu face niciodată ce-i spun. Este cel mai încăpățânat copil din câți am văzut". În timp ce mama lui vorbea, Ray stătea cu mâinile încrucișate pe piept. Părea complet detașat de acuzațiile aduse de mama lui, ca și cum aceasta vorbea despre cu totul alt copil. Rosemary a început să-mi povestească despre trecutul lui Ray — despre divorțul ei, când acesta avea doi ani, despre problemele de la școală —, dar am întrerupt-o. „Ce anume doriți să facă Ray și el nu vrea?", am întrebat-o. „Vreți să își adune jucăriile? Să meargă la culcare fără tămbălău? Spuneți-mi măcar un lucru important pentru voi și o să vă arăt că puteți să-l faceți să asculte pe dată, fără să se opună."

Rosemary părea surprinsă de caracterul direct al ofertei mele. Nu credea că Ray poate deveni cooperant atât de ușor. „Ei bine, aș vrea să-și facă curățenie în cameră", spuse ea de probă, neștiind ce voi spune sau ce voi face. „E o dezordine acolo... iar eu m-am săturat să tot strig la el."

„Prea bine atunci, am să vă arăt cum să-l determinați să facă curățenie în camera lui", i-am răspuns sec. „O să-l pun să facă ordine în biroul meu, și după cum veți vedea, acest lucru poate fi folosit ca exemplu."

M-am întors către băiat și i-am spus:

— Ştii să joci „Simon spune"? Şi m-am ridicat de pe scaun, arătându-i că sunt gata de joacă.

— Sigur, spuse Ray precaut, dar curios să vadă ce o să urmeze.

— Ei bine, acesta este un joc care se numeşte „Dr. Shapiro spune". Se joacă la fel, dar, în timp ce joci, va trebui să mă ajuţi să fac ceva important. În regulă?

— În regulă, fu Ray de acord, şi am început jocul.

— Acum, dr. Shapiro spune: ridică-te. Iar Ray s-a ridicat de pe scaun.

— Dr. Shapiro spune: ia cele trei cărţi de pe biroul meu şi pune-le pe raft. Şi Ray a făcut ce i-am spus.

— Acum, dr. Shapiro spune: adună piesele jocului de acolo şi pune-le înapoi în cutie. Iar Ray s-a conformat. I-am aruncat o privire mamei lui Ray şi am văzut-o cum se uita la el cu un amestec de mândrie şi uimire. Era ca şi cum nu-l mai văzuse niciodată pe fiul ei fiind atât de cooperant.

— Acum, ridică mâna dreaptă. Ray nu a ridicat-o, deoarece nu spusesem „Dr. Shapiro spune". Foarte bine, i-am zis, eşti foarte atent la joc.

— Învârte-te pe loc. Dar Ray nu s-a învârtit.

— Acum, dr. Shapiro spune: îndreaptă tabloul de pe peretele acela. Ray s-a dus şi l-a îndreptat.

— Bine! Ai îndreptat tabloul de pe perete, ai strâns jocul şi mi-ai pus cărţile la loc pe raft. Mulţumesc! Dr. Shapiro spune: ia loc.

Ray s-a aşezat, arătând satisfăcut. Făcuse exact ceea ce-i cerusem şi părea bucuros să arate că poate fi cooperant când voia. I-am spus mamei: „Acum este rândul dumneavoastră să vă jucaţi «Mămica spune». Sunt convins că Ray va face orice îi veți cere, deoarece astfel va câștiga jocul.

S-au jucat „Mămica spune" timp de câteva minute, iar Ray a fost la fel de cooperant. Apoi am luat un caiet și am scris „o prescripție" pentru a juca acest joc acasă de trei ori în săptămâna ce avea să urmeze.

În ultimii douăzeci de ani, am învățat mii de părinți jocul „Mămica spune" și multe alte jocuri comportamentale. Folosind jocuri asemănătoare, i-am ajutat pe copii să facă față oricăror tipuri de probleme, de la a se descurca cu huliganisme la a-și depăși timiditatea. În contextul unui joc, copiii se vor comporta în moduri pe care părinții și profesorii nu le-au crezut niciodată posibile. De ce se întâmplă astfel? Deoarece oamenii au o dorință înnăscută de a respecta regulile jocului. Doar cu câteva excepții, copiii între trei și doisprezece ani se prind imediat în orice joc le arătați. Faptul că un joc este proiectat pentru a-i ajuta să facă față problemelor afective, sociale sau comportamentale nu pare să-i împiedice de la a se implica la fel de mult în joc.

Mulți terapeuți pediatri folosesc jocurile pentru gestionarea sentimentelor în ședințele lor de terapie pentru a-i ajuta pe copii să învețe noi modalități de a-și depăși problemele, iar copiilor le plac atât de mult aceste jocuri, încât abia așteaptă să meargă din nou la terapeut. Dar jocurile sunt deosebit de potrivite și pentru a fi jucate acasă. Nu este nevoie de un echipament special. Sunt ușor de jucat și sunt distractive atât pentru părinți, cât și pentru copii. Părinților le plac, deoarece dau rezultate imediate.

Dar jocurile pentru gestionarea sentimentelor nu sunt doar pentru copiii cu probleme. Așa cum am scris în cartea mea anterioară, *An Ounce of Prevention: How to Stop*

Emotional and Behavioral Problems before They Start (*Un dram de prevedere: Cum să stopăm problemele afective și emoționale înainte ca ele să apară*), jocurile de educație emoțională sunt la fel de importante în prevenirea apariției problemelor. Aceste jocuri constituie cea mai bună cale pe care o cunosc pentru îmbogățirea inteligenței emoționale a copilului în trei domenii critice: învățarea micuților cum să-și înțeleagă și să-și comunice sentimentele, întărirea comportamentelor importante, cum ar fi cele de ajutorare și solicitudine, și formarea de atitudini și valori pozitive.

În acest capitol, vă voi învăța jocurile mele preferate pentru ajutarea copiilor în ceea ce privește aceste trei aspecte critice ale dezvoltării lor afective. Toate aceste jocuri durează doar cincisprezece minute sau chiar mai puțin și sunt atât de distractive, încât copiii voștri vor dori să le joace iar și iar. Acest lucru este important deoarece repetiția este cheia succesului acestor jocuri. Așa cum știți, când dobândiți o nouă abilitate, fie că este vorba despre o nouă lovitură de golf, învățarea unei limbi străine sau cântatul la un instrument muzical, acestea necesită multă practică. Dacă repetați zilnic, curând veți ajunge cel puțin la un nivel elementar de competență, acest lucru dându-vă sentimentul de împlinire care vă impulsionează să mergeți și mai departe. Acest principiu este valabil și când dobândiți noi aptitudini afective sau comportamentale. Exersarea — de cel puțin cincisprezece minute pe zi — este necesară pentru dezvoltarea copilului vostru. Apoi, după câteva săptămâni, oricare ar fi aptitudinile afective sau comportamentale pe care le exersați, acestea devin din ce în ce mai ușor de îndeplinit. Alocați măcar un sfert de oră pe zi, așa cum alocați timp pentru a-l ajuta pe copil la citire, la istorie, la matematică sau la altă materie. Sunt convins că acest timp va fi folosit cu succes.

Învățați-i pe copii noi modalități de a-și înțelege propriile sentimentele sau pe cele ale altora

Copiii învață cel mai bine aptitudinile afective așa cum le învață și pe cele școlare sau sportive: pas cu pas. De exemplu, aptitudinea afectivă de a ști să vorbească despre sentimente. S-ar putea să nu considerați că acest lucru trebuie învățat, totuși sunt sigur că știți mulți adulți care nu au astfel de aptitudini. Cei mai mulți dintre copiii mici trebuie învățați că a vorbi despre sentimente este o modalitate prin care ceilalți le vor înțelege nevoile și dorințele. Ei trebuie să învețe că a vorbi despre sentimente nu este numai o cale directă de a obține ce vor, dar îi ajută și să se simtă mai bine (chiar și multora dintre adulți trebuie să li se amintească acest lucru).

Copiii ar trebui să înceapă să învețe vocabularul „sentimentelor" pe la vârsta de trei sau patru ani. Pe la cinci–șase ani, ar trebui să fie capabili să înțeleagă mai mult de zece sentimente de bază (tristețe, fericire, teamă, curaj, surprindere, furie, calm, confuzie, timiditate, singurătate etc.) și să identifice situații în care pot apărea aceste sentimente. Între opt și zece ani, copiii trebuie să fie capabili să recunoască semnele diferitelor sentimente ale semenilor. La adolescență, trebuie să înțeleagă diferențele subtile a zeci de sentimente diferite și trebuie să fie capabili să vadă că sentimentele lor pot fi modificate de acțiunile pe care le întreprind.

Cercetătorii ne spun că a fi capabil să vorbești despre sentimente reprezintă una dintre cele mai importante măsuri ale inteligenței emoționale a oricărei vârste. Cu cât copiii vorbesc mai mult despre sentimentele lor și respectă sentimentele altora, cu atât vor fi mai populari printre colegii lor și printre adulții din afara familiei. Copiii și adolescenții care sunt capabili să reflecteze asupra sentimentelor lor și sunt sensibili față de sentimentele celorlalți reușesc mai bine pe plan social și școlar. Acesta este un aspect important al unei bune sănătăți mentale.

Este deosebit de important să-i ajutăm pe copii să învețe să-și exprime sentimentele, mai ales în cazul copiilor cu probleme comportamentale. Să o luăm ca exemplu pe Dana, care la vârsta de șase ani era considerată un „copil sălbatic". Încă de când avea trei ani, Dana fusese îndărătnică și agresivă. Le răspundea părinților, făcea crize, se îmbufna și era ostilă cu ceilalți copii. I se ceruse să părăsească grădinița, deoarece era pusă mereu la colț, deși acest lucru părea să nu aibă niciun efect asupra ei. La o săptămână după ce a intrat în clasa întâi, Dana mi-a fost trimisă pentru consiliere, fiindcă îi necăjea pe ceilalți copii și îi vorbea profesoarei în răspăr.

După ce am evaluat-o, le-am spus părinților: „Dana nu știe să vorbească despre ceea ce simte și din cauza aceasta, se exteriorizează direct. Nu știu exact de ce este o fetiță atât de furioasă, dar știu că trebuie să învețe alte căi mai bune prin care să facă față mâniei ei. Totodată trebuie să învețe cum să recunoască sau să exploreze alte sentimente mai pozitive decât cele pe care le are. Programele comportamentale nu au avut succes, așa încât să încercăm ceva nou. Permiteți-mi să vă învăț un joc care o va ajuta pe Dana și pe restul familiei să vorbească mai mult despre sentimente". Şi spunând acestea, m-am dus în spatele biroului şi am luat de acolo „Mingea Sentimentelor".

Jocul „Mingea Sentimentelor" este foarte potrivit pentru a-i face pe copii să vorbească despre oricare dintre sentimentele pe care le consideraţi importante pentru ei. Sunt sigur că va funcţiona şi în cazul familiei voastre, chiar de prima dată, şi că veţi fi surprinşi cât de uşor este să îi faceţi pe copii să se deschidă în faţa voastră. Am folosit acest joc ca pe un exerciţiu de încălzire, în cadrul unor conferinţe la care participau peste cinci sute de oameni, şi întotdeauna am găsit trei–patru participanţi care să vorbească despre sentimentele şi experienţele lor — şi, credeţi-mă, nu voiau să facă asta! Am prescris acest joc multor familii şi, totodată, profesorilor. Niciodată nu a dat greş în a-i ajuta pe copiii de orice vârstă (de cinci ani sau mai mari) să vorbească despre sentimentele lor. Dacă îl jucaţi des, copiii se vor obişnui să vorbească despre sentimentele lor, în loc să le exteriorizeze pur şi simplu.

Iată cum se joacă acest joc. Este nevoie de doi până la zece jucători, o minge de plajă şi o carioca. Umflaţi mingea şi scrieţi pe ea diferite sentimente, cum ar fi fericire, tristeţe, furie şi aşa mai departe. Alegeţi trăirile potrivite nivelului vârstei copilului vostru. Puteţi scrie aceleaşi sentimente de mai multe ori dacă mingea este mare.

Jocul va fi început de un adult, pentru a arăta cum se joacă. Aruncaţi mingea în aer şi apoi prindeţi-o cu ambele mâini. Uitaţi-vă la „sentimentul" cel mai apropiat de degetul mare de la mâna dreaptă. Apoi spuneţi când aţi simţit ultima dată acel sentiment. În continuare, aruncaţi mingea persoanei din dreapta voastră, care trebuie să facă acelaşi lucru. Nu comentaţi ce spun ceilalţi — doar ascultați. Continuați până când fiecare persoană a prins mingea de cel puțin două ori.

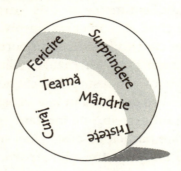

Jocul „Mingea Sentimentelor" este o minunată metodă de a vă determina familia să vorbească despre sentimente, dar există și multe alte variante ale acestui joc, pentru a-l învăța pe copil și alte abilități de inteligență emoțională. Cumpărați mai multe mingi de plajă și încercați aceste jocuri folosind aceleași reguli ca acelea ale jocului „Mingea Sentimentelor":

- *Jocul Mingii Distractive*. Scrieți lucruri distractive/nostime pe minge, cum ar fi „spune o glumă", „fă o strâmbătură", „gâdilă un alt jucător", „scoate un sunet ciudat" și așa mai departe.
- *Jocul Mingii care Calmează*. Scrieți pe minge diferite metode de calmare, cum ar fi „ascultă muzică liniștitoare", „respiră adânc de zece ori", „masează mâna unui alt jucător", „descrie un loc lipsit de agitație" etc. În cazul acestui joc, spre deosebire de celelalte jocuri, fiecare jucător trebuie să facă simultan același lucru pe care-l face jucătorul care a prins mingea.
- *Jocul fă-ți un prieten*. Scrieți pe minge diferite lucruri care-i ajută pe copii să exerseze diverse abilități

sociale, cum ar fi: „strânge mâna jucătorului din dreapta", „fă un compliment unui jucător" sau „întreabă un jucător ce evenimente a avut în ziua respectivă". Acest joc poate fi jucat de familie, dar este chiar mai bine dacă puteți aduna un grup de copii pentru a repeta astfel de abilități care să-i ajute să-și facă prieteni.

Un joc pentru controlul furiei

Îndată ce Dana a început să-și verbalizeze sentimentele în mod obișnuit, următorul lucru pe care trebuia să-l învețe era să-și stăpânească furia. Este un lucru trist faptul că, în prezent, aproape fiecare școală pe care am vizitat-o are ore pentru gestionarea furiei, pentru a-i învăța pe copiii ca Dana, care sunt înclinați să aibă crize de furie, să vorbească urât sau să fie agresivi fizic. Există un complex de motive pentru care atât de mulți copii din zilele noastre au greutăți în a-și controla furia, dar în loc să zăbovesc asupra acestor cazuri, prefer să caut soluții. Cea mai bună soluție la care mă pot gândi este să ajutăm fiecare copil în parte să învețe ce este furia, cu mult timp înainte ca aceasta să devină o problemă. La urma urmei, oricine se mai înfurie câteodată și oricine are nevoie să afle cum să-și exprime furia în mod adecvat. Așa că, de ce să nu-i învățăm pe toți copiii să-și înțeleagă și să-și controleze furia, ca parte a educației lor emoționale? Și ce altă cale mai bună am putea găsi decât prin intermediul limbajului secret al jocului?! Acest joc este folosit pentru a-i învăța pe copii zece lucruri pe care le pot face pentru a-și stăpâni mânia:

- Să numere rar până la zece.
- Să respire adânc de cinci ori.
- Să asculte muzică liniştitoare.
- Să vorbească despre ceea ce-i frământă.
- Să se gândească la un loc liniştit.
- Să stea pe un scaun şi să-şi relaxeze muşchii.
- Să facă o glumă despre ceea ce-i frământă.
- Să facă ceva amuzant.
- Să ceară ajutorul unui adult.

Am învăţat-o pe Dana aceste aptitudini de control al furiei, folosind un simplu joc de aruncat cu banul. Aşa cum puteţi vedea la pagina următoare, figurile furioase au valori negative, iar tehnicile de control al furiei au valori pozitive.

Pentru a juca Jocul pentru Liniştire, aveţi nevoie de doi jucători de şase până la doisprezece ani. Copiaţi imaginile de mai sus pe o hârtie A4. Aveţi nevoie şi de douăzeci de monede — zece mai mari şi zece mai mici. Puteţi juca pe o masă sau pe orice altă suprafaţă plată.

Obiectivul jocului este de a obţine cel mai mare număr de puncte prin aruncarea monedelor în Cercurile de Liniştire. Fiecare jucător primeşte un fişic cu monede. Cel mai mic dintre jucători începe jocul şi aruncă o monedă, încercând să o introducă într-un Cerc de Liniştire. Dacă moneda ajunge măcar pe jumătate în cerc, jucătorul primeşte punctele din acel cerc dacă răspunde la întrebare sau demonstrează tehnica cerută.

Dacă jucătorul aruncă moneda pe o faţă furioasă, atunci i se scade numărul de puncte aferent.

Apoi aruncă celălalt jucător, iar jocul continuă, fiecare aşteptându-şi rândul. Când au fost aruncate toate monedele,

JOCUL PENTRU LINIȘTIRE

Vorbește cu un prieten despre ceea ce te frământă
+3

Ascultă muzică liniștitoare
+1

-1

-2

Joacă un joc cu cineva
+2

-3

-1

Desenează un portret al furiei tale
+1

MAI DĂ O DATĂ

Găsește ceva care să te facă să râzi
+2

Respiră adânc de cinci ori
+3

-1

-2

-3

Gândește-te la două soluții alternative ale problemei tale
+2

Plimbă-te în cercuri până te liniștești
+1

Așază-te și relaxează-ți mușchii
+2

-1

-2

jucătorul cu cele mai multe puncte este declarat învingător. Jucătorul poate primi un mic premiu.

Învățați-i pe copii noi modele de comportament

La începutul acestui capitol, am descris jocul „Mămica spune", care-i învață pe copii să asculte și să îndeplinească anumite sarcini pe care nu le fac în mod obișnuit. De-a lungul multor ani în care am prescris jocuri de învățare a sentimentelor, am descoperit că această abordare este mult mai eficientă pentru a-i învăța pe copii modele de comportament decât sunt metodele standard, precum cele de stat la colț sau sistarea unor privilegii. Așa cum le spun adesea și părinților, „este mai ușor să-i învățați pe copii să fie buni decât să preveniți să fie răi". Iar cea mai bună cale de a-l învăța un lucru nou pe un copil este prin intermediul jocului.

Așa cum demonstrează jocurile, puteți să-i învățați bunele maniere, să fie de ajutor, să fie mai atenți la regulile adulților și multe altele. Deosebit de important este că vă veți da seama de faptul că aceste jocuri constituie o bine-venită alternativă a atenționărilor repetate, a mustrărilor și pedepselor. Este întotdeauna mai bine să îi ajutăm pe copii prin intermediul limbajului jocului, o limbă pe care aceștia o înțeleg.

Cum să-i învățați pe copii bunele maniere

Bunele maniere reprezintă cea mai elementară cale prin care copiii primesc aprobare și sunt acceptați de ceilalți, și cu toate acestea, mulți din copiii de astăzi sunt prost educați. Un studiu a scos la iveală că pentru 70% dintre părinți copiii de astăzi nu au bune maniere, comparativ cu generațiile anterioare, și totuși, în mod ironic, doar 20% dintre acești părinți apreciau că copiii *lor* sunt needucați. Acest lucru mă duce la concluzia că părinții au așteptări mari de la comportamentul copiilor celorlalți, dar puține în ceea ce-i privește pe propriii lor copii.

Oricum ați percepe manierele copilului vostru, pot să vă spun că, cu cât este mai politicos, mai amabil și mai atent, cu atât se va descurca mai bine în lume. Tuturor le plac copiii manierați și care se comportă frumos, și de aceea ei primesc mai mult feedback pozitiv și aprobări sociale, care în schimb le oferă un sentiment de încredere în sine și de mulțumire de sine. Puteți să fiți siguri că și copilul vostru va porni bine în viață dacă îi veți întări bunele maniere. În cazul în care copilul vostru opune rezistență, atunci probabil că acest joc pentru copii mici vă va fi de ajutor.

Încercați și voi

Bunele maniere sunt calea prin care le arătăm copiilor noștri că ne pasă

Jocurile pot avea multe forme. Copiilor mici le plac mai cu seamă jocurile cu muzică și cântece. Când învață un cântec nou, mai ales atunci când cântecul se bazează pe o melodie cunoscută, îl vor cânta iar și iar — aceasta fiind exact calea prin care doriți ca ei să învețe un nou comportament. Dacă aveți copii mici, puteți să vă jucați acest joc de mai multe ori pe săptămână. Acest joc depășește cu mult orice lecție despre bunele maniere.

Obiectiv: Să le reamintească copiilor mai mici importanța bunelor maniere și să-i încurajeze să găsească noi modalități de a arăta că sunt atenți cu ceilalți.

Vârsta: 3–7 ani
Număr de jucători: 2–12
Pregătiri: Niciuna
Reguli:
1. Așezați jucătorii în cerc.
2. Spuneți-le că îi veți învăța un cântec de „bune maniere", asemănător cu o melodie pe care o cunosc. Cântecul este cântat după melodia din „This is the Way We Wash Our Clothes" (*Astfel ne spălăm lucrurile*).
3. Mai departe veți spune: „Acest cântec se numește «Astfel arătăm că ne pasă». Vom încheia fiecare vers cu ceva prin care să arătăm că avem bune maniere".
4. Primul vers îl cântați voi:
   Astfel ținem ușa
   Ținem ușa, ținem ușa
   Astfel ținem ușa
   Dimineața devreme. (Notați că momentul zilei se poate schimba la fiecare vers, în funcție de maniera despre care se cântă.)
5. Continuați să interpretați cântecul folosind fraze ca: „mâncăm cu furculița", „folosim șervețelul", „punem mâna la nas când strănutăm", „spunem iartă-mă", „tragem apa la baie" și așa mai departe.
6. Folosiți mișcări pentru a mima fiecare frază.
7. Acordați câte un punct fiecărui jucător, de fiecare dată când adaugă singur un nou vers.
8. Atunci când un jucător adaugă o altă manieră, care nu a mai fost folosită în cântec, primește două puncte.
9. Adăugați la sfârșitul „jocului", după ce ați adunat toate punctele obținute: „Vă mulțumesc că ați jucat alături de mine. Asta dovedește că aveți bune maniere!".

Țineți minte că toate noile comportamente au nevoie de întărire sub formă de laudă și indicii nonverbale. Aveți grijă să-l răsplătiți permanent pe copil pentru bunele maniere folosite.

Cum să-i învățați pe copii să îi ajute pe ceilalți

Unii copii par să fie mai săritori din fire, spre deosebire de alții. Din nefericire, trăim într-o perioadă în care a fi perceput ca o persoană săritoare sau amabilă nu este atât de important cât a fi frumos, bogat sau atletic. Până în clipa în care bunii samariteni vor fi la fel de apreciați ca o stea de cinema, părinții vor trebui să facă un efort în plus pentru a-și învăța copiii valoarea unui gest de ajutor.

Comportamentele altruiste sunt învățate în multe feluri. Cel mai adesea, copiii își urmăresc părinții și imită ce fac aceștia. Copiii sunt de asemenea influențați de regulile rostite sau nerostite din casă. Unui copil pe care l-am cunoscut cu mulți ani în urmă i s-a cerut să economisească jumătate din alocația primită pentru a o da de pomană. Mila pentru nevoiași era importantă în căminul lui, iar el nu avea de ales. Un alt copil a fost încurajat de părinți să caute modalități de a-i ajuta pe ceilalți. Zilnic, i se arătau modalități de comportamente serviabile și politicoase, cum ar fi să țină ușa pentru cineva care dorea să intre sau să iasă ori să se ofere să ajute pe cineva să ducă o sacoșă grea. Ambii copii au crescut ajungând să fie amabili și serviabili.

O a treia cale de a-i face pe copii să învețe valorile morale este prin intermediul propriului lor limbaj secret, mai cu seamă al artei, al poveștilor și al jocului. Jocul pe care îl voi prezenta (vezi pagina următoare) este proiectat pentru a încuraja copiii să se gândească cum să îi ajute pe ceilalți.

Jucați adesea acest joc de urmare a liderului și veți vedea cât de ușor este pentru copii să fie cooperanți și serviabili.

Încercați și voi

Urmați-l pe liderul serviabil

Obiectivul jocului: Comportamentul amabil să devină un obicei zilnic

Vârsta: între 4 și 8 ani

Numărul de jucători: 2–4

Materiale necesare: niciunul

Pregătiri: niciuna

Regulile jocului:

1. Programați un cronometru pentru cinci minute și spuneți copilului sau copiilor că vă veți juca „Urmează-l pe lider".
2. Începeți prin câteva activități „de încălzire", cum ar fi sărituri, bătut din palme, piruete și așa mai departe.
3. Apoi mergeți prin casă sau prin curte și faceți lucruri simple și de ajutor. Adunați gunoiul. Îndreptați un scaun. Puneți la loc o carte sau o jucărie. Despachetați cumpărăturile. Fiți entuziaști, distrați-vă și induceți-le copiilor obiceiul de a fi de ajutor.
4. Apoi cereți copilului vostru să fie liderul, făcând ordine în camera lui. Faceți ce face și el, dar nimic în plus. Concentrați-vă mai mult asupra părții distractive a jocului, și nu asupra ordinii din cameră. Perioada de timp a jocului trebuie să fie scurtă. Țineți minte că acțiunile vorbesc mai bine decât cuvintele.

Cum să-i învățați pe copii noi aptitudini sociale prin intermediul jocului

Jocurile de educație emoțională sunt deosebit de folositoare, deoarece îi învață pe copii noi aptitudini sociale, dar sunt și mai de folos când sunt jucate cu copiii de aceeași vârstă, lucru care uneori poate fi greu de realizat. Din acest motiv am susținut ca exersarea inteligenței emoționale să facă parte din experiența școlară zilnică a copiilor, în fiecare zi și la fiecare clasă. De curând, am avut ocazia să mă adresez unui grup de părinți și profesori dintr-o mică școală a unui district din afara Philadelphiei. Directorul școlii districtuale a hotărât ca inteligența emoțională să constituie prioritatea numărul unu pe tot parcursul anului respectiv. Acesta știa, așa cum descoperiseră și alte școli din țară, că întărirea inteligenței emoționale, cu accent pe învățarea copiilor cum să devină conștienți din punct de vedere social și să-i respecte pe ceilalți, reduce multe din problemele comportamentale obișnuite, de la tachinări și huliganism la chiulitul de la ore. Un alt beneficiu al unui astfel de program este acela că îmbunătățește totodată toate performanțele școlare ale elevilor. Acest director a înțeles și faptul că cea mai bună cale de a aborda educarea inteligenței emoționale este prin intermediul unui parteneriat între părinți și profesori, în același mod în care părinții și profesorii se alătură pentru a-i învăța pe copii materiile pe care le studiază aceștia în școală.

Jocurile de conștientizare socială, ca și alte jocuri de educație emoțională, pot să-i învețe pe copii oricare dintre zecile de aptitudini sociale, inclusiv cum să fie acceptați în grupuri, cum să joace corect și cum să rezolve neînțelegerile care apar. Jocul următor, o simplă modificare a jocului „Păcălici", este proiectat să îi învețe pe copii importanța respectului față de ceilalți.

Încercați și voi

Lipsa de respect n-are ce căuta aici!

<u>Obiectiv:</u> Să-i învețe pe copii importanța respectului față de ceilalți, precum și anumite gesturi de politețe.

<u>Vârsta:</u> cuprinsă între 5 și 10 ani

<u>Numărul de jucători:</u> 3 sau mai mulți

<u>Pregătire:</u> Faceți o copie a cărții Lipsă de respect și douăzeci de copii ale cărții Respect. Veți avea nevoie și de un ceas de bucătărie.

Respect　　　Lipsă de respect

<u>Reguli:</u>
1. Jucătorii stau în cerc.
2. Acest joc se joacă precum Păcălici, cu excepția faptului că dați mai departe cartea Lipsă de respect.
3. Adulții programează ceasul de bucătărie să sune peste unu–trei minute, iar jucătorii dau mai departe cartea Lipsă de respect.
4. În cazul în care ceasul sună în timp ce un jucător deține cartea Lipsă de respect, atunci acesta trebuie să se gândească la o modalitate prin care să-și arate respectul față de cineva. De exemplu:
   a) Tăceți în timp ce alții vorbesc.
   b) Așteptați-vă rândul.
   c) Spuneți „vă rog" și „mulțumesc".
   d) Țineți ușa cuiva care vrea să intre după voi.
5. În cazul în care jucătorul găsește un mod prin care să-și arate respectul, după ce primește cartea Respect, va da altui jucător cartea sa Lipsă de respect.
6. Este pus din nou ceasul să sune, și atât cartea Respect, cât și cartea Lipsă de respect sunt pasate în cadrul cercului.
7. Acest lucru continuă, iar de fiecare dată când un jucător primește cartea Lipsă de respect și dă un exemplu în care își arată respectul față de ceilalți, este adăugată în joc o nouă carte.
8. Când toți jucătorii au câte o carte Respect (de exemplu, există cinci cărți Respect și cinci jucători), atunci jocul ia sfârșit, deoarece nu mai există loc pentru cartea Lipsă de respect.

Cum să-i învățați pe copii noi modalități de gândire

Fiecare problemă psihologică poate fi definită, în parte, drept o distorsionare a modului normal de gândire. De exemplu, copiii cu tulburarea de deficit de atenție nu-și planifică sau nu gândesc în mod obișnuit acțiunile, așa cum fac ceilalți copii de aceeași vârstă. Copiii timizi gândesc că dacă ceva merge rău e din vina lor, dar dacă lucrurile merg bine, aceasta se întâmplă datorită eforturilor celorlalți. Tinerii care sunt deschiși privesc lumea din altă perspectivă.

Copiii care suferă din cauza depresiei gândesc pesimist și negativ. Ei cred că momentele dificile prin care trec vor continua să apară, în timp ce evenimentele fericite vor fi doar temporare. Copiii care au un mod optimist de gândire cred exact invers: timpurile grele sunt temporare, iar vremurile bune vor continua să apară.

Cei mai mulți psihoterapeuți cred că dacă doriți să-i ajutați pe copii în mod eficient, trebuie să schimbați modul distorsionat în care gândesc aceștia și care pricinuiește tulburarea lor afectivă. Jocurile de educație emoțională sunt ideale pentru a-i ajuta pe copii să învețe și să practice noi modalități de conceptualizare a problemelor afective ale copilăriei.

Este știut că a-i învăța pe copii diferite moduri de a gândi despre ei și lumea lor îi poate „imuniza" față de viitoarele probleme afective sau comportamentale.

De exemplu, Daryl nu întrunea criteriile niciunei tulburări psihologice, dar era predispus riscului apariției unor astfel de probleme. Părinții lui divorțaseră de curând şi avea dificultăţi atât la citire, cât şi la matematică. Profesorii lui au observat că, în cea mai mare parte a timpului, acesta părea „trist şi nefericit". În cadrul unei evaluări făcute copiilor de clasa a cincea, Daryl părea să fie predispus în viitorii ani la simptome depresive serioase, mai cu seamă în adolescenţă, aşa încât a fost înscris într-un program special de prevenţie. În şedinţele de grup, împreună cu alţi şase copii, Daryl juca diferite jocuri de educaţie emoţională. Preferatul său era Jocul Gândirii Pozitive. Iată cum se joacă.

Încercaţi şi voi

Jocul Gândirii Pozitive

Este important de notat că gândirea pozitivă nu înseamnă doar a fi propriul „suporter", aşa cum recomandă unele cărţi motivaţionale. Cu siguranţă că nu e nimic rău să îţi spui ceva de genul: „Dă-i drumul" sau „Poţi face asta", ca o modalitate de autoîncurajare pentru îndeplinirea unor sarcini dificile. Dar Martin Seligman, autorul cărţii *The Optimistic Child* (Copilul optimist), arată că un stil de gândire optimist implică o modalitate realistă de gândire asupra cauzelor şi efectelor. Acest joc este proiectat să-i înveţe pe tineri că şi atunci când au loc evenimente neplăcute le pot transforma în unele plăcute.
Obiectiv: Să-i înveţe pe copii cum să schimbe gândurile pesimiste într-unele realiste şi optimiste.
Număr de jucători: 1–8
Vârsta: 7+ (adulţii pot beneficia şi ei de pe urma acestui joc)
Pregătire: veţi avea nevoie de două zaruri şi o listă cu propoziţiile ce urmează
Reguli:
1. Jucătorii stau în cerc.
2. Începeţi prin a spune că scopul jocului este de a-i învăţa pe copii cum să transforme gândurile pesimiste într-unele realiste şi pozitive. Daţi mai multe exemple de acest gen. Adultul care joacă va hotărî dacă răspunsul câştigă puncte sau nu.
3. Cel mai mic dintre jucători începe prin a da cu zarurile.

4. El citeşte propoziţia incompletă care corespunde sumei celor două zaruri, completând propoziţia (de exemplu, dacă el a dat trei, citeşte propoziţia nr. 3 dintre cele douăsprezece de mai jos).

5. Jucătorul din dreapta lui trebuie să dea un răspuns pozitiv acelei propoziţii, din punctul de vedere al primului jucător. De exemplu, la propoziţia nr. 1, un jucător poate spune: „Uneori sunt trist când copiii se iau de mine". Următorul jucător poate replica: „Dar am şi prieteni buni cu care mă distrez foarte bine".

6. Dacă cel de-al doilea jucător dă un răspuns potrivit, atunci ambii jucători primesc câte un punct. Dacă adultul apreciază că răspunsul nu este pozitiv, atunci doar primul jucător primeşte un punct.

7. În plus, dacă un jucător aruncă zarurile şi dă două numere cu soţ (de exemplu, doi de 2, doi de 4 sau doi de 6), cei doi jucători primesc, fiecare, câte trei puncte, în loc de unul.

8. Dacă sunt daţi doi de 1, atunci jucătorul pierde un rând.

9. Jucaţi timp de cincisprezece–douăzeci de minute, iar jucătorul cu cele mai multe puncte va fi declarat câştigător.

Propoziţii pentru Jocul Gândirii Pozitive
Jucătorul care aruncă zarurile completează propoziţia. Jucătorul din dreapta dă o replică.

1. Uneori sunt trist când ....
2. Uneori mă înfurii atunci când ...
3. Uneori vreau să renunţ când ...
4. Uneori oamenii se înfurie pe mine deoarece ...
5. Lecţiile pentru acasă sunt grele atunci când ...
6. Este greu să-ţi faci prieteni atunci când ...
7. Un lucru care nu-mi place la mine este că ...
8. Un lucru ce mă deranjează acasă este că ...
9. Am câte o zi proastă atunci când ...
10. Lucrul care mă deranjează cel mai tare la copiii din clasă este că ...
11. Nu prea sunt bun la ...
12. O problemă persistentă de-a mea este că ...

Daţi-mi voie să subliniez faptul că jocurile de educaţie emoţională, cum ar fi Jocul Gândirii Pozitive, nu sunt numai pentru copiii cu probleme sau pentru tinerii care sunt predispuşi să aibă unele probleme. Aceste jocuri formează aptitudini de inteligenţă emoţională atât pentru copii, cât şi pentru adolescenţi. Potrivit cercetării efectuate de Martin Seligman şi alţii, gândirea optimistă şi realistă duce la performanţe mai bune la şcoală şi la serviciu. Favorizează relaţii mai bune cu ceilalţi, deoarece la orice vârstă oamenii răspund mai bine oamenilor pozitivi. O atitudine optimistă îi ajută pe copii să facă faţă obstacolelor obişnuite şi mai puţin obişnuite care apar în orice etapă a vieţii şi par să ajute chiar mulţi oameni să se refacă mai rapid în urma unor boli, putând să-şi prelungească chiar viaţa. Puteţi oferi copilului vostru toate aceste avantaje şi multe altele, prin intermediul unui simplu joc.

Educaţia emoţională şi jocurile cu tablă şi jetoane

Dintre toate jocurile de învăţare afectivă pe care le puteţi juca cu copiii voştri, cele mai de succes adaptări sunt cele ale jocurilor cu tablă. Aceste jocuri îi învaţă aptitudini afective specifice: cum să rezolve conflictele sau cum să îşi facă prieteni. Datorită faptului că voi veţi scrie ce reprezintă cărţile jocului, puteţi să vă alegeţi orice fel de probleme existente.

Jocurile de învăţare afectivă sunt des folosite de specialiştii în probleme de sănătate mentală, dar nu se găsesc în mod obişnuit în casele oamenilor, unde consider că ar fi cel mai potrivit să se afle. Daţi-mi voie să vă arăt cât de ușor este să construiți un joc de acest fel și să-l folosiți pentru a vă învăța copilul valori morale importante cum ar fi: onestitatea, mila și responsabilitatea. Într-o lume în care părinții se îngrijorează în mod frecvent pentru influența pe care o are media asupra valorilor morale ale copiilor lor și în care pericolele abuzului de droguri și de alcool sau ale altor comportamente riscante par greu de evitat, iată o modalitate simplă prin care puteți sprijini dezvoltarea morală a copilului vostru prin intermediul limbajului secret al jocului. Eu numesc acest joc Jocul Bunului Caracter.

Încercați și voi

Jocul Bunului Caracter

Întotdeauna am crezut că principalul motiv pentru care jocurile de educație emoțională sunt atât de populare printre specialiștii în sănătate mentală și printre copii este pentru că sunt foarte ușor de jucat. Ca și în multe alte jocuri (cu tablă de joc) care sunt îndrăgite de copii, dați cu zarul, mutați pionul mai departe, ridicați cărți și faceți ce spun acestea. În asta constă totul. Dar cărțile în acest tip de joc sunt diferite de cele cu care sunt obișnuiți cei mici. Acestea cer copiilor să vorbească despre sentimentele lor, să se gândească la alte moduri de a relaționa și să practice noi comportamente.

Avându-vă pe voi ca model, fiind deschis și cinstit în răspunsurile pe care le dați întrebărilor jocului, copiii încep să vorbească și să se gândească la lucruri de care veți fi surprins. Totuși, țineți minte că acesta este un joc și se presupune că e ceva distractiv. Nu folosiți jocul ca pe o ocazie de a le ține prelegeri sau de a-i critica pe copii. Ascultați respectuos răspunsurile celuilalt jucător și arătați-vă sincera apreciere atunci când jucătorii își împărtășesc gândurile și sentimentele.

<u>Obiectiv:</u> Să-i învețe pe copii valorile importante ale dezvoltării lor afective și morale.

<u>Vârsta:</u> 8–12

<u>Număr de jucători:</u> 2–4

<u>Pregătire:</u> Veţi avea nevoie de două zaruri, patru pioni şi de o sută de jetoane de poker sau de monede. Puteţi folosi zarurile şi pionii de la un alt joc. De asemenea, puteţi folosi figurine în loc de pioni. Copiaţi tabla de joc desenată de noi. Lipiţi-o pe un carton pentru a fi mai rezistentă. Pentru a o face mai atrăgătoare, o puteţi colora împreună cu copilul vostru.

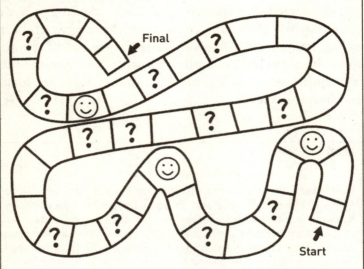

Confecţionaţi douăzeci de cărţi de joc cu întrebări, copiind lista de mai jos, sau inventaţi propriile voastre întrebări. Puteţi scrie întrebările pe cartonaşe standard sau, dacă doriţi să folosiţi un computer, achiziţionaţi hârtie pentru tipărit cărţi de vizită şi urmaţi instrucţiunile de tipărire.

Deşi am scris douăzeci de întrebări pentru a fi folosite în acest joc, puteţi adăuga propriile întrebări, compuse împreună cu copiii voştri. A inventa întrebări este la fel de instructiv ca a practica jocul.

<u>Regulile jocului:</u>
1. Fiecare jucător îşi aşază pionul sau figurina pe pătratul de start.
2. Cel mai mic jucător începe jocul şi aruncă zarurile. Dacă, potrivit zarurilor, pionul lui ajunge pe un pătrat cu un semn

de întrebare, ia o carte şi răspunde la întrebare. Dacă dă un răspuns acceptabil, primeşte un jeton. Dacă ajunge pe un pătrat cu o faţă zâmbitoare, primeşte două jetoane.

3. Apoi urmează jucătorul cel mai în vârstă, aruncă zarurile, mută pionul şi răspunde la întrebare.

4. Când prima persoană ajunge la pătratul de Final, jocul ia sfârşit.

5. Jucătorul care a primit cele mai multe jetoane este declarat învingător.

Întrebări pentru Jocul Bunului Caracter
(copiaţi aceste întrebări pe cartonaşe de 6 x 9 cm)

1. De ce este important să fim cinstiţi?

2. Denumeşte o regulă importantă în familia ta.

3. Ce ai face dacă ai vedea pe cineva că fură o bomboană dintr-un magazin?

4. De ce este important să avem bune maniere?

5. Descrie un moment în care ai împărţit ceva de la tine, chiar dacă nu doreai neapărat să faci acest lucru.

6. Care este modalitatea prin care poţi să-ţi arăţi respectul faţă de o persoană mai în vârstă decât tine?

7. Denumeşte ceva ce ai vrea să schimbi la persoana ta.

8. Dacă ai fi preşedintele unei ţări, ce ai face pentru oamenii săraci?

9. Denumeşte pe cineva pe care-l admiri deoarece este o persoană generoasă.

10. Dacă ai vrea să faci un lucru amabil pentru unul dintre jucători, ce ai face?

11. Denumeşte lucrul care-ţi place cel mai mult la tatăl sau la mama ta.

12. Vorbeşte despre cineva pe care-l consideri „erou".

13. Ce ai face dacă ai şti că cineva trişează la joc?

14. De ce este important să respectăm regulile de circulaţie?

15. Care este cel mai frumos lucru pe care l-a făcut cineva vreodată pentru tine?

16. Ce i-ai spune cuiva care ţi-ar cere să faci ceva ce ştii că nu este bine?

17. De ce este important să-ţi îndeplineşti sarcinile la timp?

18. Ce i-ai spune, pentru a o opri, unei persoane care îi necăjeşte pe ceilalţi?

19. Vorbește despre ceva ce faci și care indică faptul că ești responsabil.
20. Vorbește despre ceva ce ți s-a întâmplat în viață și care te-a făcut să te simți mândru de valorile tale.

Atunci când veți juca Jocul Bunului Caracter, veți fi uimit cât de serios se joacă copiii când discută despre valorile și comportamentul lor, chiar dacă în același timp ei se și distrează. Astfel de jocuri au o modalitate unică de a-i face pe copii să comunice la un nivel de conștientizare de sine care arareori apare în conversațiile de zi cu zi.

Desigur, cea mai importantă parte a tuturor jocurilor din acest capitol constă în participarea voastră. Dacă vă veți arăta interesul în răspunsurile date de copil și vă veți exprima valorile prin intermediul propriilor voastre răspunsuri, veți avea ocazia să vă modelați propriile sentimente, comportamente și gânduri prin intermediul limbajului secret al jocului.

De ținut minte

Orice tip de joc poate ajuta la dezvoltarea afectivă și emoțională a copilului vostru. Din primele săptămâni de viață, puteți începe să vă educați copilul prin intermediul limbajului secret al jocului, stimulându-i dezvoltarea cognitivă, afectivă și a limbajului. Jocul continuă să fie o parte importantă a dezvoltării afective a copilului pe toată perioada copilăriei, fapt pentru care constituie un mediu important pentru consilierii care vor să-i înțeleagă și să-i ajute pe copii.

Dar a-i ajuta pe copii prin intermediul jocului este mult mai eficient atunci când acest lucru se face acasă. Nimeni nu-l cunoaște mai bine pe copil decât părinții lui și nimeni nu este mai interesat de dezvoltarea acestuia decât ei. Petrecând cincisprezece–douăzeci de minute pe zi, puteți învăța să ascultați îngrijorările copilului vostru așa cum o fac și specialiștii. La fel de important, prin intermediul jocurilor și al activităților vă puteți învăța copilul să dobândească abilități afective și comportamentale importante și să vă și distrați în același timp.

Nu există o cale greșită în a vorbi limbajul secret al jocului cu copiii voștri — distrați-vă, pur și simplu!

Partea a III-a

*Limbajul secret al poveștilor
și al viselor copilului vostru*

Capitolul 9

Povești fără sfârșit

Poveștile au o influență mult mai mare asupra dezvoltării afective și a comportamentului copilului decât își dau seama părinții. Ele îi învață pe copii valorile morale. Dau exemple de cum ar trebui să rezolve copiii problemele obișnuite. Poveștile le oferă cuvintele de care aceștia au nevoie pentru a rezolva problemele dificile. Totodată, deschid nenumărate posibilități și creează un sentiment al finalității și al speranței.

Se știe, fără putință de tăgadă, că poveștile pe care le auzim și pe care le citim în copilărie ne pot influența timp îndelungat. De exemplu, un avocat de succes mi-a spus cum povestea clasică din copilăria lui, *The Little Engine That Could* (*Locomotiva care nu s-a lăsat bătută*), încă îl mai ajută să-și pregătească pledoaria pe care o ține în fața juriului. „Știu că sună ciudat", mi-a spus Jonathon, „dar povestea aceea este unul dintre lucrurile care mi-au influențat cel mai mult viața. Pe când aveam cinci sau șase ani, mama îmi citea în fiecare seară *The Little Engine That Could*, săptămâni la rând. A fost prima carte pe care am învățat să citesc. Și acum îmi mai spun unele cuvinte din carte atunci când sunt deprimat sau când îmi pierd încrederea în mine. «Cred că pot. Cred că pot. Cred că pot. Cred că pot. Cred că pot.» Uneori, îmi spun aceste cuvinte pentru a-mi alunga emoțiile pe care le simt în stomac atunci când urmează să mă prezint în fața juraților. Nu există nimic altceva care mi-ar putea da pe loc încredere în mine."

Unii psihologi cred că poveștile clasice ale copilăriei ne intră de fapt în psihic și ne modelează valorile și standardele comportamentale. Ei observă că fabulele și celelalte povestiri care sunt transmise de la o generație la alta nu se schimbă mai deloc, deoarece sunt înrădăcinate în esența fiecărei culturi. Psihologii mai cred că longevitatea acestor povestiri reflectă capacitatea lor de a se conecta la problemele profunde inconștiente care îi afectează pe toți copiii. Povești ca *Frumoasa din pădurea adormită* sau *Cenușăreasa* le fac cunoscută copiilor lupta dintre bine și rău. Povești ca *Hänsel și Gretel* și *Pinocchio* le spun copiilor că pot învăța să fie curajoși, chiar și în fața celor mai mari temeri ale lor. Fabule precum cele ale lui Esop ca *Broasca și iepurele,* sau *Rățușca cea urâtă* de Hans Christian Andersen îi învață pe copii lecții despre virtuți cum ar fi răbdarea și acceptarea diferențelor.

În introducerea colecției de povești de succes *The Book of Virtues (Cartea virtuților)*, William Bennett spune: „Dacă vrem ca cei mici să aibă trăsăturile de caracter pe care le admirăm cel mai mult, trebuie să-i învățăm ce sunt acele trăsături și de ce merită atât admirația, cât și investirea noastră". Cartea lui Bennett conține povești clasice, lecții de istorie și poezii care, crede el, ar trebui să formeze temelia „alfabetizării morale" a fiecărui copil.

Poveștile pe care le aud și le citesc copiii voștri le vor influența dezvoltarea chiar dacă voi contribuiți cu ceva sau nu la aceasta, iar în următoarele patru capitole vom analiza modalităţile în care puteţi folosi poveştile sau visele ca pe o influenţă pozitivă asupra vieţii copilului vostru. Atunci când veţi înţelege limbajul secret al poveştilor copilului vostru, veţi avea o nouă perspectivă asupra dezvoltării afective, intelectuale şi morale a acestuia. Poveştile pe care vi le spun copiii vă pot atrage atenţia asupra apariţiei unor probleme. Poveştile pe care le spuneţi voi copiilor sau pe care îi ajutaţi să le compună îi pot învăţa noi modalităţi de a face faţă problemelor lor şi îi pot ajuta să treacă prin perioadele dificile. Pentru început, mă voi opri asupra celor mai simple şi eficiente modalităţi de a folosi limbajul secret pentru a comunica cu copilul vostru, folosindu-vă de citirea cărţilor.

Înţelegerea emoţiilor şi rezolvarea problemelor

Timp de mai bine de douăzeci şi cinci de ani, specialiştii în sănătate mentală s-au folosit de cărţi pentru a-i ajuta pe copii să rezolve o mare varietate de probleme. Chiar au şi inventat un termen pentru tehnica folosirii cărţilor pentru a-i ajuta pe copii să-şi gestioneze problemele — tehnică numită biblioterapie. Din experienţa mea, ştiu că există trei moduri de a vorbi limbajul secret al sentimentelor cu copiii, moduri pe cât de simple, pe atât de eficiente. Astăzi există sute de cărţi de poveşti pentru a-i ajuta pe copii să înţeleagă şi să rezolve diverse probleme cum ar fi: divorţul, astmul cronic şi cum să facă faţă huliganismelor. Prima intenţie a unei astfel de cărţi este de a oferi un model pozitiv pentru copii şi de a le da exemple realiste de cum să facă faţă dificultăţilor vieţii. Aceste cărți vorbesc în mod obișnuit despre copiii cu probleme care găsesc modalități realiste și pozitive de a rezolva problemele. Ele oferă copiilor nu numai modele pozitive, dar și exemple pentru cum să se comporte sau să gândească. Poveștile sunt mult mai eficiente atunci când sunt citite de părinți iubitori sau de alți adulți care au grijă de ei, care le oferă totodată, pe lângă prezență, și suportul lor afectiv. Faptul că celor mici le place să audă aceeași poveste iar și iar face din lectura poveștilor o modalitate de a împărtăși mesaje afective.

Am scris mai mult de o duzină de astfel de povestiri „motivaționale", în dorința de a-mi face auzită vocea și în afara cabinetului și de a vorbi „limbajul secret" al vindecării afective a copiilor pe care i-am întâlnit. Una dintre cărțile mele preferate se referă la o îngrijorare obișnuită a terapeuților: să-i ajute pe copii să găsească modalități potrivite de a-și exprima mânia. În cartea *The Very Angry Day That Amy Didn't Have (Ziua cea mai furioasă pe care Amy nu a mai avut-o)*, am scris despre două fetițe, Amy și Margaret, amândouă având momente dificile. Amy și-a scrântit degetul de la picior în timp ce se dădea jos din pat. Margaret a uitat să-și facă temele. Amy era necăjită de colegii ei de clasă. Margaret și-a uitat pachețelul cu mâncare acasă. Dar, înfruntând toate aceste neplăceri, Amy nu și-a pierdut cumpătul. Când făcea câte o greșeală, o corecta. Dacă cineva se lua de prietenul ei, ea îi lua apărarea și apoi își vedea de treburi. Pe de altă parte, Margaret se lăsa posedată de propria-i mânie. Făcea crize de nervi, își vărsa supărarea pe ceilalți copii și chiar scotea limba la profesoara ei. Așa cum vă așteptați, ziua se înrăutățea din ce în ce pentru Margaret, în timp ce Amy învățase cât de important este să-și păstreze calmul și să mențină o atitudine pozitivă.

Cărțile de biblioterapie sunt folosite și pentru a ajuta la clarificarea neînțelegerilor obișnuite pe care le au copiii și care pot duce la probleme afective. De exemplu, mulți dintre copiii ai căror părinți divorțează simt că numai ei trec prin aceste experiențe sfâșietoare. Dar în cartea *Dinosaur's Divorce: A Guide for Changing Families (Divorțul dinozaurului: Un ghid pentru familiile încercate)* a lui Laurene Krasney Brown și Marc Brown, copiii intră în lumea imaginară a unei familii de dinozauri care divorțează. Dinozaurii părinți se ceartă, copiii dinozauri sunt îngrijorați, plâng și se înfurie. Dar, în final, familia de dinozauri își rezolvă cea mai mare parte dintre conflicte, iar copiii se adaptează la viața în două cămine diferite. Ca și în alte cărți de biblioterapie, familia de dinozauri învață modalități sănătoase de a face față momentelor afective. Ei învață cum să trateze vacanțele și ocaziile speciale, la ce să se aștepte atunci când părinții încep să iasă cu altcineva și cum ar trebui să reacționeze la separare sau față de frații vitregi. Cele mai bune cărți de biblioterapie îi ajută pe copii să-și asume sentimentele și să găsească soluții noi și realiste la problemele sau preocupările lor.

Încercați și voi

Construiți o colecție de cărți de biblioterapie

Începeți chiar de astăzi să strângeți o colecție de biblioterapie pentru copilul vostru. Începeți cu cărți pe care le aveți deja în casă. Probabil că aveți deja cărți cu animale, zâne și copii poznași, ce se referă la probleme obișnuite și preocupări specifice copilăriei. În cazul în care copilul vostru are unele griji aparte, cum ar fi cele legate de probleme de sănătate, ca astmul, sau de probleme familiale, cum ar fi un frate cu o infirmitate, cereți ajutorul unui bibliotecar public sau școlar, care vă va recomanda niște cărți legate de aceste teme. Există cărți de povești despre aproape orice fel de problemă a copilăriei, dar nu se găsesc în librării, deoarece multe dintre ele provin de la edituri mai mici. Îi sfătuiesc pe părinți să organizeze un raft anume pentru cărți din care poate fi învățat limbajul secret al gestionării problemelor, al trăirilor afective, separat de cele care sunt doar pentru divertisment.

Poveștile pozitive sunt instructive pentru copii, spre deosebire de poveștile negative, care îi sperie

Cărțile de biblioterapie diferă de povestirile clasice, deoarece oferă doar soluții și exemple pozitive. Multe povești clasice și, cu siguranță, multe povești și parabole biblice folosesc „factorul teamă" pentru a-i face pe copii să fie cuminți. Mulți dintre părinți au ascultat când erau mici povești care-i speriau și îi determinau să fie cuminți și le folosesc sau încearcă să folosească și ei această tehnică cu propriii lor copii. Nu am înțeles niciodată cum o poveste care-i sperie pe copii îi va ajuta să fie mai buni.

Lois, una dintre mamele cu care lucram, mi-a mărturisit că îi spunea în mod regulat fiului ei povești care să-l determine pe acesta să se poarte frumos. M-am întâlnit cu ea într-una din ședințe, după ce avusese una dintre acele zile în care tot ce putea să se întâmple rău se întâmplase. David, fiul ei în vârstă de cinci ani, înrăutățise și el lucrurile. David avusese una dintre „zilele încăpățânate", așa cum le numea Lois. Ea vedea aceste zile ca pe o bătălie între dorința ei și dorința lui, iar de cele mai multe ori, le mărturisea ea prietenelor, David era cel care ieșea învingător din aceste bătălii.

În acea zi, David transformase mersul la cumpărături într-una dintre cele douăsprezece cazne ale lui Hercule. Lua pungi de fursecuri de pe rafturi și începea să le mănânce, chiar dacă Lois îi interzisese în mod aparte să facă asta. Susținuse că are nevoie să meargă la baie de trei ori în decursul a trei minute, deși îndată ce ajungea la baie se răzgândea. La rândul de la casă, David făcuse o criză de nervi pentru că voia niște gumă, pe care mama nu voia să i-o cumpere.

În mașină, pe drum către casă, Lois spumega, inima bătându-i să-i sară din piept și luând-o durerea de cap, în timp ce David sărea pe bancheta din spate. „Hai să-ți spun o poveste", începuse ea. „Este vorba despre un băiețel care nu asculta niciodată de părinții lui. Ori de câte ori plecau undeva, băiatul era neascultător. Se plângea tot timpul de câte ceva. Dacă mergeau la plajă, el spunea că e prea cald și că e prea mult nisip. Când au mers la film, a făcut atâta gălăgie încât au trebuit să părăsească sala. Mama l-a luat la cumpărături și, deși era obosită și grăbită, băiețelului nu i-a păsat și s-a purtat foarte, foarte urât. Părinții îi dădeau băiețelului tot ce voia, dar știi ce le-a spus?"

David nu i-a răspuns nimic, lucru ce a făcut-o pe Lois să continue.

„Le-a spus: «Nu-mi pasă». Asta e tot ce le-a spus. «Nu-mi pasă». Așa încât, părinții au fost de acord că, dacă lui nu îi pasă de ei, nici lor nu ar trebui să le pese de el. Nu i-au mai cumpărat jucării și hăinuțe frumoase. Îi dădeau să mănânce doar cereale la fiecare masă din zi. Nu l-au mai luat în vacanțe și nu s-au mai purtat frumos cu el. Ce părere ai de povestea asta?", l-a întrebat Lois pe David, satisfăcută că a spus ce avea de spus.

David nu a răspuns nimic, arătând chiar și mai morocănos.

Lois știa clar că există un limbaj secret în spatele acestei povești. Morala poveștii ei era: „Dacă nu te porți frumos cu părinții tăi, nici ei nu se vor mai purta frumos cu tine". Ea îi spusese povestea mai mult pentru a-l pedepsi pe David decât pentru a-l educa. De fapt, ea nu avea intenția de a-și iubi fiul mai puțin, de a-i dărui mai puțin, dar era furioasă pe David pentru că-i înrăutățise ziua, care și așa era rea.

Cu siguranță că Lois nu era primul părinte care-i spunea copilului ei o poveste cu mesaj secret negativ sau punitiv. Am cunoscut părinți care le spun copiilor lor povești despre vrăjitoare și monștri care-i fură pe copiii „răi" și le spun povești în care copiii sunt încuiați în pivniță până ce învață să se poarte frumos. Aceste povești au intenția de a-i speria pe copii pentru a-i determina să se poarte frumos, dar ele nu funcționează. Chiar dacă părinții își dau seama sau nu (și presupun că în mod obișnuit ei nu realizează asta), aceste povești sunt echivalente cu a-l pune pe copil să stea la colț cu o pălărie de nătâng pe cap și un semn pe spate pe care scrie: „Am fost rău".

Poveștile negative nu au valoare instructivă pentru copii. În cel mai rău caz sunt crude, sunt nocive și cauzează și mai multă neîncredere în relația părinte–copil.

După ce David a ascultat povestea mamei sale, a devenit și mai morocănos și supărat. Pe la sfârșitul povestirii, se gârbovise în scaun, acoperindu-și urechile cu mânuțele.

Ceea ce voise Lois să audă David era: „Am fost foarte supărată pe tine pentru că ai fost atât de neînțelegător!". Dar fiul ei nu a interceptat acest mesaj. Desigur, Lois putea să-i fi spus direct de ce era necăjită pe el. Apoi ar fi putut să-i aplice o pedeapsă pe măsura comportamentului său, cum ar fi fost să-i interzică să se uite la televizor în seara aceea. Și ar fi putut să-i spună o poveste educativă, care i-ar fi transmis fiului ei ce așteaptă ea să facă, să spună sau chiar să gândească acesta.

Iată povestea-exemplu pe care am ajutat-o pe Lois să o scrie și pe care mai apoi i-a citit-o.

A fost odată ca niciodată un băiețel pe care-l chema Peter, care nu-și asculta părinții și care nu respecta regulile acestora.

Ei îi spuneau să-și facă lecțiile, iar Peter le răspundea: „Mai bine mă uit la televizor".

Ei îi spuneau să-și facă curățenie în cameră, iar Peter le răspundea: „Îmi place așa în dezordine, cum este".

I-au cerut să o sune pe bunica lui și să-i spună „mulțumesc" pentru că-i făcuse cadou de ziua lui o pijama, dar Peter le răspunsese: „Nu-mi place pijamaua, de ce să-i mulțumesc?".

Părinții lui Peter se temeau că au un băiețel căruia nu-i păsa de nimeni.

Așa încât, i-au spus acestuia: „O să te ajutăm să înveți să fii mai politicos".

Îl ajutau pe Peter să-și facă lecțiile și apoi verificau ce a lucrat.

I-au arătat lui Peter cum să facă să-și păstreze ordine în camera lui și au făcut în așa fel încât să aibă în fiecare seară la dispoziție zece minute pentru a face ordine.

Vorbeau cu Peter despre ce înseamnă să fii politicos și să ai bune maniere, să fii amabil când cineva este drăguț cu tine.

Au petrecut mult timp pentru a-l învăța pe Peter cât de important este să te gândești la alții, iar acesta asculta și învăța.

Peter a devenit băiețelul drăguț pe care toată lumea îl plăcea și-l admira.

Așa cum observați, a-i spune copilului vostru o poveste educativă nu înseamnă a compune o literatură deosebită pentru copii, ci a crea copii deosebiți. O poveste educativă pozitivă creează rețeta succesului; ea spune copiilor (și părinților acestora) cum să se poarte pentru a câștiga laude și afecțiune. În poveștile educative nu există amenințări, avertismente și nu se menționează deloc un comportament inadecvat. Iată câteva ingrediente pentru a crea o poveste educativ-pozitivă:

1. Alegeți pentru poveste un „erou" cu aceleași probleme pe care le are copilul vostru.
2. Creați o problemă pe care trebuie să o rezolve eroul povestirii voastre.
3. Creați o soluție pentru acea problemă care arată exact modul în care vreți să se poarte copilul vostru.
4. Creați un sfârșit pozitiv și realist.

Vă voi vorbi mai mult în capitolul 12 despre cum să creați o poveste pozitivă și educativă.

Spuneți-i copilului povești pozitive despre voi

Ora de masă a familiei vă oferă zilnic ocazia de a spune copilului vostru câte o poveste pozitivă educativă. Dar, din nefericire, mulți părinți folosesc ora de masă pentru a aduce în discuție problemele și preocupările zilnice, servind ca model negativ pentru copiii lor. Chiar dacă nu sunt spuse în mod direct, copiii aud adesea mesaje ca: „Sunt nemulțumit de serviciul meu, de șeful meu, de colegi, de navetă, de salariu, de plata facturilor, de viața pe care o trăiesc". Nu este de mirare că mulți dintre copii vor să părăsească masa cât de repede posibil.

Asta nu înseamnă că cei mici trebuie protejați de problemele și preocupările noastre sau de problemele existente în întreaga lume. Copiii trebuie să știe că părinții lor au probleme, ca toată lumea, și că aceste probleme pot fi rezolvate și depășite. Un mod negativ și pesimist de a privi lucrurile devine contagios. La fel cum este și unul pozitiv și optimist. Dacă sunteți ca mulți dintre părinții care citesc această carte și vă întrebați cum vă puteți ajuta copiii să se dezvolte afectiv, atunci fiți mai atenți la ce spuneți în timpul mesei de seară și încercați să acordați măcar câteva minute pentru a vorbi despre lucrurile bune care s-au petrecut în ziua respectivă sau cele nostime care v-au amuzat chiar și în momentele de disperare.

Doar cu puțin efort, puteți să vă folosiți de masa de seară pentru a vă oferi o ocazie zilnică de a-i povesti copilului vostru un capitol pozitiv al poveștii vieții voastre. Ca și celelalte povești, aceasta poate constitui o modalitate puternică de a-i învăța pe copii valorile și să privească pozitiv viața.

Vă rog să nu vă gândiți că nu trebuie să vă plângeți niciodată la masă de cele petrecute în ziua respectivă sau că nu puteți să faceți asta în alt moment al zilei. La urma urmei, cu toții suntem oameni! Dar încercați să spuneți măcar o poveste pozitivă în fiecare zi la cină, care să fie adresată copiilor voștri. Arătați-le că voi trăiți după valorile pe care încercați să le transmiteți și lor.

Copiii învață privindu-și și ascultându-și părinții. Asta se întâmplă mereu, fie că suntem conștienți sau nu de acest lucru. Știind că o atitudine pozitivă este extrem de importantă pentru capacitatea noastră de a face față stresului vieții, folosiți aceasta ca pe o prioritate în comunicarea voastră zilnică cu cei mici.

Încercați și voi

O cină pozitivă

Timp de o săptămână, încercați să spuneți familiei voastre la cină o povestire optimistă și instructivă. Nu trebuie să o inventați, ci pur și simplu gândiți-vă la ceva bun care s-a petrecut în acea zi, chiar dacă a durat foarte puțin timp, iar apoi vorbiți despre acest eveniment. Chiar și în zilele voastre cele mai rele veți putea să vă gândiți la ceva bun. După ce faceți asta timp de câteva zile, veți începe să observați că propria voastră atitudine începe să se schimbe și vă asigur că acest lucru va constitui o schimbare semnificativă atât în viața voastră, cât și în cea a copiilor. Cheia pentru o viață mentală sănătoasă și chiar fizică sănătoasă este dată de o atitudine optimistă față de viață. De asemenea, este și contagioasă. Transmiteți-o mai departe!

Și visele sunt povestiri

După atacurile teroriste de la World Trade Center și de la Pentagon, din 11 septembrie 2001, mulți copii (și chiar mulți adulți) își repovesteau aceste teribile evenimente în propriile lor vise. Catherine, o fetiță de zece ani din Long Island, o suburbie aflată la numai treizeci de minute de Manhattan, fusese foarte afectată de cele întâmplate. Ea le-a povestit părinților următorul vis: „Am visat că eram pe Lună, că aveam un televizor portabil și că am auzit că World Trade Center s-a prăbușit și au murit mii de oameni. M-am hotărât să nu mă mai întorc acasă. Dar îmi era dor de mămica și de tăticu. Așa încât am construit o mașină cu care să merg pe Pământ și cu care să-i aduc la mine pe Lună".

Psihologii cred că visele și poveștile au două niveluri de semnificație: conținutul manifest sau evident și conținutul latent sau ascuns. Dar atunci când visele apar în urma unui eveniment afectiv marcant, apare o oarecare distanţă între suprafaţa poveştii şi înţelesul ascuns al visului. Atunci când Catherine a fost întrebată ce înseamnă visul ei, aceasta a răspuns în felul următor: „Vreau să fiu cât mai departe posibil de New York. Cred că mămica şi tăticul meu ar trebui să se gândească să ne mutăm în Arizona".

În urma unor experienţe afective puternice, cei mai mulţi oameni sunt capabili să-şi amintească propriile vise, chiar dacă în alte ocazii ar putea spune că nu au visat nimic. În realitate, cu toţii visăm, în fiecare noapte. Deoarece durata în care visăm este proporţională cu timpul în care dormim, copiii visează mai mult decât adulţii, deoarece dorm mai mult.

Visele sunt alcătuite din amintiri ale unor imagini, sunete, mişcări fizice şi frânturi de conversaţii. După ce ne trezim, în procesul reamintirii visului, punem cap la cap toate aceste bucăţi de amintiri, ca într-o povestire. Pe la vârsta de trei–patru ani, copiii pot spune ce au visat, dar, din nefericire, cele mai memorabile vise sunt de obicei cele neplăcute. Un copil mic vă va spune mai degrabă că a fost fugărit de un monstru sau lovit de un prieten decât că a câştigat o excursie la fabrica de dulciuri. La fel se întâmplă şi cu visele recurente, care fac să apară şi să dispară o teamă din timpul zilei în timpul nopţii, până ce viaţa copilului devine dominată de angoasă.

Părinţii sunt sensibili la limbajul secret al viselor, mai cu seamă atunci când cei mici au coşmaruri. Ca şi Catherine, fetiţa care a visat că era blocată pe Lună, mulţi copii au coşmaruri, ca reacţie faţă de evenimente tulburătoare petrecute în timpul zilei. Copiii au temeri diferite, în funcţie de vârstă, visul unei fetiţe de trei ani poate fi tulburat de un clovn, iar cel al uneia de doisprezece ani, de un test la geografie. Dar copiii au coşmaruri şi atunci când nu pare a exista un motiv anume. Potrivit dr. Richard Ferber, director la Centrul Pediatric pentru Tulburări ale Somnului de la Spitalul de Copii din Boston, visele pot reprezenta, de asemenea, şi conflicte afective tipice vârstei respectivului copil. Un copil de patru ani se poate lupta cu impulsurile sale agresive care vin împotriva dorinţei lui de a vă face pe plac. Un adolescent de paisprezece ani se poate frământa din cauza conceptului de moarte şi poate visa propriile-i funeralii.

Cei mai mulţi dintre copiii mici îşi vor interpreta visele în sens strict. De exemplu, Serena, de nouă ani, a spus că a visat că se afla într-o barcă atacată de rechini (văzuse pentru prima dată filmul *Fălci*). Când a fost întrebată ce înseamnă visul ei, a replicat: „Nu înota în ape pline de rechini". Dar tocmai conţinutul magic al viselor le face atât de enigmatice. Câinii pot vorbi şi conduce maşinile. Copacii devin monştri. Casele pot zbura precum avioanele.

Adesea, copiii visează că au aceleaşi puteri pe care le văd în filme sau în revistele de benzi desenate şi se simt capabili să zboare, să meargă pe pereţi sau să ridice greutăţi enorme. De multe ori, într-un vis sunt cuplate idei ciudate. Cel mai ciudat vis al copilăriei mele era că mergeam printr-o „casă bântuită" dintr-un parc de distracţii, împreună cu alţi copii, fiind foarte mândru că nu mi-e frică. Dar când ajungeam la ieşire, apărea un schelet şi începea să-mi spargă ouă în cap.

Deşi unii oameni cred că visele reprezintă un cod secret care poate fi tradus cu un dicţionar de vise, cei mai mulţi clinicieni cred că adevărul limbajului secret al viselor poate fi scos la iveală doar de cel căruia îi aparţine visul respectiv. Fiecare vis reprezintă o poveste pe care a creat-o cel care a visat și numai el poate să spună ce reprezintă acesta.

Pentru unii copii, visele scot la iveală o anxietate profundă și pot conține un mesaj mult mai grav. Unul dintre copiii pe care i-am tratat, ai cărui părinți treceau printr-un divorț deosebit de dificil, avea vise repetate în care cădea într-un râu și era înghițit de acesta. Un alt copil pe care l-am consiliat era considerat de părinții și profesorii lui cam „ineficient". Visa mereu că putea să zboare — dar numai la doi metri înălțime. Oricât de mult se străduia, nu putea zbura mai mult și mi-a spus că se trezea extenuat tot încercând să zboare în jurul copacilor și al oamenilor pe care-i întâlnea în cale. Acești copii nu înțeleg că visele lor reprezintă niște metafore ale problemelor pe care le au în viața reală, dar noi vedem acest lucru. Dacă stă în puterea noastră (și acest lucru se întâmplă mai des decât ne dăm seama), ar trebui să reducem stresul pe care-l au copiii. În același timp, trebuie să-i ajutăm pe copii și să înțeleagă că ei sunt autorii propriilor lor povești, atât ale celor din timpul somnului, cât și ale celor din viața reală.

Poveștile și dezvoltarea copilului vostru

Cele mai multe dintre tehnicile din acest subcapitol sunt pentru copiii cu vârsta cuprinsă între cinci și doisprezece ani. Copiii mai mici nu au capacitatea lingvistică de a participa pe deplin la limbajul secret al poveștilor. Pe de altă parte, adolescenții sunt mult prea conștienți de dublul înțeles al poveștilor și de faptul că poveștile lor pot fi interpretate. Ei sunt refractari de obicei în a-și împărtăşi poveştile, deoarece înţeleg că acestea pot fi interpretate de cei care le citesc.

Acest lucru nu înseamnă că limbajul secret al poveştilor este nesemnificativ pentru copiii mai mici sau pentru adolescenţi. Din contră, poveştile reprezintă o importantă cale de comunicare la orice vârstă, deoarece ele reprezintă o reflecţie a gândurilor, a trăirilor, a dorinţelor şi a nevoilor atât ale părinţilor, cât şi ale copiilor.

Poveştile pentru bebeluşi

Cercetătorii ne spun că, dacă citim cărţi sugarilor de şase luni, le vom stimula formarea limbajului şi chiar îi va ajuta să citească mai bine când ajung la vârsta şcolară. În mod evident, sugarii nu sunt capabili să înţeleagă ce li se citeşte. Mai degrabă, este posibil ca atunci când părinţii le citesc bebeluşilor lor, acest adaos de limbaj şi probabil cadenţa şi atitudinea pe care o au aceştia în timp ce citesc să aibă un rol în formarea reţelelor neuronale ale creierului, care ulterior vor influenţa capacitatea de a citi a copilului respectiv.

Atitudinea părinţilor este transmisă copiilor lor prin limbajul trupului şi prin volumul, tonul şi inflexiunile vocii. În timp ce părinţii îşi ţin bebeluşii în braţe, dau paginile şi le vorbesc melodios, copiii primesc mesajul că a citi este important pentru părinţi şi acest lucru devine important pentru ei.

În acelaşi timp, bebeluşilor le place să asculte şi poveştile spuse de părinţii lor. Vocea calmă a unui părinte este precum o pătură orală securizatoare, iar mulţi sugari găsesc că tonul aparte şi cadenţa poveştii părintelui este exact calmantul de care aveau nevoie ca să adoarmă relaxați.

Probabil că cel mai important aspect al istorisirii poveștilor sugarilor este apropierea pe care o induce. În aceste momente, mesajele secrete pe care le transmit părinții copiilor lor sunt cele mai tandre și mai pline de semnificație: „O să îmi fac timp să te învăț ce este viața. Îți voi explica lucruri pe care nu le înțelegi încă. Voi fi alături de tine să te ajut în timp ce înveți".

Cum să spunem povești copiilor mici și preșcolarilor

Între doi și cinci ani, copiii încep să facă raționamente elementare, iar poveștile pe care le aud încep să capete sens. Le place să audă iar și iar aceleași povești, adesea până ce ajung să le recite pe dinafară. Această repetiție este importantă pentru înțelegerea crescândă a limbajului copilului. Mai mult decât vorbirea conversațională, poveștile aderă la o structură bazală a limbajului, care-i învață în mod neconvențional pe copilași ce este gramatica, cum să folosească cuvintele și vocabularul. Cititul și povestitul îi ajută totodată pe copilași să-și dezvolte aptitudinile de ascultare și pe cele cognitive, într-o manieră în care televizorul și filmele nu reușesc. Cuvintele rostite stimulează diferite arii ale creierului, arii ce sunt asociate cu dezvoltarea capacităților cognitive ale copilului, inclusiv a imaginației.

Așa cum deja știu părinții care au un copil în casă, cei mici sunt niște mimi iscusiți. Ei copiază frazele și manierismele părinților lor, pe cele ale prietenilor de joacă, ale profesorilor și pe cele văzute la televizor. Așa încât, de ce să nu le oferim povești care să le sădească încrederea în sine și să-i învețe ce înseamnă respectul și preocuparea pentru ceilalți?!

Nu există metodă greșită sau moment potrivit pentru a citi sau a spune povești copiilor mici, dar sunt unele lucruri pe care trebuie să le cunoașteți și care vor face poveștile voastre chiar și mai eficiente. Dr. Craig LeCroy, un susținător al citirii poveștilor pozitive copiilor, dă următoarele sfaturi pentru citirea poveștilor, care vor avea un impact asupra copilului vostru:

- Alegeți un moment în care să faceți cititul sau povestitul ceva plăcut. Alegeți un moment în care sunt mai puține lucruri care să distragă atenția.
- Alegeți o poveste îndeajuns de scurtă, așa încât să atragă atenția copilului. Este mai bine să citiți sau să spuneți o poveste mai scurtă și să-i dați ocazia copilului să ceară în plus decât să-l faceți să se plictisească.
- Citiți sau spuneți poveștile cu entuziasm și dramatism.
- Uitați-vă adesea în ochii copilului.
- Dacă copilul vostru vrea să vorbească în timp ce îi povestiți, dați-i voie să o facă, ca pe o cale de a comunica cu el.
- În cazul în care copilașul a plecat cu gândul în altă parte, opriți-vă din citit și așteptați. Când reluați, faceți-o cu și mai mult entuziasm.

Poveşti pentru şcolari

La scurt timp după ce intră la şcoală, copiii învaţă să citească — mai întâi doar câteva cuvinte pe pagină, apoi propoziţii simple, după care cărţi mai mici. În fiecare lună, veţi vedea cum copilul vostru îşi construieşte un vocabular, citeşte mai cursiv şi înţelege mai mult din ceea ce citeşte. În acelaşi timp, îşi va îmbunătăţi şi scrisul, va învăţa noţiunile elementare de gramatică şi de scriere şi va fi capabil să expună idei mult mai complexe.

Chiar dacă la această vârstă este dificil pentru el să înveţe să citească şi să scrie, trebuie să recunoaşteţi că acesta este un moment important pentru ca el să înveţe valorile morale şi cum să se poarte, prin intermediul limbajului secret al poveştilor. Poveştile pe care le citeşte, le aude şi le scrie copilul vostru nu numai că-l vor ajuta să-şi formeze caracterul, dar, aşa cum sugerează studiile recente despre programele de educare a caracterului în şcoli, pot ajuta la prevenirea multor probleme psihologice şi comportamentale frecvente, de la abuzul de droguri şi de alcool până la suicid. Multe şcoli din SUA au început să susţină programe de educare a caracterului (educaţie civică sau educaţie emoţională), în cadrul programelor de învăţământ ale cursului elementar. În programe şcolare precum „Caracterul Contează!" — un program de nivel naţional, care subliniază importanţa educării copiilor în spiritul celor şase virtuţi importante (încrederea, respectul, responsabilitatea, corectitudinea, grija şi civismul) — copiilor li se cere să citească, să dicteze, să scrie sau chiar să înregistreze video poveşti despre aceste valori şi virtuţi importante.

Mişcarea de educare a caracterului copiilor se desfă
șoară în școlile americane din toată țara, dar este important ca părinții să introducă acest tip de educație în
propriul cămin. Anii din cursul elementar constituie o
bună ocazie pentru a modela valorile și comportamentul
copiilor, iar poveştile sunt o cale pozitivă și simplă de a
face acest lucru.

Anii de adolescență: când poveştile îngrijorează

Poveştile spuse de adolescenți pot fi un motiv în plus
de îngrijorare pentru părinți. De exemplu, am găsit această
poveste pe internet, pe când făceam o cercetare asupra
„poveştilor spuse de adolescenți". Această poveste era pe
un website care se numea: „Clubul scriitorilor adolescenți". Era scrisă de o adolescentă de șaisprezece ani,
Sandra, iar titlul povestirii era „Moartea inimii". Iată
propozițiile de început:

> *Știți cu adevărat ce înseamnă durerea? Vince știa. Știa ce*
> *înseamnă să ai inima sfâșiată și membrele rupte. Știa ce*
> *înseamnă să treacă printr-un accident de mașină și să aibă*
> *spatele aproape rupt în două. Ajunsese atât de aproape de*
> *Moarte, încât ar fi putut să o sărute. Și știa ce înseamnă să*
> *urască. Ura atât de mulți oameni, că le pierduse numărul.*

Ce aflăm noi despre Sandra prin intermediul acestei
povestiri? Chiar și numai din aceste câteva fraze, puteți
detecta tulburătoarea temă a urii, a durerii și a angoasei.
După citirea paragrafului de introducere, parcă îmi era
chiar teamă să citesc ce avea să mai urmeze. Povestea

continua detaliind trăirile unui băiat respins de toți cei la care ținea. În încheiere, acesta pleca undeva departe, unde să găsească pe cineva căruia să-i pese și de el. Ați spune că această povestire este cea a unui adolescent deprimat sau a cuiva cu o imaginație bogată? Autoarea scria despre propria singurătate și durere sau își folosea doar imaginația? Eu nu știu răspunsul și nu cred că-l voi afla vreodată.

Povestirile pe care le scriu adolescenții în jurnalele lor sau pentru lecțiile de literatură pot fi uneori zguduitoare, iar alteori înspăimântătoare. Desigur, recunoaștem cu toții că este normal ca adolescenții să meargă la extreme în comportamentul lor, în muzica pe care o ascultă, în lucrurile pe care le poartă și în limbajul pe care-l folosesc. În perioada anilor de adolescență, copiii vor deveni foarte receptivi la propriile lor sentimente — deși nu și la ale voastre. Poveștile pe care le vor scrie vor fi mai degrabă dramatice, pline de pasiune și mult mai înclinate către o extremă sau alta.

Mulți dintre adolescenți folosesc povestirile, poeziile sau jurnalele ca pe o modalitate de a se lupta cu probleme precum izolarea, dorințele sau mânia. Spre deosebire de copii, adolescenții înțeleg că povestirile lor au înțelesuri multiple și că prin intermediul lor comunică anumite mesaje cititorului. Dar ce trebuie să facă adulții atunci când primesc un mesaj de durere sau chiar de violență, prin intermediul povestirii unui adolescent? În urma evenimentului din aprilie 1999, când doi adolescenți, Eric Harris și Dylan Klebold, au masacrat doisprezece elevi și un profesor, a avut loc o nouă dezbatere referitoare la cât de în serios trebuie să luăm astfel de mesaje.

Dr. Kelly Zinna, fost psiholog FBI și autorul cărții *After Columbine (După Columbine)*, notează că, înainte cu mai multe luni de masacru, Eric Harris scrisese un eseu în care el era un glonț îndrăgostit de o pușcă numită Maggie. Eseul a fost apreciat ca fiind tulburător, așa încât profesorul a luat legătura cu părinții băiatului. În cele din urmă, toți au căzut de acord că eseul este în legătură cu planurile lui Harris de a se înrola în armată și că era „în acord cu planurile lui de viitor".

Este greu de spus dacă un psiholog experimentat ar fi apreciat eseul ca pe un strigăt de ajutor. Desigur că specialiștii au mai făcut greșeli în aprecierea mesajelor ascunse ale copiilor sau ale adolescenților. Dar astăzi, niciun educator sau specialist nu va ignora un eseu violent scris de un adolescent. În lumina a ceea ce am învățat din evenimentul Columbine și de pe urma altor tragedii, trebuie să presupunem că orice povestire în care un adolescent își face rău sieși sau altora trebuie considerată drept un semnal de alarmă.

Desigur, violența nu reprezintă singura temă tulburătoare pentru adulți. Adolescenții scriu despre orice comportament riscant imaginabil și despre orice stare emoțională deosebită.

Sigur că există o diferență între scrierile publice sau particulare ale unui adolescent. Scrisorile personale, e-mailurile și jurnalele vor fi mult mai transparente decât un eseu sau o povestire scrisă pentru ora de literatură. Cel mai bun sfat pe care vi-l pot da ca părinte sau ca tutore este că, atunci când cuvintele adolescentului vi se par tulburătoare, ar fi bine să discutați cu el despre acestea. Studiile ne-au arătat că până și atunci când adolescenții încearcă într-adevăr să se distanțeze de părinții lor, prin comportamentul prin care-şi testează limitele şi prin atitudinea sarcastică pe care o afişează, ei tot simt nevoia ca părinţii să se implice în viaţa lor. Îi văd pe părinţii lor tot ca pe singurele persoane la care se pot întoarce atunci când dau de bucluc.

În cazul în care continuaţi să fiţi îngrijorat de ceea ce scrie adolescentul vostru, după ce aţi încercat să staţi de vorbă cu el, ar fi bine să cereţi sfatul unui specialist. Când este vorba despre prevenirea distrugerii vieţii unui adolescent, este întotdeauna mai bine să acţionaţi decât să rămâneţi pasiv.

Faceţi-vă timp pentru poveşti

După ce începeţi să folosiţi poveştile ca pe o altă parte a înţelegerii şi vorbirii limbajului secret al copilului vostru, opriţi-vă o clipă pentru a vă gândi cum v-au afectat poveştile propria viaţă şi cum continuă să facă acest lucru. Sunteţi genul de părinte căruia îi place să-i citească poveşti copilului său? Sunteţi un povestitor? Ţineţi un jurnal? Sunteţi un cititor înrăit sau sunteţi genul de persoană care nu-şi poate aminti când a citit o carte ultima oară?

Încercaţi şi voi

Lista de evaluare a poveştilor

- Faceţi o listă cu cărţile şi poveştile care v-au influenţat educaţia. Ce vârstă aveaţi când aţi citit aceste cărţi? Câte dintre acestea le-aţi citit copilului vostru?
- Apreciaţi cât timp petreceţi citind cărţi copilului vostru sau împreună cu acesta. Aveţi o oră anume a zilei dedicată citirii şi discutării cărţilor?

- Inventați povești pentru copilul vostru? Ce-l învățați pe copil prin intermediul acelor povești?
- Îi influențați alegerea programelor de televizor sau selectarea filmelor pe care să le urmărească? Când a fost ultima dată când ați ales un program sau un film pe care să-l urmăriți împreună cu copilul vostru pentru că doreați ca el să primească mesajul acestuia?

Capitolul 10

Cum să înțelegeți poveștile
și visele copilului vostru

La școală, Mattie i-a spus profesoarei o poveste despre un bărbat care s-a furișat noaptea în camera ei și s-a zgâit la ea. Fetița de patru ani susținea că povestea este adevărată.

Ben, în vârstă de unsprezece ani, a scris o poveste despre cum se recăsătoreau părinții lui, chiar dacă aceștia divorțaseră de mai bine de trei ani. Părinții se întrebau dacă acest lucru este normal sau dacă nu cumva copilul lor arăta semne de inadaptare.

Cara, în vârstă de cinci ani, adora să inventeze povești pe care să le pună în scenă cu păpușile ei, povești despre prințese și cavaleri în armură. Dar la finalul fiecărei piese, mureau cu toții. Mama ei considera ciudat faptul că fiecare poveste avea un final nefericit.

În fiecare dintre aceste cazuri, adulții au fost uluiți de înțelesul poveștilor copiilor lor. Se întrebau dacă poveștile erau doar fantezii sau dacă nu cumva dezvăluiau unele probleme lăuntrice sau dorințe ascunse. Răspunsul acestor întrebări se află în înțelegerea limbajului secret al poveștilor și al viselor. Zeci de ani la rând, psihologii au realizat că poveștile, ca și visele, nu trebuie luate ca atare. Iar poveștile inventate — vise, povești spuse, scrise sau piese — dezvăluie multe lucruri despre structura psihologică a unui copil.

Adesea, specialiștii în sănătate mentală folosesc cu cei mici tehnici de povestire în scopuri diagnostice. Psihologul arată copilului o serie de fotografii ambigue, acesta trebuind să spună câte o poveste despre fiecare în parte. Psihologul caută în aceste povești anumite tipare, după care vede dacă acestea se potrivesc cu ceea ce știe despre copil din celelalte informații pe care le-a adunat despre el, inclusiv din testarea cognitivă, din desene, din observație și din interviurile cu părinții și cu profesorii. Clinicienii recunosc că interpretarea poveștilor copiilor reprezintă doar o piesă din puzzle, iar orice concluzie trasă din ascultarea povestirilor copilului trebuie comparată cu informațiile existente despre copil. Cu toate acestea, poveștile pe care le spun copiii oferă informații importante despre felul în care văd ei lumea și locul lor în acea lume.

În exemplele pe care le-am menționat la începutul acestui capitol, poveștile ne ajută să înțelegem punctul de vedere al fiecărui copil, să stabilim dacă există vreo problemă și apoi să hotărâm dacă să intervenim sau nu.

Mattie, care i-a spus învățătoarei o poveste despre un bărbat care s-a furișat în camera ei, a relatat ulterior că acel bărbat era tatăl ei vitreg. Ea nu-l plăcea pe acesta și era revoltată de prezența lui în casă. Când s-a verificat, s-a aflat că într-adevăr tatăl vitreg intra uneori în camera ei, însă doar pentru a-i spune noapte bună. Terapia de familie i-a ajutat pe Mattie și pe tatăl ei să găsească modalități mai bune de comunicare.

Psihologul care lucra cu Ben, băiatul care scrisese o poveste despre părinții lui care se recăsătoreau, a ajuns la concluzia că acest lucru era ceva normal, parte din procesul de recuperare în urma divorțului părinților săi. Cei mai mulți dintre copiii cu părinți divorțați fantasmează la un moment dat că părinții lor se recăsătoresc. Unii dintre ei exprimă această fantezie, iar alții o țin în ei. Psihologul i-a sfătuit pe părinții lui Ben să-i citească acestuia mai multe cărți despre copii care se adaptează la viața ulterioară divorțului părinților, inclusiv cartea lui Richard Gardner *The Boys and Girls Book about Divorce* (*Cartea despre divorț a băieților și fetițelor*).

În urma unei evaluări psihologice, s-a stabilit că piesele repetate de Cara, în care toți mureau, indicau semnele incipiente ale unei depresii. O oarecare lipsă de interes pentru școală, pierderea în greutate și un dezinteres general față de prietenele ei și de activitățile obișnuite au confirmat diagnosticul. Așa cum se întâmplă uneori, nici în cazul ei nu existaseră semne evidente care să indice motivul pentru care Cara era deprimată. Cara a început să meargă la un psihoterapeut și totodată a fost trimisă la un medic pediatru pentru a se stabili dacă depresia ei se datora unor cauze fizice.

Așa cum puteți vedea, poveștile copiilor ne oferă doar o parte a tabloului nevoilor și conflictelor psihologice ale acestora, dar una importantă. În acest capitol veți începe să ascultați poveștile copiilor voștri într-o altă manieră, iar dacă suspectați existența unei probleme, nu trebuie să trageți concluzii pripite. Poveștile și visele sunt un amalgam de fapte și ficțiune, o cale importantă prin intermediul căreia copiii își comunică sentimentele și percepțiile prin intermediul limbajului secret.

Jocul Povestirii: o nouă modalitate de a înțelege dezvoltarea afectivă a copilului vostru

Numai unii copii sunt buni povestitori. Spre deosebire de limbajul secret al artei, al jocului sau al comportamentului nonverbal, trebuie să creați permanent ocazii de a vorbi limbajul secret al poveștilor împreună cu copilul vostru.

Jocul Povestirii este un joc simplu și distractiv, adresat copiilor de cinci până la doisprezece ani. Se potrivește în mod natural cu imaginația copiilor și îi răsplătește pentru eforturile lor creative. Dar mai mult decât orice, este distractiv pentru că jucați și voi împreună cu ei! Copiilor le place să inițieze jocuri împreună cu părinții lor (vezi capitolul 8) și se bucură de aproape orice ocazie pentru a face acest lucru. Faptul că jocul le aduce și ceva bun este un premiu în plus.

Vă ia doar câteva minute să jucați Jocul Povestirii. Veți avea nevoie de un pachet de cărți, de aproximativ o sută de jetoane de poker sau de monede, de trei cutii de pantofi (sau orice alt fel de cutii mai mici) și de niște jucării mici, niște gumă de mestecat sau câteva bomboane care vor fi folosite drept premii.

Pentru a începe, luați un pachet de douăzeci de cărți și scrieți pe ele următoarele „începuturi de poveste". Spuneți o poveste despre:

1. Cineva care este trist deoarece nu are prieteni
2. Cineva căruia îi place să citească
3. Un animal pierdut
4. O plimbare într-un parc de distracții
5. Un bărbat sau o femeie care este concediată

6. Descoperirea unei comori pierdute
7. Un circ avariat de o tornadă
8. Un supererou
9. O familie care are nevoie de bani
10. Un copil care câștigă un concurs
11. Un copil căruia îi este teamă
12. Un copil care iubește animalele
13. Un copil care-și vede părinții certându-se
14. Un grup de copii care pleacă cu cortul
15. Un copil care este necăjit la școală pentru că este diferit de ceilalți
16. Un copil care este un mare atlet
17. Un copil care se mută împreună cu familia lui într-un alt oraș și trebuie să meargă la o altă școală
18. Un copil care își începe propria afacere și câștigă o mare sumă de bani
19. Cineva care pierde ceva important
20. Un copil care devine un mare muzician

Acum, luați cele trei cutii și umpleți-le astfel: pe prima cu jetoane (sau cu monede, dacă nu aveți jetoane). Pe următoarea umpleți-o cu cărțile cu început de poveste pe care le-ați confecționat și amestecați-le. Pe cea de a treia umpleți-o cu premii, cum ar fi gume de mestecat, abțibilduri sau jucărioare. Acum sunteți gata de joc.

Spuneți-i copilului: „Hai să te învăț un joc nou. Se numește Jocul Povestirii, în care noi o să ne spunem unul altuia povești. Pentru că ești mai mic, poți începe tu primul. Ia din cutia cu povești un cartonaș. Acesta îți va indica ce fel de poveste să spui. Te va ajuta să-ți începi povestirea, dar tu ești cel care trebuie să o ducă la bun sfârșit. După ce spui o poveste, primești două jetoane. Apoi va trebui să îmi spui ce înseamnă povestea ta, care este morala sau lecția istorioarei. Dacă găsești o morală sau o lecție din povestirea spusă, mai primești un jeton. Apoi, vine rândul meu. O să trag și eu un cartonaș, o să spun o poveste și apoi o să mă gândesc la morala sau lecția acesteia. Când ai nouă jetoane, trebuie să închizi ochii și să tragi ceva din Cutia Surpriză".

Dacă doriți să deveniți expert în limbajul secret al poveștilor, vă recomand să notați sau chiar să înregistrați poveștile, însă nu trebuie să faceți neapărat acest lucru.

Acum sunteți gata de joacă. Împreună cu copilul veți face cu rândul, spunând povești și stabilind care este morala sau învățătura care se desprinde din ele. Acest joc va stimula creativitatea și dezvoltarea limbajului copilului vostru și, la fel ca majoritatea familiilor, veți aprecia aceasta ca pe o activitate plăcută și stimulatoare. Și mai important, vă va deschide o cale de a înțelege cum funcționează mintea copilului vostru. Citiți mai departe pentru a afla „secretele" pe care le dezvăluie poveștile copilului vostru.

Interpretarea poveștilor copiilor

Partea cea mai importantă a unei povestiri este naratorul. Atunci când un copil spune în mod spontan o poveste, nu o inventează doar din propria-i experiență, ci și pe baza valorilor, dorințelor, preocupărilor și nevoilor sale. Psihologii numesc acest proces „proiecție", deoarece copilul „proiectează în afară" sinele interior pentru a fi văzut de lumea exterioară.

Există trei întrebări importante pe care vi le veți pune atunci când veți încerca să înțelegeți ce vrea să spună povestea copilului despre viața sa emoțională. Acestea sunt:
1. Care este atitudinea „eroului" povestirii?
2. Care este modul în care sunt rezolvate problemele?
3. Ce valori denotă povestirea?

Copilul este eroul propriei sale povestiri

Psihologii presupun că, inclusiv atunci când copilul spune în mod spontan o poveste, eroul sau caracterul principal al poveștii este reprezentat de el însuși. Această presupunere este susținută de coerența remarcabilă pe care o vedem când copilul relatează o serie de povestiri. De exemplu, Joel, de șapte ani, a tras un cartonaș pe care scria: „Spune o poveste despre un animal de la grădina zoologică". El a spus o poveste despre un tigru care a fugit din cușcă și a mâncat toți oamenii care se aflau în grădina zoologică. Apoi a mai tras o carte pe care scria: „Spune o poveste despre o furtună". A spus o poveste despre un nor care căuta oameni asupra cărora să plouă în timp ce aceștia se aflau la picnic. Când a luat un cartonaș pe care scria „Spune o poveste despre un copil care s-a rătăcit", a spus o poveste despre o fetiță care nu avea prieteni, deoarece toți copiii știau că era „proastă și rea". Când a fost întrebat cum a reacționat fetița atunci când a fost tratată cu răutate, Joel a răspuns: „A chemat părinții prietenilor ei și i-a pârât."

Revăzând temele povestirilor lui Joel, nu aveți nevoie de un doctor pentru a vă da seama că este un băiețel foarte supărat, care vrea să se răzbune pe oameni pentru durerea suferită de el. Fiecare dintre aceste trei povestiri au aceeași temă. În fiecare poveste pe care o spune Joel, „eroul" este mânios și răzbunător. Și oricât de evident este, Joel nu vede lucrurile astfel. Când a fost întrebat dacă fetița din ultima lui poveste îi amintește de cineva anume, Joel a răspuns: „Nu, nu cunosc nicio astfel de fetiță". Nivelul concret al gândirii sale nu-i permite să facă un pas în afara poveștilor sale și să vadă că acestea vorbesc despre propriile lui sentimente. Trăirile sale constituie un secret pentru el.

Când doriți să aflați înțelesul secret al poveștii copilului vostru, gândiți-vă la cum este personajul principal al povestirii:

- Este decis?
- Are trăsături pozitive de caracter (este prietenos, atent, amabil)?
- Are sentimente predominant pozitive?
- Tratează în mod adecvat sentimentele negative?
- Are scopuri realiste?

Când ascultați poveștile copilului vostru, gândiți-vă la personajul principal și la ce reflectă acesta despre copil.

Cum rezolvă copilul vostru problemele?

Acum, aș vrea să vă gândiți la modul în care rezolvă problemele eroul din povestiri. Ați observat probabil că jumătate din cartonașele scrise pentru Jocul Povestirii descriu situații pozitive și distractive, iar cealaltă jumătate descriu probleme. Fiți atenți la felul în care inventează povestiri cu tentă pozitivă sau negativă. Copiii cu o atitudine negativă vor inventa invariabil întâmplări rele chiar și atunci când începutul povestirii descrie un subiect pozitiv. Copiii cu o atitudine pozitivă față de ei și lumea lor se vor referi la subiectele negative ca la niște probleme ce trebuie rezolvate. Poveștile cu început negativ vor avea un final pozitiv.

De asemenea, trebuie să fiți atenți și la modul în care rezolvă copilul problemele pe parcursul poveștilor sale. Copiii mai mici percep poveștile în care sunt rezolvate problemele prin intermediul magiei, astfel încât vor spune și ei tot povești de acest gen. O zână își scutură bagheta magică și transformă un bivol în brotac. Un băiat capătă puteri deosebite și zboară din pădurea plină de monștri.

Dr. Richard Gardner, un distins psihiatru și expert în ajutorarea copiilor prin intermediul limbajului secret al poveștilor, crede că poveștile în care copiii se bazează exclusiv pe magie pentru a-și rezolva problemele fac mai mult rău decât bine. Gardner indică faptul că cei mici au nevoie de o atitudine realistă în rezolvarea problemelor lor și că aceasta ar trebui să se găsească în poveștile pe care le aud și le spun. De exemplu, în cartea sa *Poveștile doctorului Gardner despre lumea adevărată, volumul II*, dr. Gardner a scris o poveste despre un băiețel și o maimuțică ce vizitau un laborator științific unde au descoperit o mașinărie în care puneai o monedă și primeai o banană. Atât băiețelului, cât și maimuței le plăceau bananele și, pentru că exista o grămadă de monede lângă mașinărie, scoteau din ce în ce mai multe banane. Într-o zi, cercetătorul a făcut un experiment și nu a mai umplut mașinăria cu banane. A venit maimuțica și a început să introducă monedă după monedă, dar nu ieșea nicio banană. În cele din urmă, s-a lăsat păgubașă și a plecat, chiar dacă mai rămăseseră destule monede. Apoi a intrat băiețelul și a încercat să obțină banane. Dar în mașinărie nu era nicio banană, așa că nu a primit niciuna. Dar băiețelul nu și-a pierdut speranța. După ce a introdus în mașinărie zeci de monede, a început să țipe, să lovească mașinăria și să-i vorbească urât. A continuat să introducă monede în mașinărie, să țipe și să o lovească până când cercetătorul a trebuit să-l târască afară din laborator. Lecția dată de dr. Gardner: „Dacă nu reușești la început, încearcă iar și iar. Dacă, după aceasta, tot nu reușești, renunță! Nu te face de râs!".

În timp ce copilul vostru povestește, fiți atenți la felul în care rezolvă problemele. Puneți-vă următoarele întrebări:

- Ce fel de atitudine are personajul principal atunci când se confruntă cu o problemă?
- Care este punctul de vedere al personajului principal atunci când povestirea începe în mod pozitiv?
- Problema este rezolvată de personajul principal sau de altcineva?
- Problema este rezolvată într-o manieră potrivită vârstei copilului?
- Personajul principal are mai multe feluri în care poate rezolva problema sau are numai unul?

Morala sau lecția pe care o dă copilul vă va oferi indicii importante despre modul în care rezolvă el însuși problemele.

Iată un exemplu de poveste spusă de Susan, o fetiță în vârstă de opt ani, când a tras un cartonaș pe care scria: „Spune o poveste despre cineva care pierde ceva important".

A fost odată ca niciodată un bărbat. El era tăietor de lemne și trăia de pe urma tăierii copacilor. Avea un topor pe care-l

purta în permanență cu el în pădure și la care ținea foarte mult.
Dar într-o bună zi, pe când era singur în pădure, și-a pierdut
toporul. Era foarte trist pentru că-și pierduse toporul. A doua
zi, mama lui a observat că acesta este foarte trist, așa încât i-a
adus un alt topor. Sfârșit.

Morala poveștii lui Susan era că: „Dacă pierzi un lucru,
părinții îți vor cumpăra unul nou". La suprafață, putem
privi povestea lui Susan ca fiind inofensivă, o simplă
poveste despre pierderea sau rătăcirea unui lucru. Dar
dacă privim mai în adâncime, la cum este rezolvată
problema, putem considera că povestea lui Susan indică
lipsa dorinței de a face față conflictului. Problema poveștii
constă în faptul că acel conflict este rezolvat de mama
tăietorului de lemne, nu de el însuși. Susan sugerează în
povestea ei că pierderea a ceva (sau probabil și altfel de
probleme) va fi rezolvată în mod magic de către un adult,
acest lucru indicând o dependență față de adulți, necarac-
teristică acestei vârste.

Când îi ceri unui copil să explice morala sau învăță-
tura povestirii lui, veți înțelege punctul lui de vedere. Iată
un exemplu de poveste spusă de Shayna, tot de opt ani,
în care arată atât responsabilitate, cât și inițiativă în rezol-
varea unei probleme.

A fost odată ca niciodată un băiat care nu avea voie să treacă
strada de unul singur. Mama și tatăl lui îi spuseseră că, dacă
trece singur strada, poate fi călcat de o mașină sau de un
camion. Băiatul își asculta întotdeauna părinții, așa încât era
foarte atent și nu traversa niciodată de unul singur.
Dar într-o bună zi, a văzut un orb pe cealaltă parte a străzii.
Orbul părea nefericit și confuz. Băiatul se temea că orbul va
ajunge în stradă și va fi călcat de vreo mașină. Așa încât băiatul

s-a hotărât să traverseze strada și să-l ajute pe orb. A așteptat la semafor până s-a făcut verde și s-a uitat în ambele părți. Știa că încalcă regula impusă de părinții săi, dar s-a gândit că face acest lucru pentru o cauză bună. A ajuns pe partea cealaltă a străzii și l-a ajutat pe orb să treacă strada. Orbul i-a spus: „Îți mulțumesc foarte mult. Mi-ai fost de mare ajutor". Sfârșit.

Morala trasă de Shayna: „Uneori, dacă vrei să ajuți pe cineva sau să faci un lucru bun, va trebui să încalci o regulă".

Cum reflectă poveștile copilului vostru valorile sale?

Cel de-al treilea element al poveștilor copilului vostru pe care trebuie să-l urmăriți este modul în care acestea exprimă valorile pe care le are. Iată câteva valori importante pe care am dori să le aibă toți copiii:

- Cinste
- Încredere
- Răbdare
- Amabilitate
- Milă
- Acceptarea celorlalți
- Respectarea diferențelor
- Curaj
- Responsabilitate
- Altruism

- Spirit de lider
- Rezistență în fața frustrărilor

Atunci când vă spune o poveste, fiți atenți la valorile și trăsăturile de caracter ale eroului, care, așa cum v-am spus, reflectă modul în care se vede pe sine și pe ceilalți.

Analizați această poveste spusă de Angie, în vârstă de zece ani, după ce a tras cartonașul pe care scria: „Spune o poveste despre cineva care are nevoie de bani".

> *A fost odată ca niciodată un băiat, Jack, care avea nevoie de niște bani pentru a cumpăra o bicicletă. Le-a cerut mamei și tatălui, însă aceștia erau prea săraci și nu au avut bani să îi dea. Așa încât Jack s-a hotărât să lucreze la McDonald's, unde putea câștiga suficienți bani pentru scopul lui. A lucrat acolo timp de două luni și a câștigat 200 $. (Timp în care primise gratis hamburgeri și cartofi prăjiți.) După ce a câștigat banii, s-a hotărât să-și cumpere bicicleta, dar și să continue să lucreze la McDonald's. Astfel putea să aibă bani să-și cumpere CD-uri și haine.*

Morala: „Dacă ai nevoie de lucruri pe care părinții nu-și permit să ți le cumpere, ia-ți o slujbă".

Angie a spus o poveste interesantă și pozitivă. „Eroul" ei, Jack, dă dovadă de responsabilitate și de inițiativă. Dar comparați această poveste cu cea spusă de Teresa, de zece ani, care a tras același cartonaș cu: „Spune o poveste despre cineva care are nevoie de bani".

> *A fost odată ca niciodată o familie săracă, numită Jamison. Familia Jamison nu avea niciodată suficientă mâncare și bani îndeajuns pentru a-și cumpăra ceea ce și-ar fi dorit. Într-o bună zi, pe când domnul Jamison se uita în garaj după niște lucruri pe care să le poată vinde, a găsit un tablou foarte vechi, care*

aparținuse stră-străbunicii sale. Văzuse la televizor o emisiune în care oamenii primeau bani pentru antichități, așa că s-a dus și el la un magazin de antichități din oraș. Bărbatul care deținea magazinul i-a spus că tabloul valorează o mulțime de bani și i-a scris domnului Jamison un cec în valoare de 50.000 $. Acum putea să cumpere membrilor familiei sale orice ar fi avut nevoie.

Domnul Jamison s-a dus acasă, și-a sărutat soția și copiii și au făcut o mare petrecere. Apoi au hotărât că trebuie să împartă averea primită. Domnul Jamison a donat o parte din bani bisericii, pentru a-i ajuta și pe alți oameni săraci. I-a dat fratelui său o parte din banii de care avea nevoie pentru a se înscrie la facultate. A dat bani chiar și vecinilor săi, pentru a putea merge la Disney World împreună cu copilul lor.

Familia Jamison a pus restul de bani la bancă și i-a investit, pentru a nu mai avea niciodată probleme din cauza lipsei lor.

Morala: „Banii pot rezolva o mulțime de probleme pentru tine și oamenii pe care-i iubești."

Valorile Teresei — atenția ei pentru familie, dorința de a împărți cu alții, preocuparea ei pentru ceilalți și dorința de a-și planifica viitorul — reies din povestea ei imediat *după* ce este rezolvată problema. Povestea ei arată că este genul de copil preocupat de ceilalți în aceeași măsură în care este preocupat de sine.

Care sunt valorile pe care vreți să le transmiteți copiilor voștri? Le-au învățat? Dacă da, atunci este posibil ca acestea să se reflecte în povești precum cea a Teresei, chiar dacă nu observați manifestarea obișnuită a unui comportament altruist. Așa cum am spus, poveștile sunt reprezentări interne ale vieții interioare a fiecărui copil. Sentimentul de sine este reflectat de eroul poveștilor lor, iar simțul inițiativei și al scopului sunt reflectate în modul în care rezolvă problemele din poveștile pe care le spun. Valorile copiilor sunt reflectate în modul în care eroii sau celelalte personaje din poveste reacționează atunci când este rezolvată problema cea mai stringentă.

Acum este rândul vostru

În momentul în care ajungeți să învățați să ascultați mesajele din spatele poveștilor pe care le spune copilul vostru, veți afla multe lucruri despre el. Dar acesta este doar începutul Jocului Povestirii. Când vine rândul vostru să spuneți o poveste, aveți ocazia să spuneți povești pozitive, care vor influența imaginea de sine a copilului, capacitatea lui de a rezolva probleme sociale și chiar dezvoltarea sa morală.

Așa cum am explicat în capitolul 9, poveștile pozitive educative sunt exact ceea ce par — povești care prezintă copilului o modalitate idealizată de a gândi, a acționa sau a simți. Cea mai ușoară cale de a crea astfel de povești este să vă gândiți la aceleași elemente pe care v-am atenționat să le urmăriți în poveștile spuse de copii:

- *Crearea unui erou pozitiv.* Spuneți povești în care eroul are o atitudine pozitivă față de viață și acceptă atât propriile-i sentimentele, cât și pe cele ale celorlalți.
- *Subliniați importanța rezolvării problemelor.* Introduceți în povestire un conflict real și totodată o rezolvare realistă. Evitați sfârșiturile de poveste în care problemele sunt rezolvate în mod miraculos. Eroul trebuie să facă pași reali pentru a soluționa problema.

- *Învățați-i ce sunt valorile.* Subliniați valorile pe care
le apreciați ca fiind importante. Indicați valorile în
morala sau în învățătura povestirii.

Iată un exemplu de poveste spusă de Nancy, mama
unei fetițe de opt ani. Denise era o fată timidă căreia nu-i
plăceau situațiile noi și nici să cunoască oameni noi.
Observați cum eroina din povestirea lui Nancy recunoaște
problema timidității Denisei și prezintă modalități adec-
vate de a face față acesteia. Nancy a istorisit această po-
veste când a tras cartonașul pe care scria: „Spune o
poveste despre o plimbare într-un parc de distracții".

> *Erau odată două surori. Uneia îi plăceau distracțiile și îi
> plăcea să fugă, să sară și să meargă foarte repede cu bicicleta.
> Cealaltă soră era și ea curajoasă în felul ei, dar nu-i plăcea să
> facă lucruri în urma cărora putea să se rănească.*
>
> *Într-o bună zi, întreaga familie a mers într-un parc de
> distracții. Prima soră a vrut să se dea în toate acele mașinării
> amețitoare. Voise să meargă neapărat la montagne russe, despre
> care se spunea că este cel mai mare și cel mai de temut din
> lume. Dar cea de a doua soră a spus că e mult prea speriată.
> Îi era teamă că ar putea cădea. A preferat să se dea în căluşei.*
>
> *Părinții lor au spus că ambele fete trebuie să se dea împre-
> ună, așa că se iscase o problemă. Cea de a doua soră a spus:
> „Nu vreau să mă dau în montagne russe, deoarece nu sunt
> pregătită pentru asta. Dar mă dau în tiribombă împreună cu
> voi", a spus aceasta, deși nu se mai dăduse niciodată în
> tiribombă.*
>
> *„În regulă, a spus cea de a doua soră. Acesta este un com-
> promis. Și putem țipa dacă vrem. Asta face totul și mai
> distractiv."*
>
> *Așa încât ambele surori s-au dat în tiribombă — de zece
> ori! Poate că data viitoare vor încerca să se dea și în montagne
> russe. Sfârșit.*

Morala: „Uneori, dacă îți este teamă de un lucru, poți încerca ceva mai puțin înfricoșător".

Când inventați povești pentru copilul vostru, chiar dacă sunt scornite pe loc pentru a-i adormi sau dacă jucați Jocul Povestirii, țineți minte că transmiteți un mesaj împreună cu acestea. Fiți pozitivi, dar totodată și realiști. Nu trebuie neapărat să aibă sfârșituri fericite, chiar dacă cel mic insistă asupra acestui lucru. Țineți minte că limbajul secret al poveștilor vă poate ajuta să explorați împreună cu copilul vostru diferite tipuri de sentimente.

Capitolul 11

Problemele care ies la iveală prin intermediul povestirilor și viselor

S unteți îngrijorat de poveștile spuse de copilul vostru? Le găsiți ciudate sau tulburătoare? Dar visele? Copilul vostru are frecvent coșmaruri sau vise care-i provoacă angoase?

Cei mai mulți părinți au instincte bune în ceea ce privește poveștile sau visele copiilor lor. Ei știu când copilul se poartă puțin diferit, chiar dacă nu întotdeauna pot defini exact despre ce problemă este vorba. De exemplu, de curând mi-a spus o mamă că fiul ei avea coșmaruri mult mai frecvent, după ce se mutaseră într-un alt stat. Ea explica: „Întotdeauna a fost predispus la a avea coșmaruri atunci când era supărat, dar acum are aproape în fiecare noapte". Dacă simțiți că ceva nu este în regulă, trebuie să vă urmați instinctul și să încercați să faceți ceva în acest sens. În cazul acestui copil, discuțiile din timpul mesei despre cum să facă tranziția la noul său cămin și la noua sa școală au redus treptat coșmarurile. Copiii folosesc diferite metode de a vă spune că îi frământă ceva. Tot ce trebuie să faceți este să îi ascultați și să luați atitudine.

În acest capitol voi vorbi despre unele dintre lucrurile pe care le urmăresc psihologii atunci când ascultă poveștile spuse de copii. Puteți urmări și voi aceleași lucruri și puteți lua măsurile potrivite pentru a vă ajuta copilul. Dacă sunteți îngrijorat și nu sunteți sigur de ceea ce trebuie să faceți, nu ezitați să cereți părerea unui specialist. Aveți avantajul de a fi un expert în ceea ce privește propriul copil, dar specialiștii au avantajul de a trata mulți copii de diferite vârste și pot fi capabili să vă spună dacă copilul vostru are probleme grave, iar dacă are, ce trebuie să faceți pentru a le rezolva.

La fel ca și alte părți ale limbajului secret al copiilor, nu trebuie să vă îngrijorați doar din cauza unei singure povești. Mai degrabă, trebuie să urmăriți tendințe și tipare care apar în poveștile copilului și care pot indica semne ale unui pericol. Poveștile trebuie văzute și în contextul celorlalte aspecte ale comportamentului copilului. De exemplu, Melissa, de unsprezece ani, a scris o scurtă poveste despre o fată care nu avea niciun prieten.

A fost odată ca niciodată o fată pe nume Katie. Katie era tristă mai tot timpul și nu-i plăcea să stea de vorbă decât cu păpușile ei. Katie avea cinci păpuși, dar îi plăcea de una urâtă, pe care o chema Berta cea bună.

Katie nu stătea de vorbă decât cu Berta. Nu mai vorbea cu mămica ei, nu mai vorbea cu tăticul ei, nu mai vorbea nici cu prietenii ei. Numai Berta înțelegea ce simte Katie.

Dar, într-o bună zi, Katie nu și-a mai amintit unde o pusese pe Berta. A căutat-o în toată casa, peste tot. Katie s-a întrebat: „Să fi fugit Berta? Să fi fost răpită?". Nu putea cere ajutor nimănui deoarece încetase să mai vorbească cu toți ceilalți.

Katie s-a hotărât să-și tatueze pe mână o poză de-a Bertei. Și, când simțea nevoia să vorbească cu cineva, să-i vorbească mâinii. Și asta a și făcut.

După ce a citit povestea, profesoara de engleză a Melissei s-a neliniștit. Ea credea că Melissa este o elevă fericită, prietenoasă și bine adaptată, dar acum începea să se întrebe dacă Melissa nu cumva scotea la iveală prin povestirea ei un secret întunecat și bine ascuns. A trimis-o pe Melissa la consilierul școlar, care i-a chemat și pe părinții acesteia pentru a sta de vorbă. Chiar și ei au fost surprinși că Melissa putuse să scrie o astfel de poveste. Apoi, consilierul s-a întâlnit cu Melissa și „au stat de vorbă despre unele lucruri". Melissa nu arăta că ar fi avut vreo problemă. În final, consilierul i-a arătat povestea și i-a spus că profesoara de engleză se întreba ce vrea să spună povestea ei. „E doar o poveste", a răspuns Melissa. „M-am apucat să o scriu și asta a ieșit."

În acest exemplu, cu toții au procedat corect. Profesorii trebuie să fie atenți la orice semn care indică existența unor probleme. Consilierii trebuie să-i consulte pe părinți înainte de a trage concluzii. Informațiile trebuie cercetate pentru a afla dacă modificarea de comportament a copilului reprezintă un strigăt de ajutor.

Pe de o parte, este important să țineți minte că nu trebuie să suprainterpretați poveștile unui copil, iar pe de altă parte, atunci când aceștia spun anumite povești iar și iar, puteți considera aceasta ca pe un semn al unei probleme. Acestea pot fi: povești lipsite de imaginație, povești ce scot la iveală un exces de anxietate, orice fel de povești violente și povești cărora le lipsesc organizarea și detaliul.

Povești lipsite de imaginație

De câte ori vorbesc cu părinții care au probleme cu copiii lor, îi întreb cât de mult se uită aceștia la televizor, se joacă jocuri video sau pe calculator, activități pe care psihologii le numesc „timp petrecut în fața ecranului". Există multe probleme de sănătate fizică și de sănătate mentală care pot fi exacerbate atunci când copilul stă prea mult în fața televizorului sau a calculatorului, dar una care nu este luată în calcul este influența lor asupra imaginației copilului. Mulți dintre profesorii cu experiență pe care-i cunosc au observat că jocul și poveștile copiilor par să fie din ce în ce mai puțin creative față de cum erau odată. Ei cred că acest lucru se datorează în mare parte timpului petrecut de copii în fața televizorului și a tot mai slabei participări la activități creative care să le incinte imaginația.

De exemplu, când lui Jennifer, în vârstă de șapte ani, i s-a cerut să inventeze o poveste pentru a putea să i se facă o evaluare diagnostică, aceasta a spus o poveste despre o sirenă care-și dorea să aibă picioare lungi cu care să fugă și să se joace pe plajă. Planul poveștii și chiar o parte din dialog erau luate dintr-un desen animat Disney, *Mica sirenă*. La interviul următor, mama lui Jennifer i-a spus psihologului care efectua testarea că micuța văzuse caseta cu desenul animat „de sute de ori", de când avea doi ani, și chiar putea juca unele scene, luând vocea mai multor personaje. Când i s-a cerut să inventeze o poveste originală, una pe care nu o mai spusese nimeni niciodată, Jennifer nu a știut ce să spună. „Nu știu nicio poveste", a recunoscut ea, fără să se rușineze.

În zilele noastre, prea mulţi copii spun şi scriu poveşti preluate din filmele pe care le-au tot văzut la televizor şi pe video. Atunci când părinţii le permit copiilor să petreacă prea mult timp în faţa ecranului, nu le mai oferă ocazia de a-şi folosi imaginaţia. Această activitate pasivă poate întârzia dezvoltarea gândirii creative a copilului, care duce la stoparea formării aptitudinilor de rezolvare a problemelor, necesare atât pentru evoluţia lor şcolară, cât şi pentru cea socială.

Ce este de făcut

Rareori mă contrazic părinţii atunci când le spun că odraslele lor petrec prea mult timp în faţa televizorului sau la jocurile video. Copilul american petrece douăzeci şi patru de ore pe săptămână la televizor, mai mult decât în orice activitate, cu excepţia şcolii. Pe lângă influenţa negativă pe care o poate avea televizorul, gândiţi-vă la toate lucrurile pe care le pierd copiii făcând aceasta: cititul cărţilor, practicarea unor sporturi, jocuri creative, hobby-uri, ajutorarea celorlalţi şi altele. Dar când le cer părinţilor să reducă timpul pe care-l petrec copiii în faţa ecranului, adesea obţin o reacţie descurajantă şi uneori chiar furioasă din partea acestora, ca şi cum ar vrea să-mi spună: „Încearcă tu să faci asta!".

Răspunsul meu este că prea mult timp petrecut în faţa ecranului este un obicei rău, la fel ca atunci când consumi prea mult fast-food. După care le cer să-şi pună copilul la un „regim de televizor", această dietă incluzând jocurile video, filmele şi televizorul. Dacă apreciaţi că micuţul vostru îşi petrece prea mult timp uitându-se la televizor sau jucându-se pe calculator și prea puțin în activități active și creative, puneți-l la dietă de televizor. Reduceți acest timp petrecut în fața ecranului cu o oră pe săptămână, timp de o lună sau două. Dacă faceți acest lucru, sunt sigur că veți observa o modificare în atitudinea acestuia și în modul în care se privește pe sine și pe ceilalți.

Povești ce scot la iveală anxietăți date de probleme reale

Cele mai multe dintre problemele exprimate în poveștile unui copil sunt destul de transparente. De exemplu, tatăl lui Paul era director într-o companie multinațională, asta însemnând că familia trebuia să se mute într-un alt oraș la fiecare câțiva ani. Tatăl lui Paul a fost anunțat că trebuie să se mute într-o altă țară, lucru care l-a făcut foarte nefericit pe Paul. „Dar este foarte important pentru cariera mea", i-a explicat tatăl lui. „Când voi obține un nou post, voi câștiga mai mulți bani și vom putea cumpăra și mai multe lucruri." Dar acest argument nu rezolva anxietatea lui Paul dată de mutarea într-o altă țară, a cărei limbă nici măcar nu o cunoștea. Când s-a jucat Jocul Povestirii (vezi capitolul 10), Paul a tras un cartonaș pe care scria: „Spune o poveste despre cineva care câștigă un concurs". Iată povestea lui:

> *A fost odată ca niciodată un bărbat care juca la loterie. Juca în fiecare miercuri, în fiecare săptămână, în fiecare an. Într-o miercuri seară, pe când se uita la extragerea de la televizor împreună cu soția și cei șaisprezece copii ai săi, a văzut că*

a câştigat. Biletul lui avea toate numerele norocoase extrase, câştigând cincizeci de milioane de dolari.

Bărbatul a renunţat la slujbă în ziua următoare şi a plecat împreună cu familia lui într-o croazieră. Au vizitat multe locuri şi au făcut tot ce îşi doriseră vreodată. Dar cei şaisprezece copii nu erau fericiţi. Pe vas nu era niciun televizor şi nu aveau la ei lucrurile lor. Le lipsea chiar şi mersul la şcoală. La sfârşitul călătoriei, bărbatul şi-a întrebat familia ce şi-ar dori să facă în continuare şi au hotărât cu toţii că vor să fie ca înainte.

Aşa încât bărbatul a hotărât să dea toţi banii de pomană (probabil cu excepţia unui milion) şi să fie toate ca mai înainte.

Sfârşit.

Morala: „Uneori, a fi bogat nu este atât de bine precum sună".

Atunci când copiii sunt preocupaţi de ceva, acest lucru apare în mod frecvent în temele recurente ale poveştilor sau ale viselor lor. Un semn evident de îngrijorare este atunci când o poveste are un început pozitiv, ca acela de a câştiga la loterie, dar care se sfârşeşte prost. Un alt indicator obişnuit al unei probleme apare atunci când copiii din poveştile inventate sfârşesc în mod repetat prin a fi nefericiţi. Acesta este un semnal sigur că copilul vostru încearcă să vă spună ceva.

Ce este de făcut

Este important de notat că este perfect normal ca poveştile copilului vostru să dezvăluie anxietatea dată de o situaţie dificilă, cum ar fi divorţul sau mutarea familiei. Copiilor le plac lucrurile stabile. Chiar dacă lucrurile nu stau nemaipomenit de bine, copiii preferă predictibilitatea unui *status quo* posibilității ca lucrurile să se înrăutățească. Un pic de anxietate nu este ceva chiar atât de rău. Anxietatea ne face pe toți, chiar și pe copii, conștienți de problemele care există.

În cele mai bune cazuri, anxietatea poate stimula mecanismele de adaptare ale copilului. Pe parcursul acestei cărți veți descoperi zeci de tehnici prin care să vă ajutați copilul să facă față momentelor stresante, iar de fiecare dată copilul va învăța să rezolve o problemă, să aibă încredere în sine și cum să fie flexibil.

În cazul în care semnele de anxietate persistă mai mult de trei luni, acesta este un motiv de îngrijorare. Aceste semne pot apărea în cadrul poveștilor, al artei, al jocului sau în orice alte moduri. Folosiți tabelul de mai jos pentru a afla dacă la copilul vostru există semne că ar fi afectat de o anxietate pe care nu o poate gestiona.

Listă de verificare a anxietății

Reacțiile anxioase sunt mult mai obișnuite la copii decât se crede. Observați dacă există o corelație între semnele limbajului secret și modificările apărute în viața reală. Dacă apreciați că cel mic este mult prea anxios, mergeți neapărat la un consilier psiholog sau la orice alt specialist. Tulburările de anxietate sunt mult mai ușor de tratat atunci când sunt descoperite în fazele incipiente.

Caracteristicile povestirilor
❐ Poveștile sunt negative și pesimiste.
❐ Poveștile sunt scurte și irelevante.
❐ Eroul povestirii este neputincios sau are eșecuri repetate.
❐ Atmosfera poveștilor este întunecată și depresivă.
❐ Problemele sunt rezolvate arareori.
❐ Morala povestirii indică o victimizare.

Simptome
❐ Plângeri fizice frecvente (dureri de cap, de stomac, oboseală).

> ❏ Evitarea şcolii, a prietenilor sau a altor activități normale.
> ❏ Modificări de somn sau de alimentație.
> ❏ O creştere a ticurilor nervoase, cum ar fi smulgerea părului sau ciupirea pielii.
> ❏ Creşterea activităților „de evadare", cum ar fi privitul la televizor.

Dacă ați bifat mai mult de două „semne" de anxietate şi încercați de mai mult timp să reduceți stresul copilului vostru, atunci trebuie să cereți ajutor specializat.

Poveşti care conțin o temă persistentă de violență

Puțini oameni ar nega faptul că puştii americani sunt expuşi prea mult actelor de violență. Jocurile video, filmele, televizorul, muzica rap şi rock... chiar şi simplele plăceri precum fotbalul şi jocurile din Liga Juniorilor au fost întinate de părinții care intră în conflicte cu antrenorii sau cu ceilalți părinți. Nu este de mirare că problemele managementului furiei sunt cele mai frecvente şi mai serioase motive din cauza cărora copiii sunt trimişi la consiliere psihologică.

Cu toate acestea, mulți copii arată o uimitoare capacitate de a filtra experiențele şi trăirile pe care le au. Marea majoritate a copiilor învață să diferențieze violența mimată de agresivitatea reală şi reuşesc să capete valori şi atitudini potrivite, în ciuda influențelor culturale negative. Dar atunci când copiii nu reuşesc să filtreze experiențele personale sau culturale violente, acesta devine un motiv de îngrijorare. În cazul în care copiii spun în mod repetat poveşti violente sau dacă acestea sunt extrem de sângeroase, trebuie să le interpretați ca pe un strigăt de ajutor al copiilor de orice vârstă.

De exemplu, iată o poveste spusă de Christopher, un băiețel de opt ani cu care am lucrat, dintr-o zonă rurală a statului Colorado.

> *O pisică pe nume Pudgie*
> *A fost odată un băiat care iubea pisicile. Pisicile erau cele mai bune prietene ale lui. Avea pisici prin toată casa, chiar și în pat. Oriunde pleca, își lua pisicile după el.*
> *Dar avea și o pisică pe care nu o plăcea, pe nume Pudgie. Pudgie era o pisică rea. Mirosea urât și stătea tot timpul în calea lui. Îl zgâria pe băiat și se zburlea la el. Deși iubea pisicile, băiatul a început să o urască pe Pudgie. Băiatul — pe nume Michael — s-a hotărât să-i dea o lecție lui Pudgie. A început să arunce cu pietre și bețe în Pudgie. A aruncat cu chibrituri aprinse și a stropit-o cu o pușcă cu apă. Pudgie a fugit de Michael, și într-o bună zi a fugit de acasă. Sfârșit.*

Christopher fusese trimis la mine deoarece era huliganul școlii. Aproape în fiecare zi intra în bucluc uri din cauză că se lua de copiii mai mici. Cu siguranță că avea probleme acasă — părinții erau divorțați, iar tatăl lui îl vizita arareori —, dar nu exista o motivație clară a mâniei și a agresivității sale. Cam la trei luni după ce a spus această poveste, vecinul lui Christopher a chemat poliția susținând că l-au văzut pe acesta cum torturează pisici. După anchetă, polițiștii au descoperit că spânzurase în beci două pisici și omorâse cu răutate și alte animale mai mici.

Ce este de făcut

De ce se comportă unii copii precum Christopher? Sincer, nu știm. Un mic număr de copii, în cea mai mare parte băieți, sunt diagnosticați în fiecare an cu o serie de boli psihice cunoscute sub denumirea de tulburări de conduită. Acești copii și adolescenți au probleme serioase de comportament, de la cruzime față de animale la incendieri și furt. Unii dintre acești copii provin din familii violente și au fost martori în mod constant la certuri și bătăi în familiile lor. Unii au fost ei înșiși bătuți. Dar sunt și copii cu tulburări de conduită care provin din familii perfect normale, care au părinți care-i iubesc și frați care nu manifestă astfel de probleme. În mod clar, copiii precum Christopher au nevoie de ajutor specializat, cât de repede posibil. Poveștile și jocurile violente preced în mod tipic un comportament violent. A fi atent la limbajul secret al acestor copii, oricât de tulburător ar fi el, constituie cea mai bună cale de a evita destinul tragic al comportamentului antisocial și al respingerii permanente a copilului.

Povești care denotă o întârziere a dezvoltării

De la vârste fragede, copiii învață că poveștile sunt organizate într-un anume fel — au un început, un cuprins și o încheiere. Totodată, mai învață și că a adăuga detalii unei povești o face mult mai interesantă. Analizarea organizării unei povești poate dezvălui multe despre procesele gândirii unui copil și poate spune dacă gândirea, creativitatea și capacitatea de a rezolva probleme sunt potrivite sau nu vârstei copilului respectiv. Uneori, poveștile pot dezvălui o problemă de învățare sau una de gândire.

Copiii mici spun povești simple, cum este cea a lui Darren, în vârstă de trei ani:

A fost odată ca niciodată un băiat care trăia în Chicago.
Lui îi plăceau dinozaurii. Sfârșit.

În timp ce cresc, poveștile copiilor ar trebui să arate un mod de gândire mai complex, o atenție pentru detalii și organizare. La opt ani, Darren spunea o altă poveste despre dinozauri, pe care părinții au notat-o:

> *Au fost odată ca niciodată doi dinozauri, un prădător și un Tyrannosaurus Rex. Prădătorul se numea Ganga, iar T-Rex se numea Ram. Ganga și Ram erau cei mai buni prieteni. Le plăcea să hoinărească prin pădure și să fugărească alte animale. Tuturor le era frică și fugeau de ei. Însă tot ce voiau ei era să se joace. Au hotărât să dea o mare petrecere și să-i invite pe toți dinozaurii din pădure și din lac. Au trimis invitații la care au răspuns o mie de dinozauri. S-au jucat de-a prinselea și au dat iama prin cutiile-surpriză pline de bomboane, fiecare plecând acasă cu un pachet cu dulciuri. Acum, Ganga și Ram au o mulțime de prieteni. Când se plimbă prin pădure, toate celelalte animale îi întreabă: „Ce mai faceți?". Asta îi face să se simtă bine. Sfârșit.*

Așa cum puteți vedea, povestea spusă de Darren la opt ani respectă o succesiune logică a evenimentelor. El ne face cunoștință cu personajele poveștii, ne spune câte ceva despre acestea și apoi urmează o istorisire simplă, care include atât un conflict, cât și rezolvarea acestuia. Deși povestea n-are decât câteva rânduri, oferă suficiente informații și detalii pentru a vă imagina scenele. Puteți să vi-i închipuiți pe cei doi dinozauri plimbându-se împreună și stând de vorbă. Vă puteți imagina cum arată cei o mie de dinozauri stând la rând pentru a primi dulciuri.

Cu fiecare an care trece, ne așteptăm ca Darren să scrie povești din ce în ce mai complexe, conform dezvoltării sale cognitive. La vârsta adolescenței, Darren va spune și va scrie povești cu înțelesuri mult mai subtile, cu descrieri mai colorate, cu ironie și paradoxuri. Probabil că acestea vor avea și alte subiecte în afară de dinozauri.

Dar ce se întâmplă atunci când copiii continuă să spună sau să scrie povești lipsite de detalii, de organizare sau de complexitate, care nu mai sunt potrivite vârstei lor? Uneori acest lucru poate fi un semn al unei incapacități de învățare, iar alteori poate indica existența unei probleme afective. Cam prin clasa a doua, copiii ar trebui să fie capabili să spună și să scrie povești pentru diferite tipuri de ascultători. Prin clasa a treia, ei trebuie să poată citi povestea pe care au scris-o și să o corecteze. Prin clasa a patra, ar trebui să fie capabili să-și facă un plan, folosind o multitudine de strategii care să genereze și să organizeze ideile. Ar trebui să poată scrie mai multe paragrafe pe același subiect și să scrie o compunere bine structurată. Ei trebuie să arate un progres în înțelegerea regulilor de punctuație și ale celor gramaticale.

În cazul în care copilul vostru ia note slabe la compunere, mergeți să stați de vorbă cu învățătoarea acestuia. Problemele de învățare sunt definite de incapacitatea copilului de a se ridica la potențialul său, iar dacă profesoara acestuia consideră că are probleme la compunere sau la alte materii, cum ar fi desenul și pictura, atunci ar trebui să-i faceți o evaluare psihologică pentru a afla dacă există cu adevărat vreo problemă.

Ce este de făcut

În cazul în care copilul vostru are nevoie de ajutor pentru exprimarea scrisă sau orală, puteți face multe lucruri. Mai întâi de toate, urmăriţi-i felul în care scrie. Prin clasa a patra, copiii citesc în mod normal cel puţin o carte pe săptămână. Dacă micuţul vostru nu este atras să citească ce i se cere la şcoală, atunci încercaţi să găsiţi alt fel de cărţi care să-l intereseze.

Apoi, puneţi-l să scrie mai multe povestiri. Există numeroase programe pe calculator care-i învaţă pe copii cum să scrie poveşti şi care stimulează atât aptitudinile creative, cât şi pe cele ale scrisului (părinţii americani pot găsi pe www.superkids.com sugestii şi o listă cu programe comerciale disponibile).

Puteţi stimula imaginaţia micului scriitor refractar punându-l să vă dicteze poveşti. Întrebaţi-l despre oameni, locuri şi evenimentele povestirii. Ajutaţi-l să înţeleagă că există multe alegeri atunci când se compune o povestire, fiecare îndreptând-o într-o altă direcţie. Apoi, cu o altă ocazie, învăţaţi-l regulile gramaticale. De obicei, este mai bine să lăsaţi copiii să-şi dezvolte aptitudinile imaginative înainte de a lucra asupra punctuaţiei, a sensului cuvintelor, a gramaticii şi aşa mai departe.

Poveştile tulburătoare ale nopţii: cum să-i ajutăm pe copiii care au coşmaruri

Când copilul are ocazional coşmaruri, cea mai bună prescripţie este prezenţa voastră. Ţineţi-l în braţe sau întindeţi-vă lângă el dacă v-o cere. Acesta nu este un moment în care să stabiliţi limite stricte sau obiceiuri de culcare.

Pe de altă parte, în cazul în care copilul vostru are mereu coşmaruri, atunci se impune o metodă de intervenţie pe timpul zilei. Primul lucru pe care trebuie să-l faceți este să mergeți la cauza problemei, care de multe ori este destul de evidentă. O mămică a venit la consultație pentru băiețelul ei de opt ani, care avea coșmaruri aproape în fiecare noapte. Când am întrebat-o despre obiceiurile de culcare ale acestuia, mi-a răspuns că merge la culcare cu un vraf de reviste de benzi desenate și citește până adoarme. La următoarea ședință, când mi-a arătat una dintre revistele acestuia, părea oarecum stânjenită. „Habar nu aveam cum arată aceste desene, a recunoscut ea, în timp ce răsfoia paginile descoperind o peșteră plină de cranii, un monstru imens cu două capete cu un amestec de sânge și salivă curgându-i din gură și alte imagini, chiar mai înfricoșătoare. În acea zi, revistele băiatului au fost confiscate și încuiate într-o cutie în debaraua părinților, până când avea să se facă mai mare și să le poată citi.

Chiar dacă copilul vostru nu are coșmaruri, vă sugerez să verificați imaginile pe care le urmărește în fiecare zi. Stați alături de el pentru a vedea ce emisiuni urmărește la televizor. Verificați jocurile video pe care le joacă și cărțile și revistele pe care le citește. Apreciați dacă acestea sunt imaginile pe care le doriți pentru a-i modela ziua și noaptea copilului vostru.

Cel de-al doilea pas pe care trebuie să-l faceți în reducerea coșmarurilor copilului este să analizați stresul și problemele pe care le are acesta. Este îngrijorat de temele pe care le are pentru școală, de cum să-și facă noi prieteni? Se întâmplă ceva în familie care să creeze îngrijorare copilului? Are o viață prea agitată, fugind de la o activitate la cealaltă? Copiii se stresează la fel ca și adulții, iar uneori, acest lucru se revarsă asupra viselor lor.

În cazul în care analizarea influențelor zilnice asupra copilului nu ajută, atunci poate că veți dori să-l ajutați să

facă față coșmarurilor prin intermediul limbajului secret
al sentimentelor sale.

Cum să-i ajutăm pe copii să-și schimbe visele

Jonni Kincher, autoarea cărții *Dreams Can Help (Visele pot fi de ajutor),* ne oferă mai multe tehnici pe care le pot învăța copiii mici pentru a lua parte în mod mai activ în cadrul poveștilor din visele lor. Kincher le spune copiilor că, atunci când au coșmaruri, pot să-și cheme în ajutor „prietenii din vis". Aceștia pot fi animale, oameni adevărați pe care-i cunosc sau chiar supereroi. Ea le sugerează să inventeze povești când sunt treji, în care prietenii lor de poveste să-i ajute să-i învingă pe oamenii „răi" din vis. Ea le spune copiilor că pot să „re-viseze" visele în timp ce sunt treji, scriind un sfârșit așa cum vor ei. Apoi, pot încerca să viseze din nou același vis, în timp ce dorm.

Această tehnică este denumită „a visa lucid" și presupune a-i învăța pe copii să-și modifice visele în timp ce visează. Cu toții avem vise lucide în care, la un moment dat, realizăm că visăm. Oamenii de știință cred că atât copiii, cât și adulții pot fi instruiți să aibă mai multe vise lucide și să rezolve probleme în timp ce dorm. Repetând mental înainte de culcare un vis pozitiv, copiii pot fi ajutați să-și modifice coșmarurile.

Dr. Stephen LeBerge, care a studiat visarea lucidă pe voluntari la Centrul de Cercetare a Somnului de la Universitatea Stanford, spune că el a avut primul său vis lucid pe când avea cinci ani. În visul lui, se făcea că se îneca, dar când și-a dat seama că visează, a înțeles că nu se poate îneca. A înotat pe sub valuri și i-a plăcut.

Folosirea unui jurnal de vise care să-i ajute pe copii să-și controleze visele

A-i încuraja pe copii să țină un jurnal de vise poate fi o modalitate utilă de a le sugera că pot să-și controleze visele urâte. De exemplu, Margaret, în vârstă de doisprezece ani, a început să aibă coșmaruri după ce tatăl ei a avut un atac de cord. Aproape în fiecare noapte se trezea din somn plângând. A început să doarmă în pat cu părinţii ei. Când părinţii îi spuneau că este prea mare pentru a mai dormi în pat cu ei, Margaret îşi lua perna şi plapuma şi se culca în faţa uşii dormitorului lor. Dimineaţa, rareori îşi mai amintea visele urâte.

Psihologul şcolar a sugerat ca Margaret să-şi noteze visele îndată ce se trezeşte. Margaret a început să ţină un jurnal cu visele pe care le avea şi a descoperit că îşi amintea multe vise frumoase împreună cu cele urâte. Pe timpul zilei, vorbea cu părinţii ei despre visele pe care le avea şi ce înţeles aveau acestea. Această activitate i-a oferit lui Margaret o bună ocazie de a fi mai apropiată de părinţii ei prin intermediul unei activităţi adecvate, desfăşurată pe parcursul zilei, în loc să doarmă alături de ei noaptea. În decurs de câteva săptămâni, coşmarurile ei au dispărut.

Nu numai că jurnalele de vise îi ajută pe copii să dobândească un simţ al controlului propriilor lor trăiri, dar totodată le stimulează capacitatea de a rezolva probleme şi de a gândi creativ. Fizicianul Niels Bohr spunea că a avut un vis urât în care era pe un soare alcătuit dintr-un gaz arzător pe lângă care treceau în mare viteză alte planete. Deodată, gazul s-a răcit şi s-a solidificat, iar soarele şi planetele s-au sfărâmat. Când s-a trezit, şi-a dat seama că văzuse modelul atomului. Robert Louis Stevenson a visat un criminal care a băut o poțiune pentru a-și schimba înfățișarea, acest vis inspirându-l să scrie cunoscutul roman *Straniul caz al doctorului Jekyll și al domnului Hyde.*

Ce este de făcut atunci când copilul vostru are parasomnii[*]

În cazul în care copilul vostru se trezește adesea din somn, este important să aflați dacă are coșmaruri sau spaime, deoarece acestea trebuie tratate în mod diferit. Coșmarurile sunt vise care apar în starea REM, care se repetă în cicluri pe parcursul nopții. În schimb, parasomniile se pot manifesta de la gemete, zvârcoliri și somnambulism până la crize de spaimă, iar ele nu apar în timpul somnului REM, așa că nu sunt un produs al viselor. Nu știm exact ce le face să apară în visele copiilor; cu toate acestea, știm cum să le tratăm.

Este indicat să încercați să liniștiți un copil care se trezește dintr-un coșmar, dar nu la fel trebuie procedat atunci când acesta are o parasomnie. Cea mai bună strategie constă în a fi lângă el și a avea grijă să nu se rănească. Dacă se plimbă prin casă, încercați să-l conduceți din nou în pat, fără a-l trezi. Când se va trezi, nu-și va aminti ce s-a întâmplat și, în mod normal, va putea să adoarmă la loc. Adesea, abia dacă își va da seama de prezența voastră, așa că alinarea pe care i-o aduceți este

---

[*] „Parasomniile" se referă la tulburările ce însoțesc somnul, precum bruxismul, somnambulismul, enurezisul sau vorbitul în somn (*n. trad.*).

inutilă. Deoarece parasomniile nu sunt vise, iar copilul vostru nu are ce să-şi amintească, nu este nevoie nici să-i vorbiţi despre ce s-a petrecut, nici să-l întrebaţi ceva despre aceasta.

În general, se consideră că parasomniile la copiii sub şase ani nu sunt semnificative din punct de vedere psiho-logic. Adesea vor dispărea atunci când copiii dorm mai mult, aşa încât trimiteţi-l la culcare ceva mai devreme sau reinstauraţi somnul de după-amiază. Dacă la copiii mai mari sau la adolescenţi apar în mod repetat trezirile par-ţiale pe timpul nopţii, acestea pot indica un anume stres afectiv, deşi aceste probleme pot să nu fie grave. Oamenii de ştiinţă cred că unele persoane au o predispoziţie în a-şi exprima anxietatea sub forma acestor coşmaruri, aşa cum alţi copii sunt predispuşi biologic la a face ulcer sau la a se bâlbâi. Dacă episoadele de spaime nocturne continuă să apară, poate fi nevoie de consiliere psihologică, mai cu seamă deoarece copilul sau adolescentul poate fi tulburat de faptul că este „incontrolabil" în timp ce doarme. Une-ori, pot fi prescrise medicamente atunci când somnambu-lismul devine un pericol pentru aceştia.

Capitolul 12

Cum le vorbim copiilor
prin intermediul limbajului
secret al poveștilor

Timp de mulți ani, psihologii au considerat că una dintre cele mai eficiente căi de a ajuta copiii cu probleme afective și de comportament este să-i învățăm noi moduri de a se gândi la ei și la problemele pe care le au. Pare dificil? Nu este. Chiar dacă realizați sau nu, voi influențați în permanență modul de gândire al copiilor, deoarece aceștia își modelează gândirea și comportamentul copiindu-i pe cei pe care-i văd în fiecare zi. Dacă sunteți o persoană care se lasă copleșită de probleme sau o persoană care acționează fără a lua în calcul alternative diferite, atunci copilul vostru va avea probabil aceleași caracteristici. Dar dacă sunteți o persoană care rezolvă problemele gândind și fiind realistă, este posibil ca și copilul vostru să dobândească acest tip de gândire, auzindu-vă și văzându-vă în fiecare zi. Nu este de mirare că studiile au descoperit că acei copii care rezolvă ușor diverse probleme au mai mulți prieteni, au mai puține probleme afective și sunt mai buni la școală.

Deși cei mai mulți părinți realizează faptul că cei mici îi urmăresc și le imită comportamentul și limbajul, ei nu-și dau seama că le pot influența modul de gândire. Povestirea este una dintre cele mai bune căi pe care le cunosc pentru a schimba într-adevăr modul în care gândesc copiii. În acest capitol, vom urmări diferite moduri de a-i ajuta pe copii să învețe povești care le pot schimba viața: un joc distractiv, denumit Jocul Poveștii care îi ajută să rezolve problemele; scrierea unor cărți despre viață; scrierea unor cărți motivaționale pentru copii și terapia narativă, o tehnică în care copiii cu probleme învață să rescrie povestea vieții lor.

Cum să-i învățăm pe copii să aibă aptitudini de rezolvare a problemelor

Potrivit Myrnei B. Shure, autoarea cărții *Raising a Thinking Child (Cum să creștem un copil care gândește)*, copiii pot fi învățați să-și rezolve problemele la o vârstă mult mai mică decât cred părinții. Să vorbim despre Sabrina, de un an, căreia bunica i-a oferit un fursec. A luat fursecul în mâna dominantă. Apoi, Sabrina a mai primit un al doilea fursec și l-a apucat cu cealaltă mână. Ce credeți că s-a întâmplat când i-a fost oferit cel de-al treilea fursec și avea ambele mâini ocupate? A băgat în gură unul dintre fursecuri și l-a apucat pe cel de-al treilea. A rezolvat problema apucării fursecurilor având ambele mâini ocupate, în doar câteva secunde.

În trecut, mulți psihologi au subestimat capacitatea copiilor de a rezolva probleme, deoarece ei făceau experimente folosind probleme care erau nepotrivite pentru experiența copiilor. Dar când le dăm copiilor spre rezolvare probleme adecvate vârstei lor (și ce poate fi mai relevant pentru un copil de un an decât să primească cât mai multe fursecuri), descoperim că dau dovadă de o remarcabilă capacitate de a găsi soluții problemelor, încă de foarte mici.

Împreună cu colegul ei David Spivak, dr. Shure a condus o cercetare timp de mai mult de patruzeci de ani, prin care a demonstrat că micuții de până la patru ani pot fi învățați să dobândească aptitudini de rezolvare a problemelor sociale. Ei pot învăța să-și rezolve propriile neînțelegeri, să evite confruntările și chiar să-i ajute pe ceilalți copii să învețe să rezolve mai bine unele probleme.

Am inventat Jocul Poveștii de rezolvare a problemelor pentru a-i determina pe copii să exerseze căutarea unor soluții alternative pentru rezolvarea problemelor lor obișnuite. După ce copilul vostru învață și practică acest joc, veți observa o diferență considerabilă în modul în care interacționați cu el, mai cu seamă dacă îl jucați adesea.

Se poate să mai fi jucat și înainte, în copilărie, un joc asemănător Jocului Poveștii de rezolvare a problemelor. Cineva începe o poveste, următoarea persoană continuă povestea, apoi o altă persoană adaugă ceva la poveste și tot așa, până ce ultima persoană duce povestea la sfârșit. Povestea evoluează prin intermediul imaginației colaborative a jucătorilor. Eu am modificat puțin acest joc, pentru a le oferi copiilor (dar și adulților) o modalitate de a găsi soluții problemelor obișnuite.

Jocul Poveștii de rezolvare a problemelor poate fi jucat de o familie cu trei sau patru membri sau de un grup de trei–patru copii. Iată cum se joacă. Fiecare jucător aduce o contribuție diferită poveștii. Primul jucător începe prin a hotărî cine este personajul principal al povestirii. Cel de-al doilea jucător aduce în poveste o problemă pe care trebuie să o rezolve personajul principal. Cel de-al treilea jucător se gândește la o soluție reală și pozitivă a acestei probleme. În cazul în care există cel de-al patrulea jucător, acesta poate pune în discuție soluția problemei.

Povestea este începută de cel mai mic dintre jucători, după el urmează cel de-al doilea jucător ca vârstă și tot așa. Cea de-a doua poveste este începută de cel de-al doilea jucător ca vârstă, finalul poveștii fiind inventat de cel mai mic dintre jucători. Jocul continuă până ce fiecare dintre jucători ajunge să înceapă o poveste (cu alte cuvinte, grupul va spune atâtea povești câți jucători există). Puteți continua să spuneți povești cât timp doriți. Ce trebuie să țineți minte este să dați exemple de soluții bune pentru copiii voștri. Fiți atât pozitivi, cât și realiști. Nu-i corectați pe copii atunci când găsesc soluții negative sau nerealiste. Fiți doar un model bun, iar copiii vă vor urma.

Acesta este un joc foarte simplu, de care copiii se vor bucura oriunde și oricând. Este un joc minunat pentru călătorii lungi sau scurte. Dar cea mai importantă parte a acestui joc este mesajul secret pe care îl transmite: „Există puține probleme ce nu pot fi rezolvate prin intermediul gândirii creative și al atitudinii pozitive“.

Iată câteva exemple de povești spuse de diferite familii:

Peter, de opt ani: A fost odată ca niciodată un melc pe care-l chema Fred.

Mămica: Fred era atât de încet, încât pierduse orice cursă.

Tăticul: Așa încât, și-a cumpărat role pentru a putea merge mai repede decât oricare dintre melcii pe care-i cunoștea.

Debra, de șapte ani: A fost odată ca niciodată un băiat care locuia în Alaska.

Mămica: Locuia într-un iglu, iar la un moment dat, a venit un val de aer cald care a început să le topească igluul.

Tăticul: Așa încât, familia băiatului a pus igluul pe un sabot imens și l-au tras după ei până la nord, unde vremea era suficient de rece.

Jasmine, de cinci ani: A fost odată ca niciodată un băiat care avea doar zece centimetri.

Evan, de opt ani (fratele lui Jasmine): El voia să meargă la școală, ca toți ceilalți copii, dar se temea să nu calce cineva pe el.

Mămica: Așa încât, și-a făcut un prieten foarte înalt cu care să meargă la școală și care-l ducea pe umăr. Astfel, era la aceeași înălțime cu toți ceilalți.

Mămica: A fost odată ca niciodată un băiat care nu-și făcea ordine în cameră.

John, de zece ani: Avea probleme cu ochii și nu putea vedea cât de dezordonată este camera lui.

Brittany, de șapte ani: Pe oriunde mergea, se lovea de tot ce întâlnea în cale.

Tăticul: Dar a început să-și dea seama când lucrurile nu erau la locul lor. Acest lucru era important, pentru că a ajuns să nu se mai lovească de nimic. După aceea, s-a obișnuit să pună toate lucrurile la locul lor.

Cum să faceți cărți motivaționale

Așa cum am spus mai devreme, există sute de cărți scrise pentru a-i ajuta pe copii să-și înțeleagă mai bine sentimentele și comportamentul. S-a dovedit a fi eficient să le citim copiilor astfel de cărți sau, în cazul copiilor mai mari, să-i punem pe aceștia să le citească, așa încât astăzi, acest lucru constituie cea mai populară metodă de consiliere. Există multe cărți motivaționale scrise pentru copiii mici, în fiecare an fiind publicate altele noi, dar, cu toate acestea, mi se cere adesea să recomand „cea mai bună" carte pentru o anumită problemă.

Un tată dorea să afle dacă există vreo carte care să-l poată ajuta pe băiatul lui de șapte ani, care ajunsese să se teamă de moarte. O mamă mi-a cerut să-i recomand o carte care s-o ajute pe fata mai mare să înțeleagă că fratele ei de trei ani a fost diagnosticat cu autism. O altă mamă mi-a cerut să-i recomand o carte pentru băiatul ei diagnosti-cat cu ADHD și care nu voia să-și ia medicamentele.

Uneori, pot recomanda o carte pentru problema res-pectivă, dar alteori nu. Însă adesea le spun părinților: „Există o carte care-l poate ajuta pe copilul vostru mai mult decât oricare alta. Aceasta este cartea pe care o scrieți chiar voi!".

A scrie o carte de povești pentru copilul vostru poate fi o activitate foarte plăcută. Am recomandat părinților această tehnică de sute de ori, întotdeauna având rezul-tate pozitive. Mulți părinți îmi spun că ei nu sunt scriitori buni, dar le reamintesc mereu că, de fapt, cărțile de povești pentru copii constau doar din câteva sute de cuvinte. Le spun adesea: „Dacă puteți scrie o scrisoare sau chiar un e-mail mai lung, atunci puteți scrie și o carte de povești pentru copii. Este vorba doar despre a vă organiza ideile de a le așterne pe hârtie". Apoi le dau un model simplu ca să le arăt cum să procedeze.

De exemplu, Mallory a venit la mine la recomandarea consilierului școlar al fiicei ei. Mi-a spus că Georgia se bâlbâia puțin și că fusese diagnosticată cu deficiențe de învățare. Mallory observase că bâlbâiala Georgiei se în-răutățea atunci când aceasta era stresată, iar acest lucru devenise o îngrijorare aparte, deoarece soţul ei era pe punctul de a-şi pierde slujba, familia urmând cu siguranţă să întâmpine unele greutăţi financiare. M-a întrebat dacă fiica ei are nevoie de consiliere. I-am răspuns că micuţa pare să aibă nevoie de ajutor, dar cred că Mallory o poate ajuta pe fiica ei mult mai bine decât mine. I-am recomandat să scrie pentru fetiţa ei o carte de poveşti motivaţionale.

Pentru început, i-am cerut lui Mallory să se gândească la ce ar vrea să o înveţe cartea ei pe micuţă. Mi-a răspuns: „Aş vrea să nu-şi mai facă atâtea griji pentru problemele ei. Vreau să ştie că orice problemă poate fi rezolvată. Şi eu mă bâlbâiam când eram mică, dar am primit ajutor şi am trecut peste asta. Am avut probleme şi la şcoală, dar am primit ajutor şi acolo. Chiar dacă soţul meu îşi va pierde slujba, lucru care s-a mai întâmplat, va obţine o alta. Vreau ca Georgia să înţeleagă că nu există nicio problemă prea dificilă şi care nu poate fi rezolvată atunci când ai în jurul tău oameni care te iubesc şi te susţin".

I-am explicat lui Mallory că ar trebui să înceapă prin a-i spune Georgiei exact ce îmi spusese mie — că şi ea avusese probleme când fusese mică şi că nu ajută la nimic doar să îţi faci griji din cauza acestora. Să îi spună fiicei ei că o va iubi întotdeauna şi că-şi va arăta această dragoste prin ajutorul pe care i-l va da pentru a depăşi problemele care apar.

Am accentuat că a o linişti pe Mallory era doar primul pas. Un pas şi mai important ar fi acela de a o învăţa pe fiica ei cum să se ajute singură. M-am gândit că o carte de „self-help" ar fi cel mai bun început şi i-am dat modelul de poveste de mai jos, cerându-i să completeze povestea (contribuţia ei este scrisă cu italice).

Atunci când scrieți o carte de povești motivaționale pentru copii, trebuie să aveți în vedere un singur lucru. Chiar dacă cei mici au mai mult de o problemă de rezolvat, ca în cazul Georgiei, problemele pot fi rezolvate atunci când sunt luate pe rând. Încrederea pe care o capătă după rezolvarea uneia dintre probleme se va răsfrânge și asupra rezolvării celorlalte. Mallory a hotărât că cea mai importantă problemă a Georgiei este faptul că se bâlbâie.

Iată ce a scris ea:

Început: „A fost odată ca niciodată..." și faceți cunoștință cu eroul principal, care are un alt nume decât copilul vostru.

A fost odată ca niciodată o fetiță pe care o chema Mary Ann.

Introduceți problema din punctul de vedere al copilului.

Mary Ann se bâlbâia uneori, unii oameni considerând-o ciudată. Ei îi era teamă că la școală copiii nu or să o placă.

Introduceți un personaj „ajutător", cum ar fi părinții, o profesoară, un bunic sau un personaj fictiv.

Dar mama lui Mary Ann dorea să o ajute pe fetiță să înțeleagă de ce se bâlbâie, fiindcă nu dorea ca Mary Ann să se simtă prost.

Dați un exemplu care să pună problema dintr-o perspectivă mai amplă.

Există mulți copii care se bâlbâie. Mulți oameni cunoscuți se bâlbâiau când erau mici și chiar și când ajunseseră maturi. Pe când era mic, marele conducător al Angliei, Winston Churchill, se bâlbâia. Crescând, a devenit un mare scriitor și un mare orator. Mama lui Mary Ann se bâlbâia și ea când era mică, dar a învățat cum să depășească această problemă.

Descrieți o modalitate realistă și pozitivă prin care poate fi rezolvată problema respectivă.

Mary Ann s-a dus la un logoped pentru a primi ajutor. Aceasta se numea Gwen. Gwen a învățat-o pe Mary Ann ca atunci când este emoționată să respire adânc și să expire lung.

Scrieți și o altă metodă prin care poate fi rezolvată problema.

Ea a făcut niște jocuri care să o ajute pe Mary Ann să simtă că-și poate controla bâlbâiala. Într-un joc cu marionete, fiecare marionetă avea un nume care începea cu W. Erau: Wilbur, Wilhelm, Wendy, Warren și Wallace. Ori de câte ori vorbea vreo marionetă, aceasta trebuia să rostească numele unei alte marionete, acest lucru fiind foarte distractiv.

Descrieți pentru copilul vostru o nouă modalitate de abordare a problemei.

Mary Ann a început să înțeleagă că bâlbâiala este o problemă pe care o au și alți copii, care ajung să depășească această problemă. Mary Ann avea o prietenă pe nume Ella, care era cam mioapă. Ella purta ochelari care să o ajute să vadă mai bine.

Creați un conflict realist la care s-ar putea gândi copilul vostru.

Într-o bună zi, Mary Ann a trebuit să citească în fața clasei. Ea se temea că se va bâlbâi în fața colegilor ei.

Procedați în așa fel încât copilul să rezolve sau să facă față conflictului respectiv, printr-o atitudine pozitivă.

Ea s-a pregătit citind și recitind lecția de mai multe ori. A repetat în fața oglinzii, în fața mamei și a tatălui, chiar și în fața câinelui ei. Mama i-a spus: „Mary Ann, vreau să te porți ca și cum ai fi în fața clasei și începi să te bâlbâi. Apoi te oprești, respiri, spui «vă rog să mă scuzați» și continui să citești. Ăsta este cel mai rău lucru care ți se poate întâmpla, iar când vei repeta asta, vei înțelege că, până și cel mai rău lucru nu este atât de grav cum pare".

Rezolvă conflictul.

În ziua următoare, Mary Ann a citit lecția în fața clasei. Profesoara i-a spus că a citit puțin cam repede, dar nu s-a bâlbâit. Unii dintre copii nu au reușit să citească atât de bine

ca Mary Ann. Terrance, unul dintre băieți, nu-și făcuse tema, așa că a fost pus într-o situație jenantă.
Subliniați ce a învățat copilul cu această ocazie.
Mary Ann s-a dus acasă la mama ei și i-a spus ce s-a petrecut la școală. I-a spus mamei: „Cu toții au probleme uneori. Mă bucur că mi-ai fost alături și m-ai ajutat să-mi rezolv problema".

După ce Mallory a scris povestea, a cumpărat un biblio-raft mai mic și a copiat povestea pe pagina din stânga. Pe pagina din dreapta, i-a cerut Georgiei să facă un desen.

Mary Ann repetându-și lecția

Pentru copil contează mult să îi cereți să se alăture în compunerea unei cărți.
Nu vă preocupați să scrieți o poveste „perfectă". Impor-tant este să fiți pozitivi și să-i oferiți copilului vostru o altă modalitate de a aborda problema cu care se confruntă.

Încercați și voi

Cum să scrieți povești motivaționale pentru copii

Și voi puteți scrie o poveste de „self-help" pentru copilul vostru, așa cum a făcut Mallory pentru Georgia. Țineți minte ca povestea să fie pozitivă, dar și realistă. Puteți fi tentați să scrieți o poveste în care problemele sunt rezolvate în chip magic și să o încheiați cu formula: „și au trăit fericiți până la adânci bătrâneți". Dar nu astfel stau lucrurile în acest caz. A-l învăța pe copil noi modalități de a face față și de a-și depăși problemele este cea mai bună cale de a-l ajuta să fie fericit și să aibă succes.

1. Începeți cu „A fost odată ca niciodată..." și introduceți personajul principal, care să aibă un alt nume decât copilul vostru.
2. Introduceți problema din punctul de vedere al copilului vostru.
3. Dați un exemplu care plasează problema într-o perspectivă mai largă.
4. Scrieți o modalitate pozitivă și realistă de rezolvare a problemei.
5. Scrieți încă o modalitate care ajută la rezolvarea problemei.
6. Scrieți o altă modalitate de a gândi problema.
7. Creați un conflict real, care-l poate îngrijora pe copilul vostru.
8. Procedați astfel încât copilul să rezolve sau să facă față conflictului respectiv, folosind o atitudine pozitivă.
9. Rezolvați conflictul.
10. Notați ce a învățat copilul în urma acestei experiențe.

Scrieți povestea familiei voastre

Cu câțiva ani în urmă, o prietenă de-a mea s-a hotărât să-și scrie istoria familiei, în ordinea în care au avut loc evenimentele. A început de când copiii ei aveau patru, respectiv șapte ani. Așa cum se întâmplă cu cei mai mulți dintre copii, celor două fetițe ale ei le plăcea să asculte povești de când erau bebeluși și știa că nu se vor plictisi

ascultând povești despre copilăria lor nici atunci când vor
ajunge să aibă ele copii. Prietena mea a ținut un jurnal
săptămânal și un caiet cu notițe într-un biblioraft, rezer-
vându-și fiecare joi seară pentru a nota noile evenimente.
I-a invitat pe soțul ei și pe cele două fetițe să scrie
comentariile lor și să adauge fotografii și diferite amintiri.
Singura ei regulă era ca acestea să poată fi lipite pe foaie.
De curând, mama lor mi-a spus că acesta a fost unul dintre
cele mai bune lucruri pe care le-a făcut pentru familia ei.

Mi-a explicat: „S-au petrecut o mulțime de lucruri în
ultimii doi ani, multe dintre ele plăcute, dar și unele neplă-
cute. Am suportat o operație destul de grea, lucru pe care
am crezut că fetele mele or să-l suporte cu greu. Dar toate
au fost notate în jurnalul nostru (care are acum șase volu-
me și continuă). Când scriam în carte sau când fetele citeau
de acolo, vorbeau cu noi sau între ele. Această activitate
a devenit foarte importantă, deoarece ține familia unită".

Cele mai multe dintre familii au diferite albume cu
fotografii, dar se pot adăuga și unele comentarii, sau chiar
pot fi notate evenimentele familiei, așa cum făcea prie-
tena mea. Acest tip de activitate este mai mult decât o
simplă păstrare a „amintirilor". Este o activitate care dă
copiilor un sentiment de identitate și apartenență.

A scrie istoria familiei este de ajutor, mai ales în cazul
familiilor care nu se încadrează în tiparul „normal", al
celor cu doi părinți și unul sau mai mulți copii. (De fapt,
există mai multe familii care nu se încadrează în acest tipar
decât cele care sunt alcătuite astfel.) Dacă aveți o familie
în care există un copil adoptiv, copii din alte căsătorii,
părinți de același sex, familii multigeneraționale care
trăiesc laolaltă și altfel de familii, atunci a scrie istoria

familiei îi va ajuta pe copii să înțeleagă și să accepte aceste diferențe.

Soția mea și cu mine am fost învățați despre importanța acestei tehnici pe când ne pregăteam să o adoptăm pe fetița noastră Tess, un copil născut în China. Niciodată nu este ușor să-i spui unui copil că a fost adoptat. Cu numai o generație în urmă, părinții considerau că nu trebuie să le spună copiilor lor că au fost adoptați, dacă nu era absolut necesar. Astăzi, psihologii consideră că a nu le spune copiilor de unde provin face mai mult rău decât bine. Nu numai că nu este cinstit, dar cu siguranță că, în cazul adopțiilor, îl știrbește pe copil de informații legate de moștenirea și istoria sa. Tehnica aceasta este simplă, căci constă doar în a nota evenimentele, gândurile și sentimentele apărute în viața familiei respective. Însă pentru copilul vostru, aceasta este cea mai importantă poveste pe care o va citi sau auzi vreodată. Este povestea vieții lui.

Încercați și voi

Povestea Vieții familiei voastre

Nu există un timp nepotrivit pentru a începe să scrieți Povestea Vieții familiei voastre, așa că de ce să nu începeți chiar acum?! Luați un jurnal, lipiți o poză a copilului vostru sau a întregii familii și scrieți ce vă vine în minte. Dacă doriți, puteți scrie despre evenimente trecute, dar este mult mai ușor să scrieți despre evenimente care tocmai s-au petrecut. Acordați numai cincisprezece minute, o dată pe săptămână, pentru a scrie în cartea Poveștii Vieții voastre și veți fi uimiți de poveștile pe care le veți aduna.

Cum să-i ajutăm pe copii să rescrie „Povestea" problemelor lor

Patrick era un băiat de nouă ani, care se războia cu Madmoo, Monstrul cel Furios. Cu ajutorul psihologului, acesta a scris următoarea scrisoare:

> *Dragă Madmoo, Monstru Furios,*
> *Sper că ai învățat lecția. M-ai băgat în bucluc încă de la început. Ție ți se pare amuzant când mă bagi în bucluc, nu-i așa? Ei bine, să știi că nu este așa! Când mă înfurii, țip la copii și le strig porecle, oamenii se supără pe mine, iar eu sunt pedepsit. Ție s-ar putea să-ți placă asta, dar mie nu. Mi-ar face mai mare plăcere să fiu agreat de ceilalți copii, în loc să stau pedepsit în camera mea. Învăț cum să mi te scot din minte. Când te furișezi în mintea mea și îmi spui să mă înfurii, respir adânc și când te scot afară, simt cum ieși prin urechi.*
> *Trebuie doar să spun: „Ieși și rămâi afară!".*
> *Am scăpat de tine.*
> *Patrick, care nu-ți este prieten.*

Lui Patrick, psihoterapeutul îi spusese că trebuie să se „războiască" cu furia care îl tot băga în bucluc. I se spusese să-i dea un nume acestei furii și apoi să o alunge pentru totdeauna. Patrick se hotărâse să o denumească „Madmoo". „Poți să-i scrii scrisori", îi spusese psihoterapeutul, „poți să o desenezi și apoi să tai hârtia în bucățele. Poți să faci o piesă cu marionete în care să-l învingi pentru totdeauna. Asigură-te că nu se mai întoarce niciodată".

Consilierul lui Patrick a utilizat o tehnică numită terapie narativă, inventată de psihologii Michael White și David Epson, care practică în Australia, respectiv în Noua Zeelandă. Terapia narativă îi ajută pe copii să rescrie cele mai importante povești, poveștile vieții lor. Tehnica a fost inventată în urma observației faptului că atunci când copiii au probleme, acestea capătă un caracter dominant prin felul în care sunt tratate și prin modul în care copiii se văd pe sine. Atunci când un copil suferă de o problemă cum ar fi depresia, timiditatea sau alte probleme de control al furiei, ca în cazul lui Patrick, acea problemă îl „etichetează" pe copil. Este ca și cum respectiva dificultate modelează întreaga sa viață.

Însă terapia narativă susține că „nu copilul este problema, ci problema este însăși problema". Având aceasta în minte, tehnica terapeutică îi învață pe copii să se separe de problema lor și apoi să „scoată problema din viața lor".

În cadrul terapiei narative, copiii precum Patrick sunt învățați să-și denumească problema și chiar să îi dea o identitate. Patrick fusese trimis la consiliere psihologică deoarece, așa cum spunea și diagnosticul, „Patrick este un copil furios, cu un slab control al impulsivității". Dar consilierul l-a convins pe Patrick că nu are o problemă, că el este un copil bun. Era ceva înăuntrul lui care-l determina să aibă crize de nervi acasă și care, la școală, îl făcea să izbucnească la cea mai mică provocare. Consilierul psihoterapeutic i-a explicat: „Trebuie să găsești o cale să-l scoți pentru totdeauna pe acest Madmoo din mintea ta. Lasă-l să se ducă și să necăjească alt copil, dacă asta vrea".

După ce Patrick a fost învățat cum să vadă problema din afara lui, a fost eliberat de autoblamare și de comportamentul defensiv. A reușit să creeze un spațiu psihologic între problema controlului furiei și identitatea sa, distanțare care l-a încurajat să se poarte altfel. Nu mai era un „copil furios", era un copil care lucra la problema lui.

Această tehnică îi încurajează pe copii și să fie mai creativi și mai optimiști, chiar și în ceea ce privește cele mai complicate probleme.

De exemplu, Judith folosea terapia narativă pentru a înțelege cum să facă față tulburării ei obsesiv-compulsive (TOC). La vârsta de opt ani, Judith avea multe ritualuri stranii care-i derutau atât pe părinții, cât și pe profesorii ei. Trebuia să se uite peste umăr de trei ori, de fiecare dată când ieșea pe ușă. Dacă voia să ridice mâna în clasă, trebuia să le ridice pe amândouă. Aceste tipuri de ritualuri nu au niciun înțeles pentru ceilalți, în afara copilului care le practică și care este diagnosticat cu TOC. Dar pentru aceștia sunt cele mai importante lucruri din lume. TOC poate constitui una dintre cele mai neplăcute tulburări ale copilăriei și una dintre problemele cel mai puțin înțelese. Dar chiar și o astfel de problemă gravă poate fi rezolvată cu puțin umor.

Precum și lui Patrick, lui Judith i se spusese să se „războiască" cu TOC pentru a scăpa de ritualurile și obiceiurile ei. (John March, psihiatru pediatru, a experimentat tehnica narativă pe copii diagnosticați cu TOC la clinica Universității Duke. Programul său se numește „Eliminarea TOC din raza de acțiune" și-i determină pe copii să se „războiască" cu tulburarea lor, care le conduce viața. Pentru a afla mai multe amănunte, puteți citi cartea *OCD in Children [TOC la copii]*, scrisă de dr. March și publicată de Guilford Press.) Împreună cu mama ei, a făcut o listă cu ritualurile care o necăjeau. Au adunat paisprezece astfel de ritualuri. Ca și ceilalți copii care folosesc această tehnică, Judith a fost încurajată să inventeze propria ei strategie de a se lupta cu TOC. Judith i-a spus mamei ei: „Am să iau un ghemotoc de hârtie igienică și, de fiecare dată când o să scap de câte unul dintre aceste lucruri necurate, o să le arunc în WC şi am să trag apa în urma lor". I-au trebuit şase luni şi multă muncă, dar simptomele au descrescut semnificativ, iar Judith a ajuns să simtă că este mai bine să trăiască fără acele ritualuri neplăcute.

Încercaţi şi voi

Rescrierea Poveştii problemelor copilului vostru

În cazul în care copilul vostru are o problemă permanentă, încercaţi să-l motivaţi să o rezolve, scriind despre ea şi eliminând-o din viaţa lui. Iată unele activităţi care ar putea fi de folos:

1. Daţi-i problemei o „identitate". Poate fi o persoană neplăcută, un animal rău sau un monstru din altă lume. „Problema" trebuie să aibă caracteristici neatrăgătoare, cum ar fi: un miros urât, o înfăţişare dezgustătoare şi intenţii rele. Copiii vor fi foarte creativi în a da o identitate problemei lor.

2. Faceţi un desen al problemei respective. Copiii creează imagini vizuale mai uşor decât adulţii şi astfel le apare automat în minte imaginea problemei. Ajutaţi-i să deseneze această imagine sau construiţi-o uitându-vă la reviste şi benzi desenate.

3. Inventaţi poveşti despre cum să scăpaţi de problemă. Împreună cu copilul vostru, puteţi inventa poveşti sau scrie cărţi despre cum să scăpaţi de „problemă". Cu cât vorbiţi mai mult despre poveste sau cu cât citiţi mai multe cărţi, cu atât vă veţi motiva copilul să-şi modifice comportamentul în aşa fel încât să elimine problema respectivă.

De ţinut minte

Poveştile au o mai mare influenţă asupra dezvoltării copiilor decât îşi dau seama părinţii. Copilul vostru aude mereu poveşti care-i influenţează atitudinea, valorile, comportamentul şi viaţa afectivă.

Timp de mai bine de şaptezeci de ani, psihologii au considerat că poveştile pe care le spun copiii dezvăluie secrete referitoare la nevoile, conflictele și dorințele lor, dar nu trebuie să fiți psiholog pentru a vă folosi de povești și a înțelege și influența dezvoltarea afectivă a copilului vostru. Puteți să vă ajutați copilul oferindu-i cărți care să constituie exemple prin care să-și înțeleagă trăirile și comportamentul. În cazul în care nu găsiți cartea potrivită, atunci scrieți-o chiar voi. Cărțile motivaționale sunt ușor de scris — nu sunt mai dificil de scris decât o scrisoare. Dar pot avea o mare influență asupra dezvoltării copilului.

Există multe feluri prin care vă puteți ajuta copilul să-și creeze propriile-i povești, modalități care vă vor oferi o imagine a vieții sale afective. Jocul Poveștii vă va ajuta să înțelegeți cum gândește acesta, dar îl va ajuta și pe el să construiască o imagine pozitivă a persoanei lui și a întregii lumi. Jocul Poveștii de rezolvare a problemei poate fi jucat oriunde și ia doar câteva minute. Mai mult, cercetătorii ne spun că a include astfel de activități în viața de zi cu zi a copilului înseamnă a-i îmbunătăți comportamentul, atitudinea și chiar performanțele școlare.

Puteți face un jurnal de vise, puteți scrie istoria familiei și chiar folosi povești pentru a vă ajuta copilul să „rescrie" povestea problemelor sale afective și să reducă simptomele sale grave. Poveștile constituie o unealtă importantă pentru ajutarea copilului prin intermediul limbajului secret al trăirilor sale și veți descoperi că vă va ajuta și pe voi să înțelegeți propriile valori, trăiri și comportamente.

Pur și simplu, începeți așa: „A fost odată ca niciodată...".

Partea a IV-a

Limbajul secret al artei copilului vostru

Capitolul 13

De ce se exprimă copiii
prin intermediul artei

Fusese un uragan groaznic pe coasta Carolinei de Nord. Casa Kyrei fusese distrusă în totalitate. Aproape toate jucăriile, hainele și amintirile ei fuseseră înghițite. Mămica, tăticul și fratele mai mic al Kyrei merseseră cu mașina timp de trei ore, fugind de locul afectat, împreună cu mii de vecini. Ploaia torențială lovea mașina în timp ce familia asculta știrile de la radio.

La scurtă vreme după ce au ajuns la adăpostul improvizat, Kyra și un grup alcătuit din mai mulți copii au fost invitați să se așeze la o masă și să deseneze. Un voluntar de la Crucea Roșie le-a oferit coli de hârtie și o cutie plină de creioane. Kyra și-a desenat familia plimbându-se de mână pe plajă. În colțul din dreapta, a desenat un nor amenințător, care se pregătea să le strice plăcerea.

Arta este unul dintre primele balsamuri folosite pentru copii, în scopul de a-i ajuta să treacă peste o traumă afectivă. Arta are aproape o calitate magică de a fi capabilă să conțină trăirile puternice care sunt provocate de o traumă fără a le face uitate. În multe spitale, cămine de copii și adăposturi, arta face parte din terapia copiilor traumatizați, fiind folosită totodată și în alte situații, mai puțin dramatice. Ea face parte din „cutia cu scule" a consilierului psihologic al oricărei școli elementare și al clinicilor comunitare, ajutându-i pe copii să vorbească despre timiditatea lor, despre anxietatea pe care o simt înaintea unui examen sau despre stresul de a fi necăjiți de ceilalți copii. Este totodată și o cale prin care părinții pot comunica cu copiii lor despre cele mai adânci sentimente.

Este greu de arătat exact de ce tehnicile bazate pe artă sunt atât de folositoare în a-i ajuta pe copii să-și exprime sentimentele, care altfel ar fi reprimate, sau de ce ajută la vindecarea rănilor afective. Ca și alte aspecte ale limbajului secret, se pare că formează o punte între partea afectivă a creierului, sistemul limbic, și partea cognitivă a creierului, neocortexul. Cu siguranță că tehnicile artistice oferă un sentiment de familiaritate și confort copiilor (și chiar și adulților) în perioadele de stres. Aceste activități îi ajută să-și aducă aminte momentele și experiențele în care se simțeau mult mai în siguranță.

Deși ne gândim la artă ca la un mediu vizual, când este vorba despre copii, aceasta devine multisenzorială. Sentimentul dat de creionul care zgârie hârtia, mirosul plastilinei sau al lutului și chicotelile date de pictatul cu degetele sunt mecanisme afective importante, care fac legătura între copil și minunata lume a imaginației sale.

Psihologii arată că arta este o cale de obținere a unui control simbolic asupra a ceea ce în mod normal constituie o experiență covârșitoare sau chiar îngrozitoare. De exemplu, Laura, de șapte ani, aștepta în patul ei de spital înainte de operație. Asistenta Laurei i-a dat o bucată de hârtie din dosarul de la capătul patului ei. „Hai să facem un desen despre cum o să arate camera aceasta după câteva ore", i-a spus asistenta Laurei, cu o voce calmă și liniștitoare. „Începi și te desenezi cum stai pe pat. Minunat! Acum dă-mi voie să desenez un dulăpior aici, o masă acolo și un scaun în colț. Acum vreau să desenezi familia și prietenii care or să vină să te vadă în după-amiaza aceasta. Apoi, desenează prin toată camera niște baloane, felicitări și ursuleți, pentru că toți copiii primesc astfel de lucruri cu care să-și decoreze camera după ce ies din operație. Când te vei întoarce după operație, vom vedea dacă desenul se potrivește cu realitatea."

În zilele următoare, Laura a mai desenat multe alte desene sub îndrumarea și încurajarea asistentei. A făcut un desen cu ea pe masa de operație și, în fundal, o echipă de chirurgi care își dădeau mâinile și zâmbeau. A făcut un desen cu interiorul stomacului și cu intestinele de unde provenea durerea, și apoi le-a colorat cu o cariocă roz, spunând că aceasta o va face să se simtă mai bine. Laura a mai desenat camera ei de acasă, o imagine a celei mai bune prietene și un desen cu ea dormind și visând la Disney World.

Cu fiecare desen, Laura căpăta și mai mult control asupra sentimentelor sale. Continuând să deseneze, era capabilă să vizualizeze tot mai multe imagini concrete pozitive. În același timp, simțea mai puțină anxietate și durere fizică. Fiecare desen o ajuta să facă încă un pas pe drumul spre însănătoșire. Psihologii arată că implicarea copiilor spitalizați în activități interesante îi face pe aceștia să-și ia gândul de la durere și ulterior au mai puțină nevoie de calmante, făcându-i mai alerți, mai conștienți și mai capabili să facă față tratamentului.

Tehnicile prin artă oferă totodată și un beneficiu terapeutic pentru copii, deoarece fac parte dintr-un proces creativ. Studiile au arătat că procesul creativ oferă atât o descărcare, cât și o purificare emoțională care, în schimb, aduce un sentiment de eliberare afectivă.

Arta vă poate ajuta copilul să facă față multor tipuri de probleme sau îl poate ajuta să se înțeleagă mai bine pe sine și pe ceilalți. Poate fi și în beneficiul vostru. Înainte de a începe să vă gândiți cum să folosiți limbajul secret al artei ca pe o nouă cale de a comunica cu copilul vostru, poate veți dori să reflectați asupra propriei atitudini și experiențe a artei și a modului în care aceasta poate juca un rol mai important în viața voastră afectivă.

Tehnica mâzgăliturii

Tehnica mâzgăliturii a fost proiectată ca o cale rapidă și ușoară de explorare a imaginației oamenilor. Este un bun punct de plecare să vedeți ce simțiți atunci când folosiți arta în scopuri terapeutice. Instrucțiunile sunt simple. Luați un stilou sau un creion și o coală de hârtie. Acum închideți ochii și faceți o mâzgălitură. Apoi deschideți ochii și transformați acea mâzgălitură într-un desen. Stați cât timp aveți nevoie. Încercați chiar acum.

Mai departe, înainte de a vă uita la desen, gândiți-vă la experiența avută. Vă simțiți relaxați? Vă simțiți mai calm și mai puțin preocupat de problemele zilnice? Din punct de vedere psihologic, procesul creativ crește nivelul de serotonină din creier, iar serotonina este un compus chimic care acționează ca un reglator al stării afective. Nivelul crescut de serotonină din creier ar trebui să furnizeze cel puțin o creștere temporară a încrederii în sine și a sentimentului de bine. Cu alte cuvinte, doar mâzgălind ceva pe hârtie ar trebui să vă simțiți mai bine.

Acum să vedem ce spune desenul despre voi. Interpretarea desenelor este o știință inexactă, dar cu siguranță poate fi primul pas spre a vă uita la viața voastră afectivă sau la cea a copiilor voștri.

Mai întâi de toate, hai să vedem cât timp v-a trebuit să desenați. Dacă v-ați grăbit, acest lucru poate indica anxietate sau stres. Probabil că ați avut o zi grea sau sunteți preocupat de o problemă. Se poate ca desenatul să vi se pară greu sau probabil că faceți totul foarte repede.

Acum analizați modul în care ați umplut hârtia. Aveți o personalitate expansivă, care are nevoie să umple fiecare centimetru pătrat, sau sunteți un minimalist, cu un stil reținut și exact de a interacționa cu lumea?

Ați făcut linii groase sau subțiri? Desenul vostru este detaliat sau doar sugerează unele elemente de desen pe care să le completeze cel care privește desenul? Dacă apar multe umbre sau linii foarte groase, acestea pot indica anxietate sau tensiune, chiar dacă activitățile artistice intenționează să ajute sau să relaxeze. O multitudine de detalii dezvăluie faptul că gândiți concret și precis, în timp ce un desen abstract sugerează că sunteți mult mai preocupat de idei decât de fapte specifice.

Ați desenat o persoană sau un obiect? Desenele dezvăluie adesea interesele persoanei și pot indica spre ce anume este canalizată energia mentală. Adesea, părinții desenează oameni sau copii. Copiii desenează în mod frecvent alți copii, propria familie sau animale. Un pescar va desena mai degrabă o barcă, unui om căruia îi plac automobilele va desena o mașină și așa mai departe.

O persoană care desenează în mod repetat scene violente sau lupte ori desene indescifrabile ne poate atrage atenția.

Așa cum puteți vedea, când ne uităm la creația unei persoane, indiferent dacă aceasta este un adult sau un copil, nu avem atâtea răspunsuri câte întrebări există. Formulăm o ipoteză despre ceea ce ar putea dezvălui acea creație, și apoi verificăm și celelalte dovezi, din lumea reală sau prin intermediul limbajului secret, care pot susține sau infirma ipoteza respectivă. Luați ca exemplu, mâzgălitura de mai jos și desenul care a fost făcut pe baza ei.

A luat mai puțin de un minut pentru a fi desenat. Așa cum vă dați seama, reprezintă o figură care sugerează că artistul este orientat către oameni. Figura este zâmbitoare, cu toate că prezența dinților sugerează existența unei oarecare agresiuni în acel zâmbet. Mâzgălitura este „realistă", sugerând faptul că artistul are o manieră concretă de a privi lumea. Există o cantitate limitată de detalii. Cu siguranță că artistul nu este un perfecționist, dar este preocupat cel puțin de elementele prezente: ochi, nas, urechi, sprâncene, păr și chiar bărbie. Fața este orientată către exterior, sugerând o personalitate prietenoasă și chiar o deschidere față de lume.

Un alt psiholog ar putea vedea și altceva în acest desen, făcând chiar o interpretare negativă. Dar pentru că eu am fost artistul care a desenat, dau în mod natural o lumină pozitivă interpretării desenelor mele. În cazul fiecărui desen, trebuie să se țină seama de situația în care a fost făcut acesta. De exemplu, un alt psiholog s-ar putea uita la desenele mele și ar spune: „Unde-i este trupul? Această persoană are o imagine corporală ușor deformată?". Dar am făcut această mâzgălitură pe o bucățică de hârtie, stând într-o cafenea, la ora șapte dimineața, și nu am avut destul loc pentru a desena și corpul. Așa cum vă voi reaminti de nenumărate ori în acest capitol, aveți grijă să nu interpretați greșit arta, mai cu seamă dacă priviți o singură lucrare.

Arta ca modalitate de a exprima și a înțelege sentimentele

Limbajul secret al artei are multe scopuri. Unul dintre cele mai importante este de a-i ajuta pe copii să-și înțeleagă sentimentele. De exemplu, pe când lucram ca psiholog într-o școală, foloseam limbajul secret al artei pentru a-l ajuta pe Paul, un băiețel de opt ani, să facă față pierderii tatălui său, care murise de cancer. Dintre toate materialele pe care le păstram într-o cutie, Paul a ales plastilina. Într-o ședință, a luat un baton roșu de plastilină și l-a rupt în zeci de bucățele. L-am urmărit în timp ce făcea din fiecare bucată o minge roșie și, când a terminat, l-am întrebat ce a făcut. „Acestea sunt celulele canceroase care mi-au ucis tatăl", mi-a răspuns Paul, cu o oarecare răutate în glas. „Acum am să le ucid eu pe ele." Și le-a strivit pe fiecare în parte cu un ciocănel de cauciuc. Cu fiecare lovitură, spunea ceva de genul: „Na! Îţi arăt eu ţie!" sau „Te-am prins, cancer nenorocit!".

Am văzut mulţi copii exprimându-şi furia faţă de nedreptatea vieţii prin intermediul limbajului secret al artei. Un băiat pe care-l tratam pentru depresie a acoperit o întreagă coală de hârtie cu creionul negru. „Cum intitulezi acest desen?", l-am întrebat, încercând să nu-mi dezvălui îngrijorarea din voce. „Este viaţa mea", mi-a răspuns el, prozaic.

Dar a-i ajuta pe copii să-şi exprime sentimentele este doar începutul. Putem folosi creaţiile lor şi ca pe o cale de a-i ajuta să-şi accepte şi apoi să-şi schimbe trăirile dureroase.

De exemplu, după ce Paul a zdrobit toate celulele canceroase, l-am întrebat dacă vrea să folosească şi o plastilină de altă culoare şi să facă celule sănătoase pe care să le adune laolaltă pentru a face o persoană sănătoasă. „În regulă, mi-a răspuns el, dar asta nu-l va ajuta pe tatăl meu. Tatăl meu este mort."

„Ai dreptate", am fost eu de acord, „nu-l va ajuta pe tatăl tău. Dar te va ajuta pe tine să construieşti o viaţă mai fericită, şi ştiu că asta şi-ar fi dorit tatăl tău să faci". Şi exact asta a şi făcut.

Încercaţi şi voi

Muzeul Familiei

Tehnicile artistice pot fi folosite ca un fel de „ecran" pe care copiii să-şi proiecteze sentimentele interioare sau ca un ghid către o anume trăire. Muzeul Familiei este un exemplu a ceea ce psihologii numesc activitate de artă proiectivă, în care copiii învaţă să-şi „proiecteze" trăirile în desenele observate de ceilalţi.

Începeţi prin a lua o bucată de hârtie şi desenaţi patru pătrate care să folosească drept suporturi în Muzeul Familiei. Apoi cereţi-i copilului să pună în muzeu obiecte considerate importante de întreaga familie. Obiectele pe care le va folosi copilul vă pot indica ce anume este important pentru el în cadrul familiei. Acum încercați și voi să faceți același lucru și arătați-i desenul copilului vostru. Puneți obiecte în bucata voastră de muzeu, obiecte ce reprezintă valorile pe care doriți să le transmiteți copilului. Vorbiți despre ce gândiți în timp ce desenați.

Uneori, o activitate precum Muzeul Familiei vă poate arăta cât de diferit își văd părinții și copiii propria familie. Totodată, poate fi folosit pentru a ajuta la obținerea unei perspective comune. De exemplu, odată desfășuram această activitate împreună cu Rhonda, părinte unic, și Melissa, fata ei în vârstă de nouă ani. Rhonda îmi ceruse ajutorul deoarece se săturase de certurile permanente dintre ea și fiica ei. Le-am cerut Rhondei și Melissei să deseneze fiecare separat un Muzeu al Familiei, spunându-le că trebuie să deseneze lucrurile care li se par cele mai importante pentru familia lor. Rhonda a pus un vas cu flori pe unul dintre suporturi, acesta reprezentând grădina, după care a desenat o poză a ei împreună cu părinții și a plasat-o pe un alt suport, iar pe cel de-al treilea a plasat un laptop. Melissa a desenat o minge de fotbal pe un suport, un televizor pe un altul și un telefon pe cel de-al treilea. Când am privit cele două desene, mi-am dat imediat seama că mama și fiica mergeau în două direcții total opuse; niciuna dintre ele nu desenase ceva care să indice un interes comun. Așa cum probabil bănuiți, următoarea sarcină artistică a fost să deseneze împreună un Muzeu al Familiei, în care să deseneze obiecte sau lucruri de care se bucurau amândouă. Au hotărât împreună să deseneze ustensile de gătit, o umbrelă de plajă și o bicicletă. Acest exercițiu simplu le-a determinat să înceapă să se gândească la lucruri care să le unească, și nu să le îndepărteze.

Arta ca modalitate de a îndeplini dorințele imposibile ale copilului

Wendy, o pacientă de-a mea în vârstă de unsprezece ani, insista la începutul fiecărei ședințe să facă un desen al familiei ei mergând într-o excursie. Se desena împreună cu părinții ei într-un tren care mergea la New York. Își desena familia fotografiind Turnul Eiffel din Paris și pe spatele unui elefant, în India. Desenele ei erau colorate și detaliate. Vorbea agitată și bucuroasă în timp ce desena.

Singura problemă consta în faptul că părinții ei divorțaseră de aproape doi ani și nu mai făcuseră o excursie împreună cu cel puțin doi ani înainte de a se separa. Acum, abia dacă își mai vorbeau.

Într-o zi, în timp ce admiram unul dintre desenele familiei care se afla într-o pretinsă vacanță, i-am spus lui Wendy:

— Cred că ți-ar plăcea ca părinții tăi să fie din nou împreună și să te ducă în toate aceste locuri, nu-i așa?

— Nu, a răspuns Wendi, nu vreau asta.

— Nu vrei să mergi în vacanță cu părinții tăi? am întrebat din nou, sperând că-mi va spune mai multe.

— Nu. S-ar certa tot timpul și nu ne-am mai distra deloc, spuse Wendy nonșalant.

— Dar în desenele tale nu se ceartă, am spus eu. Sunt mereu fericiți.

— Da, răspunse Wendy, fără să se uite la desenele ei. De aceea este mult mai amuzant să desenezi.

În desenele unui copil, ca şi în jocul şi poveştile acestuia, orice este posibil. Copiii pot zbura. Florile înfloresc iarna. Părinţii care nu şi-au adresat niciodată cuvinte civilizate pot să se plimbe împreună prin parc, ţinându-şi de mână fiica de unsprezece ani, fără nicio grijă. Arta reprezintă pentru copii (şi pentru adulţi) o cale de a satisface prin intermediul fanteziei propriile nevoi afective bazale. Pentru Wendy, arta era o cale de a fi împreună cu părinţii ei, fără ca aceştia să se certe. Prin intermediul desenelor ei, Wendy putea să inventeze situaţii care să-i ofere sentimentul de calm şi linişte de care nu avea parte în viaţa reală. Este acelaşi lucru cu a avea părinţi care se înţeleg? Sigur că nu. Dar tot e ceva. Oamenii au capacitatea unică de a-şi folosi imaginaţia pentru a găsi plăcerea care altfel le-ar fi refuzată. Capacitatea de a crea gânduri şi sentimente pozitive chiar şi în situaţii dificile este semnul unei bune sănătăţi mentale atât a copiilor, cât şi a adulţilor.

Procesul satisfacerii simbolice a nevoilor este denumit de psihologi sublimare. Sublimarea este considerată o cale normală de a face faţă stresului şi o cale de a obţine un echilibru între dorinţele persoanei şi limitele vieţii reale. Este unul dintre cele mai satisfăcătoare aspecte ale artei şi ale altor aspiraţii. Unii oameni sunt probabil mai atraşi de artă decât alţii, deoarece îi ajută să-şi satisfacă nevoile care sunt dificil sau imposibil de împlinit în lumea reală.

Încercaţi şi voi

Desenaţi o dorinţă

Cereţi-i copilului vostru să-şi pună o dorinţă şi apoi să deseneze ce şi-a dorit. Vrea ceva pentru el, cum ar fi o bicicletă, sau ceva pentru altă persoană? Probabil că îşi va dori ceva abstract, cum ar fi pacea lumii. Observaţi-i expresia feţei şi limbajul trupului în timp ce desenează și vedeți dacă această activitate îi face plăcere. La fel ca majoritatea, se va gândi pur și simplu că a-și împlini o dorință este ceva satisfăcător. Să nu credeți că este nevoie să aduceți această activitate în lumea reală cu un comentariu de genul: „Poate că vei reuși să economisești ceva bani și îți vei cumpăra bicicleta". La urma urmelor, dorințele nu se îndeplinesc întotdeauna. Un comentariu de genul: „Sper ca dorințele tale să te facă întotdeauna fericit" este mult mai potrivit.

Arta ca modalitate de a-i ajuta pe copiii care au suferit o pierdere

De pe vremea în care strămoșii noștri trăiau în peșteri și până în prezent, oamenii au folosit arta ca parte a procesului de doliu. Psihiatra Elisabeth Kubler-Ross, expert în procesul de doliu, a observat că pe parcursul istoriei, în urma suferinței provocate de o pierdere importantă, oamenii au făcut desene spontane sau alt gen de artefacte.

Psihoterapeuții recunosc faptul că arta este folositoare mai ales în cazul copiilor care nu au capacități cognitive sau lingvistice pentru a înțelege pierderea suferită și a-și exprima în mod adecvat sentimentele. Dacă aveți un copil care a pierdut o persoană dragă, chiar și un animal, arta îl poate ajuta pe parcursul fiecărei etape a procesului de doliu.

Arta dă permisiunea copiilor să-și exprime sentimentele de durere în moduri în care nu le-ar putea exprima verbal. De exemplu, Amanda, o fetiță în vârstă de opt ani, nu a plâns la funeraliile tatălui ei. Dar mai târziu, în acea seară, s-a desenat plutind în derivă pe o barcă, pe un ocean făcut din propriile ei lacrimi.

Arta îi poate ajuta pe copii să găsească o cale de a-şi aduce aminte de cineva drag. Jason, în vârstă de şapte ani, nu şi-a mai revăzut niciodată bunica după ce a vizitat-o la spital. I se spusese că a murit şi că o poate revedea doar în amintirile lui despre ea. La şcoală, în ziua înmormân-tării, Jason a desenat-o pe bunica lui pe patul de spital, dar i-a spus profesoarei: „Nu vreau să mi-o amintesc pe bunica în acest fel. Urăsc desenul acesta". Ca şi alţi copii de vârsta lui, Jason era la nivelul unei gândiri concrete în ceea ce priveşte moartea. Deoarece ultima dată când o văzuse pe bunica lui aceasta era în spital, aşa credea că trebuie să şi-o reamintească. Profesoara i-a spus: „De ce nu o desenezi pe bunica ta în aşa fel încât să te bucuri când te uiţi la ea?", aşa încât Jason a făcut un desen cu amândoi mergând la grădina zoologică, activitatea lui preferată.

Unii sociologi au speculat că arta este deosebit de importantă în cadrul doliului, deoarece desăvârşirea unei lucrări va ocupa o parte a spaţiului fizic rămas liber în urma pierderii suferite. Obiectul creat devine totodată o reprezentare tangibilă a trăirilor legate de pierdere, nu numai pentru persoana care este în doliu, dar şi pentru cei care văd opera ca pe o lucrare memorială.

Niciun proiect de artă din istorie nu ne-a arătat cât de semnificativă poate fi arta ca expresie a durerii împărtăşite aşa cum a făcut-o AIDS Memorial Quilt. Ideea desfăşurării unor pânze comemorative a provenit de la un grup de activişti din San Francisco care căutau o cale prin care să-şi exprime durerea pierderii prietenilor şi a celor dragi. Ideea mai multor persoane de a confecţiona câte o pânză pentru fiecare persoană dragă pierdută şi, apoi, de a coase laolaltă toate pânzele de acest fel a dus la începerea unui proiect. În decursul unui an, în parcul Capital Mall din Washington D.C., au fost etalate aproape două mii de pânze comemorative. Chiar şi acum, după cinci-sprezece ani, sunt adăugate mii de noi pânze în fiecare an, unele făcând înconjurul lumii pentru reamintirea permanentă a tăriei spiritului uman chiar şi în cele mai triste momente.

Cum să le vorbiţi copiilor în timp ce cresc, prin intermediul artei

Mulţi părinţi folosesc arta pentru a înregistra etapele creşterii copilului lor. Un părinte pe care l-am cunoscut păstra un album de artă al fiicei sale, Kaitlin, de când aceasta avea doi ani, adăugând câte o fotografie în fiecare lună. Acum, când Kaitlin a ajuns la vârsta de treisprezece ani, îi place să se uite la acest album care conţine mai mult de o sută de poze şi să observe cât s-au schimbat intere-sele şi aptitudinile ei artistice. Kaitlin se uită împreună cu mama ei peste album, aducându-și aminte și discutând despre trăirile pe care le-au avut de-a lungul timpului.

Arta poate constitui o parte importantă a amintirilor copilului tău, și cel mai bine este să începi chiar acum. Totuși, ține minte că mai mult decât celelalte părți ale limbajului secret, arta este interconectată și cu alte aspecte ale dezvoltării cognitive și motorii ale copilului tău, așa încât adaptează-ți activitățile și așteptările la ritmul de dezvoltare al copilului.

Arta copiilor mici

Începând cu vârsta de paisprezece–optsprezece luni, copiii sunt capabili să apuce. Când vor împlini trei ani, vor putea desena un cerc, pe la patru ani un pătrat, iar pe la cinci un triunghi. Abia în jurul vârstei de șapte ani, vor putea desena un diamant, vârstă la care vor putea scrie alfabetul și numele lor împreună cu multe alte cuvinte.

Este important de ținut minte că unii copii (mai cu seamă băieții) au o dezvoltare motorie mai lentă decât alții, desenele lor părând mai imature în comparație cu cele ale altor copii de aceeași vârstă, acest lucru nereprezentând o problemă. Cu ceva mai multă repetiție, cei mai mulți copii recuperează până pe la opt–nouă ani, ajungând să fie capabili să deseneze și să scrie la fel ca ceilalți. Pe de altă parte, în cazul în care un copil a atins o anumită etapă a capacității sale artistice și apoi începe să deseneze ca un copil mai mic decât el, aceasta indică existența unei probleme. Dacă veți înțelege cum desenează copiii la fiecare vârstă în parte, veți putea să apreciați dacă desenele copilului vostru sunt corespunzătoare vârstei sale și dacă indică existența unei probleme.

Din motive lesne de înțeles, denumim vârsta cuprinsă între optsprezece luni și doi ani „etapa mâzgălelii". Copiii sunt încântați, pur și simplu, să miște un stilou sau un creion pe o bucată de hârtie, fiind interesați de orice mâzgălitură. Din perspectivă psihologică, aceasta este o activitate mult mai semnificativă decât vă puteți da seama. Pentru un copil care nu merge încă, simplul act al desenării îl învață că poate determina un efect vizibil asupra lumii lui, care duce la un răspuns pozitiv al adulților ce-l îngrijesc.

Pentru un copil mic, desenul este totodată o chestie care-l leagă de lumea celor mari. Un copil mic nu vede cu adevărat diferența între desen și scris, o activitate în care adulții sunt implicați în mod continuu. De exemplu, când Thomas, în vârstă de trei ani, a fost întrebat ce desenează, în timp ce mâzgălea bucuros într-un caiet galben, a răspuns: „Desenez o listă de cumpărături pentru mămica mea".

Copilul mic desenează oricând, fără să aibă vreun motiv anume. El experimentează linii și mișcări, asemănător modului în care bâlbâie cuvinte atunci când este sugar, pentru a experimenta sunete și zgomote. După ce dobândește controlul mișcărilor fine, desenul copilului mic începe să capete formă, însă modul în care acesta vede ce a desenat poate fi destul de diferit de cel în care vede un adult, așa cum arată și desenul Tanyei, în vârstă de trei ani — câinele ei în cușca lui (vezi pagina următoare).

Treptat, mâzgălelile copilului mic vor deveni mai puțin haotice și vor începe să prindă formă. Între trei și cinci ani, copiii intră în „etapa modelării", în care sunt

încântați să poată desena cercuri, pătrate și linii. Copiii vor desena adesea în decursul acestei etape același desen iar și iar, spunând că fiecare este altceva (chiar dacă adulții nu văd nicio diferență între ele). După ce copiii mici încep să combine cercuri și linii și să încerce culorile, ajung să înțeleagă că pot face unele alegeri în timp ce desenează.

Puterea imaginației copilului mic îi permite să vadă în desenele sale lucruri dincolo de putința sa de reprezentare artistică. De exemplu, Caroline, de trei ani și jumătate, a desenat patru cercuri cu două puncte mici în fiecare cerc, după care i-a arătat desenul mamei sale.

— Ce este asta? a întrebat mama Carolinei, citind pe fața fetiței un sentiment de împlinire.

— Ești tu cu mine și cu tati, mergând la Disneyland, a răspuns Caroline mândră. Ți-l dăruiesc ție. Atârnă-l undeva!

Ori de câte ori Caroline trece pe lângă desenul ei, spune cu mândrie:

— Ăsta e desenul cu excursia noastră.

În cazul în care copilul tău nu este capabil să deseneze cercuri și linii până la vârsta de patru ani, acest lucru poate

fi un semn de întârziere a dezvoltării sale sau de dete-
riorare a vederii. Consultați un medic pediatru pentru a
fi siguri că nu există probleme grave sau că nu este nevoie
de vreun fel de stimulare suplimentară.

Arta școlarilor

Între patru și șapte ani, arta copiilor devine din ce în
ce mai complexă. Când desenează portrete, ne așteptăm
să vedem brațe, picioare și trăsăturile faciale de bază, chiar
dacă acestea sunt distorsionate.

La vârsta aceasta, copiii pot face desene care să spună
o poveste simplă. De exemplu, Nate, de șase ani și jumă-
tate, i-a spus mamei sale:

— O să desenez un dinozaur care mănâncă un
hamburger.

— Este o idee interesantă, i-a răspuns mama lui.

— Da, știu, a răspuns Nate. O să-i desenez și un milk-
shake, ca să poată înghiți mai ușor ce mănâncă.

Facem referire la această perioadă din dezvoltarea unui
copil denumind-o „etapa proceselor secvențiale", deoa-
rece în această fază copiii vor începe să adauge diferite
elemente desenelor lor, într-o ordine mult mai logică. În
mod analog, copiii învață să combine cuvinte individuale
în propoziții și propozițiile individuale în paragrafe care
să exprime o idee originală.

Copiii mici desenează în mod obișnuit ceea ce-i intere-
sează pe ei. Desigur, familiile lor sunt subiectele princi-
pale, așa cum sunt și dinozaurii, camioanele, prințesele
și personajele desenelor animate pe care le văd la televizor.
Când copiii ajung la vârsta de șapte–opt ani, capacitățile

lor cognitive și lingvistice devin mult mai sofisticate, și
la fel se întâmplă și cu desenele lor. Reprezentările lor în
artă au un grad mai mare de realism, iar imaginile pot fi
recunoscute mult mai ușor. Și mai important, desenele lor
încep să le reflecte trăirile și gândurile, precum și neli-
niștile și conflictele interioare. Denumim această fază
„etapa fanteziei", deoarece copiii încep să folosească arta
inventând povești și participând la mici piese de teatru.
Aceasta este etapa în care arta copiilor simbolizează cel
mai bine viața lor interioară.

Încercați și voi

Desenează o altă planetă

Când copilul vostru atinge vârsta școlară, cereți-i să deseneze o altă
planetă (dacă doriți, puteți să desenați și voi odată cu el). Spuneți-i
să deseneze și viețăți și ceea ce le place acestora să facă. Apoi,
spuneți-i să inventeze o poveste despre ce a desenat.

Iată niște lucruri pe care să le urmăriți în limbajul secret
al desenelor copilului vostru:
- *Ce stare reprezintă acest desen?* Arta ne poate spune
  multe despre dispoziția afectivă a copiilor. Ei comu-
  nică prin intermediul desenelor și al culorilor modul
  în care văd lumea și, mai cu seamă, oamenii. Copiii
  de școală care au o atitudine optimistă desenează
  oameni fericiți făcând lucruri interesante împreună
  cu alți oameni. Figurile sunt în general mari și pro-
  porționate (cu alte cuvinte, copiii de aceeași vârstă
  au aproximativ aceeași mărime și sunt mai mici
  decât adulții).
- *Cât de complex este desenul copilului vostru?* Mai
  multe detalii indică o creativitate și o percepție

crescute, dar și o atenție mult mai amplă. În mod natural, acestea sunt caracteristici ale copiilor care învață bine. Încurajați-l pe copilul vostru să fie creativ în desenele lui, iar acest obicei se va oglindi și asupra celorlalte aspecte ale vieții sale.

- *Copilul vostru știe ce vrea să deseneze sau, pur și simplu, se apucă de desenat și vede el ce o să iasă? Cât de mult se gândește la desenul său?* Când copiii ajung la vârsta de șase–șapte ani, ei încep să înțeleagă faptul că desenul este un proces pe care-l pot controla. Decid ce anume să deseneze și ce nu. Pot face mai multe desene, creând o serie de desene sau pot face eforturi susținute pentru a îmbunătăți același desen. Este important să-i încurajați sentimentul de măiestrie artistică atunci când vedeți că face eforturi creative. Cu fiecare pas pe care-l face pentru a-și controla autoexprimarea prin intermediul artei, copilul face un pas paralel în a învăța cum să-și înțeleagă și să-și controleze viața afectivă.

- *Care parte a creativității îi place mai mult copilului vostru — desenul sau povestirea acestuia?* Este important să țineți minte că unii copii indică o preferință mult mai accentuată pentru exprimarea și învățarea vizual-motorie, iar alții pentru cea bazată pe limbaj. Cei mai mulți dintre copiii de școală se bucură atât de exprimarea orientată vizual, cât și de cea lingvistică, dar observați dacă acest lucru este valabil și în cazul copilului vostru. În cazul în care copilului vostru nu-i place să deseneze, dacă se plânge că nu este „un artist bun", așa cum sunt ceilalți copii, sau dacă desenele lui par a fi imature, atunci poate că ar trebui să discutați cu profesoara lui pentru a vedea dacă acest lucru nu este un simptom al unei probleme ceva mai specifice.

Arta și adolescenții

Când copiii ajung la vârsta adolescenței, devin conștienți de faptul că arta lor poate fi „citită" de ceilalți și devin deosebit de conștienți de ceea ce desenează. În această perioadă, mulți dintre ei renunță la desen, chiar dacă au un talent deosebit. Totuși, dacă sunt încurajați, adolescenții pot folosi arta atât pentru a-și comunica trăirile pe care le au față de ceilalți, cât și pentru a-și dezvolta capacitatea de introspecție. Ca și în cazul copiilor, arta poate fi o cale deosebit de eficientă pentru adolescenți în a-și exprima trăirile, a-și vindeca durerile fizice sau afective, dar și necazurile. Doar cu puțină încurajare și suport, un adolescent poate folosi arta și pentru a-și explora și defini identitatea.

De-a lungul anilor, am constatat că fotografia este o cale deosebit de utilă pentru folosirea limbajului secret al artei în lucrul cu adolescenții. Fotografia a fost denumită „arta pentru nonartiști" și, cu siguranță, reprezintă un mediu care îi atrage pe cei care vor să creeze imagini vizuale, dar nu au o pregătire sau un talent natural la desen, pictură sau sculptură. Tehnica utilizării fotografiei ca modalitate de a-i ajuta pe oameni să învețe să-și exprime sentimentele este denumită fototerapie.

Fototerapia nu a fost luată în considerare de mulți dintre specialiștii în boli mentale, în mare parte din cauza costurilor ridicate și a specializării tehnice necesare pentru fotografia creativă. Însă popularitatea tot mai crescută a camerelor digitale a început să facă fotografia un hobby mult mai popular, și mulți adolescenți descoperă că aceasta este o cale de a se putea exprima. Cu o sută de dolari sau chiar mai puțin, adolescenții își pot cumpăra un aparat de fotografiat digital, precum și programul necesar care să-i ajute să vadă lumea cum nu au mai făcut-o vreodată. Pot împărtăși apoi pozele cu prietenii, cu familiile sau colegii lor, tipărindu-le, salvându-le în format electronic sau chiar publicându-le pe internet.

Deși mulți dintre copiii mai mari sau dintre adolescenți nu au decât de câștigat atunci când li se înmânează un aparat digital și li se spune „fotografiază ce are semnificație pentru tine", eu prefer să le dau teme mult mai specifice, care să-i îndrume pe adolescenți să vadă ceea ce este plăcut în lumea asta. Știm, fără doar și poate, că a avea o atitudine optimistă atât față de propria persoană, cât și față de ceilalți are beneficii semnificative pentru copii, adolescenți și adulți, așa încât ar trebui să promovăm acest mod de gândire cu fiecare ocazie pe care o avem. Este de la sine înțeles că ar fi bine ca părinții, mai mult decât oricine, să folosească orice ocazie pentru a comunica o atitudine optimistă față de copiii lor. Iată câteva teme de fototerapie pe care le-am dat adolescenților pentru a-i orienta către o modalitate optimistă de a vedea lumea. Vedeți dacă vreuna dintre aceste teme poate fi atractivă pentru copilul sau adolescentul vostru. Și, mai bine, faceți din fiecare astfel de temă un proiect de familie, folosind limbajul secret al artei.

Așa cum vom vedea, arta vă poate spune multe lucruri despre copilul vostru și, totodată, poate crea ocazii unice în a-l ajuta să se cunoască pe sine și lumea sa. Nu treceți peste această importantă cale de comunicare cu copilul

Încercați și voi

Exerciții de fotografie

Citiți următoarele exerciții de fotografie și vedeți care dintre acestea ar fi mai atractive pentru copilul sau adolescentul vostru. Puteți folosi un aparat fotografic obișnuit, însă unul digital îi va oferi ocazia să se exprime mai bine în mod creativ. Adunați pozele într-un album sau faceți o expoziție acasă. Țineți minte că limbajul secret al artei îi poate ajuta cel mai bine pe adolescenți, stimulându-le conversația și introspecția.

Frumusețea naturii
Spuneți-i adolescentului vostru să facă poze în care să surprindă frumusețile lumii. Această activitate încurajează o atitudine optimistă și aprecierea frumuseții. Deoarece există atât de multe aspecte ale culturii noastre care îi focalizează pe adolescenți asupra părții „întunecate" a vieții, este important să echilibrăm aceasta cu activități care să-i ajute să vadă și frumusețea existentă în lume.

Detalii importante
Spuneți-i adolescentului vostru să pozeze ceea ce vede zilnic și are o semnificație pentru el. Spuneți-i să fotografieze orice-l interesează. Încurajați-l să se apropie de „subiectele" sale cât de mult posibil și să fie atent la ce ar putea scăpa dacă ar da deoparte sau ar trece prea repede peste acele amănunte. Acesta este totodată și un exercițiu pentru flexibilitatea gândirii. Îi învață pe adolescenți să fie capabili să vadă lucrurile din mai multe puncte de vedere.

Legăturile dintre oameni
Spuneți-i adolescentului vostru să facă poze cu familia și cu prietenii lui. Cereți-i să evite să facă poze aranjate, mai degrabă să capteze instantanee cu oamenii la care ține și care întreprind ceva ce este important pentru ei. Fotografia îi poate încuraja pe adolescenți să comunice în maniere noi, atât în procesul fotografierii, cât și atunci când își expun pozele. Țineți minte că limbajul secret al artei este limbajul emoțiilor și este, așadar, o parte importantă a comunicării adolescentului cu ceilalți.

Mâini care ajută
Faceți poze cu membrii familiei sau ai comunității, în timp ce-i ajută pe ceilalți (profesori, polițiști, preoți, un medic veterinar, o persoană care ține ușa unei alte persoane etc.). Acest proiect produce unele

dintre cele mai evocatoare imagini emoționale pe care le puteți vedea: un copil care-și hrănește câinele, un bărbat care ajută o femeie nevăzătoare la trecerea străzii, un șofer de salvare urmărind cum pacientul său este dus la camera de urgență. Așa cum știe orice fotograf, aparatul său poate capta „limbajul secret al inimii", care produce în schimb o imagine ce reamintește fiecărei persoane despre umanitatea noastră. Însă inima fotografului este cea care iese de fapt la suprafață. Dacă îi vom îndruma pe adolescenți să găsească ce este bun în oameni, aceștia vor reuși.

vostru doar pentru că voi credeți despre voi înșivă că sunteți niște „nonartiști". Arta este o cale naturală pentru copiii voștri să comunice cu voi și voi cu ei, așa că luați creioanele, cariocile și un caiet și apucați-vă de lucru.

Capitolul 14

Arta ca o cale de comunicare între voi și copilul vostru

Terapeuții care folosesc arta au arătat că există un beneficiu semnificativ chiar și numai atunci când vă uitați la copilul vostru care creează ceva. A fi martorul încântării copilului vostru pentru realizările lui constituie una dintre adevăratele bucurii de părinte. Atunci când sunteți martorul realizărilor copilului vostru, arătându-vă mândria naturală de părinte, îi transmiteți mesajul: „Da, văd că ești în stare să realizezi ceva și te ador pentru asta". Ce poate fi mai important pentru sentimentul mulțumirii de sine al unui copil?

A fi martor atunci când un copil își exprimă sentimentele reprezintă esența oricărei experiențe terapeutice. Psihoterapeuții urmează ani de pregătire pentru a învăța cum să devină o prezență puternică pentru diferitele tipuri de pacienți, dar acest lucru este ușor în cazul părinților. Tot ce trebuie să faceți este să vă rupeți niște timp pe care să i-l acordați copilului vostru. Poate părea simplu, dar este adevărat: doar când sunteți de față atunci când copilul vostru desenează, pictează sau modelează ceva din plastilină va apărea un beneficiu afectiv deosebit.

Pe de altă parte, atunci când considerăm arta din punctul de vedere al limbajului secret al comunicării afective, ne amintim un fapt elementar: comunicarea este o stradă cu două sensuri. Îi sfătuiesc pe părinți să participe alături de copiii lor în actul creației, făcând-o astfel și mai semnificativă pentru ambele părți.

Mai întâi, creați un cămin „prietenos pentru artă"

Atunci când mergeți în zona comercială a unui oraș din SUA, treceți pe lângă magazine în care vedeți afișe de genul „Vorbitori de limbă franceză", „Aici se vorbește germana" și așa mai departe. Aceste afișe oferă un impuls pentru vizitatorii străini, care altfel s-ar teme că nu se vor putea face înțeleși. Dacă vreți cu adevărat să-i vorbiți copilului vostru în limbajul secret al artei, atunci va trebui să creați un climat care să transmită mesajul: „Aici se vorbește prin intermediul artei".

Primul pas pe care trebuie să-l faceți este să scoateți din dulap toate materialele și să le puneți într-un loc mai accesibil pentru toți cei din casă. O cutie pentru astfel de materiale trebuie să includă creioane colorate, carioci, foarfece, lipici, plastilină, acuarele și vopsele pentru a picta cu degetele. Veți avea nevoie de mai multe blocuri de desen. O varietate de materiale pentru creație îi permite copilului vostru să lucreze în diferite medii ale artei, care, în schimb, încurajează apariția mai multor tipuri de experiențe emoționale.

Acum alegeți un loc din casă în care să vă simțiți confortabil pentru a desfășura activități creative. Cei mai mulți părinți preferă masa de bucătărie, deoarece este mai

ușor de curățat. Desigur, nu trebuie să fie un loc în care
să vă îngrijorați că o să murdăriți lucrurile sau covoarele
din casă. Deși ar trebui să folosiți întotdeauna materiale
care se spală, dacă veți ajunge să vă îngrijorați că faceți
murdărie nu veți mai putea folosi arta ca modalitate de
a deschide noi canale de comunicare. Aveți grijă să existe
suficient spațiu de lucru pentru copilul vostru. În timp
ce lucrează pe masa din bucătărie, copilul nu trebuie să-și
facă griji că va da peste o vază sau peste un castron.

Alegerea diferitelor mijloace artistice

În funcție de vârstă, există tehnici diferite pentru artă,
dar asta nu înseamnă întotdeauna că trebuie să vă restrân-
geți la a folosi materiale creative asociate strict cu vârsta
copilului. Alegând diverse materiale, puteți chiar să-i
ajutați pe copii să se exprime în maniere mult mai sofisti-
cate, iar copiii mai mari și adolescenții se vor purta ca
atunci când erau mai mici.

Creioanele și cariocile sunt cele mai obișnuite materiale
folosite de copiii mici și au avantajul de a fi ușor de utilizat
și de a fi permanent la îndemână. Să presupunem că vă
vedeți copilul supărat și îngrijorat. Spuneți-i ceva de
genul: „Se pare că ai o zi grea. Uneori, dacă faci desene
care să arate ceea ce simți sau ce gândești te vei simți
mai bine". În cazul în care copilul vostru pare a opune
rezistență la această activitate, nu-l forțați. Unii copii își
exprimă sentimentele mult mai greu decât alții. Alții pot
profita de această ocazie pentru a vă spune să vă vedeți
de treaba voastră și să-i lăsați în pace, dar nu luați aceasta
foarte în serios. Țineți minte că pentru copii orice tip de

comunicare este bun, iar voi puteți face întotdeauna primul pas, transmițându-le mesajul că a vorbi despre ceea ce simți poate să fie de ajutor. În cazul în care copilul vostru nu vrea să-și exprime sentimentele prin intermediul artei (sau prin intermediul oricărui alt tip de limbaj secret), atunci puteți prelua oricând conducerea.

De exemplu, o prietenă de-a mea care este tot psiholog mi-a spus o poveste despre cum încerca să-l ajute pe fiul său Ethan, în vârstă de șapte ani, după ce fratele lui mai mic murise de sindromul morții subite a sugarului. I-a dat fiului ei niște carioci și creioane și i-a sugerat că poate ar vrea să deseneze despre ceea ce simte. Însă băiatul i-a spus mamei sale:

— Nu vreau să mă gândesc la asta.

Mama lui i-a răspuns simplu:

— În regulă, înțeleg. Dar eu cred că am să fac un desen cu ceea ce simt.

S-a desenat pe ea plângând. I-a spus fiului ei:

— Sunt foarte tristă din cauza dispariției lui Tommy, pentru faptul că nu o să-l mai văd niciodată. Apoi a luat o altă coală de hârtie. Acum am să desenez tot ceea ce mă face fericită: și l-a desenat pe fiul ei mai mare, pe soțul ei, câțiva prieteni, bicicleta ei și așa mai departe.

Ethan o privea pe mama lui cu interes. În final, a luat un creion și s-a apucat să mâzgălească.

— Desenezi ceva anume? l-a întrebat mama lui.

— Nu, desenez pur și simplu, a replicat Ethan, dar părea ușurat și chiar bucuros să facă ceva împreună cu mama lui.

Mesajul acestei povestiri este că cei mici au modul lor propriu de a-și exprima trăirile și de a face față timpurilor dificile. Arta este o modalitate unică pentru copii de a învăța cum să-și gestioneze propriile trăiri, dar este important de ținut minte că fiecare copil își va găsi propria cale de a explora și de a-și comunica sentimentele. Voi puteți să-i ajutați explorând și comunicându-vă propriile trăiri prin limbajul secret al artei și prin crearea de ocazii în care copiii să-și lămurească trăirile.

Atunci când copiii folosesc creioane și carioci pentru a-și exprima sentimentele ca parte a procesului lor de doliu, le sugerez părinților să păstreze desenele într-un caiet sau într-un jurnal. Desenele devin treptat un raport al evoluției trăirilor unei persoane, la care se pot uita cu toții.

Pentru a integra arta ca parte în comunicarea copilului vostru, va trebui să alocați un anumit timp pentru desfășurarea acestor proiecte de creație. Țineți minte că acest timp nu este unul obișnuit, în care părinții pun la dispoziția copiilor materialele necesare și apoi îi supraveghează pe copii. Aceasta este o ocazie pentru a participa alături de copilul vostru într-o nouă manieră de comunicare afectivă, așa încât ar trebui să fie o perioadă în care să vă puteți dedica în întregime copilului vostru timp de zece–cincisprezece minute. Închideți televizorul. Închideți robotul telefonului. Fiți gata să vorbiți prin intermediul artei.

Arta este în orice moment o activitate minunată pentru copilul vostru, dar pentru a obține un beneficiu afectiv adevărat, pentru a vorbi cu adevărat prin intermediul limbajului secret al artei, va trebui să alocați cincisprezece–douăzeci de minute doar pentru voi și copilul vostru. Spuneți-i copilului vostru ora exactă la care veți desfășura activități creative, folosind limbajul și noțiuni temporale pe care acesta le poate pricepe (ex. după cină și după ce strângem masa; primul lucru, sâmbătă dimineața etc.) și faceți tot ce vă stă în putință pentru a face ce-ați promis.

Pregătiți dinainte materialele pe care le veți folosi și găsiți un loc în care să nu fiți întrerupți. Acest lucru merită subliniat: *găsiți un loc în care să nu fiți deranjați.*

Dacă vă opriți să răspundeți la telefon, dacă trebuie să mergeți să vedeți de ce plânge un copil mai mic, dacă trebuie să mergeți să-l ajutați pe soț să-și găsească cheile de la mașină, toate aceste întreruperi vor da peste cap scopul cel mai important, acela de a-i vorbi copilului vostru prin intermediul artei, acela de a-l face să se simtă valorificat. Dacă nu-i puteți oferi copilului vostru cinci-sprezece minute neîntrerupte acasă, atunci ieșiți la un suc și luați-vă materialele de lucru cu voi. Treziți-vă devreme împreună cu copilul vostru sau mai întârziați puțin seara, dar găsiți timpul necesar. Merită.

Când copilul vostru definitivează un proiect, gândiți-vă cum o să-l păstrați. Creațiile unui copil au mai multe ni-veluri de semnificație și, prin urmare, trebuie să arătăm considerație fiecărei piese în parte, ca și creație unică. Nu spun că fiecare desen din copilărie trebuie tratat ca o capo-doperă și atârnat pentru a fi admirat, dar arta este pentru copii o cale de a se exprima și trebuie să-i întrebați ce vor să facă cu proiectul lor după ce a fost definitivat. Sugerez să combinați un caiet de desen cu un jurnal, într-un biblio-raft. Pe o pagină, lipiți desene făcute de copilul vostru, iar pe cealaltă pagină scrieți câteva comentarii făcute de acesta despre desenul lui și semnificația acestuia. Așa cum vom vedea, combinația artei cu cuvintele îi poate ajuta pe copii în dezvoltarea lor afectivă.

Cu cât le exersați mai mult, cu atât fiecare dintre aspec-tele limbajului secret va deveni tot mai important pentru voi și copilul vostru. Știu că la început vă va fi foarte greu să găsiți acele cincisprezece minute în orarul vostru încărcat, însă va părea uşor şi natural după ce veţi face un obicei din asta. Este uşor să începeţi un nou obicei dacă îl faceţi mai intens la început. Iată câteva activităţi pe care le puteţi face împreună cu copilul vostru pentru a explora nenumăratele căi de comunicare prin intermediul artei.

Desenează-ţi autoportretul

Aceasta este de obicei prima activitate creativă pe care o folosesc psihologii atunci când încearcă să înţeleagă viaţa afectivă a unui copil. Au fost scrise multe cărţi despre modul în care se interpretează autoportretul unui copil, dar pentru scopurile noastre ne vom concentra asupra autoportretului ca o cale de comunicare.

Cel mai important lucru de ţinut minte este să nu-i punem întrebări, ci să facem aprecieri obiective. Aceasta este cea mai bună metodă de a-l face pe copilul vostru să-şi exploreze propriile percepţii şi sentimente.

De exemplu, Claudia era o fetiţă de zece ani care fusese trimisă la mine pentru consiliere din cauza timidităţii sale excesive. Activităţile creative sunt deosebit de utile pentru a-i ajuta pe copii să-şi depăşească timiditatea, deoarece nu trebuie să vorbească atunci când creează ceva (chiar dacă fiecare copil timid cu care am lucrat tot a vorbit până la urmă). I-am cerut Claudiei să facă un desen cu ea şi, în timp ce desena, eu comentam:

Terapeutul: Asta eşti tu?
Claudia: Îhî.
Terapeutul: Faci un desen foarte mic cu tine. Nu ocupă decât un colţişor al colii de hârtie.

Claudia: Îmi place să fie micuță.

Terapeutul: Bănuiesc că, dacă tu ești mică, nu te va observa nimeni.

Claudia: Exact. Nu vreau ca oamenii să-mi dea atenție.

Terapeutul: Văd că zâmbești în desenul tău. Bănuiesc că ești fericită, deși ești atât de mică.

Claudia: Da, sunt fericită atunci când nu mă observă nimeni.

Terapeutul: Văd că desenezi un câine alături de tine.

Claudia: Ăsta e câinele meu. Îl cheamă Campion, deoarece mama lui a ieșit campioană la o expoziție de câini.

Terapeutul: Campion pare că e fericit.

Claudia: Da, este fericit când sunt prin preajmă.

Terapeutul: Mă întreb ce altceva vă mai face pe amândoi fericiți.

Claudia: Ne place să ne jucăm în curte. O să desenez curtea mea.

Comentând pur și simplu autoportretul ei, Claudia era încurajată să se gândească și să vorbească mai mult despre ea și lumea ei. În săptămânile care au urmat, Claudia a făcut multe autoportrete, adăugând treptat desenelor ei lucruri care erau importante, iar apoi oameni. A devenit conștientă că a face un desen în care să se reprezinte pe sine era o modalitate de a-mi vorbi despre sentimentul

Înainte

După

ei de mulţumire de sine. Într-o zi, a desenat singură un autoportret, cu un cap imens care umplea pagina. „Asta sunt eu într-o zi bună", mi-a explicat ea. „Am avut o zi foarte bună astăzi. Am luat cea mai mare notă din clasă la testul de la matematică." „Bravo", i-am spus eu. „Pentru asta chiar merită să te dai mare."

Fă patru desene care să arate următoarele sentimente: fericire, tristeţe, teamă şi curaj

De cele mai multe ori când consiliez copii, le dau teme „afective". Poate că vă gândiţi că aceştia nu ar trebui să primească teme pentru problemele lor afective, dar ele constituie întotdeauna activităţi distractive pentru ei, aşa că arareori îi deranjează când primesc astfel de sarcini. Şi mai important, activitatea lor de acasă, adăugată la ceea ce fac în cabinetul terapeutului, îi va ajuta foarte mult să-şi rezolve problemele. Copiii dobândesc noi aptitudini afective şi comportamentale practicându-le puţin câte puţin, în fiecare zi, şi nu există un loc mai potrivit pentru astfel de activităţi decât acasă.

Această activitate este un exemplu al modului în care arta poate fi folosită pentru a explora anumite sentimente. Instrucţiunile sunt simple. Realizaţi patru desene, în care să reprezentaţi pe cineva care are aceste patru sentimente: de fericire, de tristeţe, de teamă şi curaj (uneori aleg trăiri diferite, în funcţie de situaţia şi de vârsta copilului). În fiecare desen, desenaţi lucruri care vă fac să aveţi sentimentele respective.

Copiii răspund mult mai bine la acest tip de activitate creativă decât o fac atunci când sunt întrebaţi despre sentimentele lor. De exemplu, Sonya era un copil care fusese adoptat dintr-o țară din Europa de Est, la vârsta de trei ani. Părinților adoptivi li se spusese că va trece un timp până se va adapta la noua ei familie, la noua limbă și la noua țară, dar la vârsta de unsprezece ani tot părea să mai aibă unele probleme. Mama ei o descria ca fiind „foarte capricioasă" și având niște „sentimente exagerate". Pe Sonya o necăjeau lucruri mărunte, într-o zi reacționând printr-o criză, iar în alta plângând în hohote. Dacă tatăl ei o critica pentru manierele ei de la masă, izbucnea în lacrimi sau chiar azvârlea cu farfuria prin cameră. Era complet imprevizibilă pentru părinții ei.

Primul scop în cadrul terapiei Sonyei era să o ajutăm să înțeleagă ceea ce simte și faptul că-și poate controla sentimentele, în loc să se lase controlată de ele. Părinții au fost instruiți să-i dea Sonyei un „tabel cu sentimente" în fiecare zi, și apoi să facă un desen cu un sentiment important pe care l-a avut în acea zi. Li s-a spus să stea lângă ea în timp ce desenează și, dacă simt nevoia, să deseneze alături de ea.

Schimbarea nu s-a produs imediat, așa cum comportamentul nu se poate schimba ușor, dar în următoarele câteva luni, părinții ei au observat că toanele ei descrescusără și se simțeau mai apropiați de fiica lor ca niciodată.

Desenează o mașină care-i ajută pe oameni

Arta poate fi utilizată ca modalitate de a-i ajuta pe copii să învețe noi valori. De câte ori le ceream copiilor să „deseneze o mașină care-i ajută pe oameni", am văzut unele invenții uimitoare, inclusiv o mașină care făcea

mâncare din noroi pentru a-i hrăni pe cei flămânzi şi o
maşină care transforma „oamenii răi în oameni buni",
îmbrăcându-i în ciocolată. Copiii sunt expuşi unei ava-
lanşe constante de imagini negative la televizor şi prin
intermediul mass-media, dar cu puţin efort îi puteţi
determina să înceapă să se gândească la valorile pozitive
şi la lucrurile pe care le pot face pentru a aduce o schim-
bare în lumea lor.

Fundaţia Internaţională de Artă pentru Copii (ICAF)
reprezintă o încercare ambiţioasă de a-i învăţa pe aceştia
valorile prin intermediul artei. Programul „pacea prin
intermediul artei" este făcut pentru a consolida pacea şi
înţelegerea multiculturală în jurul lumii prin intermediul
artei copiilor. Aşa cum se explică şi în declaraţia de
intenţie, „ICAF foloseşte arta ca pe un canal dinamic de
a educa creativitatea copiilor. Ca mediu independent de
limbaj, arta conectează copiii din întreaga lume. Copiii
trăiesc puterea creativităţii colective şi valoarea cooperării
interculturale prin intermediul programelor inovatoare".
Fundaţia sponsorizează olimpiade internaţionale de
artă, publică reviste pentru promovarea artei copiilor şi
găzduieşte expoziţii de artă ale copiilor din întreaga lume.
Desfăşoară chiar şi activităţi online, în efortul lor de a
aduna laolaltă copii de pretutindeni (www.icaf.org).

Arta ca dar

Îndrumaţi-l pe copilul vostru să ofere opera sa ca pe
un dar. Tuturor le plac creaţiile copiilor, iar o fotografie
înrămată poate constitui o achiziţie deosebită pe peretele
oricui. Există şi truse care pot transforma arta în orice, de

la cravate la seturi de masă, și programe pe calculator care pot face nasturi, tricouri și altele.

Organizați o expoziție de artă

Puteți face aceasta prin intermediul școlii sau acasă. Puteți organiza expoziția unui singur copil sau puteți implica întreaga familie. Pentru a transmite valorile, folosiți o temă creativă, cum ar fi „poze ale păcii" sau „desene ale modalităților prin care să fim responsabili". Copiii se bucură să li se dea „teme de artă", iar când le dați de făcut un proiect care-i încurajează să se gândească la valorile importante, faceți din aceasta o parte importantă a gândurilor și a conversațiilor lor.

Îndrumați-l pe copilul vostru să-i învețe pe copiii mai mici cum să creeze

Una dintre cele mai bune modalități pe care le știu pentru a-i ajuta pe copiii care au probleme afective este să li se ofere ocazii în care să aibă grijă de copii cu doi–trei ani mai mici decât ei. Îngrijirea celorlalți le oferă copiilor agresivi ocazia de a educa și de a se gândi la nevoile celorlalți. Îngrijirea celorlalți oferă copiilor timizi și anxioși șansa de a fi mai deschiși și mai direcți. Orice fel de îngrijire este de ajutor atât celui care îngrijește, cât și celui care este îngrijit, dar am descoperit că predarea artei este extrem de eficientă în dezvoltarea afectivă și socială a copiilor. Atunci când copiii îi ajută pe ceilalți copii să creeze, nu există nicio presiune pentru aceasta și nici criterii stricte după care să fie evaluați, așa cum se întâmplă la școală. Atât cel care îngrijește, cât și cel îngrijit se pot concentra asupra dezvoltării unei relații de ajutor, fără a se mai gândi că vor fi judecați. Aveți grijă ca proiectele să fie cât mai simple (de exemplu: pictarea cu degetele, cu buretele, folosirea tiparelor pentru modelarea cu plastilină) și limitați activitățile la cincisprezece–douăzeci de minute. Celui care se ocupă de copii dați-i instrucțiuni cum să-i învețe pe cei mici, așa încât să aibă succes.

Există multe moduri de a comunica cu copilul vostru prin intermediul artei atunci când vă faceți timp să vă explorați creativitatea. Nu există dubiu că veți beneficia în urma acestei activități atât voi, cât și copiii voștri.

Capitolul 15

Cum să aflați când arta
copilului vostru reprezintă
un țipăt de ajutor

O rin, un băiețel în vârstă de unsprezece ani, a dese-
nat-o pe sora lui fără cap. Dar asta nu însemna că
voia să-și omoare sora. Era doar supărat pe ea.
Franklin, în vârstă de șapte ani, s-a desenat înecându-se
într-un râu. Asta nu însemna că voia să se sinucidă sau
că era deprimat. Dar părinții săi îl preveniseră de atât de
multe ori să nu se apropie prea tare de mal, încât voise
să „vadă" cum este să intri în apă. Așa încât se desenase
pur și simplu sub apă. Pe de altă parte, desenele lui
Savannah reprezentau un semn al problemelor ei inte-
rioare. La vârsta de cinci ani, fusese agresată sexual de
un adolescent din cartier. Acum, la șapte ani, desenele ei
erau precoce din punctul de vedere al temelor sexuale.
De fapt, prin intermediul desenelor ei a fost descoperit
abuzul sexual. Savannah făcea în mod repetat desene cu
ea în pat împreună cu un adolescent, desen considerat
neobișnuit pentru un copil de șapte ani.

Interpretarea limbajului secret al artei unui copil
poate fi dificilă, chiar și pentru un psiholog experimentat.

Trebuie să fiți atenți să nu trageți concluzii pripite, mai cu seamă atunci când vă uitați la un singur desen.

Există o veche glumă, pe care am auzit-o când eram la școală, despre interpretarea creațiilor unui copil, care încă îmi mai serveşte ca aducere-aminte să nu trag concluzii pripite. Această anecdotă este despre un copil care aducea în fiecare zi acasă câte un nou desen, fiecare dintre ele desenat cu creionul negru. Mama lui, care studiase psihologia în facultate, ştia că alegerea culorilor reflectă starea afectivă şi a început să se îngrijoreze. Când fiul ei a desenat un fluture negru, nu a dat prea mare atenție. Când a început să aducă acasă desene cu el colorat în negru, a început să se îngrijoreze. Apoi a adus acasă un desen cu un dinozaur negru, o casă neagră şi o grădină neagră. Mama băiatului a început să se întrebe dacă acesta nu este deprimat. În final, când băiatul a adus acasă un desen cu un curcubeu negru, mama acestuia nu şi-a mai putut stăpâni îngrijorarea.

— Eşti atât de nefericit? l-a întrebat ea, neîncercând să-şi ascundă neliniştea.

— Ce vrei să spui? A întrebat-o băiatul nedumerit.

— Toate desenele tale sunt făcute cu culoarea neagră. Ce se întâmplă cu tine? l-a întrebat mama.

— Nimic, a răspuns băiatul. Mi-am pierdut toate celelalte culori şi singura care mi-a rămas este cea neagră.

Atunci când specialiştii interpretează creațiile unui copil, ei folosesc desenele pentru a formula o ipoteză, care trebuie ulterior confirmată. De exemplu, când i-am dat lui Katie, în vârstă de nouă ani, nişte hârtie şi creioane şi i-am cerut să deseneze o persoană, a făcut un desen mic, în colțul de jos al colii de hârtie. Din experiența mea ştiam că acest tip de desen poate să fie un semn al unei stime de sine scăzute sau chiar al unei depresii grave, dar nimic din ceea ce știam despre Katie nu-mi indica faptul că acest lucru ar putea fi adevărat. Nu avea niciun simptom de depresie și nici nu părea să-i lipsească încrederea în sine. Părinții ei divorțau, fapt pentru care îmi fusese adusă la consultație, dar părea să se adapteze destul de bine acestui eveniment. Încurcat, am întrebat-o de ce a făcut un desen atât de mic. „Deoarece sunt prea obosită ca să fac unul mare", mi-a răspuns ea, ridicând din umeri.

Ceea ce vreau să subliniez este faptul că arta poate constitui un ajutor important în identificarea problemelor copiilor, dar numai atunci când o apreciem în contextul dezvoltării lor și luăm în considerare și alte lucruri din viața copilului. Psihologii caută tipare și teme repetitive care par să iasă în evidență considerând stadiul de dezvoltare al copilului. Dacă observați ceva la creațiile copilului vostru, ceva care vă pune pe gânduri, informați-vă despre ce ar putea fi vorba. Vorbiți și cu persoane care vă cunosc copilul și vedeți dacă și ele au aceleași neliniști. Nu ezitați să cereți sfatul unui specialist dacă aveți vreo temere în ceea ce-l privește pe copilul vostru. Atunci când vine vorba despre bunăstarea afectivă a copiilor, este întotdeauna mai bine să fiți precauți, chiar dacă uneori vă veți înșela.

Când copiii nu sunt interesați deloc de desen

Așa cum am spus mai devreme, copiii devin interesați de desen din momentul în care încep să vorbească, între un an și un an și patru luni. Copiii mici sunt foarte preocupați să-și exploreze propria lume și învață despre aceasta urmărind persoanele importante din jurul lor, încercând să imite tot ceea ce văd. Cât e ziua de lungă, îi urmăresc pe adulți cum iau un stilou sau un creion și fac însemnări pe hârtie. Dacă există în casă copii mai mari, cei mici vor vrea să se distreze în același mod ca și frații lor, desenând, pictând sau participând la alte activități. Copiii mici își dau imediat seama că scrisul și desenatul reprezintă niște activități importante și sunt încântați de prima dată când realizează ce distractiv este să schimbi modul în care arată o bucată de hârtie mergând înainte și înapoi cu un creion sau o carioca. Cei mai mulți copii încep să mâzgălească între paisprezece și șaisprezece luni, imediat după ce pot ține în mână un creion.

În cazul în care copiii nu se arată interesați să deseneze și au ajuns la vârsta de doi ani, doi ani și jumătate, acesta poate fi un semn de întârziere în dezvoltare. De exemplu, la douăzeci și șapte de luni, Devon spune numai două cuvinte: „mămica" și „păjiți" (în loc de cartofi prăjiți). Medicul pediatru le-a spus părinților că unii copii își dezvoltă mai greu limbajul, dar că aceste aptitudini vor apărea la un moment dat. Devon putea să meargă și să alerge și uneori putea chiar să sară într-un picior, lucru avansat pentru vârsta lui. Dar educatoarea lui Devon era foarte îngrijorată de faptul că acesta nu voia să deseneze. În timp ce alți copii se așezau la masă pentru a desena sau pentru a picta cu degetele, Devon se ridica de la masă și se ducea la colțul cu jucării. Această educatoare cu experiență știa că mulți copii, mai cu seamă băieți, își dezvoltă mai greu aptitudinile motorii fine și că frustrările premature rezultate din acest fapt îi determină să prefere alte activități. Dar totodată i se părea ciudat că Devon nici măcar nu încerca să deseneze sau să picteze cu degetele. Instinctele ei erau corecte. O evaluare completă a lui

Devon a scos la iveală faptul că acesta era întârziat în dezvoltare. Vocabularul, capacitatea de a respecta îndrumări și înțelegerea conceptelor spațiale de bază, cum ar fi sus și jos, erau mult sub nivelul vârstei sale. I s-a recomandat un program de stimulare intensivă, desfășurat cu un terapeut logoped pentru a-l ajuta să se dezvolte lingvistic și cognitiv.

Pe la vârsta de trei ani, copiii au un bun simț de orientare în desenele lor. Desenele lor pot fi destul de imature, dar pot fi înțelese. O slabă orientare vizuală împreună cu o slabă dezvoltare a mișcărilor motorii fine pot fi un semn prematur de incapacitate de a învăța sau citi.

Atunci când desenele sunt agresive și violente

Copiii, băieții mai cu seamă, fac adesea desene violente. Acest lucru nu este de mirare, dacă luăm în considerare multitudinea de imagini agresive pe care le văd zilnic (un studiu a scos la iveală faptul că acei copii care se uită o oră la desene animate sâmbăta dimineața văd în medie șaptezeci de acte agresive). Am cunoscut copii care desenau scene de luptă explozive, monștri care mâncau carne și tot felul de torturi groaznice și însângerate. În cele mai multe dintre cazuri, acest lucru indică existența unei probleme. Așa cum am spus în capitolul 13, desenul poate constitui o cale potrivită pentru copii de a-și sublima trăirile agresive și poate fi un semn al unor bune aptitudini de a face față acestora. După mulți ani de lucru cu copiii, pot să enumăr o duzină de copii timizi și liniștiți care desenau uneori desene agresive și violente, pentru a exprima avânturi ale imaginației pe care nu le-ar fi pus niciodată în aplicare.

Însă desenele agresive sau violente recurente pot fi și ele un semnal al distresului, și trebuie să căutăm mai profund pentru a vedea dacă există motive de îngrijorare. De exemplu, la vârsta de zece ani, Franklin desena în mod constant desene cu scene de bătălie. Îi plăcea în mod deosebit să deseneze scene cu avioane ale inamicilor și tancuri care explodau în mii de bucăți, cu bucăți de oameni care zburau peste tot. Caietul lui de școală era plin cu astfel de desene, și uneori erau prezente și în cadrul temelor din caietele lui Franklin, spre întristarea profesorilor.

Îl tratam pe Franklin la cererea părinților lui de a-l ajuta să facă față problemelor pe care le avea cu fratele său mai mic, Carl. Carl era lumina ochilor părinților, în timp ce Franklin era mai degrabă oaia neagră. Carl era un băiețel frumos de șapte ani, un bun sportiv și apreciat la școală. Franklin era supraponderal, neîndemânatic și incapabil să învețe ceva. Deși era în clasa a cincea, abia dacă putea să citească. Cu siguranță, Franklin avea motive să fie furios pe multe lucruri din viața lui, dar mă întrebam dacă desenele lui erau doar o eliberare a furiei sale sau reprezentau un indiciu secret al unor probleme afective.

Mi-am pus următoarele întrebări pentru a putea afla care este adevărul:

• *Este acest tip de desen obișnuit pentru un băiat de zece ani?* Da. Violența din povești și desene și interesul pentru arme sau război ne creează o senzație de disconfort, dar nu reprezintă simptome de psihopatologie la această vârstă, în zilele noastre. Mulți cercetători sunt de părere că băieții au o predispoziție înnăscută către activitățile și jocurile agresive care, din punct de vedere evolutiv, îi pregătesc pe aceştia să intre în rolul de „vânător" sau de „protector" al adultului. Alți cercetători sunt de părere că băieții și fetele urmează pur şi simplu modelele pe care le văd, iar acestea constituie cea mai puternică influență asupra comportamentului lor.

- *Desenele sunt de obicei însângerate?* M-am uitat peste desenele lui Franklin, având această întrebare în minte. Cu siguranță că exista destul carnagiu în fiecare dintre desenele lui Franklin din care să reiasă că inamicii nu puteau supraviețui, dar când m-am uitat mai atent, asta nu părea să fie preocuparea principală a creațiilor lui. Desenele arătau mai degrabă o preocupare pentru felul în care se desfăşurau lucrurile. Maşinile și munițiile din desenele lui Franklin erau foarte detaliate și atent desenate. Efectul uman al distrugerilor era desenat mult mai rapid, dar fără detalii. Când am tratat copii care se manifestau agresiv în lumea reală, care dăduseră foc şi îşi torturaseră animalele, desenele lor erau concentrate pe suferința victimelor. Erau desene cu „sânge și mațe" şi păreau făcute să-l neliniștească pe cel care le privea. Desenele lui Franklin nu erau de această natură.

- *Desenele lui Franklin descriau persoane reale existente în viața acestuia?* Răspunsul la această întrebare importantă era „nu". Franklin desena oameni necunoscuți și nu descria agresivitatea oamenilor pe care-i cunoştea. Aceasta este o distincție importantă. Atunci când un copil face desene agresive ale unor persoane reale, ce pot fi recunoscute, atunci aceste

desene nu mai reprezintă o exprimare simbolică a
sentimentelor sale. Cu alte cuvinte, furia pe care o
simte un copil nu mai este un secret, iar copilul
recunoaște acest lucru. Creațiile care arată agre-
siunea față de persoanele reale din viața copilu-
lui trebuie întotdeauna considerate ca un strigăt
de ajutor.

- *Desenase Franklin prea multe desene violente?* Cele
  două lucruri care mă preocupau cel mai mult erau
  repetitivitatea desenelor lui Franklin și faptul că
  acestea apăreau și în cadrul temelor sale pentru
  acasă, când de fapt un copil de vârsta lui ar fi știut
  că acestea nu au ce căuta acolo. Deși se poate să nu
  se gândească în mod conștient la acest lucru, copiii
  știu regulile limbajului secret așa cum cunosc și
  regulile limbajului normal al cuvintelor. Mă aștept
  ca un copil de zece ani să știe că a desena același
  lucru, iar și iar, este ca și cum ar repeta aceeași frază
  la nesfârșit. Cineva o să observe acest lucru până
  la urmă. În mod asemănător, a desena puști și alte
  arme pe caietul de teme pentru acasă ar fi ca și cum
  ai vorbi agramat în mod intenționat — acest lucru
  nu va trece neobservat. Ținând cont de acest lucru,
  am apreciat că desenele agresive ale lui Franklin,
  deși nu reprezentau simptome psihologice grave,
  trebuiau analizate.

După ce l-am observat pe Franklin desenând zeci de
scene de luptă, i-am spus: „Văd că îți place să desenezi
bătălii ample, cu nenumărate arme. Dar mă întreb dacă
poți să desenezi pentru mine o mașină antirăzboi. Știi că,
în lumea reală, războaiele și luptele rănesc mulți oameni.
Singurul motiv pentru care unele țări intră în război este

că nu găsesc o modalitate mai bună de a-şi rezolva problemele. O maşină antirăzboi ar fi o invenţie minunată, nu crezi? De ce nu îmi faci un desen în care să-mi arăţi cum ar arăta o astfel de maşină".

L-am observat pe Franklin cum ezită pentru câteva clipe şi m-am întrebat dacă va da curs cererii mele. Apoi a luat o carioca, o coală de hârtie dintr-un caiet şi a spus calm: „Bine, pot să fac asta". A umplut pagina cu o cutie imensă plină cu zeci de scale, manete şi alte instrumente. Pe o parte era o deschizătură în care oamenii aruncau puştile, proiectilele şi alte arme. Pe cealaltă parte a maşinăriei lui Franklin era o deschizătură prin care zburau nenumăraţi porumbei.

Redirecţionându-le sentimentele agresive prin intermediul limbajului artei, puteţi să-i ajutaţi pe copii să-şi concentreze imaginaţia şi energia creativă spre a învăţa cum să-şi controleze furia şi să dobândească aptitudini de rezolvare a conflictelor. Dacă un copil desenează în mod repetat scene agresive sau furioase, acest lucru nu trebuie ignorat, chiar dacă nu reprezintă neapărat un semn al unei probleme grave. Chiar dacă un copil are motive clare de a fi furios, cum era Franklin, sau dacă nu are un motiv real, tot trebuie să înveţe cum să facă faţă acelor sentimente.

Când desenele sunt prea sexuale

Abuzul sexual al copiilor este mult mai întâlnit decât realizează cei mai mulţi dintre oameni. Orice tip de contact sexual cu copii este considerat abuz, chiar dacă este iniţiat de adulţi sau, aşa cum se întâmplă adesea, de alţi copii.

Conștientizarea sexuală prematură poate duce și la probleme grave, mai cu seamă în cazul fetițelor. Imaginile sexuale de la televizor, din revistele adolescenților și din videoclipurile rock duc la un climat în care multe dintre preadolescente consideră că felul în care arată și „atractivitatea sexuală" constituie cea mai importantă parte a imaginii de sine.

Așa cum am spus, adulții nu trebuie să tragă concluzii pripite pe baza unui singur desen, însă o serie de desene cu teme sexuale făcute de copii de peste cinci sau șase ani trebuie să ridice un semn de întrebare. Cea mai mare îngrijorare apare atunci când copiii desenează în mod repetat și explicit organele genitale și sânii. Dar pot exista și alte semne, mai subtile. Unii copii care au secrete de ascuns se desenează pe sine în timp ce se ascund ori au fața și corpul întunecate. Alți copii se desenează distorsionat pe sine sau pe ceilalți. Țineți minte că nici chiar un specialist experimentat nu poate „citi" creațiile unui copil doar uitându-se la desenele acestuia, ci trebuie să ia în considerare imaginile împreună cu celelalte date pe care le are despre copilul respectiv.

Dacă sunteți îngrijorat de natura sexuală a desenelor copilului vostru, nu faceți din asta un secret. Vorbiți deschis despre acest lucru împreună cu el. Exprimați-vă îngrijorarea și vorbiți-i despre valorile pe care le apreciați. Nu ezitați să cereți ajutor și îndrumare dacă aveți nevoie. Există, din nefericire, multe influențe negative care-l pot afecta pe copilul vostru în înțelegerea sexualității sale și, de aceea, trebuie să aveți grijă să aibă parte și de influențe pozitive.

*   *   *

Dacă observați în desenele copilului vostru ceva care vă neliniștește, indiferent despre ce anume este vorba, păstrați-vă calmul și evitați să-l interogați. Priviți mai degrabă creațiile acestuia ca pe un început de conversație, fiind atenți la faptul că vă vorbește prin intermediul limbajului secret, deoarece acesta este limbajul prin care se exprimă cel mai lejer. În general, este mai bine să îi spuneți ce vedeți decât să îi cereți explicații.

De exemplu, în loc să întrebați: „De ce faci desene în care toți se bat?", faceți observații necritice, de genul: „Aceste desene conțin multe bătăi". Așa cum îl observați pe copil în timp ce se joacă (vezi capitolul 6 pentru tehnicile incluse în Jocul Special), puteți să-l încurajați să vorbească mai mult despre sentimentele sale făcând comentarii care să-l ajute, în loc să-i puneți întrebări care să inducă răspunsul.

Dacă copilul vostru are mereu probleme, din cauza unui divorț, a unei traume sau a unei invalidități fizice sau de învățare, și observați semne de distres afectiv în desenele acestuia, atunci ar trebui să știți că arta poate fi și o cale de a-l ajuta să se elibereze de suferințele sale. În capitolul următor vom explora diferite modalități de a-i ajuta pe copiii cu probleme prin intermediul artei.

Capitolul 16

Arta întru salvare

Mulți dintre terapeuți folosesc arta ca tehnică de a-i ajuta pe copii să-și comunice și să-și exploreze sentimentele care-i macină. Deoarece sunt atât de ușor de folosit și atât de accesibile, tehnicile artistice sunt folosite într-o mare varietate de împrejurări pentru a-i ajuta pe copiii mici să învețe să-și comunice trăirile, să facă față anxietății și să-și vindece rănile afective. Dacă mergeți în orice mediu în care oamenii îngrijesc copii — de la adăposturile pentru familiile fără case și de la secția de pediatrie a unui spital până la centrul de consiliere comunitară —, veți vedea adulți vorbind cu copiii prin intermediul limbajului secret al artei.

Eu cred că și căminul este un loc în care copiii pot fi ajutați prin intermediul limbajului secret al artei. Aveți la îndemână bandaje și tot felul de medicamente pentru copilul vostru, în cazul în care acesta se rănește sau este bolnav; n-ar trebui să aveți și niște leacuri pentru suflet, în cazul în care suferă lovituri sau vânătăi afective?

În acest capitol vorbesc despre tehnici pe care le folosesc unii consilieri și alți specialiști pentru a-i ajuta pe copiii cu probleme sau pentru a preveni apariția unor probleme. Studiile au arătat că, atunci când îi ajutați pe copii să-și accepte trăirile și îi învățați cum să facă față acestor probleme, le creșteți flexibilitatea, oferindu-le instrumentele cu care să rezolve problemele inevitabile cu care se vor confrunta când se vor face mari.

Arta poate să-l ajute pe copilul vostru să-și exprime sentimentele

Unul dintre motivele pentru care tehnicile prin artă sunt atât de utile copiilor este acela că-i pot ajuta să-și exprime sentimentele și conceptele pe care nu le pot exprima încă prin cuvinte. Adesea îi întrebăm pe copii: „Ce te neliniștește? Ce te face să simți asta?". Dar uităm că ei nu au dezvoltarea cognitivă necesară pentru a-și înțelege sentimentele sau că nu au încă vocabularul necesar pentru a le descrie.

Colorează-ți ziua

Tehnica intitulată „Colorează-ți ziua" este o activitate simplă, pe care o recomand părinților pentru a le da copiilor lor posibilitatea de a-și împărtăși sentimentele la sfârșitul zilei, printr-un simplu desen.

Începeți prin a-i explica micuțului că anumite culori exprimă anumite sentimente. În cultura occidentală, anumite culori sunt asociate anumitor sentimente. De exemplu, roșul înseamnă adesea mânie, albastru tristețe, galbenul fericire și așa mai departe. Dar, de-a lungul anilor, am aflat că și copiii au propriul lor „cod de culori" pentru sentimente, și trebuie să le respectăm acest cod, chiar dacă este diferit de cel știut de noi. De exemplu, un băiat mi-a spus că rozul îl face să se simtă „trist", deoarece tatăl lui locuia într-o casă roz și se mutase de acolo cu doi ani în urmă.

Pentru a folosi metoda „Colorează-ți ziua" cereți-i copilului vostru să aleagă cinci până la opt culori diferite, pentru a reprezenta cinci–opt sentimente diferite. Copiii de patru–cinci ani cunosc sentimentele de bază: fericire, tristețe, teamă, curaj și supărare. Între șase și opt ani, copiii încep să înțeleagă cel puțin o duzină de alte sentimente, inclusiv cel de stinghereală, timiditate, veselie, vinovăție și altele.

Acum dați-i o coală de hârtie și spuneți-i: „Această bucată de hârtie reprezintă ziua ta. Colorează pe această coală sentimentele pe care le-ai trăit astăzi".

Unii copii fac desene abstracte, folosind culori diferite pentru a-și exprima sentimentele. Uneori, desenele sunt o serie de forme și linii de diferite culori. Alți copii fac desene mult mai realiste, folosind culori diferite pentru a-și reprezenta sentimentele pe care le-au trăit față de persoane sau situații diferite.

De exemplu, ori de câte ori îi ceream Annei, o fetiță de unsprezece ani, să-și „deseneze ziua", făcea desene ale persoanelor pe care le întâlnise în ziua respectivă. O tratam pe Anna pentru depresie, iar această tehnică a fost deosebit de utilă pentru a o ajuta să-și înțeleagă și să-și exprime diferite sentimente. Anna colora hainele oamenilor potrivit sentimentelor pe care le avea față de acestea în ziua respectivă. Adesea o desena pe profesoara ei de studii sociale, dna Penna, pe care o considera foarte severă.

Într-o zi, Anna a desenat-o pe dna Penna încruntându-se
și mustrând elevii. Anna i-a colorat rochia în roșu, de-
oarece era furioasă pe ea pentru că era atât de rea. Într-o
altă zi, a desenat-o pe dna Penna în pătrățele roșii și
galbene. Mi-a explicat: „Dna Penna a fost jumătate rea
și jumătate bună astăzi, așa că-i voi desena rochia
jumate-jumate". (Anna a hotărât că roșul înseamnă „furi-
os" și galbenul „plăcut"). La suprafață, a-i desena rochia
în picățele pare a nu reprezenta un eveniment deosebit,
dar, după aprecierea mea, acest lucru constituia o răscruce
afectivă pentru Anna și o schimbare în tratamentul ei. Este
dificil pentru copii să vadă că oamenii pot avea două senti-
mente sau trăsături de caracter diferite în același timp. Ei
tind să-i caracterizeze pe oameni în „buni" sau „răi" și tind
să aprecieze și propriul comportament tot în acest fel.

Mașina de radiografiat sentimente

Când l-am cunoscut pe Stephen, am știut că trebuie să
caut adânc în sacul meu cu trucuri pentru a-l face să se des-
chidă. Am văzut înainte mulți copii precum Stephen —
ursuzi, neîncrezători, tentați să găsească mai degrabă tot
ce e rău în jur decât ce e bun. Fusese trimis la terapie pen-
tru că la școală era considerat „neadaptat". La școală vor-
bea doar cu câțiva copii, pe care nu-i considera prieteni.
Adesea copiii se luau de el sau îl necăjeau, deoarece era
supraponderal și stângaci. Acasă, Stephen era considerat
a fi un „copil problemă". Părinții spuneau că este întot-
deauna „iritabil și îndărătnic".

Când lucrează în terapie cu orice copil, prima sarcină
a terapeutului este de a stabili o relație bazată pe încredere.

Acest lucru nu este ușor de făcut cu un copil care nu are
încredere în nimeni și are o atitudine veșnic critică. Arta
este aproape întotdeauna o bună cale de a începe stabi-
lirea unei relații, deoarece copiii fac de obicei asociații
plăcute cu activitățile creative.

După ce am stat de vorbă câteva minute cu Stephen
despre ce așteptări are de la ședințele noastre, am luat o
culoare și o bucată de hârtie și am desenat silueta unei
persoane. I-am spus: „Aceasta este o radiografiere a
sentimentelor. Când o colorezi, oamenii vor putea vedea
sentimentele pe care le ai pe dinăuntru și vor putea să
te ajute". Timp de trei săptămâni, Stephen a desenat zilnic
câte o radiografiere a sentimentelor sale pentru părinții
săi. Stephen a umplut una dintre siluete cu lacrimi. Pe o
alta a desenat o pisică ce murise cu un an în urmă. În ce-l
de-al treilea desen a făcut un mormânt pe care a scris
numele lui.

Părinții lui Stephen au fost șocați de faptul că din
fiecare desen reieșea atât de multă amărăciune a fiului lor,
pe care-l considerau doar un „copil dificil". Dar simpto-
mele comportamentale, cum ar fi hiperactivitatea și încă-
pățânarea, pot uneori masca depresia copilăriei. Doar prin

limbajul secret al sentimentelor putem înțelege rădăcinile problemelor copilăriei. Din fericire, Stephen era capabil să comunice prin intermediul acestui limbaj și a primit ajutorul de care avea nevoie.

Arta de familie

Simțiți uneori că fiecare membru al familiei merge în cu totul altă direcție? Că cina are loc pe fugă, deoarece toți sunt prea ocupați cu propriile lor activități? Că sfârșiturile de săptămână sunt la fel de aglomerate precum zilele stresante ale săptămânii? Iată o activitate denumită Desenul Cooperativ al Familiei, care-i va aduce pe toți membrii familiei pe aceeași pagină.

În decursul acestei activități, întreaga familie face un desen împreună. Acest tip de activitate ajută copiii și adolescenții să capete un sentiment de apartenență și importanță în cadrul familiei. Este o activitate simplă, care ia numai câteva minute și, în același timp, încurajează familia să comunice la nivel afectiv, lucru care se întâmplă de obicei atât de rar. Tot ce aveți nevoie este o coală mare de hârtie și o cutie de culori.

Pentru a începe, toți membrii familiei trebuie să se așeze în cerc, în jurul unei mese. Hârtia de desen și cutia de creioane colorate sunt plasate în fața celui mai mic membru al familiei. Unul dintre membri dă startul, iar cel mai mic dintre ei are la dispoziție treizeci de secunde pentru a desena orice dorește, după care pasează hârtia celui aflat în dreapta lui. Altcineva spune „start", și următoarea persoană are la dispoziție treizeci de secunde pentru a adăuga ceva la desenul început, înainte de a pasa hârtia mai departe. Desenul trece pe la fiecare membru al familiei, până când face cinci ture. Primul membru din runda a șasea trebuie să completeze desenul și să-i dea un nume.

Desenul Cooperativ al Familiei vă poate spune multe despre cum percepe fiecare membru al familiei rolul său în cadrul acesteia. Unii membri de familie (de obicei, părinții) sunt „constructorii". Constructorii desenează case, poduri, mașini, grădini și așa mai departe. Alți membri ai familiei sunt orientați pe persoane. Se desenează pe sine, precum și pe ceilalți membri ai familiei. Pot desena și prieteni, rude sau profesori. Alții pot fi centrați pe acțiune. Aceștia se desenează în mașini, tund iarba, folosesc ciocane, astfel dând senzația de mișcare în cadrul desenului familiei.

Prin Desenul Cooperativ al Familiei pot ieși la iveală unele probleme. Acest lucru este evident în desen atunci când lipsește „cooperarea". De exemplu, am dat această temă unei familii pe care o consiliam, familie în care părinții se recăsătoriseră, iar surorile vitrege se certau și se plângeau în permanență. Într-o serie de desene, Alice, de unsprezece ani, și Connie, de paisprezece ani, demontau fiecare desenul celeilalte. De exemplu, dacă Alice desena flori, Connie desena un soare arzător care să le ofilească. Atunci când Connie desena o mașină, Alice desena cuie pe asfalt care să-i găurească cauciucurile. După ce am constatat cum își manifestau animozitatea prin intermediul desenelor, am hotărât să schimb natura temei. Le-am cerut să deseneze un „Desen al familiei care se înțelege", în care fiecare membru al familiei trebuia să aducă o contribuție pozitivă. N-am fost surprins să constat că s-au împotrivit, dar în cele din urmă au consimțit. Acest tip de activitate nu a rezolvat problema și a fost nevoie de multe luni până ce Alice și Connie au făcut „pace". Dar acesta era primul pas. Limbajul secret al artei poate oferi familiei o nouă cale de comunicare și un nou mod de a-și analiza comportamentul. Asta trebuie să construiți și voi.

Cuie ascuțite! Ha, ha, ha!

Arta și reducerea stresului

În aproape fiecare ședință pe care am avut-o cu părinții, am subliniat importanța de a-i învăța pe copii cum să se liniștească atunci când sunt supărați. Atunci când copiii sunt timizi, furioși, îngrijorați sau când se tem, cheia tratamentului constă în a-i învăța tehnicile de relaxare.

A învăţa cum să te linişteşti atunci când eşti supărat constituie o parte importantă a prevenirii apariţiei problemelor. Cercetările ne spun că, atunci când copiii învaţă cum să se „autoliniştească", sunt predispuşi mai puţin la probleme de sănătate mentală sau fizică. Oricare ar fi motivul pentru care un copil este stresat — apropierea unui examen, mersul la doctor, faptul că este intimidat de huligani — este important ca acesta să poată să-şi controleze reacţiile afective şi fizice. Următoarea tehnică artistică pe care o voi descrie, denumită Cartea Calmării, constituie o modalitate utilă de a-i ajuta pe copii să găsească o cale sigură de a se relaxa atunci când sunt stresaţi.

Înainte de a începe să folosiţi această tehnică, trebuie să vă învăţaţi copilul cum să se relaxeze respirând adânc şi relaxându-şi muşchii. Demonstraţi-i cum arătaţi atunci când sunteţi relaxat, cum arată braţele, picioarele, mâinile şi labele picioarelor atunci când îşi pierd tensiunea. În cazul în care copilul vostru este tot încordat, puteţi să-i masaţi uşor muşchii, până ce se relaxează. Faceţi aceasta într-un moment liniştit, când obişnuitele intruziuni ale activităţilor zilnice nu vă vor deranja.

Acum ajutaţi-l să facă o listă cu toate experienţele senzoriale plăcute şi relaxante, inclusiv cu sunete, mirosuri, senzaţii tactile, scene, imagini (de exemplu, nori sau apusuri de soare), culori, oameni, experienţe sau întâmplări. Apoi uitaţi-vă prin reviste sau prin fotografiile de familie pentru a găsi ilustrări ale imaginilor listate. Adunaţi într-un dosar pagini cu astfel de imagini lipite pe coli de hârtie. Pe fiecare pagină, scrieţi câteva rânduri prin care să descrieţi sentimentele pe care le evocă fiecare imagine în parte. Decorați coperta noii Cărții a Calmării copilului vostru.

Cu următoarea ocazie în care acesta se simte stresat sau anxios, rugați-l să se folosească de Cartea Calmării. Așezați-vă împreună cu el și răsfoiți această carte. Puneți niște muzică liniștitoare. Încercați și voi să vă relaxați, dând atenție mai ales respirației, tensiunii musculare și tonului vocii. Țineți minte că cei mici învață mai bine când îi imită pe adulți, așa că încercați să fiți un bun exemplu. Vorbiți-i copilului vostru despre faptul că este important să-și rezolve problemele controlându-și sentimentele și atitudinea.

Sfătuiesc familiile să păstreze Cartea Calmării într-un loc din care copilul să o poată vedea oricând. Ținând cartea la îndemână, îi va aduce aminte mereu cât de important este să învețe să-și controleze sentimentele atunci când este supărat.

Crearea unui cerc de speranță

Formele circulare din artă sunt denumite uneori mandale și se crede că au un înțeles psihologic aparte pentru oamenii care le desenează. În sanscrită, cuvântul „mandala" înseamnă „cerc sacru". În multe culturi antice, se credea că cercurile posedă „puteri curative" magice și erau folosite ca să ajute la meditație, în ceremonialele de vindecare și ca simboluri ale unității și integrității. Lui Carl Jung, un contemporan al lui Sigmund Freud și o sursă influentă pentru multe tehnici de vindecare a psihicului, i se atribuie introducerea conceptului de mandală în psihologia occidentală. Jung a observat adesea că pacienții săi creau în mod spontan desene sub formă de cercuri și credea că mandalele exprimă dorința pacienților de a unifica părțile conflictuale ale personalității lor și de a căuta transformarea și integritatea.

Cathy Malchiodi, un terapeut care folosește arta în cartea sa *The Art Therapy Sourcebook*, notează că, deși mandalele apar adesea în mod spontan în lucrul cu persoanele care încearcă să-și înțeleagă problemele afective, copiii și adolescenții pot fi și ei îndrumați să deseneze mandale, ca o cale de a-i ajuta să-și conțină problemele. Ea scrie:

> Din experiența mea acumulată într-un centru comunitar în care lucram cu adolescenții fără cămin care aveau o multitudine de probleme, inclusiv dependența de droguri, probleme familiale și lipsa de securitate... crearea mandalelor părea să aibă un efect liniștitor asupra lor, cel puțin pentru o scurtă perioadă de timp.
>
> Pentru cei mai mulți dintre adolescenți, a desena forme circulare le oferea o cale concretă de liniștire și control sau de reconcentrare a energiilor, altfel incontrolabile. Deși desenarea mandalelor nu va reduce în mod miraculos anxietatea sau sentimentele tulburătoare, studiile ne-au arătat că a desena forme circulare poate avea un efect psihologic liniștitor asupra corpului, în ceea ce privește bătăile inimii și temperatura acestuia.

Tehnica este simplă. Atunci când copilul vostru este neliniștit, înspăimântat sau chiar furios pe ceva, desenați un cerc mare pe o bucată de hârtie și spuneți-i: „Desenează ceva în interiorul cercului, ceva care să te facă să te simți mai bine". Aici nu există răspunsuri greșite. Am tratat un copil pentru anxietatea pe care o simțea în fața unei operații, iar acesta a desenat un castron mare de înghețată, pe care mi-a spus că-l va mânca după operație. A atârnat

desenul deasupra patului de spital, „ca să-i poarte noroc".
Un adolescent pe care-l tratam, ai cărui părinți se luptau
pentru custodia lui, s-a desenat pe sine într-un cerc,
încruntându-se și având ochii încrucișați. „Desenul ăsta
te va face să te simți mai bine?", l-am întrebat eu. „Da,
mi-a răspuns el, deoarece am să-l arăt părinților mei și
am să le spun «așa mă faceți voi să arăt din cauza
certurilor voastre»." Și exact asta a și făcut.

De ținut minte

Limbajul secret al artei trebuie să constituie o parte a
experienței zilnice a copiilor voștri. Amenajând un cămin
deschis artei și participând alături de copiii voștri la pro-
iecte creative, veți găsi o cale de a comunica cu aceștia
despre sentimentele lor zilnice, precum și de a-i sprijini
atunci când au probleme afective. Limbajul secret al artei
va fi mai cu seamă de ajutor când copiii se simt anxioși
sau le este teamă ori atunci când trebuie să facă față unei
perioade stresante un timp mai îndelungat, cum ar fi o
boală sau doliul în urma pierderii unei persoane dragi.

Urmărind creativitatea spontană a copiilor voștri, veți
putea afla la timp dacă există unele întârzieri ale dezvol-
tării lor, dificultăți de învățare sau probleme afective. Este
deosebit de important pentru părinți să înțeleagă că arta
copiilor lor va trece prin stadii diferite și că fiecare stadiu
servește propriului său scop în dezvoltarea cognitivă
și afectivă a copilului. Dacă veți înțelege ce anume să
urmăriți în creațiile copilului vostru în timp ce crește, veți
putea identifica semnele care pot indica existența unor

probleme. Dacă aveți unele neliniști, puteți cere oricând ajutorul unui specialist.

Arta vă poate îmbogăți relația cu copilul vostru în multe feluri, dar, din nefericire, mulți adulți sunt reticenți din cauza lipsei lor de talent artistic, acest lucru făcându-i să nu se implice în limbajul secret al artei. În loc să priviți arta ca pe un produs pe care cineva îl creează pentru etalarea în public, priviți-o doar ca pe o altă activitate sănătoasă de care să vă bucurați împreună cu copilul vostru. Activitățile creative pot contribui la sănătatea afectivă a întregii voastre familii. Bucurați-vă de ele!

Partea a V-a

Limbajul secret al feței, al trupului și al vocii

Capitolul 17

A vorbi fără cuvinte

Lizzie, în vârstă de nouă ani, deschise uşa casei şi fugi glonţ în bucătărie. Văzând-o pe mama ei, i se aruncă în braţe, suspinând. O strânse tare de după gât, mama răspunzându-i acestei efuziuni afective şi ducând-o spre canapea, ţinând-o strâns, chiar şi în timp ce mergeau. O mângâie uşor pe păr, aşteptând răbdătoare să afle ce s-a întâmplat. După ce au trecut cinci minute, Lizzie s-a oprit din plâns şi s-a liniştit treptat, în timp ce mama ei o legăna aşa cum făcea când era mică.

Luaţi în considerare toate mesajele afective comunicate scurt în acest mod — panică, angoasă, amărăciune, afecţiune, uniune —, exprimate fără absolut niciun cuvânt. Mama lui Lizzie ştia că fata ei era amărâtă, dar ceva îi spunea că pricina nu este de natură fizică, şi că orice durere afectivă ar fi avut, putea fi îndepărtată rapid. (Mama lui Lizzie avea dreptate; angoasa acesteia provenea din faptul că nu fusese aleasă ca înaintaş în echipa ei de fotbal.)

Ca şi mama lui Lizzie, şi voi comunicaţi zilnic cu copilul vostru prin intermediul limbajului secret al comunicării nonverbale. Urmărindu-i expresia facială, gesturile, tonul

vocii, postura şi altele, analizaţi trăirile acestuia şi acţio-
naţi instantaneu şi intuitiv, potrivit nevoilor sale. Puteţi
să-i răspundeţi prin cuvinte sau, precum mama lui Lizzie,
puteţi să o faceţi nonverbal. De cele mai multe ori, proba-
bil că folosiţi atât cuvintele, cât şi limbajul nonverbal.

Cei mai mulţi dintre părinţi nu sunt pe deplin conşti-
enţi de schimburile nonverbale pe care le au cu copiii lor.
Ei presupun în mod greşit că schimbul comunicativ constă
doar în ceea ce le spun copiilor lor şi cum le răspund aceştia.
În urma unui studiu clasic despre modul în care interac-
ţionează oamenii, s-a descoperit că doar 7% dintre mesajele
afective sunt exprimate prin cuvinte. Majoritatea comuni-
cării noastre afective, mai mult de 50%, este exprimată
prin intermediul limbajului trupului. Restul de 30–40%
este exprimat prin tonul, volumul şi inflexiunile vocii,
lucru pe care oamenii de ştiinţă îl numesc „paralimbaj".

În această parte a cărţii, vom urmări modul în care a
acorda atenţie limbajului secret al comunicării nonverbale
vă poate ajuta să vă simţiţi mai apropiaţi de copilul vostru,
acest lucru ajutându-l în dezvoltarea sa afectivă şi socială.
Sunt convins că părinţii care sunt mai conştienţi de lim-
bajul secret al comunicării nonverbale sunt mult mai
competenţi ca părinţi şi cresc copii mai stăpâni pe sine.

Puţini ar putea contrazice faptul că oamenii de afaceri
care cunosc limbajul secret al comunicării nonverbale au
o anume înrâurire asupra colegilor lor. Aceştia sunt vân-
zători şi administratori mai buni. Sunt mai plăcuţi de
colegii lor şi, aşadar, ceva mai productivi. Marile corporaţii
cheltuiesc zeci de mii de dolari în fiecare an pentru a-şi
instrui angajaţii, încât aceştia să comunice mai eficient
cu ceilalţi, dar aceleaşi aptitudini sunt la fel de importante
în relaţiile pe care le avem cu prietenii, soţii şi soţiile

noastre şi, mai ales, cu copiii noştri. Genie Laborde, care a predat stiluri de comunicare în corporaţii de nivel mare, precum Coca-Cola, IBM şi American Express, notează în cartea sa *Influencing with Integrity* (*Cum să fii persuasiv rămânând onest*) că, în timp ce s-a pus mare accent pe instruirea oamenilor din comunitatea de afaceri, „aptitudinile acestea sunt folositoare ori de câte ori oamenii interacţionează unii cu alţii. Recunoaşterea şi practicarea acestor abilităţi duce la alegeri mai bune, la decizii mai bune şi chiar la procese cognitive mai bune".

Vă pot garanta că, după ce veţi stăpâni mai bine limbajul secret al comunicării nonverbale împreună cu copilul vostru, veţi deveni mai eficient în tot ceea ce priveşte rolul de părinte. Vă pot asigura totodată că, dacă ignoraţi importanţa acestui tip de comunicare afectivă, vă veţi înţelege greşit copilul, iar acesta vă va înţelege greşit pe voi.

Din nefericire, văd aproape în fiecare zi exemple de comunicări nonverbale defectuoase între părinţi şi copiii lor. De curând, am observat o scenă într-un magazin în care o mămică îi cerea copilului ei de şase ani să pună la loc pe raft o carte pe care o răsfoise, pentru a putea merge mai departe să facă alte cumpărături. „Dragule, pune te rog cartea la loc", i-a spus ea dulce, însă fiul ei a ignorat-o. „Trebuie să mergem", a spus ea, pe un ton distrat, în timp ce lua o carte de pe raft, făcând exact invers de ceea ce îi spusese fiului ei. „Vorbesc serios", a spus ea, cu ceva mai multă forţă în voce, dar uitându-se încă în cartea ei. „Vorbesc serios", a spus ea din nou, dar nici ea şi nici fiul ei nu s-au mişcat din loc. Apoi s-a uitat la ceas şi, realizând că este târziu, şi-a mustrat fiul cu voce tare: „Ai auzit ce-am spus?", l-a întrebat ea furioasă şi i-a smuls cartea

din mână, punând-o la loc pe raft. Apoi l-a apucat de braț
pe băiețelul uimit și l-a tras afară din magazin.

Scena asta vi se pare cunoscută? Vă întrebați uneori
de ce copiii sau adolescenții voștri nu răspund cererilor
sau instrucțiunilor voastre? Dacă răspunsul este da, atunci
ar trebui să vă gândiți cum vă puteți îmbunătăți comuni-
carea nonverbală pentru a-l face pe copilul vostru mai
cooperant și pentru a vă răspunde mai bine.

Hai să ne întoarcem la exemplul cu mama din librărie
și să vedem cum ar fi trebuit să folosească mai bine comu-
nicarea nonverbală pentru a-l face pe copilul ei să o asculte
și să pună cartea la loc, astfel încât să poată pleca.

Ce s-a întâmplat?	În ce fel poate fi îmbunătățită comunicarea
Mama l-a rugat pe un ton dulce pe fiul ei să pună cartea la loc.	Putea să spună același lucru pe un ton mai ferm.
Fiul a ignorat-o.	Putea să se uite în ochii copilului, așezându-se în fața lui sau cerându-i să se uite la ea.
Aceasta a transformat cererea într-o comandă („Trebuie să mergem acum"), dar a folosit un ton „distrat".	Din nou, putea folosi un ton mai ferm. Putea să-și subli- nieze mesajul verbal cu un gest, cum ar fi să arate către ușă.
Deși i-a spus că trebuie să plece, a luat și ea o carte de pe raft.	Ea a procedat exact pe dos decât i-a spus fiului ei. Putea pur și simplu să pornească spre ieșirea din magazin, iar acesta ar fi urmat-o.
Ea a spus „vorbesc serios", cu ceva mai multă forță în glas.	Când copiii voștri nu ascultă, puteți să le îndrumați mișcările fizice. Pentru a spune nonver- bal „vorbesc serios", putea să-l

Ce s-a întâmplat?	În ce fel poate fi îmbunătățită comunicarea
	apuce de mâini, să închidă cartea la care se uita și să-l îndrume să pună cartea la loc.
I-a spus furioasă: „Ai auzit ce am spus?" și l-a tras după ea afară din magazin.	Furia și atitudinea ei agresivă sunt rezultatul eșecului ei de a comunica. De data aceasta, i-a transmis fiului ei mesajul: „Când toate acestea dau greș, dacă vei deveni furios, vei obține ceea ce ai vrut". Ar fi fost mult mai bine să se uite direct la fiul ei și să-i spună: „Am o regulă importantă. Când îți cer să faci ceva, vreau să faci acel ceva chiar atunci".

Analizând modul în care comunicarea dintre această mamă și fiul ei ar fi putut fi îmbunătățită, scoatem la iveală componentele majore ale comunicării nonverbale: contactul vizual, expresia facială, gesturile, postura, atingerea, tonul și volumul vocii.

Înțelegerea comunicării nonverbale este importantă pentru fiecare părinte, dar aceasta devine deosebit de semnificativă în cazul în care aveți copii cu probleme de comportament sau care trec prin conflicte afective. Dacă copilul vostru este încăpățânat și neascultător, atunci cunoștințele voastre de comunicare nonverbală îl pot face mult mai cooperant. Dacă pare trist, anxios sau singur, atunci cunoașterea secretelor comportamentului nonverbal poate fi hotărâtoare în înțelegerea sursei acestor probleme și în a-l învăța pe copilul vostru cum să le depășească. Vom studia mai multe tehnici care să vă ajute

să vă înțelegeți mai bine copilul și să-l ajutați în rezol-
varea diferitor tipuri de probleme, dar mai întâi aș dori
să luați în considerare cele trei ingrediente ale comunicării
nonverbale eficiente și cum le puteți utiliza: cum să vă
exprimați nonverbal, cum să citiți indiciile nonverbale și
cum să vă sincronizați cuvintele cu limbajul trupului.

Cum să vă exprimați nonverbal

Adulții care au o bună legătură cu copiii lor sunt foarte
expresivi în transmiterea sentimentelor lor. Luați-o ca
exemplu pe Nikki, o învățătoare la clasa a treia, care era
îndrăgită atât de elevii ei, cât și de părinții acestora. Toți
părinții care aveau un copil în clasa a doua la școala ele-
mentară Hawthorne doreau ca fiul sau fiica lor să fie în
clasa domnișoarei Nikki, deoarece elevii acesteia păreau
întotdeauna fericiți, se purtau mai frumos și învățau mai
bine decât ceilalți elevi din școală.

Toți adulții care o văzuseră pe Nikki în clasă fuseseră
impresionați de entuziasmul ei, de maniera directă de
abordare și de afecțiunea evidentă pe care o arăta față de
elevii ei. Dar nu asta o făcea să fie o profesoară atât de
bună. Pentru a înțelege cu adevărat secretul succesului
ei, ar trebui să o filmați pe Nikki când le predă celor
douăzeci și șapte de elevi ai ei și apoi să urmăriți înre-
gistrarea fără sunet.

Dacă veți face acest lucru, așa cum a făcut și supervizo-
rul ei când Nikki a terminat studiile, veți vedea că fața ei
este în permanență animată atunci când se adresează clasei.
De câte ori vorbea unui elev, se uita direct în ochii acestuia,
deși cu vederea periferică stabilea o legătură și cu restul

elevilor din clasă. Dacă un elev vorbea în timp ce altul citea sau transmitea un bilețel altui elev, primea „o uitătură" din partea lui Nikki, acest lucru fiind îndeajuns pentru a-l disciplina. Când elevii lui Nikki primeau acea „uitătură" din partea ei, se opreau pe loc din ceea ce făceau și așteptau din partea ei un semnal prin care aceasta le spunea ce aveau de făcut în continuare. Putea să arate către ureche și să spună: „Acum trebuie să ascultăm". Putea să mimeze deschiderea cărții pentru a le indica elevilor ce au de făcut. Când dorea să obțină atenția întregii clase, aprindea și stingea lumina sau bătea de trei ori din palme.

Urmărind înregistrarea video cu ora lui Nikki, fără sunet, veți fi impresionați de prezența ei fizică prin care impune. Nu mă refer la statura ei fizică, deoarece, având 1,60 m și cântărind doar cincizeci de kilograme, nu era cu mult mai mare decât unii dintre elevii săi. Dar această profesoară tânără părea să transmită un sentiment de fermitate și control prin prezența ei fizică. Atunci când voia să explice o temă, se plimba prin fața clasei; trecea printre doi elevi care începeau să vorbească între ei, aceștia încetând pe dată și întorcându-se la tema lor; se apleca spre un elev care părea că nu înțelege ce are de făcut, după care radia și îl mângâia pe mână după ce reușea să rezolve problema. Este posibil ca după ce urmăriți timp de jumătate de oră caseta video să nu mai realizați că ar fi fost nevoie și de sunet.

Cum sunt abilitățile voastre nonverbale în comparație cu cele ale lui Nikki? Desigur că voi nu aveți aceeași nevoie de control acasă, așa cum are nevoie profesoara celor douăzeci și șapte de elevi. Însă copiii voștri sunt atenți la fața, gesturile, postura voastră, la fel cum elevii din clasă sunt atenți la învățătoarea lor.

Încercați și voi

Observarea semnelor nonverbale

După cină, rezervați-vă câteva minute și concentrați-vă asupra unui singur aspect al comunicării voastre nonverbale: expresia facială. Zâmbiți des? Expresia feței voastre este obosită și căzută în urma unei zile de muncă obositoare? Stabiliți un contact vizual atunci când vorbiți sau vă jucați cu copilul vostru? Fața voastră exprimă ceea ce simțiți, așa încât copilul vostru să poată vedea când sunteți tandru, îngrijorat sau furios?

Priviți-vă în oglindă și faceți diferite fețe. Concentrați-vă în a arăta trist. Apoi în a exprima teamă. Apoi faceți o față fericită. Acum faceți o figură de om surprins.

Experții în comportamentul nonverbal ne spun că există trei zone ale feței:

- Zona 1, reprezentată de frunte și de ochi.
- Zona 2, în care sunt incluse nasul și obrajii.
- Zona 3, a gurii.

Cele mai multe dintre expresiile faciale se bazează mult pe Zona 1, a frunții, a sprâncenelor și ochilor, în timp ce partea din mijloc a feței transmite destul de puține în ceea ce privește emoțiile.

Acum întoarceți-vă la oglindă, luați o bucată de hârtie și acoperiți cele două treimi inferioare ale feței, lăsând expusă doar Zona 1. Puteți exprima interes prin intermediul ochilor? Puteți exprima tandrețe? Dar mândrie și autoritate? Vedeți dacă puteți deveni mai conștient de expresiile faciale în cadrul comunicării cu copilul vostru. Sentimentele voastre reprezintă o parte importantă a persoanei care sunteți. Lăsați-le să iasă la iveală.

Cum să citiți indiciile nonverbale ale copilului vostru

Fiecare limbaj, inclusiv cel al comunicării nonverbale, are două părți: modul în care ne exprimăm și modul în care înțelegem ce spun ceilalți. Psihologii denumesc aceste părți ale limbajului prin termenii „expresiv" și „receptiv". În exemplul trecut, am urmărit limbajul nonverbal expresiv al unei învățătoare de clasa a treia, în timp ce își ținea orele. Am considerat drept bun limbajul ei receptiv, modul în care interpreta comunicarea nonverbală a elevilor ei fiind foarte dezvoltat.

Profesorii deosebiți, precum și părinții deosebiți, sunt capabili să citească indiciile nonverbale ale copiilor și să se bazeze mai mult pe ele decât pe cuvinte, atunci când acestea exprimă starea afectivă a copiilor. Unul dintre motivele pentru care comunicarea nonverbală este mai importantă pentru comunicare decât cuvintele este că aceasta este continuă. Un copil se poate opri din vorbit, dar nu încetează să comunice prin intermediul corpului și al celorlalte aspecte ale comunicării nonverbale. Așa cum nota unul dintre cercetătorii din acest domeniu, „nu se poate să *nu* mai comunicați nonverbal".

Dacă sunteți atenți doar la cuvintele copilului vostru, atunci pierdeți mare parte din comunicarea lui nonverbală. Așa cum vom vedea în capitolul 18, atunci când veți acorda mai multă atenție comunicării nonverbale a copilului vostru veți putea fi mai atent la nevoile lui. În capitolul 19, veți vedea cum a învăța să interpretați comunicarea nonverbală a copilului vostru îl poate ajuta să învețe cum să facă față huliganilor, să capete aptitudini de lider și să fie sociabil. Mai întâi, acordați câteva minute pentru a vă exersa capacitatea de a recepționa mesajele nonverbale. Deschideți televizorul și căutați un post cu un film sau o piesă pe care n-ați mai văzut-o. Este important să nu mai fi urmărit programul respectiv, pentru a nu avea idei preconcepute despre cum o să se poarte sau ce or să simtă personajele. Apoi închideți sonorul și încercați să vă dați seama ce simte fiecare dintre personaje. Ce-și spun unii altora? Puteți anticipa ce se va întâmpla în continuare? S-ar putea ca acest exercițiu să vi se pară ușor. La urma urmei, recepționați mesaje nonverbale în permanență, de la toți oamenii din jurul vostru, și faceți presupuneri referitoare la ceea ce vedeți.

Acum practicați acest exercițiu la un nivel mai ridicat și gândiți-vă la modul în care apreciați ceea ce vedeți la televizor. Acordați mai multă atenție gesturilor, posturii sau expresiilor faciale ale actorilor? Dar mediului sau hainelor pe care le poartă aceștia? În filmele mute despre Vestul Sălbatic, „băieții răi" purtau pălării negre, iar „băieții buni" purtau pălării albe, așa încât nu exista niciun dubiu asupra persoanelor pe care trebuie să le susțină publicul. Astăzi, deși regizorii sunt mult mai subtili, hainele actorilor sunt alese cu atenție, așa încât să scoată la iveală unele aspecte ale personalității eroilor. Ca și voi, ei știu că judecăm persoanele după modul în care arată și după felul în care vorbesc și se poartă. Este important să țineți minte că și copiii voștri mai mari transmit mesaje despre modul în care vor să fie percepuți, prin felul în care își aleg hainele, tunsoarea pe care o au, bijuteriile pe care le poartă și, desigur, după tatuaje și piercing. Să fim atenți la ceea ce vor ei să ne transmită este esențial pentru a-i ajuta să fie conștienți de ei înșiși și de ceilalți.

Atunci când cuvintele și limbajul trupului nu se potrivesc

Ultima îndrumare pentru a vă îmbunătăți comunicarea nonverbală cu copilul vostru este de a vedea în ce măsură comunicarea nonverbală se potrivește cu cuvintele pe care le rostiți. Oamenii de știință care studiază comunicarea nonverbală numesc acest lucru sincronizare. Atunci când cuvintele voastre sunt sincrone cu comunicarea nonverbală, oamenii, inclusiv copiii voştri, vă consideră „credibili" şi intră uşor în contact cu voi. Însă în cazul în care cuvintele şi comunicarea nonverbală nu sunt sincrone, copiii voştri pot deveni confuzi în legătură cu mesajele amestecate pe care le primesc. Ei se pot simţi îndepărtaţi de voi, greşit înţeleşi şi chiar neiubiţi.

De exemplu, Laura, în vârstă de doisprezece ani, se întoarce de la şcoală numai cu note de opt şi şase. Pentru unii dintre copii, aceasta poate fi în regulă, dar Laura este obişnuită să ia numai note de zece şi opt şi nu a mai primit până acum niciun calificativ de nivel „mediu". „Profesorii ăştia dau foarte greu note mari", îi explică Laura, sfioasă, mamei ei. Era în mod vădit dezamăgită de rezultatele ei şi îngrijorată de ceea ce o să creadă mama ei. „Ah", spuse mama ei, după ce se uită timp de cinci minute în carnetul de note. „Ei bine, sunt convinsă că faci tot ce e posibil", continuă mama ei pe un ton rece, „şi aş vrea să te ajut dacă pot." Mama Laurei şi-a pus carnetul de note sub braţ şi a ieşit grăbită din cameră. După ce a văzut-o pe mamă ieşind, Laura a izbucnit în lacrimi şi a fugit în dormitor plângând. Mai târziu, în seara respectivă, mama Laurei i-a spus soţului: „Nu ştiu de ce e aşa de supărată Laura. I-am *spus* că nu sunt dezamăgită de ea".

Cuvintele acestei mame spuneau că înţelesese notele mici ale fiicei ei, dar limbajul trupului şi tonul vocii îi transmiseseră Laurei un mesaj cu totul diferit. Deoarece acţiunile vorbesc întotdeauna mai clar decât cuvintele, Laura a răspuns mai degrabă comunicării nonverbale a mamei sale decât cuvintelor acesteia. Ar fi fost de preferat ca mama Laurei să-i spună ce simte cu adevărat despre cele întâmplate și să-i spună ceva de genul: „Sunt dezamăgită de tine. Vreau să te străduiești mai mult". Laura s-ar fi simțit prost și în acest caz, dar acest tip de comunicare directă ar fi fost mai puțin confuz pentru ea. Atunci când le vorbiți copiilor voștri în mod deschis și direct, creați un dialog cu aceștia. Când le transmiteți mesaje amestecate, mai degrabă închideți canalele de comunicare.

Încercați și voi

Autoobservarea

Pentru a vă îmbunătăți limbajul nonverbal este nevoie de exersare, așa cum este și în cazul îmbunătățirii vocabularului, al scrisului și al învățării unei limbi străine. Data viitoare când veți avea o întâlnire cu cineva, în cadrul căreia trebuie luată o decizie, fiți atenți la comunicarea voastră nonverbală, inclusiv la gesturi, postură, când stați în picioare sau sunteți așezat, la expresia feței, tonul vocii și volumul acesteia. Nu contează dacă sunteți la o întâlnire de afaceri și trebuie să luați o hotărâre privitoare la noua strategie de marketing sau la o întâlnire de familie în care vreți să hotărâți unde să mergeți în vacanță; acordați atenție deopotrivă comunicării afective și procesului intelectual de decizie.

Încercați să folosiți mai puține cuvinte și mai mult limbaj nonverbal. Fiți atenți la mesajele nonverbale ale celorlalți oameni cu care vorbiți și aveți grijă să vă sincronizați cuvintele cu mesajele nonverbale. După ce ați terminat, gândiți-vă la ceea ce ați învățat despre procesul de luare a unei decizii și la cum vă simțiți voi și oamenii cu care ați vorbit.

Comunicarea nonverbală pe parcursul maturizării copilului

Ca și alte specii de animale, bebelușii se nasc cu capacitatea de a comunica și de a învăța fără a ști un singur cuvânt. Încă din primele zile, bebelușii se uită în permanență la fețele care se perindă pe deasupra lor, încercând să înțeleagă ce se petrece, chiar imitând uneori expresiile faciale pe care le văd. În decursul câtorva săptămâni de la naștere, un nou-născut va începe să învețe singur limbajul nonverbal, imitându-i pe adulții din jurul lui. Dacă deschideți gura sau scoateți limba în fața unui bebeluș, va încerca să facă și el același lucru. După câteva luni, poate copia mișcările buzelor, ale degetelor, ale sprâncenelor, precum și alte expresii faciale. Când ajunge pe la nouă luni, părinților le ajunge să îi arunce o „uită-tură" pentru a transmite mesajele încărcate afectiv, cum ar fi: „Fii atent!", „Vrei să te joci?" sau „Nu mai face așa!". Se poate ca bebelușii să nu răspundă cerințelor părinților, dar le vor arăta întotdeauna că mesajele au fost transmise și recepționate prin modificările propriilor lor expresii și mișcări ale corpului. Așa cum am văzut în Partea I a acestei cărți, înțelegerea comunicării nonverbale a sugarului vostru vă va ajuta să răspundeți în mod adecvat atunci când plânge, să faceți ce este nevoie pentru a-i alina o durere, să îl stimulați corespunzător și chiar să-i vorbiți prin intermediul gesturilor, cu luni înainte ca acesta să poată comunica prin cuvinte.

Deoarece sugarii nu se pot exprima decât prin inter-mediul comunicării nonverbale, nu este de mirare că, după ce învață să vorbească și își dezvoltă capacitatea cognitivă, metodele comunicării nonverbale se vor modifica. De fapt, modificările pe care le trăiește bebelușul vostru în cadrul comunicării nonverbale reprezintă o marcare a tranziției către următoarea etapă, aceea a copilăriei mici.

Iată niște exemple ale diferențelor de comunicare non-verbală dintre sugari și copiii mici:
- *Când vor să obțină ceva.* Atunci când un sugar vrea ceva, arată cu degetul către acel obiect și se uită scurt

către el, dar apoi stabilește un contact vizual cu mama lui, pentru a vedea dacă i-a înțeles dorința. Copiii mici vor arăta către obiectul pe care-l doresc, și apoi, dacă este posibil, se vor duce să-l ia. Dacă acest lucru nu este posibil, vor continua să arate și să se zgâiască la el, fără a mai verifica dacă mama înțelege ce vor ei.

- *Salutul*. Sugarii fac cu mâna pentru a saluta sau a spune la revedere sau fac bezele străinilor. Copiii mici știu că unii oameni primesc saluturi diferite față de alții și, în mod normal, vor fi prudenți atunci când le vor face semne străinilor, în cazul în care nu sunt susținuți sau încurajați de părinții lor.

- *Anxietatea*. Atunci când bebelușii sunt anxioși, par agitați, se freacă cu mânuțele pe față sau își lovesc urechile. Copiii mici își trag de haine sau își freacă mâinile. În cazul sugarilor, suptul degetului mare reprezintă o modalitate de stimulare orală și de gratificare, dar pentru copiii mici acest lucru indică mai degrabă anxietate.

- *Frustrarea*. Bebelușii frustrați vor plânge, vor arunca sau lovi cu obiecte. Copiii mici știu să își exprime mai bine frustrarea. Se bosumflă sau vă aruncă o privire amărâtă. Uneori pot încerca să strice jucăria sau obiectul care-i frustrează. Dacă obiectul poate fi azvârlit, atunci ar fi mai bine să vă feriți.

- *Dragoste*. Bebelușii spun „te iubesc" cu fața, și mai ales cu ochii. Sugarii mici își „bălăbăne" mâinile și picioarele atunci când își văd părinții, frații sau animalul familiei. Copiii mici sunt numai îmbrăți-șări și pupicuri. Aceasta este vârsta la care copiii își exprimă cel mai mult dragostea în mod fizic. Bucurați-vă de aceste clipe!

Limbajul nonverbal al copiilor mici și al preșcolarilor

Copiii își dezvoltă rapid limbajul verbal între optsprezece luni și patru ani, dar când vine vorba despre a interacționa cu colegii lor, comunicarea nonverbală este încă predominantă. Când copiii mici au dificultăți în a interacționa cu colegii lor, aceasta se întâmplă din cauza unei probleme de comunicare nonverbală. Din fericire, datorită faptului că cei mici învață repede la această vârstă, este ușor să-i învățăm să dobândească aptitudini de comunicare nonverbală.

Să-l luăm ca exemplu pe Tommy, un băiețel de trei ani, care dorea să se alăture celorlalți doi băieți care se jucau la colțul cu cuburi de construit. Tommy s-a dus până la ei, dar s-a oprit la doi metri distanță. A stat acolo, cu umerii adunați, cu privirea ațintită înainte și cu mâinile în buzunar. Ceilalți băieți l-au ignorat. După câteva minute, Tommy s-a dus la profesoară și i s-a plâns: „Ryan și Evan nu mă lasă să mă joc cu ei". Ingrid, educatoarea lui, reacționând pe baza experienței acumulate de-a lungul anilor, i-a spus cum să comunice prin intermediul limbajului secret al comunicării nonverbale. Ea i-a sugerat: „Du-te pur și simplu acolo și apucă-te să construiești singur un turn din cuburi. Este posibil ca ei să vrea să vadă ce construiești și vor dori să se joace cu tine".

Încurajat de educatoarea lui, Tommy s-a reîntors la locul cu cuburi și s-a apucat să construiască entuziasmat un turn. Evan și Ryan l-au observat și s-au întors către el. După câteva minute, s-au apucat să-i dea lui Tommy cuburi, ajutându-l să ridice turnul din ce în ce mai înalt. Când acesta s-a prăbușit, au izbucnit cu toții în râs.

Prin simpla sugestie a educatoarei, Tommy a învățat că cea mai bună cale de a se alătura unui grup de copii care se joacă este să se comporte la fel ca ei sau să le imite mișcările. A aștepta pur și simplu o invitație la joacă nu este de mare ajutor.

Părinții copiilor mici sunt dornici să-i ajute să învețe să-și dezvolte vocabularul, să construiască propoziții mai lungi și mai complexe și să-și îmbunătățească pronunția. Însă această perioadă este bună și pentru a-i instrui pe copii comunicarea nonverbală. Dacă aveți copii de vârsta aceasta, știți că ei absorb informațiile precum un burete, și chiar și cel mai obișnuit comentariu asupra modului în care să folosească atitudinea nonverbală, ca și cel pe care i l-a dat Ingrid lui Tommy, poate face o impresie deosebită. Este posibil să doriți să petreceți ceva mai mult timp pentru a-i da copilului vostru mai multe informații formale despre comunicarea verbală și nonverbală. Așa cum procedați atunci când luați o carte cu poze pentru a-l învăța numele animalelor de la grădina zoologică sau când folosiți un puzzle cu litere pentru a-l învăța alfabetul, tot astfel puteți folosi pozele, puzzle-ul și alte activități pentru a-l ajuta să învețe despre comunicarea nonverbală.

Încercați și voi

Cartea cu poze despre sentimente

Copiii de doi–trei ani pot arăta către poze ale altor copii care exprimă sentimente simple. Ei citesc expresiile feței de când sunt sugari și sunt totodată surprinzător de pricepuți la citirea limbajului corporal.

Răsfoiți mai multe reviste pentru părinți și decupați poze cu copii mici exprimând diferite sentimente. Lipiți-le pe niște cartonașe și jucați-vă împreună cu copilul vostru un joc simplu de recunoaștere a sentimentelor. Spuneți-i: „Arată-mi-l pe băiețelul care este supărat" sau „Arată-mi fetița care este fericită". Această activitate îi va oferi copilului vostru un punct de pornire pentru a lega cuvintele de comunicarea nonverbală. În timp ce crește, adăugați din ce în ce mai multe poze de acest fel. Pe la cinci ani, copilul vostru poate răsfoi reviste și poate alege singur pozele. Cu copiii mai mari puteți vorbi în timp ce vă uitați peste cartonașe despre diferitele aspecte ale comunicării nonverbale care indică trăirile unei persoane. De exemplu, încercați să-i arătați cele trei desene de mai jos. După care cereți-i următoarele:

- Arată-mi copilul care este furios. Ce anume din expresia feței lui îți spune că este furios? Dar mâinile? Cum arăți tu când ești furios?
- Arată către copilul care încearcă să se apere. Ce crezi că spune? Crezi că va reuși să câștige din această discuție? De ce?
- Arată-mi copilul care pare obosit. Cum îți dai seama când cineva este obosit? Dar când cineva este foarte, foarte obosit? Ce crezi că mai simte acest copil?

Limbajul nonverbal la școlari

Când copiii intră în clasa întâi, ei trebuie să aibă aptitudini conversaționale foarte bune. Probabil că voi îi vorbiți copilului vostru aproape ca unui adult. Dar asta nu înseamnă că limbajul secret al comunicării nonverbale este mai puțin important decât atunci când era mai mic. De fapt, este posibil să fie mai important ca niciodată, deoarece comunicarea nonverbală eficientă este esențială pentru succesul social și școlar al copilului vostru.

Ca exemplu, să-l luăm în discuție pe Nolan, un băiat de opt ani care intră în clasa a doua. Familia lui tocmai s-a mutat dintr-un alt stat și nu cunoaște niciun profesor sau elev. Nolan este neliniștit la gândul că trebuie să-și facă alți prieteni și că trebuie să aibă succes în noua sa clasă, dar este timid și reținut. În clasă, îi este greu să urmărească ce spune învățătoarea. Are un accent de sudist, iar învățătoarea vorbește mult mai repede decât este el obișnuit. Ea pare drăguță, dar Nolan crede că le acordă mai multă atenție copiilor care stau în față și care ridică mâna mai repede pentru a răspunde întrebărilor ei. (Probabil că Nolan are dreptate. Cei mai mulți dintre profesori acordă mai multă atenție și mai mult feedback pozitiv elevilor care „arată" că prind mai repede.) Nolan este cât se poate de reținut. Nu vrea să fie respins sau rușinat, așa că stă singur și evită să se uite la ceilalți. Chiar și atunci când cineva se așază alături de el în autobuzul școlii, își încrucișează brațele peste piept, se afundă în scaun și se uită pe fereastră. Toate aspectele comportamentului său nonverbal spun: „Lăsați-mă în pace!", și exact asta fac toți ceilalți copii.

Apoi mai este și Maggie, elevă în aceeași clasă. A fost diagnosticată cu ADHD (tulburare de deficit atențional și hiperactivitate) și, chiar dacă își ia medicamentele și face terapie, tot nu este în concordanță cu ceilalți elevi. Maggie pare să spună în permanență ce nu trebuie și când nu trebuie. Ea nu prea reușește să „citească" mesajele nonverbale ale celorlalți. Începe să se laude colegei cu noua sa bicicletă și, chiar dacă aceasta întoarce privirea, Maggie nu realizează că lăudăroșenia îi face pe oameni să se îndepărteze de ea. Cei mai mulți copii ar înțelege că ceva nu este în regulă atunci când un alt copil le-ar întoarce spatele, dar lui Maggie îi scapă aceasta, la fel cum nu percepe nici alte indicii nonverbale. Pe lângă ADHD, mai are și ceea ce psihologii denumesc „incapacitatea de a învăța limbajul nonverbal". Pur și simplu, nu înțelege nimic din mesajele nonverbale pe care i le trimit copiii și adulții prin intermediul limbajului corporal, la fel ca acei copii care suferă de incapacitatea de a citi și care nu înțeleg semnificația literelor și a cuvintelor.

Din fericire, copiii ca Nolan, care au probleme în a transmite semnale nonverbale adecvate, și copiii precum Maggie, care au dificultăți în a interpreta indiciile oferite în relațiile sociale, pot fi ajutați, așa cum poate fi ajutat și copilul vostru. Citiți testul de zece întrebări care urmează, iar dacă ați răspuns cu „da" fie chiar și numai la o singură întrebare, atunci copilul vostru poate că ar avea nevoie de unele lecții și antrenamente în limbajul secret al comunicării nonverbale.

Încercați și voi

Testul de comunicare nonverbală

Copilul vostru are nevoie de ajutor pentru a învăța limbajul secret al comunicării nonverbale? Dacă răspunsul vostru este „da" la trei sau mai multe dintre întrebările de mai jos, atunci copilului vostru i-ar putea fi utile unele sfaturi în ceea ce privește cele trei aspecte ale exprimării nonverbale: a se exprima pe sine, a citi indiciile celorlalți și a-și sincroniza cuvintele cu comportamentul nonverbal.

Identificarea problemelor existente în comunicarea nonverbală:

1. Copilul vostru apreciază defectuos timpul, pentru un copil de vârsta lui.
2. Copilului vostru îi este dificil să urmeze indicațiile verbale primite, chiar dacă de fapt el încearcă să coopereze.
3. Copilul vostru nu pare să „se integreze" cu ceilalți copii de aceeași vârstă și preferă să stea singur sau să se joace cu copiii mai mici.
4. Copilul vostru are probleme cu spațiul personal. Este mustrat adesea, deoarece stă prea aproape față de alt copil.
5. Copilul vostru este extrem de timid și stă întotdeauna singur.
6. Copilul vostru este adesea necăjit de ceilalți copii, din cauza felului cum arată sau a manierelor sale.
7. Profesoara copilului vostru spune că are probleme sociale la școală.
8. Copilul vostru are probleme în a se juca cu ceilalți copii. Multe dintre jocuri se sfârșesc cu sentimente rănite sau cu certuri.
9. Copilul vostru este prea agresiv cu ceilalți copii. Pare să nu învețe din experiențele pe care le are.
10. Vi se pare că copilul vostru este prea pasiv și încearcă în permanență să facă pe plac celorlalți copii.

Dacă ați răspuns cu „da" la vreuna dintre aceste întrebări, atunci ar fi bine să acordați o atenție aparte capitolului 19, care vă va oferi sugestii privind modul în care a-l învăța pe copilul vostru despre comunicarea nonverbală îl va ajuta pe acesta când va fi necăjit sau timorat, izolat social, prea pasiv cu colegii lui sau prea agresiv cu ceilalți copii.

Cum să aveți o relație mai bună cu adolescenții voștri

Adolescenții sunt renumiți pentru modul lor dificil de a comunica. Se plâng adesea că nu sunt înțeleși de părinții lor, însă, cu toate acestea, evită să stea de vorbă cu ei. Dar nu vă lăsați păcăliți de atitudinea recalcitrantă a acestora. Studiile care-i întreabă pe adolescenți: „La cine te-ai duce să ceri ajutor sau un sfat important?" arată că adolescenții caută întotdeauna ajutorul și siguranța părinților atunci când dau de greu.

Deci, cum să rămâneți apropiați și la îndemâna lor atunci când atitudinea și faptele lor par să vă îndepărteze? Fiecare părinte al unui adolescent trece printr-o astfel de situație paradoxală la un moment dat; dar puteți să rezolvați aceasta prin înțelegerea profundă a limbajului secret al comportamentului nonverbal.

Adolescența este o perioadă în care comunicarea deschisă este deosebit de importantă dar, în același timp, și foarte dificil de făcut pentru multe familii. Am auzit de nenumărate ori părinți de adolescenți spunându-mi: „Nu pot să înțeleg ce e cu copilul acesta!", chiar dacă au făcut multe încercări pentru a stabili cu adolescentul lor o relație mai deschisă și mai onestă.

O nemulțumire obișnuită a părinților este dată de modul în care se îmbracă adolescenții. Sunt sigur că știți, adolescenții sunt foarte atenți la modă. Când este în trend îmbrăcămintea provocatoare (așa cum se întâmplă în zilele noastre), probabil că fiica voastră vă va spune că prietenele ei vor crede că ea este o „ciudată" dacă se va îmbrăca diferit de ele. Asta nu este valabil numai în ceea ce privește hainele provocatoare. Ceea ce purtăm sau lucrurile cu care ne acoperim corpul (bijuterii, tatuaje, piercing, tunsori și așa mai departe) constituie o parte importantă din comunicarea noastră nonverbală. Rochia unei adolescente va defini în parte statutul social pe care-l are în școală — de atlet, elev sârguincios, o „persoană petrecăreață" și așa mai departe. Deși este greu de făcut, este important ca atât voi, cât și școala să stabiliți niște limite referitoare la hainele care pot fi purtate și care nu. Probabil că adolescentul vostru se va răzvrăti, dar a găsi o cale de rezolvare a acestui conflict constituie o parte a procesului de maturizare al amândurora.

Atunci când părinții nu stabilesc niște limite, adolescenții nu au niciun fel de etalon după care să se ghideze și adesea vor deveni din ce în ce mai exagerați în modul în care se îmbracă, pentru a vedea până unde pot merge până ce le veți spune „stop".

Este util să vă educați adolescentul în ceea ce privește limbajul secret al hainelor pe care le poartă și să-i arătați că lucrurile pe care le îmbracă transmit și ele un mesaj către ceilalți (oamenii care studiază limbajul nonverbal denumesc aceasta „influența artefactelor" — a obiectelor pe care le purtăm și care transmit un mesaj către ceilalți).

Încercați și voi

Uitați-vă atent la ceilalți

Așezați-vă împreună cu adolescentul vostru undeva într-un mall, într-un parc sau într-un loc public și exersați analizând oamenii și modul în care sunt îmbrăcați. Nu fiți critici sau „răutăcioși" în a-i critica pe ceilalți, ci spuneți-i adolescentului vostru că aceasta este o îndemânare pe care o poate învăța și care-l poate ajuta să-i „citească" pe ceilalți. Luați fiecare câte un caiet, alegeți o persoană și apoi notați tot ceea ce vedeți (încercați să fiți discret atunci când îi analizați pe oameni). Apoi comparați notițele și vorbiți despre ce încearcă să transmită fiecare persoană despre ea și ce transmite de fapt. Acest tip de activitate este făcut să-i ajute pe adolescenți să vadă că toți transmit mesaje despre ei înșiși, dar aceste mesaje nu sunt întotdeauna cele intenționate.

După preocuparea față de modul în care arată adolescenții, cea de a doua nemulțumire pe care o aud de la părinți este că aceștia încearcă să-i „îndepărteze". Adolescenții transmit acest mesaj părinților lor în multe feluri, cel mai evident fiind acela că păstrează o distanță fizică mai mare față de ei decât o făceau când erau mai mici.

Teoria asupra distanței fizice existente în relațiile umane este denumită „proxemică", și constituie un indicator important al relațiilor. Din punctul de vedere al dezvoltării, adolescentul vrea să-i țină la distanță pe părinți pentru a le arăta că are nevoie de independență afectivă, deși atunci când dă de bucluc, veți descoperi că acesta dorește deodată să fie foarte aproape de voi.

Trebuie să-i respectați nevoia de distanță, dar puteți totodată să-i transmiteți mesajul vostru nonverbal că sunteți deschiși față de el atunci când va avea nevoie. Următoarea dată când vă veți invita adolescentul la o discuție, creați un mediu optim pentru o comunicare deschisă. Stați în fața lui, la aproximativ doi metri distanță, ușor într-o parte (a te așeza exact în fața cuiva poate fi interpretat ca o atitudine de confruntare). Luați o „poziție deschisă", fără să vă încrucișați picioarele sau brațele. Dacă aveți să-i spuneți ceva important adolescentului vostru, mai cu seamă ceva ce nu i-ar plăcea să audă, atunci spuneți-i în mod direct.

Observați dacă își schimbă comportamentul nonverbal sau dacă rămâne neschimbat, ca răspuns la atitudinea voastră deschisă. În cazul în care nu sunteți siguri asupra mesajelor nonverbale pe care vi le trimite acesta, cereți îndrumarea unui specialist. Intuiția voastră vă poate ghida cel mai bine pentru a putea descătușa limbajul secret al adolescentului vostru. În cazul în care considerați că acesta are nevoie de ajutor, nu ezitați să i-l oferiți.

Capitolul 18

Citiți-vă copilul
ca pe o carte deschisă

Cât de bine vă cunoașteți copilul? Cei mai mulți
dintre părinți se simt profund legați de sugarii sau
de copilașii lor, anticipând fiecare nevoie sau stare
a acestora. Știu ce îi face fericiți sau morocănoși sau ce îi
poate supăra și știu cum să prevadă aceste lucruri. Dar,
pe măsură ce aceștia cresc, mai cu seamă când ajung la
vârsta de șapte sau opt ani și devin mai interesați afectiv
de prietenii lor, mulți dintre părinți încep să simtă cum
copiii se închid în lumea lor. Nu-i mai înțeleg intuitiv atât
de bine, iar viața afectivă a copiilor pare a deveni un
mister. Așa cum mi-a spus mama unui băiețel de opt ani:
„Simt cum copilul meu s-a maturizat brusc, după ce a
împlinit opt ani. Obișnuia să sporovăiască tot timpul, dar
acum abia dacă mai scoate un cuvânt. Parcă ar avea
optsprezece ani, și nu opt". Desigur că puștii de opt ani
nu se poartă că niște adolescenți. Acel stadiu de dezvoltare
are încercările lui pentru părinți. Dar când copiii au opt
sau nouă ani, unii părinți încep să simtă că au pierdut
legătura profundă pe care o aveau cu aceștia când erau
mai mici și se întreabă dacă nu au greșit cu ceva. Din

nefericire, când copiii se transformă în adolescenţi, acest lucru se înrăutăţeşte şi mai mult.

Să-i luăm de exemplu pe Samuel, în vârstă de cinci-sprezece ani, şi pe părinţii acestuia, Claire şi Jacob, care se pregăteau să ia cina tradiţională de vineri seara. Pe la jumătatea mesei, Samuel i-a anunţat că vrea să-şi schimbe numele.

— Vreau să-mi spuneţi Ten, le-a spus Samuel părinţilor săi. Aşa mă strigă cu toţii acum.

— De ce Ten? a vrut să ştie tatăl lui. Ten şi mai cum?

— Doar Ten, le-a spus Samuel în derâdere. Nu Ten şi mai cum, ci doar Ten.

— Ce fel de nume este acesta, Ten? întrebă mama lui Samuel, tratând cu indiferenţă cererea fiului său. Este o poreclă?

— Nu, nu este o poreclă. Este un nume, a izbucnit Samuel. Este numele meu, în regulă? Ten. Doar Ten. Nu înţelegeţi limba în care vă vorbesc? Spuneţi-mi Ten, în loc de Samuel. Aţi înţeles? Nu puteţi să înţelegeţi şi singuri despre ce vorbesc? Şi Samuel, sau mai degrabă Ten, s-a ridicat de la masă şi a ieşit vijelios din cameră.

— Cred că s-a drogat, i-a spus Jacob, îngrijorat, soţiei sale.

— Nu, doar se revoltă, spuse Claire nonşalant. Mâine-di-mineaţă nici nu o să-şi mai amintească despre asta.

Dar ambii părinţi ai lui Samuel se înşelau. Samuel nu lua droguri şi nici nu a uitat, în dimineaţa următoare, ce le ceruse. Când Samuel nu a apărut la micul dejun, mama lui s-a hotărât să meargă să vadă ce e cu el. Camera lui Samuel era în plină dezordine. Nu dormise în pat. Dis-păruse. Potrivit biletului pe care-l lăsase pe pat, Sam nu intenţiona să se mai întoarcă acasă.

Acesta este un exemplu extrem pentru felul în care slaba comunicare dintre părinți și copiii lor poate duce la apariția unor probleme serioase și, cu toate acestea, astfel de scene nu sunt neobișnuite. Mai mult de două sute de mii de copii și adolescenți fug de acasă în fiecare an, marea majoritate deoarece, ca și Samuel, simt că nu sunt „înțeleși".

Acesta este totodată și un exemplu care arată că a ignora limbajul secret al copiilor poate duce la pierderea încrederii copilului și la o eventuală înstrăinare între părinți și odraslele lor. Cu mult înainte de conversația avută la cină, prin care Samuel anunța că vrea să fie chemat pe alt nume, încercase să le spună părinților lui că nu mai simțea că face parte din familie. Numai că nu a făcut-o prin cuvinte. Cu luni înainte, începuse să se îmbrace în mod diferit, își tunsese aproape tot părul, pe care odată îl purtase lung. Când lua masa cu părinții lui, rareori se uita la ei, chiar și atunci când le vorbea. Privind în urmă, părinții îl descriau ca fiind mult mai distant și mai preocupat decât de obicei. Și-au amintit că au fost surprinși când au observat că fiul lor își rearanjase camera în așa fel încât biroul să fie cu fața la fereastră, chiar dacă asta însemnase că aproape trebuia să-l escaladeze pentru a ajunge la dulap. Spuneau că Samuel stătea ore în șir uitându-se pe geam, ca și cum ar fi fost prizonier în propria lui casă.

Dacă Jacob și Claire ar fi interpretat aceste schimbări ale lui Samuel ca pe niște încercări ale acestuia de a comunica, în loc să le considere drept niște ciudățenii adolescentine, atunci și-ar fi dat seama cât de nefericit se simte fiul lor. În acest fel, ar fi putut deschide mai multe căi directe de comunicare și ar fi putut evita ruptura tragică a relației dintre ei.

Dacă veți acorda mai multă atenție comunicării nonverbale a copilului vostru, veți începe să vedeți că aceasta este o altă cale prin care el vă vorbește.

Se poate să nu vă mai simțiți atât de uniți cu copilul vostru ca atunci când era mic, dar vă garantez că, dacă veți învăța secretele comunicării nonverbale, atunci veți începe să simțiți că sunteți pe aceeași lungime de undă cu el și cu dezvoltarea lui afectivă.

Vocabularul comunicării nonverbale

Precum studierea oricărei limbi străine, cea mai bună cale de a îmbunătăți cunoștințele comunicării nonverbale este de a o divide în părțile din care este compusă. Ca un memento al acestui capitol, ne vom uita la cele mai semnificative aspecte ale comunicării nonverbale și la felul în care pot fi folosite acestea pentru a vă intensifica modul în care vă înțelegeți copilul și modul în care comunicați cu acesta.

Postura

Nelson, în vârstă de cincisprezece ani, stătea gârbovit în spatele băncii sale, la lecția de algebră. Capul îi era aplecat pe umărul stâng. Brațele îi atârnau fără vlagă pe lângă el. În primele săptămâni de școală, profesorul lui, dl Harrison, abia dacă-l observase pe Nelson. Văzuse mulți elevi „pe jumătate adormiți" la viața lui și presupusese că Nelson era doar un alt tânăr care prefera să fie oriunde altundeva decât la ora de algebră.

Dar dl Harrison începuse să fie mai atent la Nelson după ce acesta luase prima notă de 10 la un test și pe a doua, la cel de-al doilea test. Două săptămâni mai târziu, Nelson acumulase maximum de punctaj la examenul de la jumătatea semestrului și, pe deasupra, rezolvase și problema suplimentară, primind 10+. La fel ca și în cazul testelor, la temele pentru acasă Nelson scrisese ecuațiile cu grijă și în mod corect, dovedind că a acordat atenție, astfel încât tema lui să poată fi citită și înțeleasă cu ușurință.

După ce a revăzut notele de la teste și de la temele pentru acasă, dl Harrison a realizat că Nelson era cel mai talentat elev din clasa lui. Oprindu-l pe Nelson în timp ce ieșea din clasă, dl Harrison i-a spus:

— Nelson, vreau să stau puțin de vorbă cu tine. Pari să fii foarte talentat la algebră.

— Da, i-a răspuns Nelson, ridicând din umeri, dând din cap și zicând cu o voce indiferentă, îmi place matematica.

— E minunat! a spus dl Harrison, zicându-și în gând: nu aș fi bănuit niciodată acest lucru!

Nelson a devenit unul dintre elevii preferați ai dlui Harrison. Îi plăcea cu adevărat de acest tânăr strălucit, cu atitudine dezinteresată. Dar dl Harrison era un profesor neobișnuit. Mulți dintre profesori nu văd mai departe de simpla postură pasivă și de comportamentul indiferent al elevilor lor și îi tratează cu nepăsare pe cei care nu arată că sunt interesați, chiar dacă sunt străluciți și moti-vați să învețe.

Ca și Nelson, mulți dintre adolescenți nu acordă prea multă atenție felului cum sunt percepuți de ceilalți. Ei cred că postura pe care o au, hainele pe care le poartă sau atitudinea nepăsătoare fac parte din ceea ce sunt şi nu reprezintă treaba nimănui. Dar greşesc.

Cercetările ne arată că o postură potrivită aduce o diferenţă semnificativă în modul în care sunt trataţi copiii. Când elevii sunt învăţaţi să stea cât mai drepţi, să se aplece uşor înainte, să-şi ţină mâinile la vedere, pe bancă şi să-şi încline uşor capul într-o parte atunci când profesorul se uită la ei (acesta este un mesaj nonverbal de prietenie), aceştia sunt apreciaţi de profesori ca fiind „elevi mai buni", indiferent de aptitudinile lor naturale sau chiar de munca pe care o depun. Nu este de mirare că profesorii acordă mai puţină atenţie elevilor atunci când aceştia adoptă o postură indiferentă, şi mai cu seamă atunci când par a fi dezinteresaţi. Când elevii primesc mai puţină atenţie, înclină să devină mai slabi la învăţătură, chiar şi atunci când sunt dotaţi intelectual.

Mersul copilului vostru face parte din postura lui. Transmitem mesaje afective atunci când mergem, ca şi atunci când stăm pe loc. Copiii care sunt apreciaţi ca având încredere în ei înşişi şi ca fiind competenţi, merg mult mai repede şi mai drepţi decât copiii care se mişcă într-un mod mult mai gârbovit. Este un fapt nefericit, dar nu mai puţin adevărat, că atunci când copiii au un mers ciudat, chiar dacă acest lucru se datorează stilului lor de mers sau este rezultatul unui handicap fizic, aceştia sunt necăjiţi mai des sau chiar respinşi de colegii lor.

Deci, ce înseamnă aceasta pentru părinţi? Înseamnă că, atunci când îi spuneţi copilului vostru să „stea drept" sau „să meargă cu capul sus", faceţi bine ce faceţi. Dar în cazul copiilor mai mari sau al adolescenţilor trebuie să mergeţi şi mai departe. Fără a fi critici, explicaţi-le copiilor voştri că, prin intermediul gesturilor corporale, ei vorbesc un limbaj nonverbal, comunică ceva fără niciun cuvânt. Răsfoiți împreună o carte cu poze sau o revistă și cereți-i copilului vostru să indice pozele persoanelor pe care ei le apreciază ca fiind „inteligente" sau cele care arată de parcă ar fi „proaste". Vorbiți despre motivele nonverbale care i-au determinat să facă aceste alegeri. Apoi uitați-vă împreună pe pozele copilului vostru și lăsați-l să observe modul în care diferitele posturi transmit diferite impresii afective.

Încercați și voi

Poze optimiste

Fotografiați-vă copilul în posturile descrise mai jos și apoi comentați fiecare postură în parte, în timp ce vă uitați la poze. Atârnați pe un perete pozele optimiste sau lipiți-le pe oglinda de la baie, așa încât copilul să le poată vedea zilnic. A-i arăta pozele în care este optimist reprezintă echivalentul nonverbal pentru a-l învăța să se încurajeze singur (ceea ce oamenii numesc uneori „autoconfirmări"). Cu cât văd mai multe imagini proprii optimiste, cu atât vor fi mai conștienți de postura pe care o adoptă în viața de zi cu zi.

Fotografiați-vă copilul în următoarele ipostaze:

- supererou
- cineva care nu a mai dormit de trei zile
- cineva care tocmai a câștigat o întrecere și primește o medalie
- cineva care se teme de ceva
- cineva care tocmai a primit un compliment de la profesorul său
- cineva de care tocmai s-a făcut haz
- cineva care este intervievat pentru un spectacol la televizor

Așa cum vom vedea în capitolul următor, a-i învăța pe copiii voștri cum să-și folosească în mod conștient variatele elemente ale comunicării nonverbale poate să-i ajute să aibă mai mult succes atât la școală, cât și în relațiile cu prietenii lor. Aceasta este o parte a limbajului secret pe care cu siguranță nu vreți să o țineți în secret.

Gesturile

Gesturile sunt primele „cuvinte" pe care le rostesc copiii. Pe la opt sau nouă luni, sugarii folosesc cam o duzină de gesturi, cum ar fi să dea din mână pentru a spune „pa, pa", să trimită o bezea ori să-şi ridice mâinile când vor să fie luaţi în braţe. Arată către obiectele pe care le vor sau de care sunt interesaţi.

În timp ce copiii voştri cresc, chiar dacă acum pot folosi cuvinte pentru a se exprima, gesturile reprezintă încă o parte importantă a comunicării lor afective şi sociale. Pe la şapte–opt ani, copiii folosesc gesturile aproape ca şi adulţii, atât ca înlocuitor pentru cuvinte, ca atunci când fac cu mâna pentru a spune bună sau la revedere de la distanţă, dar şi ca pe o modalitate de a sublinia cuvintele pe care le rostesc, cum ar fi să ridice din umeri atunci când spun „nu ştiu" sau pur şi simplu dând din cap când vor să spună „da".

În cultura occidentală, oamenii care folosesc prea multe gesturi sunt apreciaţi ca fiind entuziasmaţi sau insistenţi. Oamenii care folosesc puţine gesturi sunt percepuţi de obicei ca fiind timizi, neliniştiţi sau chiar prostănaci. De exemplu, Bruce era un băiat de treisprezece ani cunoscut în şcoală ca „şoarece de bibliotecă". Deşi Bruce era timid şi introvertit, avea o bună legătură cu colegii lui de clasă, datorită înzestrării sale intelectuale şi a lucrurilor drăguţe şi atente pe care le făcea pentru ceilalţi. Dar când Bruce a trecut de la gimnaziu la liceu, a fost pus în clasă cu elevi care nu-l cunoşteau şi, curând, a fost izolat social, din cauza modului său tăcut de a fi. Ca în cazul multora dintre tinerii timizi, gesturile lui Bruce erau foarte puţine la număr, iar limbajul său corporal era rigid. Făcea foarte puține pentru a atrage atenția asupra lui. Chiar și atunci când ridica mâna în clasă pentru a răspunde la o întrebare, Bruce nu o ridica mai mult de un centimetru sau doi deasupra umărului, în timp ce elevii exuberanți își fluturau mâinile în aer, aproape întinzându-se peste bancă. I-au trebuit aproape doi ani lui Bruce pentru a găsi un grup de prieteni care să vadă mai departe de modul său liniștit de a fi și care să-l admire pentru ceea ce este.

Gesturile sunt importante în dezvoltarea relațiilor, deoarece sporesc abilitatea copilului de a transmite și primi informații complete despre ceea ce simte. Atunci când copiii nu folosesc gesturi pentru a se exprima sau când nu le citesc pe cele ale celorlalți, sunt cu siguranță dezavantajați din punct de vedere social.

Încercați și voi

Testul gesturilor

Cât de bine poate copilul vostru recunoaște și folosi gesturile? Dacă are șapte ani sau este mai mare, puteți folosi Testul gesturilor pentru a evalua modul în care înțelege cum sunt folosite gesturile pentru comunicarea nevoilor și a dorințelor.

Există zece întrebări. Acordați-i un punct pentru fiecare gest pe care-l arată ca răspuns al fiecăreia dintre aceste întrebări în parte. În cazul în care combină gesturile, cum ar fi să invite pe cineva să intre și apoi a-i oferi un scaun pe care să se așeze, atunci calculați fiecare parte a gestului ca punct separat. Am adăugat și câteva exemple, pentru a vă arăta cum răspund copiii de obicei la un astfel de test.

1. Cum arăți că vrei ceva?
   (Exemple: arătând către obiect, uitându-se fix la acel obiect)
2. Cum arăți că ești de acord, folosind gestica?
   (Exemple: „degetul mare în sus", bătut din palme, zâmbet)
3. Cum arăți dezaprobarea?

(Exemple: se apucă de nas, arată cu degetul mare în jos)
Notă: S-ar putea să vi se răspundă cu un gest obscen, mai ales când copilul are mai mult de 10 ani. În acest caz, nu vă muştruluiţi copilul, ci mai degrabă întrebaţi-l dacă îşi dă seama că gestul său este jignitor.

4. Cum determini pe cineva să se aşeze unde doreşti tu?
   (Exemple: arată către un scaun, trage un anume scaun, ia pe cineva de mână şi-l duce la scaun)

5. Cum determini pe cineva să se oprească din ceea ce face?
   (Exemple: îşi ridică mâinile cu palmele în afară, arată cu pumnul şi face o figură furioasă)

6. Cum semnalezi cuiva că ai nevoie de ajutor?
   (Exemple: ridică mâna, face semn cu mâna, dă din braţe ca şi cum ar trage pe cineva în jos)

7. Cum te-ai purta dacă ai vrea să fii lăsat în pace?
   (Exemple: îi întoarce spatele, se uită în altă parte, se îndepărtează rapid)

8. Ce ai face dacă ai vrea ca oamenii să creadă că ai încredere în tine?
   (Exemple: ţine capul drept, îndreaptă umerii, se uită în ochii persoanei respective)

9. Cum îi arăţi cuiva că vrei să facă linişte?
   (Exemple: duce degetul la buze, arată către ureche, face semn cu degetul)

10. Cum îi arăţi cuiva că îţi place de el?
    (Exemple: dă mâna cu el, îl bate pe spate, aprobă din cap şi zâmbeşte)

Pentru a vă încuraja copilul să folosească gesturile ca să transmită ceea ce simte, puteţi face şi voi cât mai multe gesturi de acest fel.

Distanţa şi atingerea

Culturi diferite au reguli diferite referitoare la distanţa personală şi la atingere. Statele Unite şi Marea Britanie sunt considerate ţări în care oamenii se ating foarte puţin şi în care atingerea unei persoane în public este în general descurajată. De exemplu, a fost efectuat un studiu asupra cuplurilor din cafenele în patru orașe diferite, din patru țări diferite. În San Juan, Puerto Rico, cuplurile se atingeau în medie de 180 de ori în timp ce stăteau împreună la o masă pentru a bea sau a mânca ceva. Cuplurile din Paris s-au atins de 110 ori. Dar cele din Gainsville, Florida, s-au atins în medie de două ori, iar în Londra nu s-au atins deloc. Dacă voi sau copiii voștri aveți prieteni din alte țări, este important să țineți minte că în unele culturi există reguli foarte diferite referitoare la comunicarea nonverbală.

Indiferent din ce țară sunt, copiii au reguli diferite de adulți în ceea ce privește atingerea și distanța fizică și folosesc aceste părți ale limbajului nonverbal ca pe o modalitate intenționată de a-și defini relațiile cu cei de vârsta lor. De exemplu, un copil timid sau ciudat va sta departe de ceilalți copii atunci când se vor alege echipe pentru un joc, transmițând mesajul că el este un participant mai șovăielnic. Un copil obraznic va sta foarte aproape de un altul pentru a-l intimida (în cultura americană, dacă cineva depășește distanța de 45 de centimetri se consideră că a depășit spațiul personal al celeilalte persoane).

În ziua de azi, atingerea fizică dintre copiii care nu provin din aceeași familie este considerată nepotrivită în orice situație. Această politică de „a nu atinge" poate părea justă, dar poate fi greu respectată de unii copii care simt nevoia să facă asta mai mult decât alții.

De exemplu, Eric era un băiețel de șase ani, binevoitor, dar cam zvăpăiat, avea permanent probleme în școala particulară la care mergea. Îl apuca în brațe pe copilul din fața lui sau îl împingea pe altul în afara rândului, doar pentru a-l necăji. Aproape în fiecare zi era trimis la directorul școlii pentru că se bătea la locul de joacă, lucru

interzis cu desăvârșire de regulile școlii. Directorul îi spu-
sese mamei lui Eric că acesta ar putea fi bolnav de tulbu-
rarea de deficit atențional și hiperactivitate (ADHD), dar
aceasta nu credea că poate fi adevărat. Mai avea doi băieți,
adolescenți, iar cum spunea ea: „Și aceștia fuseseră ne-
astâmpărați când erau de vârsta lui Eric. Dar se liniștiseră
pe la doisprezece–treisprezece ani, acum fiind amândoi
niște adolescenți bine educați și buni elevi". În loc să îi
dea un tratament medicamentos lui Eric, așa cum su-
gerase directorul școlii, această mămică înțeleaptă a găsit
o altă școală, în care comportamentul lui Eric să fie mai
ușor acceptat.

Ca și alte aspecte ale comunicării nonverbale, toți copiii
trebuie să învețe odată și odată regulile adulților referi-
toare la atingerea celorlalți și la distanța față de oameni,
altfel ajung să fie înțeleși greșit sau chiar respinși de cei
de vârsta lor. Cei mai mulți dintre copii prind aceste reguli
doar uitându-se la ceilalți, însă alții nu reușesc să facă asta.
Pentru acești copii, este indicat să li se explice aceste reguli
și chiar să le fie scrise. De exemplu, iată regulile noii școli
în care a fost dus Eric:

- Nu ai voie să atingi pe nimeni din școală dacă nu
  jucați un joc sau nu sunteți supravegheați de adulți.
- Nu te apropia de o persoană la o distanță mai mică
  decât lungimea brațului tău.
- Dacă ceilalți copii te ating sau stau prea aproape de
  tine, atunci îndepărtează-te de ei. Dacă iar se apro-
  pie de tine, spune-i profesorului.
- Nu ai voie să lovești (cu mâna sau cu piciorul) sau
  să ciupești pe nimeni, nici măcar în glumă.
- Dacă te lovește cineva, spune-i să înceteze. Dacă nu
  încetează, spune-i profesorului.

Inflexiunea și volumul vocii

Așa cum am spus, comunicarea nonverbală se face nu numai prin intermediul a ceea ce se vede, ci și prin ceea ce se aude. Înțelesul cuvintelor noastre poate varia semnificativ, în funcție de inflexiunea, tonul sau volumul vocii noastre. Puteți observa acest lucru făcând un exercițiu pe care-l dau uneori copiilor.

Spuneți următoarea propoziție de patru ori, transmițând sentimente diferite: „Mi-am uitat geanta în mașină". Spuneți această propoziție ca și cum ați fi fericit, trist, surprins și furios. Așa cum puteți vedea, înțelesul propoziției se modifică total atunci când accentuați anumite cuvinte, când schimbați intensitatea și timbrul vocii sau vorbiți tare ori încet. Acum, cereți-i copilului vostru (de șapte ani sau mai mare) să facă același exercițiu. Aceasta îl va ajuta să fie mult mai conștient de modul în care oamenii își folosesc vocea pentru a comunica altora diferitele lor sentimente.

Dacă copilul vostru are probleme cu ceilalți copii sau cu profesoara lui, atunci ați putea investiga mai amănunțit comunicarea nonverbală a acestuia. Unii copii vorbesc în mod natural foarte încet, transmițându-le celorlalți că le lipsește încrederea în ei. Alți copii au vocea grăbită și înaltă, nefiind de mirare că profesorii le spun tot timpul să tacă din gură, chiar și atunci când vorbesc mai puțin decât ceilalți elevi. Exersați împreună cu copilul vostru modificarea tonului vocii în diferite situații. Chiar și atunci când copilul vostru nu are probleme la școală, aceasta poate constitui o parte valoroasă a educației lui în ceea ce privește comunicarea nonverbală.

Încercați și voi

Oricine poate fi actor

Folosiți o cameră video pentru a vă înregistra în timp ce jucați o scenă împreună cu copilul, ca și cum ați fi în următoarele situații:

- vă rugați
- citiți într-o bibliotecă
- vă jucați în curte
- învățați la școală
- vă plimbați printr-un muzeu
- urmăriți un eveniment sportiv.

Apoi urmăriți înregistrările făcute și discutați asupra modurilor diferite în care vi s-au modificat vocile (sau celelalte aspecte ale comunicării nonverbale) în fiecare situație în parte. În timp ce crește, copilul vostru va deveni din ce în ce mai conștient de cum să-și folosească vocea în diferite situații, acest lucru putând deveni o achiziție inestimabilă în dezvoltarea lui socială.

Cum să deveniți un detector de minciuni

La doisprezece ani, Rafael era un băiat frumos și simpatizat. Era un elev bun, dar mama lui considera totuși că este puțin cam „sălbatic". De aceea, nu a fost prea surprinsă când un vecin s-a dus să-i spună că l-a văzut pe Rafael și pe prietenii acestuia fumând pe o alee din spatele casei lor. Mama lui Rafael, Eloisa, l-a chemat și i-a cerut să ia loc pentru a discuta ceva serios.

— Te-ai apucat de fumat? l-a întrebat Eloisa pe un ton aspru.

— Nu, i-a răspuns Rafael cu o voce fermă. Nu am fumat. Rafael își ținea mâinile împreunate în poală. S-a uitat o clipă fix în ochii mamei sale, după care a întors privirea.

— Îmi spui adevărul, tinere? a continuat Eloisa, apropiindu-și fața și mai mult de cea a fiului ei, încercând să-l intimideze.

— Am spus că nu, a repetat încet Rafael, stând drept și fără să se miște.

— Ei bine, sper că nu, a spus Eloisa ferm. Deoarece fumatul este unul dintre cele mai rele lucruri pe care i le poți face corpului tău.

— Știu, a murmurat Rafael, sculându-se de pe scaun și îndreptându-se spre ușă. Știi că nu sunt prost.

După ce a plecat, Eloisa s-a întrebat dacă fiul ei îi spusese adevărul sau nu. Oare fumase? De mirosit, nu mirosea. Nu găsise nicio țigară în camera lui. Dar el părea supărat. Se întreba dacă nu exagerase.

Ce credeți? Chiar și din această scurtă descriere, puteți să vă dați seama dacă Rafael spusese adevărul sau nu? Puteți să vă dați seama din atitudinea nonverbală a copilului vostru dacă acesta este cinstit sau evaziv?

A ști atunci când copilul vă minte sau vă spune adevărul poate să nu fie cea mai importantă utilitate a limbajului secret al comportamentului nonverbal, dar, cu toate acestea, se pot ivi ocazii în care a avea informațiile respective despre copilul vostru poate să fie deosebit de util. Părinții adolescenților ar trebui să aibă încredere că aceștia respectă regulile importante și că nu se implică în comportamente și activități riscante. Aceștia ar trebui să știe când sunt încălcate aceste reguli, pentru a putea lua măsurile care se cuvin.

Desigur, nimeni nu poate fi un detector de minciuni. Dacă acest lucru ar fi fost posibil, atunci nu am mai fi avut nevoie de judecători sau jurați pentru a decide dacă oamenii sunt vinovați sau nu. Dar puteți învăța să interpretați

mult mai corect semnalele nonverbale ale oricărei per-
soane, așa cum o fac și consilierii, negociatorii sau cei care
joacă poker. Din fericire, aceste cunoștințe vă vor ajuta să
vă îndrumați copilul pe parcursul dezvoltării sale morale
și, mult mai important, să fiți conștient atunci când face
ceva imprudent.

Dar înainte de a observa limbajul nonverbal care vă
poate indica atunci când o persoană minte sau când este
cinstită, să ne oprim o clipă și să observăm natura impul-
sului de a minți în copilărie. Mai întâi, trebuie să luăm în
calcul momentul în care copiii sunt capabili să facă dife-
rența între a minți și a spune adevărul. Copiii mici, sub
cinci ani, încurcă adesea realitatea cu fantezia. Știu că a
minți este în general un lucru rău, dar nu sunt pe deplin
conștienți că fac ceva rău în anumite situații. Și nici nu
înțeleg cu adevărat că unii oameni pot vedea în mod
diferit aceleași lucruri. De exemplu, îmi aduc aminte de
o dimineață în care am coborât în bucătărie să beau ca-
feaua, în jurul orei șapte, și am găsit-o pe fiica mea cea
mare, Jessica, pe atunci având patru ani, plină de cioco-
lată pe față și pe mâini.

— Ai mâncat ciocolată? am întrebat-o eu, încercând să
par aspru, dar gândind de fapt cât de nostimă e.

— Nu, mi-a răspuns, ușor sfioasă, deoarece știa foarte
bine că nu avea voie.

— Atunci, ce ai pe mâini? am întrebat-o.

Jessica s-a uitat la mâinile ei, apoi s-a uitat la mine și
mi-a spus:

— Cum a ajuns asta pe mâinile mele?

Totuși, pe la cinci–șase ani, copiii devin foarte conștienți
de cât de important este să fii cinstit. Copiii de vârsta asta
gândesc la modul concret, iar cei mai mulți dintre ei v-ar

spune: „N-ar trebui să minți niciodată, dar niciodată!". Deși copiii de această vârstă vor ascunde uneori adevărul, ei știu foarte bine că nu e bine să mintă.

Dar pe la vârsta de unsprezece–doisprezece ani, copiii văd cu totul diferit noțiunea de adevăr. De exemplu, într-un studiu efectuat pe copii cu vârsta cuprinsă între cinci și unsprezece ani, aceștia au fost întrebați: „Există vreo situație în care a spune o minciună nu este ceva rău?". Nouăzeci la sută dintre copiii de cinci ani au răspuns că niciodată nu este bine să spui minciuni. Dar când aceiași cercetători i-au întrebat pe copiii de unsprezece ani dacă există ocazii în care este în regulă să mintă, 90% dintre ei eu răspuns: „Da, uneori este în regulă să spui o minciună". Desigur, diferența este că, la unsprezece ani, copiii înțeleg că există mai multe tipuri de minciuni. Există minciunile înșelătoare, când încerci să ascunzi ceva, dar există și „minciunile curate", care nu au mare importanță (cum ar fi să-i spui cuiva că îți place coafura ei, chiar dacă nu este adevărat). Există chiar și minciunile altruiste, când spui o minciună pentru a ajuta pe cineva. De exemplu, un adolescent care spune că a avut un prieten în vizită, când de fapt acesta era la o petrecere, înseamnă că a mințit pentru a-l ajuta pe respectivul prieten să nu intre în bucluc. De fapt, își riscă propria credibilitate pentru a-și salva prietenul.

Este important să înțelegeți natura dezvoltării minciunii și a complexității sale morale atunci când vă gândiți cum să răspundeți copilului dacă bănuiți că vă minte. Este posibil să fiți convinși 100% că acesta nu spune adevărul, dar asta nu înseamnă că trebuie să-l confruntați sau să-l pedepsiți. În loc să faceți aceasta, trebuie să subliniați importanța cinstei, așa cum accentuați și importanța altor valori morale. Dacă simțiți că copilul sau adolescentul vostru vă înșală, atunci trebuie să folosiți alte aspecte ale limbajului secret pentru a reconstrui o relație bazată pe încredere între voi și copilul vostru.

După această paranteză, să ne întoarcem la Rafael și la reacția pe care a avut-o când mama lui l-a confruntat referitor la fumat. Așa cum vom vedea, limbajul nonverbal al acestuia indica faptul că era evaziv și probabil nu i-a spus adevărul mamei sale. Iată câteva dintre semnele nonverbale hotărâtoare pe care să le urmăriți pentru a vedea dacă cineva minte.

Contactul vizual

Evitarea sau lipsa contactului vizual reprezintă un semn clasic de înșelăciune. Rafael s-a uitat la mama lui la începutul conversației, după care a întors privirea în altă parte. Însă într-o conversație obișnuită, cei mai mulți dintre oameni se uită unii în ochii celorlalți în proporție de 60–80% din timp. Și a te uita prea mult timp în ochii persoanei cu care vorbești poate fi un semn că ceva nu este în regulă. Deoarece oamenii știu că a-ți feri privirea înseamnă că ai ceva de ascuns, ei încearcă să supracompenseze acest lucru, uitându-se la tine atât de mult, încât par că se holbează. Gradul de confort al fiecăruia reprezintă cel mai bun ghid pentru a aprecia dacă este potrivit să te uiți în ochii cuiva sau nu. Partea afectivă a creierului vostru interpretează semnalele nonverbale mult mai rapid decât puteți analiza conștient comportamentul altei persoane, așa că dacă „simțiți" că ceva este în neregulă, atunci înseamnă că așa și este.

Poziția corpului și gesturile

Dacă vă amintiți descrierea anterioară discuției dintre Rafael și mama lui, n-ați uitat că Rafael stătea liniștit în scaunul lui pe când era interogat și că abia a răspuns, chiar și atunci când mama lui s-a apropiat mai mult de el pentru a-l intimida. Psihologii care studiază minciuna (vezi cartea lui David Lieberman *Never Be Lied to Again — Cum să nu te mai lași păcălit*) explică faptul că atunci când oamenii vor să înșele pe cineva fac mai puține gesturi și stau mult mai liniștiți decât de obicei. În cadrul conversațiilor lui obișnuite, Rafael era entuziast și chiar exuberant, dar când mama lui l-a întrebat despre fumat, a fost liniștit și rezervat. Când copiii voștri au ceva de ascuns, vor încerca să atragă mai puțin atenția asupra lor, așa că vor gesticula mai puțin, vor sta mai liniștiți și vor vorbi pe un ton plat, fără inflexiuni.

Este important de ținut minte că puteți judeca comportamentul unei persoane comparând-o cu modul în care reacționează de obicei. Unii copii și, desigur, unii adulți nu arată prea mult ce simt atunci când vorbesc, așa încât nu puteți presupune că atitudinea lor liniștită și gesturile reduse indică faptul că vor să vă înșele cu ceva. Fiecare persoană în parte are propriul său stil de comunicare nonverbală și, dacă vreți să aflați când sunteți mințiți, trebuie să vedeți dacă există vreo modificare a acestui stil.

Alte particularități care pot indica minciuna

Există și alte semne nonverbale demne de atenție, care pot indica atunci când o persoană este evazivă sau vă minte pe față. Printre acestea se numără următoarele:

- Persoana îşi pune mâinile pe faţă şi pe gură mai mult decât o face de obicei.
- Persoana respectivă are gesturi înţepate şi nefireşti, ca şi cum ar interpreta un rol.
- Persoana stă departe de voi, îndreptată către o uşă sau o fereastră. Acest lucru poate indica la nivel subconştient că abia aşteaptă să plece.
- Persoana îşi ţine palmele îndreptate în jos sau chiar ţine mâinile sub ea. A ţine mâinile cu palmele în sus este un semn universal care indică deschidere şi prietenie. Este un fel de a spune: „Nu am nimic de ascuns". A-ţi ţine palmele în jos sau mâinile ascunse sugerează exact contrariul.
- Persoana pune obstacole între ea şi ascultător şi adoptă o poziţie „închisă". Când cineva are ceva de ascuns, va arăta adesea ca cineva care are într-adevăr ceva de ascuns. Un adolescent se încolăceşte în scaun aşa încât să nu-l puteţi vedea bine sau îşi ţine rucsacul cu cărţi în poală. Îşi încrucişează picioarele şi braţele, şi chiar îşi înfige bărbia în piept. Mesajul nonverbal pe care vi-l transmite este: „Cu cât mă vezi mai puţin, cu atât mai bine".

Rafael, despre care aţi presupus probabil că *fuma* împreună cu prietenii lui după ce ieşeau de la şcoală, nu a arătat niciunul dintre aceste semne în timp ce-şi minţea mama. Nimeni nu arată toate aceste semnele ale înşelăciunii, chiar dacă spune cea mai sfruntată minciună. De fapt, este obişnuit pentru oameni să transmită mesaje nonverbale contradictorii atunci când mint sau spun adevărul.

Este important să ţineţi minte că nu puteţi să vă judecaţi comunicarea nonverbală a copilului vostru în funcţie de una sau două caracteristici, așa cum nu puteți aprecia înțelesul unui paragraf extrăgând din el doar unul sau două cuvinte. Trebuie să apreciați ce vă spune copilul vostru prin intermediul limbajului secret al comunicării nonverbale folosind toate capacitățile de observare, precum și cunoștințele pe care le aveți despre personalitatea sa și comportamentul său anterior.

Cum să exersați

Acum, că ați avut ocazia să vă gândiți la importanța comunicării nonverbale, jucați împreună cu familia voastră jocul de Șarade ale Sentimentelor. Începeți prin a scrie diferite sentimente, precum cele din următorul tabel, pe cartonașe separate. După aceea, fiecare membru al familiei trebuie să facă cu rândul, să tragă câte un cartonaș și, fără cuvinte, să încerce să transmită sentimentul care este notat pe cartonașul pe care l-a tras. La următorul rând, când transmiteți respectivul sentiment, adăugați și vocea, putând spune doar propoziția: „Sunt bucuros să mă aflu aici".

Acesta este un joc de cooperare, în care jucătorii acumulează puncte ca echipă. Întreaga familie câștigă un punct atunci când este ghicit un sentiment în decursul unui minut. Puteți modifica acest joc pentru copiii mai mici, simplificând sentimentele (furie, tristețe, bucurie, frică) sau adăugând mai multe sentimente pentru copiii mai mari sau pentru adolescenți.

Cel mai important lucru de ținut minte atunci când învățați să vă citiți copilul (sau pe altcineva) ca pe o carte este să acordați atenție la ceea ce vedeți și auziți în spatele

Încredere	Neîncredere	Nerăbdare
Furie	Frustrare	Nesiguranţă
Plictiseală	Receptivitate	Interes
Relaxare	Plictiseală	Neîncredere
Apărare	Sinceritate	Nervozitate
Tristeţe	Mândrie	Nehotărâre
Chibzuială	Veneraţie	
Respingere	Hotărâre	

cuvintelor persoanei respective. Ţineţi minte că vorbele copilului vostru transmit doar o mică parte din înţelesul lor afectiv. Aveţi grijă să recepţionaţi şi restul.

Capitolul 19

Copilul vostru cunoaşte secretele comunicării nonverbale?

Precum cei mai mulţi dintre părinţi, vă petreceţi mult timp încurajând vorbirea copilului vostru — ajutându-l să citească, învăţându-l cuvinte noi pentru a-şi îmbogăţi vocabularul, încurajând folosirea unei gramatici şi scrieri corecte. Însă, deşi aceste lucruri sunt importante, pentru a avea succes, copiii au nevoie şi de altceva în afară de limbajul cuvintelor. În mod ironic, unii copii care au aptitudini verbale excepţionale au aptitudini nonverbale sărace. Deşi talentele lor intelectuale ar trebui să le aducă succesul, aptitudinile nonverbale sărace îi duc la eşec.

De exemplu, Michael, un elev de liceu cu care am făcut terapie la începutul carierei mele, în vremea când lucram la o şcoală particulară pentru elevi „slab dezvoltaţi" din New York. Deşi avea cincisprezece ani, Michael trăncănea mereu despre ceea ce-l interesa pe el în acel moment, aşa cum fac uneori copiii de patru–cinci ani. Cu un IQ de peste 150, Michael era bine informat despre multe lucruri, dar interesat mai cu seamă de istoria mai puţin cunoscută a New Yorkului. Profesorul de chimie vorbea despre tabelul periodic al elementelor, dar Michael făcea ce făcea și aducea vorba despre construirea metroului newyorkez, de la începutul secolului, sau de câte becuri a fost nevoie pentru a lumina Empire State Building.

Abilitățile verbale și energia lui Michael făceau ca profesorii să nu mai înțeleagă o iotă când începea cu diatribele lui. Inevitabil, cei mai mulți dintre profesorii săi se enervau și-i cereau să tacă din gură. După aceea, se îmbufna și nu mai vorbea cu nimeni tot restul zilei.

Scopul terapiei mele cu Michael era să-l ajut să învețe cum să anticipeze consecințele comportamentului său. Făcea aceleași greșeli sociale iar și iar și era, cu siguranță, destul de inteligent încât să învețe din multele și evidentele semne date de cei din jurul lui. Dar Michael ignora sprâncenele ridicate, suspinele exasperate și numeroasele încercări pe care le făceau oamenii pentru a schimba subiectul. Odată ce se pornea, Michael vorbea în neștire, ca și cum toți ceilalți ar fi trebuit să fie la fel de interesați ca și el de subiectele respective.

Din motive neclare, unii copii sau adolescenți întâmpină mari dificultăți în învățarea limbajului secret al comunicării nonverbale, pe care mare parte dintre noi îl interiorizăm de la sine. Aceștia interpretează greșit sau ignoră indiciile nonverbale ale celorlalți și nu sunt capabili să spună dacă cineva se înfurie pe ei. În clasă vorbesc când nu trebuie sau fac comentarii nepotrivite. Sunt văzuți ca ciudați sau „excentrici" de către colegii lor, și chiar de către profesori.

Psihologii Marshall Duke și Stephen Nowicki, pionieri în studierea și tratarea copiilor cu probleme de comunicare nonverbală, cred că 10% dintre copii sunt incapabili să învețe să comunice nonverbal și nu învață regulile comunicării nonverbale aşa cum o fac ceilalţi copii de vârsta lor. Duke şi Nowicki scriu în cartea lor *Helping the Child Who Doesn't Fit In (Ajutarea copiilor care nu-şi găsesc locul):*

> Aceşti copii doresc cu disperare să se încadreze în cercurile de copii şi să-şi facă prieteni, dar nu reuşesc. Sunt mai mereu ignoraţi sau respinşi nu numai de ceilalţi copii, dar şi de adulţii binevoitori, care nu cunosc sursa acestor probleme ale copiilor şi, prin urmare, nu ştiu cum să-i ajute... Noi credem că mulţi copii care nu se potrivesc cu ceilalţi au dificultăţi în utilizarea comunicării non-verbale... Stau prea aproape de ceilalţi, îi ating în mod inadecvat sau înţeleg ori interpretează greşit acţiunile prietenoase. Aceste dificultăţi pot duce la respingeri sociale dureroase, mai cu seamă atunci când copilul nu-şi dă seama că el este sursa problemei respective.

Când un copil are aptitudini nonverbale sărace, acest lucru îi poate afecta oricare dintre aspectele dezvoltării sale sociale. Îl face mai vulnerabil la tachinări şi la huliganisme, mai pasiv în grupul de colegi de joacă şi este puţin probabil să capete aptitudini de lider. În situaţii extreme, aptitudinile nonverbale sărace pot duce la o respingere şi o izolare socială dureroase.

Este greu de spus de ce unii copii nu învaţă limbajul secret al comunicării nonverbale aşa cum o fac ceilalţi copii. Cei mai mulţi dintre specialişti cred că aceasta constă doar într-o diferenţă în capacitatea de a învăţa, lucru ce face ca pentru unii copii să fie mult mai dificil să înveţe regulile comunicării sociale. Este posibil ca, în creierul lor, informaţiile să fie procesate în mod diferit faţă de cum se petrece la ceilalţi, aşa cum unii copii învaţă cu greu să citească sau să scrie, deoarece văd literele în mod diferit.

Dar vestea bună este că, odată ce recunoaştem că există o problemă, copiii pot fi învăţaţi aceste aptitudini ale comunicării nonverbale într-o manieră asemănătoare celei prin care remediem alte tipuri de probleme de învăţare. În acest capitol, vom vedea cum să-l ajutăm pe copilul vostru dacă are probleme sociale, prin a-l învăţa cum să dobândească abilităţile comunicării nonverbale.

Învăţaţi-vă copilul cum să se apere împotriva celor care-l necăjesc

Tachinarea este o problemă obişnuită a copilăriei, care nu va dispărea niciodată. Fiecare generaţie de copii are atât propria gamă de huligani şi de copii care-i necăjesc pe alţii, cât şi de copii predispuşi să fie victimele acestora. Aşa cum probabil că vă aşteptaţi, copiii cu aptitudini nonverbale sărace vor fi mult mai frecvent victimele bătăilor de joc.

Atunci când copiii au un mod neobişnuit de a se exprima sau când nu observă indiciile nonverbale ale celorlalţi, sunt etichetaţi rapid ca fiind „altfel". Şi dacă vă aduceţi aminte de perioada în care eraţi copil sau adolescent, vă puteţi aminti că „a fi altfel" arareori era considerat ceva bun.

Joshua, un băiat de zece ani care mergea la o şcoală de stat dintr-o suburbie din vestul mijlociu al SUA, era în mod clar un copil „mai altfel". Deşi era deosebit de inteligent, nu părea să fie prea preocupat de propria-i persoană. Un băiat subţire şi osos, purta ochelari groşi și haine desperecheate. Arareori avea părul pieptănat. Trecea dintr-o clasă într-alta cu cărțile strânse la piept, privind țintă în față, ca și cum ar fi fost „în misiune". Când era în clasă, Joshua evita contactul cu ceilalți elevi, dar concura pentru a capta atenția profesorului, ridicând mâna și agitând-o în aer, ori de câte ori se punea o întrebare.

Doar câțiva dintre elevi îl tachinau pe Joshua din cauza obiceiurilor sale bizare, dar când s-au hotărât să se ia de el, au făcut-o fără milă. Mai cu seamă doi dintre băieți îi puneau piedică, îl înghionteau, îi luau cărțile și chiar ochelarii.

Din fericire, în școala lui Joshua exista un program antihuliganism predat de terapeutul școlii, care includea și un program de apărare pentru potențialele victime ale bătăilor de joc. La insistențele profesorului său de engleză, Joshua s-a înscris în acel program, care se ținea o dată pe săptămână, după orele de curs. Programul sublinia atitudinea ce trebuia luată față de huliganisme prin intermediul comunicării nonverbale. În continuare, sunt notate câteva dintre aptitudinile care se predau în cadrul programului respectiv. Acestea pot fi de ajutor și copilului vostru.

Evitați oamenii care sunt răutăcioși

A-i evita pe huligani sau pe cei care îi necăjesc pe ceilalți presupune existența unei conștientizări ridicate a distanței interpersonale. Cei mai mulți dintre copii încearcă în mod natural să stea departe de cei răutăcioși și agresivi, dar unii copii, precum Joshua, sunt atât de inconștienți în legătură cu ceea ce-i înconjoară, încât nu prevăd când o anume situație se poate transforma într-o problemă. În cadrul uneia dintre activitățile grupului antihuliganism din care făcea parte și Joshua, fiecare membru al grupului trebuia să facă o hartă care să conțină „Modul în care aveți grijă la huligani", indicând ruta zilnică atât din cadrul școlii, cât și cea pe care o făceau către școală și de la școală acasă, și pe care să marcheze locurile în care ar putea apărea unele probleme.

Elevilor li s-a spus să aibă grijă că anumite locuri, cum ar fi scările de la școală sau pomii din spatele locului de joacă, sunt deosebit de periculoase. Li s-a spus să evite acele zone pe cât posibil și, dacă nu era posibil acest lucru, să treacă pe acolo numai însoțiți de alte persoane.

Încercați și voi

Harta „Aveți grijă la huligani"

Faceți pentru copilul vostru o astfel de hartă, folosind-o ca pe o cale de a vorbi despre cum să-i evite pe huligani, precum și alte posibile pericole. Nu faceți eforturi să desenați o hartă exactă și reală; aceasta este o hartă „psihologică", folosită să scoată ceva în evidență, și nu pentru a găsi anumite locuri. În timp ce desfășurați această activitate, încercați să vedeți lumea din perspectiva copilului vostru. Pentru un adult este ușor să spună: „Pur și simplu, evită copiii care te tachinează", dar copiii au nevoie de alternative concrete. Totodată, copiii trebuie să ia în considerare presiunile exercitate de ceilalți copii. Puteți să-i sugerați copilului vostru să stea într-o altă zonă a sălii de mese pentru a evita un elev care-l necăjește. Dar asta poate să însemne că va trebui să stea departe de masa la care mănâncă prietenii lui, acest lucru făcându-l să se simtă izolat din punct de vedere social și chiar mult mai vulnerabil.

Cel mai important scop al acestui exercițiu este de a-l ajuta pe copilul vostru să vadă că are și alte opțiuni în loc să fie victima batjocurii, și că atât voi cât și ceilalți adulți îl veți ajuta atunci când va fi nevoie.

Ignoră tachinările

Nu este uşor să ignori pe cineva care râde de tine, dar nu este mai puţin adevărat că acest lucru ţine de o aptitudine nonverbală importantă. Elevii din clasa antihuliganism a lui Joshua au făcut un joc de rol, în care au arătat cum s-ar simţi cineva care trece pe lângă un grup de elevi care îl poreclesc în toate felurile şi fac gesturi urâte. În cadrul acestui exerciţiu, potenţiala victimă exersa menţinerea unei expresii faciale neutre şi evitarea celor care îl tachinau şi se strâmbau la el. Jocul de rol a fost înregistrat pe video, aşa încât elevii să poată vedea cum s-au purtat în cadrul acestui exerciţiu. A-i înregistra video pe copii în timp ce învaţă să dobândească noi aptitudini nonverbale şi apoi a le arăta cum apar constituie o parte importantă în a-i ajuta pe aceştia să înveţe un nou comportament nonverbal.

Foloseşte un limbaj corporal plin de încredere

Cei mai mulţi dintre copii nu sunt conştienţi de limbajul propriului lor corp, dar dacă sunt victime ale tachinărilor sau huliganismelor, atunci trebuie să fie mai conştienţi şi mai siguri pe sine. Studiile arată că cei mici cad mai greu pradă celor care se iau de ei atunci când au un limbaj corporal mai sigur pe sine. Folosiţi *Lista încrederii de sine* pentru a vă ajuta să stabiliţi dacă copilul vostru foloseşte un limbaj corporal care spune „respectă-mă" sau dacă spune „e în regulă dacă te iei de mine".

Încercați și voi

Lista încrederii de sine

Observați-vă copilul și vedeți cât de mult îi pasă de transmiterea încrederii în sine prin intermediul limbajului corporal. Fără a fi critici, determinați-i pe copiii mai mari sau pe adolescenți să devină conștienți că limbajul corporal constituie o parte importantă a felului în care sunt judecați atât de adulți, cât și de cei de vârsta lor. Este un fapt incontestabil că oamenii cu un limbaj corporal ce emană încredere au un succes social mai mare. Asigurați-vă că sunteți un model potrivit pentru copilul vostru. Exersați propriul limbaj corporal și vedeți dacă oamenii reacționează în mod diferit.

Limbaj corporal care emană stăpânire de sine	Limbaj corporal care emană nesiguranță
Stă drept	Stă gârbovit
Când stă așezat, stă drept	Când stă așezat, ține capul plecat
Se uită în ochii celor cu care vorbește	Evită contactul vizual, se uită în jos sau în altă parte
Are o ținută dreaptă când merge	Se gârbovește
Ține mâinile afară din buzunare, la vedere	Își ascunde mâinile
Are o expresie facială plăcută	Pare nefericit și neliniștit
Folosește gesturile pentru a sublinia ce spune	Nu folosește gesturile în mod eficient, pentru a atrage și menține atenția interlocutorului

Puteți scrie o listă cu calitățile nonverbale care definesc încrederea în sine în cazul copilului vostru și-i puteți spune să poarte această listă la el. Cu cât devine mai conștient de mesajele sale nonverbale, cu atât va arăta și va simți mai multă încredere în sine.

Vorbește cu o voce neutră, asertivă și folosește Tehnica Repetiției (tehnica discului stricat)

Copiii care agresează și tachinează știu de obicei să-și folosească vocea și cuvintele pentru a-i intimida pe ceilalți. Cel mai bun lucru pe care-l poate face copilul vostru este să întoarcă spatele și să se îndepărteze de un astfel de huligan, dar uneori acest lucru nu este posibil. În loc să încerce să poarte o conversație rezonabilă cu un astfel de copil sau să se implice într-o ceartă, îi sfătuiesc pe copii să folosească Tehnica Repetiției, care aproape garantează că poți determina pe cineva să înceteze să se mai ia de tine.

Tehnica Repetiției funcționează datorită simplității sale. Copilul care a fost agățat repetă aceleași câteva cuvinte, cu o voce calmă, dar fermă. Copilul nu trebuie să se abată în niciun fel de la această simplă frază sau propoziție, indiferent ce aude. De exemplu, am învățat-o această tehnică pe Dana, o fetiță în vârstă de șapte ani, care era tachinată în mod constant de fratele ei, Mark, care avea treisprezece ani. Ori de câte ori Mark râdea de ea, i-am spus Danei să-i zică simplu: „Nu-mi place să se ia cineva de mine". Asta era tot ce trebuia să repete.

După ce Dana a exersat această tehnică cu mine, l-am invitat pe Mark să participe la o ședință împreună cu sora lui, așa încât să poată exersa într-o situație reală. Mark a fost cam îngrijorat atunci când i-am spus: „Arată-mi exact cum o tachinezi pe sora ta", dar în câteva minute, a răspuns provocării mele.

— Ești un mic vierme, a început el.

— Nu-mi place să se ia cineva de mine, a răspuns Dana.

— Arăți tare rău astăzi, să știi, a încercat Mark din nou.

— Nu-mi place să se ia cineva de mine, a spus Dana din nou, fără emoții.

— Ești o mică nenorocită și nimeni nu te place, a spus Mark, pierzându-și puțin din entuziasm.

— Nu-mi place să se ia cineva de mine, a răspuns Dana, cu o figură inexpresivă și un ton plat.

— Parcă ai fi un papagal prost, a spus Mark.

— Nu-mi place să se ia cineva de mine, a spus Dana din nou, arătând că poate continua așa toată ziua.

După aproximativ zece minute, Mark a renunțat. Înfrânt, s-a așezat pe scaun și a spus:

— Am înțeles mesajul.

La următoarea ședință, Dana mi-a spus că Mark nu se luase de ea toată săptămâna.

— Abia aștept să încerce din nou, mi-a spus ea cu un zâmbet poznaș.

Cum să-i ajutăm pe copiii care sunt respinși de societate

Există câteva lucruri care sunt mai dureroase pentru un copil decât acela de a fi respins de către grupul de copii de aceeași vârstă. Respingerea socială merge dincolo de tachinări și hârjoneli, care implică de obicei doar două persoane. Copilul respins de societate nu poate să găsească nici măcar o persoană cu care să vorbească, cu care să se joace sau cu care să aibă interese comune.

Chiar și atunci când copiii sunt învățați despre importanța de a-i înțelege pe ceilalți și a accepta lucruri diferite, primul motiv al respingerii sociale este că acel copil este perceput ca fiind „altfel". Asta se poate întâmpla din cauza diferențelor de ordin fizic, cum ar fi obezitatea, o diformitate fizică sau un handicap, din cauza a diferențelor culturale, cum ar fi religia sau un accent ciudat în vorbire, sau a diferențelor psihice, care fac ca un anumit copil să pară ciudat sau chiar să-i sperie pe ceilalți.

Michael, băiatul de cincisprezece ani pe care l-am descris la începutul acestui capitol, se încadrează clar în această categorie. Interesul lui obsesiv pentru informațiile neobișnuite referitoare la New York și incapacitatea lui de a se raporta la ceilalți i-au determinat pe colegii lui și chiar pe profesori să-l trateze ca pe un paria. Pe la jumătatea anilor '70, pe când lucram cu Michael, credeam că el era „unic", un elev ciudat care avea un fel de problemă psihologică, deși nu știam exact în ce consta ea. Acum, după mai mult de douăzeci și cinci de ani, știu că Michael nu era unic, dar probabil că un copil dintr-o mie este diagnosticat cu tulburarea Asperger sau cu o formă de autism înalt funcțional.

În ultimii zece ani, s-a acordat foarte multă atenție acestui diagnostic, specialiștii descoperind din ce în ce mai mulți copii care, ca și Michael, sunt foarte inteligenți, dar inadecvați din punct de vedere social. Deși există o dispută considerabilă asupra constelației de simptome care definesc aceste tulburări (copiii cu simptome similare sunt uneori diagnosticați cu tulburare de dezvoltare pervazivă), acești copii împărtășesc același tip de problemă: ei nu pot folosi comportamentul nonverbal pentru a-și adapta interacțiunile sociale. Ca rezultat, au doar câțiva prieteni sau chiar deloc.

Deși acești copii pot avea o mare varietate de comportamente neobișnuite, de la interese obsesive la comportamente repetitive ciudate, incapacitatea lor de a învăța cele mai bazale aptitudini de interacțiune socială trebuie să ne îngrijoreze. A-i ajuta pe acești copii să devină conștienți de problemele pe care le au când relaționează cu ceilalți și a le oferi un ajutor special poate să-i determine pe acești tineri inteligenți să ajungă la facultate și să aleagă o carieră bună sau să continue să fie respinși când ajung adulți, să aibă slujbe sub capacitățile lor și să trăiască o viață lipsită de prieteni și de relații intime.

În cazul în care copilul vostru are probleme grave în modul în care se raportează la ceilalți, trebuie să aveți răbdare și să nu vă așteptați la o îmbunătățire rapidă a acestei situații. Pe de altă parte, dacă vă ajutați copilul să devină conștient de ce anume are nevoie pentru a căpăta aptitudini sociale mai bune, veți observa unele schimbări. De exemplu, Ed, un băiat de zece ani diagnosticat cu tulburarea Asperger, a fost învățat să-i salute pe elevii pe lângă care trecea pe culoarul școlii. El i-a spus terapeutului său: „N-am știut că trebuie să fac asta! Când le fac semn cu mâna, oamenii îmi răspund și îmi zâmbesc. Asta îmi dă un sentiment plăcut".

Sau cazul lui Paul, un băiat de șaptesprezece ani care excela la toate materiile, mai cu seamă la cele reale. Acesta nu fusese niciodată invitat acasă la un alt coleg, nu vorbise niciodată la telefon cu vreun alt elev și, cu siguranță, nu avusese nicio întâlnire cu vreo fată. În cadrul unui grup de exersare a aptitudinilor sociale, Paul a fost învățat despre importanța întreținerii unei conversații, sau ceea ce specialiştii în comunicare denumesc „reciprocitate". În şedinţele de exersare care au fost înregistrate video, Paul a fost învăţat următoarele:

- Ar trebui să asculţi mai întâi ce spune cealaltă persoană şi să aştepţi să facă o pauză înainte de a vorbi tu.
- Când vorbeşti, ar trebui ca la fiecare treizeci de secunde să observi dacă cel cu care vorbeşti nu cumva şi-a pierdut interesul în ceea ce-i spui. Aceste semne pot fi:
  - cealaltă persoană nu se mai uită în ochii tăi;
  - cealaltă persoană se îndepărtează;
  - expresia de pe faţa celeilalte persoane indică plictiseală sau dezinteres;
  - cealaltă persoană se dă înapoi sau îşi îndepărtează scaunul de tine.
- Când vrei să spui ceva în timp ce altcineva vorbeşte, ridică un deget în sus.
- Dacă interlocutorul îţi face semn să te „opreşti" (ridică mâna, cu palma înainte) sau „aşteaptă" (ridicând indexul), atunci este bine să aştepţi până îşi termină ideea şi face o pauză.

Dacă copilul vostru are probleme sociale, chiar dacă are trei sau cincisprezece ani, cu siguranţă trebuie să acordaţi atenţie aptitudinilor sale nonverbale şi modului în care le foloseşte cu ceilalţi copii. Deoarece succesul social reprezintă o parte atât de importantă din imaginea unui copil, nu-l lăsaţi să sufere mai mult decât este nevoie. Mulţi dintre părinţi nu sunt conştienţi că pot să-i înveţe pe copiii lor să dobândească aptitudini sociale în acelaşi mod în care-i ajută cum să le dobândească pe cele şcolare sau sportive. Tot ce aveţi de făcut este să delimitaţi în mici părţi, cu răbdare, aptitudinile care-i lipsesc, şi apoi să le exersaţi împreună, iar şi iar. Vă garantez că timpul pe care-l investiţi va ajuta copilul să-şi dezvolte capacitatea de socializare, ceea ce vă va aduce beneficii pe termen lung.

Încercaţi şi voi

Jocul conversaţiei

Reciprocitatea reprezintă o aptitudine socială hotărâtoare pe care trebuie să o înveţe copiii pentru a-şi putea face prieteni. Atunci când copilul vostru îi întrerupe pe ceilalţi prea mult sau nu ascultă ce spun ceilalţi, puteţi să vă jucaţi împreună cu el acest joc al conversaţiei, pentru a-l ajuta să înveţe cum să capete aptitudini sociale mai bune.

Faceţi zece cartonaşe de conversaţie, cum sunt cele listate mai jos. Amestecaţi cartonaşele şi apoi luaţi unul dintre ele pentru a începe. Puneţi un ceas să sune după zece minute, după care aşezaţi-vă faţă în faţă şi angajaţi-vă într-o conversaţie cu scopul ca fiecare persoană să vorbească aceeaşi perioadă de timp cât cealaltă. Amintiţi-i copilului vostru de indiciile nonverbale care arată când o persoană vrea să spună ceva sau când nu ascultă ce se spune (vedeţi lista făcută pentru Paul în exemplul anterior). Puteţi scrie această listă pe o bucată de hârtie, pentru a o folosi ca aducere aminte. La sfârşitul conversaţiei, fiecare persoană trebuie să încerce şi să parafrazeze ce a spus cealaltă persoană. Acest lucru va indica în mod clar că fiecare persoană a avut şansa să-şi exprime opiniile şi că cealaltă a ascultat ce i s-a spus.

Cartonaşe cu subiecte de conversaţie
- Vorbeşte despre vacanţa preferată.
- Vorbeşte despre hobby-ul tău sau despre altceva ce te interesează.
- Vorbeşte despre filmul preferat.
- Vorbeşte despre un eveniment petrecut şi care a fost menţionat în ziarul de astăzi.
- Vorbeşte despre ceva care s-a petrecut la şcoală sau la serviciu.
- Vorbeşte despre un eveniment sportiv sau al comunităţii, care urmează să aibă loc.

- Vorbește despre cea mai bună zi din viața ta.
- Vorbește despre un eveniment recent care te-a făcut să râzi.
- Vorbește despre restaurantul preferat și explică de ce îți place atât de mult.
- Vorbește despre o persoană pe care o admiri.

În cazul în care considerați că băiatul sau fata voastră are probleme grave în ceea ce privește aptitudinile sale sociale, atunci trebuie să cereți neapărat sfatul unui specialist. Copiii cu probleme aptitudinale vor beneficia cu siguranță de pe urma grupurilor speciale, dar asta nu va fi îndeajuns. Ca și în cazul altor aspecte ale limbajului secret, îmbunătățirea comunicării sociale necesită exercițiu constant, în fiecare zi dacă este posibil. Iată câteva îndrumări pentru a vă învăța copilul cum să dobândească unele abilități sociale:

- *Hotărâți care sunt cele mai importante aptitudini pe care trebuie să le învețe copilul vostru.* (Vedeți mai departe Lista de verificare a aptitudinilor sociale.) Învățați-l aptitudini concrete și împărțiți-le în pași mici. De exemplu, dacă doriți ca el să invite un prieten acasă, mai întâi trebuie să învețe cum să poarte o conversație scurtă la telefon, apoi cum să aleagă o activitate de care să se bucure atât el, cât și invitatul său, după care trebuie să se hotărască asupra încă unui invitat dispus să accepte invitația și așa mai departe.
- *Motivați-vă copilul stabilind un țel concret, iar după atingerea lui, răsplătiți-l.* Un țel legat de socializare ar fi: „Joacă-te cu un alt copil timp de cincisprezece minute, fără să vă certați". Dacă copilul vostru reușește să facă asta, atunci ambii copii pot primi o gustare.
- *Oferiți-i ocazii în care să poată exersa noile aptitudini sociale învățate.* Cu siguranță că puteți să vă încurajați copilul să exerseze aceste abilități sociale acasă, mai cu seamă în cadrul întrunirilor familiale sau în conversațiile pe care le aveți cu el. Totodată, găsiți situații sociale la care poate participa întreaga familie. Este important pentru copii să-și vadă părinții în situații sociale pentru a înțelege importanța dezvoltării propriilor lor aptitudini sociale și, totodată, să-i vadă ca pe niște modele de urmat. Recomand de obicei familiilor să caute activități sociale comunitare, cum ar fi Habitatul pentru Umanitate, sau proiecte sponsorizate de biserică, de sinagogă sau de alte lăcașuri de cult. Grupurile organizate

în scopul ajutorării celorlalți sunt mult mai înclinate să aibă răbdare cu copiii sau cu adolescenții care au probleme de aptitudini sociale.

- În sfârșit, încurajați-vă copilul să se alăture grupurilor de copii care au aceleași interese. Poate fi vorba de liga de bowling, de un club de filatelie sau chiar de un grup care face schimb de vederi. Va fi mult mai ușor pentru copilul vostru să exerseze aceste aptitudini cu copii care au aceleași interese ca și el, decât cu copii cu care are prea puține în comun.

Încercați și voi

Lista de verificare a aptitudinilor sociale

Lista de verificare a aptitudinilor sociale de mai jos se bazează pe aptitudinile limbajului corporal sugerate de Sally Ozonoff, Geraldine Dawson și James McPartland în cartea lor *A Parent's Guide to Asperger Syndrome and High-Functioning Autism*. Ei notează faptul că acestea sunt aptitudinile cele mai importante învățate în grupurile de abilități sociale, dar adaugă că, pentru a fi eficiente în cazul copiilor, acestea trebuie să fie exersate și acasă. Puteți folosi această listă ca o cale informativă pentru a evalua aptitudinile sociale ale copilului vostru și pentru a vedea în care domenii este mai puternic și în care mai slab.

Calculați fiecare aptitudine din listă pe o scală de la 1 la 5, în care 1 = slab și 5 = excelent. Puteți face o copie a acestei liste pe care să i-o dați profesorului copilului vostru sau soțului, pentru a o completa separat. Adesea este util să vedeți dacă adulți diferiți îl percep în mod diferit pe copilul vostru.

Lista pentru făcut prieteni
___ Salutul
___ Cum să te alături unui grup
___ A-ți aștepta rândul
___ A împărtăși ceva
___ Negociere și compromis
___ Respectarea regulilor de grup
___ Înțelegerea calităților unui prieten bun
___ **Subtotal**

Aptitudini conversaţionale
___ Începerea unei conversaţii
___ Menţinerea unei conversaţii
___ Încheierea unei conversaţii
___ A vorbi cu rândul
___ A face comentarii referitoare la opinia celuilalt
___ A adresa întrebări celorlalţi
___ Exprimarea interesului faţă de ceilalţi
___ Alegerea subiectelor potrivite
___ **Subtotal**

Înţelegerea gândurilor şi a sentimentelor
___ Exprimarea empatiei faţă de problemele unei alte persoane
___ Acceptarea părerii altcuiva
___ Identificarea sentimentelor unei alte persoane
___ A şti cum să răspunzi la sentimentele altei persoane
___ **Subtotal**

Rezolvarea problemelor sociale
___ A şti cum să reacţionezi atunci când ţi se spune „nu"
___ Cum să faci faţă tachinărilor şi huliganismelor
___ Cum să faci faţă atunci când eşti lăsat pe dinafară
___ Cum să reacţionezi atunci când eşti furios pe ceilalţi
___ **Subtotal**

Conştiinţa de sine
___ A-ţi şti valoarea
___ A şti ceea ce te face diferit
___ A te accepta aşa cum eşti
___ **Subtotal**
_____ **Total General (adunaţi toate scorurile parţiale)**

Capitolul 20

Cum să faceți legătura între voi și copil și cum să vă adresați acestuia

C ât de ușor relaționați cu ceilalți oameni? Vă puteți descrie ca fiind o persoană caldă, prietenoasă, simpatică și înțelegătoare? Celor mai mulți dintre noi le place să creadă despre ei că posedă aceste calități și altele asemenea. Dar, de fapt, unii dintre noi au într-o mai mare măsură aceste abilități de „oameni de lume", ceea ce poate influența eficiența noastră ca părinți.

S-o luăm exemplu pe Veronica, o fată de treisprezece ani, care simțea că mama ei nu reușește să-i înțeleagă nevoile. Veronica voia să se machieze când mergea la școală, dar mama ei considera că e prea mică pentru a face acest lucru. Ea credea că i se poate permite să aibă întâlniri cu băieții, dar mama ei nu-i permitea nici acest lucru. Își făcuse găuri în urechi, dar spunea că prietenele ei își făcuseră găuri și în buric și voia și ea un cercel în buric.

Când Patrice, mama Veronicăi, a găsit marijuana ascunsă în camera acesteia, a simțit că are nevoie de ajutor pentru a face față precocității fetei sale, înainte ca lucrurile să scape de sub control, așa încât a aranjat o întâlnire cu terapeutul școlii.

— Încerc să stau de vorbă cu ea tot timpul, a explicat mama ei (ea fiind unicul părinte), dar nu vrea să asculte ce-i spun. Spre exemplu, noaptea trecută. Strângeam masa după ce luaserăm cina, spălând şi ştergând vasele, iar Veronicăi, fiind acolo, i-am spus: „Cum ţi-a fost ziua, iubito?". În loc să-mi răspundă, mi-a întors spatele şi a ieşit vijelios din bucătărie, strigând: „Ca şi cum ţi-ar păsa". Ce am făcut să merit asta? Eu încercam să mă arăt interesată.

— Spuneţi-mi mai multe, i-a cerut terapeutul, dar în timp ce Patrice continua să vorbească, acesta şi-a scos agenda şi a început să scrie. Apoi a început să caute ceva prin birou, trăgând de bucăţi de hârtie şi notiţe. Patrice s-a oprit din vorbit, iar terapeutul a ridicat privirea spunându-i mamei: „Continuaţi, vă ascult", în timp ce mama devenea din ce în ce mai confuză. După care a deschis un sertar căutând preocupat ceva.

— Nu, nu mă ascultaţi! a spus Patrice pe un ton indignat. Apoi se linişti. Ah! Înţeleg ce vreţi să spuneţi. Ascultam ce spunea Veronica, dar în acelaşi timp spălam şi vasele, aşa încât a crezut că nu eram atentă la ceea ce spunea ea. M-aţi făcut să mă simt cum cred că s-a simţit Veronica.

— Aşa este, a recunoscut terapeutul, dar dând din cap că „nu", pentru a sublinia şi nonverbal aceasta. Atunci când îi transmiteţi copilului mesaje amestecate, când cuvintele spun ceva, iar ceea ce faceţi, altceva, copiii ajung să se înfurie.

Mulţi dintre părinţii bine intenţionaţi fac greşeli asemănătoare celei făcute de Patrice. Nu este vorba de faptul că nu le pasă de copiii lor, ci mai degrabă că atitudinea lor nonverbală nu concordă cu mesajele transmise pe cale verbală. Când se întâmplă acest lucru, copiii simt că părinţii lor nu sunt sinceri cu ei, iar cuvintele acestora nu spun adevărul. Se înfurie, așa cum s-a înfuriat și Veronica, sau pur și simplu se retrag și se închid în ei înșiși. Oricare ar fi reacția lor imediată, rezultatul pe termen lung este că se vor simți greșit înțeleși de părinții lor și vor avea resentimente față de aceștia.

Mesajele contradictorii pot afecta la orice vârstă relațiile dintre părinți și copiii lor. De curând, am auzit-o pe Clarissa, mama unei fetițe de patru ani pe nume Justine, plângându-se: „Justine nu mă ascultă și nici nu pare să-i pese de ceea ce vreau eu! În fiecare dimineață ne certăm din cauza hainelor pe care să le poarte ziua la școală. În fiecare seară ne certăm pentru ce o să mănânce la cină. Îmi răspunde și nu pare să-i pese deloc de ceea ce simt eu. Astăzi, am surprins-o când scotea limba la mine fără niciun motiv". Clarissa voia să știe cum să-și disciplineze fiica, așa încât aceasta să fie mai respectuoasă și mai cooperantă.

Probabil gândiți că micuții de patru ani au reputația de a fi dificili și că aceasta ar explica de ce Clarissa are dificultăți în a o determina pe fiica ei să o asculte. Dar dorința firească a unei copile de patru ani de a fi mai independentă și de a-și exprima dorințele nu ar trebui să destrame relația pe care o are cu părinții ei. A fi încăpățânat la vârsta de patru ani sau la orice vârstă reprezintă o trăsătură de caracter, nu un stil de viață. Problema pe care o are Clarissa cu fiica ei nu se referă la disciplină, ci este vorba despre relația cu fiica ei, despre legătura afectivă bazală și respectul reciproc care se presupune că fac din viața de părinte o bucurie. Dar frustrarea ambelor și neînțelegerile dintre Clarissa și fiica ei fac ca fiecare zi să pară și mai dificilă decât următoarea și instituie o stare de neîncredere şi de nefericire atât pentru mamă, cât şi pentru fiică, stare ce poate dura şi ani la rând.

Din fericire, există o soluţie pentru această mamă şi pentru zecile de mii de părinţi care se simt departe de copiii sau de adolescenţii lor. Aptitudinile comunicaţionale mai bune — mai cu seamă cele nonverbale — pot fi eficiente în reconstruirea unei relaţii, la orice vârstă. Abilităţile despre care voi discuta în acest capitol vă pot ajuta în stabilirea unei mai bune relaţii atât cu copilul vostru, cât şi cu soţul sau soţia voastră, cu prietenii, şeful sau colegii. Cu toţii răspundem la limbajul secret al comunicării nonverbale.

Cuburile de construit legătura cu copiii voştri

Atunci când un copil este trimis la terapie pentru timiditatea lui, o problemă comportamentală sau adaptarea în urma divorţului părinţilor, primul lucru pe care trebuie să-l facă un terapeut este să stabilească cu acesta o relaţie bazată pe încredere. Lucru valabil şi în cazul în care încercaţi să vă ajutaţi copilul într-o problemă, acasă. A avea cu copilul vostru o relaţie deschisă şi bazată pe încredere vă poate oferi o piatră de temelie, cu ajutorul căreia veţi putea să-l ajutaţi să treacă peste orice dificultate afectivă, la orice vârstă.

Cercetătorii ne spun şi ei că a avea o legătură pozitivă cu copilul reprezintă cea mai bună cale de a preveni apariţia problemelor afective şi comportamentale. Atunci când studiem adolescenţi care învaţă foarte bine, au o viaţă socială activă şi valori morale bune, descoperim întotdeauna şi faptul că îşi descriu relaţiile pe care le au cu propriii părinți ca fiind la fel de apropiate ca acelea pe care le au prietenii lor cu părinții acestora.

Puteți intensifica legătura pozitivă pe care o aveți cu copilul vostru fiind mai atenți la limbajul nonverbal al acestuia. Când jucați un joc, citiți o carte sau purtați o conversație la cină, fiți atenți la limbajul vostru corporal și la tonul vocii, precum și la cuvintele pe care le rostiți. Iată câteva lucruri de care să țineți seama:

Pentru a transmite că sunteți interesat, folosiți o voce calmă, caldă

Atunci când facem referire la o persoană și spunem că este „caldă", ne gândim adesea la tonul și la calitatea vocii. Vorbind la modul general, asociem „căldura" vocii cu un registru mai jos, un mod de a vorbi mai încet și domol și un ton calm, dar ușor animat. Unii oameni se nasc cu un ton calm al vocii. Ascultați niște știri la televizor sau la radio și veți auzi oameni care s-au născut cu o calitate a vocii ce-i face să transmită încredere și să fie plăcuți.

Oricare ar fi modul vostru natural de a vorbi, probabil că vă controlați vocea mai mult decât vă dați seama. Atunci când vreți să stabiliți o legătură cu copilul sau cu adolescentul vostru, trebuie să folosiți o voce relaxată, dar animată în mod firesc. Gândiți-vă că încercați să transmiteți căldură, iar creierul va ști ce are de făcut.

Acest lucru trebuie făcut mai cu seamă atunci când copilul vostru pare neliniștit de ceva anume. Tonul vostru calm și liniștitor îl va face să se deschidă mult mai ușor.

> **Încercaţi şi voi**
>
> ### Analiza vocii
>
> Înregistraţi, timp de cel puţin cinci minute, o conversaţie cu copilul vostru. Ascultaţi apoi tonul vocii voastre şi pe cel al copilului. Fiţi obiectivi când faceţi această analiză. Exprimaţi prin tonul vocii ceea ce simţiţi? Vocea voastră se modifică în intensitate şi volum atunci când discutaţi pe diferite teme? Copilul vostru răspunde în mod diferit modificărilor tonului vostru? Dacă nu vă mulţumeşte ceea ce auziţi, încercaţi să exageraţi puţin în conversaţia următoare. Dacă vorbiţi repede, încercaţi în mod conştient să vorbiţi mai rar. Dacă vocea voastră pare prea ridicată, atunci încercaţi să reduceţi puţin din ton. Înregistraţi o altă conversaţie cu copilul vostru şi vedeţi dacă sesizaţi vreo diferenţă şi dacă acesta reacţionează în mod diferit în urma acestor schimbări.

Ridicarea barierelor şi crearea unui spaţiu „intim"

Atunci când încercaţi să stabiliţi o legătură cu copilul vostru, este important să-i acordaţi acestuia întreaga voastră atenţie. Mulţi oameni nu realizează că şi atunci când încearcă să fie deschişi, disponibili şi interesaţi, ei tot dau impresia că sunt în gardă şi se poartă defensiv. Acest lucru se datorează faptului că ridică nişte bariere între ei şi cei cărora le vorbesc.

Bariera poate consta în orice obiect fizic plasat între voi şi copilul vostru: o carte sau un ziar, lucrul de cusut, masa de bucătărie, rufele spălate pe care le împăturiţi în poală. Barierele constau şi în întreruperile obişnuite care intervin în fiecare casă: un telefon care sună, muzica dată tare într-o altă cameră, intratul şi ieşitul unui alt membru al familiei. Dacă vreţi cu adevărat să stabiliţi o legătură cu copilul vostru, atunci trebuie să încercaţi să eliminaţi toate aceste întreruperi.

Chiar și mai bine decât să desființați aceste bariere, puteți crea un spațiu intim pentru voi și copilul vostru, care să încurajeze sentimentul de apropiere și căldură sufletească. Puteți pune niște perne confortabile pe podea pentru a delimita un spațiu pentru voi și copilul vostru. Sau poate sunteți îndeajuns de norocoși încât să locuiți în apropierea unui parc unde puteți găsi un loc cu iarbă, care poate deveni un loc special pentru voi, în care să puteți stabili o astfel de legătură. Copilul vostru va răspunde mult mai bine eforturilor voastre nonverbale, fără a fi capabil cu adevărat să își dea seama ce anume s-a schimbat. Dar, credeți-mă, veți simți imediat o diferență în cadrul relației voastre.

Folosiți o postură „deschisă" și stați la același nivel cu copilul vostru

Atunci când lucrez în cadrul unei terapii cu un părinte și cu copilul acestuia, îi invit în mod frecvent să se joace împreună. Îi cer copilului să aleagă o jucărie sau un joc de pe raft și să-l aducă în mijlocul camerei. Apoi aștept să văd ce se întâmplă. De cele mai multe ori, copilul se așază pe covor, iar părintele rămâne pe scaun, chiar dacă se presupune că se joacă împreună.

Postura și nivelul la care aveți privirea față de copilul vostru spun destul de multe despre dorința voastră de a fi împreună cu acesta, lucru pe care îl simte și el destul de repede. Uitându-vă în altă parte decât la el sau adoptând o postură închisă, cu picioarele încrucișate sau cu brațele împreunate în poală, îi veți transmite copilului mesajul că sunteți prezent doar pe jumătate. Pentru a-i acorda copilului întreaga voastră atenție, așezați-vă cu fața la el, având privirea la același nivel cu a lui, și aveți grijă ca postura corpului să transmită faptul că sunteți relaxat și atent la el. Cereți-i copilului vostru să facă același lucru, spunându-i ceva de genul: „Hai să ne uităm unul la celălalt atunci când stăm de vorbă. Astfel, vom putea vedea și auzi ce spune celălalt".

Stabiliți o distanță confortabilă

Distanța fizică reprezintă o problemă importantă a comunicării afective. Cei mai mulți dintre copiii mici vor să fie aproape de părinții lor și se așază mai degrabă în poala lor decât lângă ei. În schimb, un adolescent obiș-nuit ar sta mai degrabă în celălalt capăt al camerei. Cerce-tătorii ne spun că distanța potrivită pentru o conversație personală este între 45 de centimetri și un metru și jumătate. O distanță mai mică decât aceasta este consi-derată ca fiind intruzivă pentru spațiul intim al unei persoane. Se poate încălca această distanță atunci când îmbrățișăm pe cineva, când îl strângem la piept sau când ne încăierăm, dar nerespectarea distanței cuvenite nu este potrivită într-o conversație. Unul dintre motive este că, atunci când ne apropiem prea mult de o persoană, este mult mai dificil să ne uităm în ochii ei, iar contactul vizual reprezintă cel mai important aspect pentru a ne putea simți legați afectiv.

Aveți grijă la ceea ce spuneți voi și copilul vostru atunci când vă uitați unul la celălalt

Joel, un fost marinar care se considera un tată sever, dar bun, le cerea celor doi băieți ai lui, de doisprezece și paisprezece ani, să se uite la el atunci când îi vorbesc. Chiar dacă mâncau, el se aștepta ca aceștia să lase lingura sau furculița jos și să se uite în ochii lui în timp ce-i vorbeau. Joel credea că a te uita în ochii cuiva reprezintă un semn de respect și că evitarea stabilirii unui contact vizual era un semn de lipsă de respect și de slăbiciune.

Dar Joel simplifica mult prea mult acest aspect al comunicării afective. Deși este adevărat că este bine să ne uităm în ochii cuiva pentru a prelua formele subtile ale comunicării nonverbale, contactul vizual susținut nu este ceva obișnuit în cadrul comunicării oamenilor. Într-un schimb de replici, este necesar să stabilim un contact vizual pe care să-l susținem și să-l întrerupem în mod regulat. De obicei, oamenii întrerup contactul vizual atunci când încetează să se mai gândească la ceva, și îl restabilesc atunci când vor să-și exprime gândurile sau să le asculte pe cele ale altei persoane. Și voi, și copilul vostru vă uitați unul în ochii celuilalt pentru a stabili un ritm al conversației. Cei care vorbesc stabilesc un contact vizual mai scurt decât cei care ascultă, dar semnalizează atunci când sunt pregătiți să asculte, uitându-se la vorbitor și așteptând un răspuns din partea acestuia.

O bună cale de a stabili o relație cu copilul vostru este de a fi mai prezent atunci când vă uitați în ochii lui în timp ce-i vorbiți. În timp ce vă uitați la el și el la voi, puteți să observați și celelalte aspecte ale expresiei lui faciale. Când

ține ochii larg deschiși și are sprâncenele ridicate, în-
seamnă că este interesat de ceea ce spuneți. Când își
acoperă cu mâna o parte din față sau vă zâmbește forțat,
este posibil să fie numai pe jumătate atent la voi. Dacă
nu simțiți că rezonați cu el atunci când purtați o conver-
sație, ghidați-vă după propria intuiție. Încercați să schim-
bați subiectul sau să spuneți o glumă. Încercați să faceți
ceva ce vă place amândurora, cum ar fi să gătiți sau să
vă jucați ceva. Făcând un efort de a stabili o legătură cu
copilul sau cu adolescentul vostru, îi veți transmite aces-
tuia mesajul: „Am să găsesc o cale prin care să-ți arăt că
țin la tine".

Fiți atenți la nevoia de atingere și de confort fizic a copilului vostru

Părinții sunt în permanență în contact fizic cu sugarii
sau copiii lor, dar pe la trei ani, după ce copilul a învățat
să facă la oliță, să se îmbrace singur și a devenit prea greu
pentru a mai fi luat în brațe, contactul fizic dintre părinți
și copiii lor începe să scadă. Pe la șase sau șapte ani, apare
o scădere vizibilă a contactului fizic, copiii îndreptându-și
atenția și energia către ceilalți copii.

Chiar și atunci când copilul vostru se face mare,
atingerea rămâne o parte importantă a modului în care
îi transmiteți ceea ce simțiți. Îi transmiteți afecțiunea
printr-un sărut pe obraz, dezmierdându-l sau, pur și sim-
plu, ținându-l de mână. Puteți transmite multe alte senti-
mente importante prin intermediul atingerii, cum ar fi
compasiunea (ținându-l strâns, bătându-l pe umăr), sigu-
ranța (ținându-vă de mână, apucându-l de brațe, ținându-l

după umeri), îngrijindu-l (pieptănându-i părul, îndreptându-i hainele) și multe altele.

Contactul fizic cu copilul mai mare sau cu adolescentul depinde în mare parte de cât de mult vă place vouă să fiți atins. Așa cum am menționat în capitolul 18, Statele Unite sunt considerate o țară în care oamenii se ating foarte puțin, iar multora dintre părinți, mai cu seamă taților, li se pare ciudat să-și atingă copiii.

Deși acest lucru este de înțeles, este important să țineți minte că atingerea este o modalitate de exprimare a afecțiunii și a grijii. Cel mai important lucru de ținut minte este că, atunci când stabiliți un contact fizic cu copilul vostru, trebuie să vă simțiți în largul vostru amândoi, ceea ce va susține legătura afectivă dintre voi.

Încercați și voi

Puterea atingerii

Cât de mult contact fizic își dorește sau are nevoie copilul vostru? Folosiți lista de mai jos pentru a afla cât de des vă atingeți copilul pe parcursul unei zile și dacă acesta pare să aibă nevoie de mai mult sau mai puțin contact fizic. Bifați fiecare tip de contact fizic pe care-l stabiliți cu copilul vostru, notând și reacția acestuia. Apoi hotărâți dacă are nevoie de mai mult sau mai puțin contact fizic pentru a se simți aproape de voi.

___ Mângâiere
Reacția copilului vostru_____
___ Atingere
Reacția copilului vostru_____
___ Sărutat
Reacția copilului vostru_____
___ Ținut în brațe
Reacția copilului vostru_____
___ Ghidare
Reacția copilului vostru_____

___ Îmbrățișare
Reacția copilului vostru_____
___ A prinde de mână
Reacția copilului vostru _____
___ A pieptăna
Reacția copilului vostru _____
___ A gâdila
Reacția copilului vostru _____

Este de la sine înțeles că vorbesc numai despre atingerile potrivite dintre părinți și copiii lor. Atingerea erotică nu este niciodată adecvată între părinți și copii, orice vârstă ar avea aceștia și în orice împrejurare s-ar afla. Nu mă refer doar la atingerea nepotrivită a zonelor erogene ale corpului; chiar și un simplu masaj al umerilor poate fi erotic dacă apar trăiri sexuale.

Dacă sunteți îngrijorat chiar și numai pentru o clipă că atingerea dintre voi și copilul vostru este nepotrivită, atunci înseamnă că așa este. Ne aflăm în fața unui paradox, deoarece oamenii folosesc în mod firesc atingerea pentru a-și exprima sentimentele pozitive față de cei la care țin, și totuși, conștientizarea deosebită a frecvenței abuzurilor copiilor și a efectelor devastatoare asupra lor îi determină pe părinți să fie deosebit de precauți.

Oglindiți mișcările copilului pentru a stabili o legătură

În cartea sa *Influencing with Integrity*, consultantul în afaceri Genie Laborde notează că, deși poate părea ciudat, una dintre cele mai de succes căi de a construi o legătură cu o persoană este de a imita limbajul nonverbal al acesteia.

Ea scrie că atunci când copiați tonul și volumul vocii unei persoane, postura și gesturile acesteia, și chiar respirația, persoana respectivă ajunge să se simtă pe aceeași lungime de undă cu voi și devine mult mai plăcută.

Doamna Laborde recunoaște că nimeni nu știe exact ce se întâmplă, dar ne sugerează faptul că legile naturii și ale fizicii par să vrea ca totul să se afle în sincronicitate. Ea notează: „Atunci când ceasuri diferite cu pendule de aceleași dimensiuni sunt puse unele lângă altele pe un perete, ajung să își sincronizeze pendulările". Cercetătorii limbajului corporal au arătat că, atunci când adulții sunt implicați în conversații intime, aceștia intră într-un ritm firesc. Când unul dintre ei se apleacă înainte, celălalt se lasă pe spate. Când unul se scarpină pe nas cu mâna stângă, celălalt se trage de ureche cu mâna dreaptă.

Deși acest tip de copiere poate apărea în mod firesc, dacă încercați să faceți în mod conștient acest lucru împreună cu copilul vostru, nu vi se va mai părea firesc deloc. Nu vă preocupați să-l copiați, încercați doar să intrați în același ritm cu el. Dacă dă din picior înainte și înapoi în timp ce-i vorbiți, puteți să bateți cu un creion în masă în același ritm cu el. Dacă oftează sau respiră adânc, încetiniți-vă puțin respirația, expirând ușor.

Această conștientizare a limbajului vostru corporal vă va face mult mai atent la comunicarea nonverbală, ceea ce reprezintă un factor important al instituirii unei legături afective pozitive între voi.

Îndrumați-vă copilul

Cu zece ani în urmă, arareori auzeam de copii cu probleme de comportament. Desigur că primeam rapoarte despre copii care făceau multe crize sau care erau hiperactivi și greu de stăpânit la grădiniță, dar acestea erau destul de rare. Astăzi, abia dacă trece o săptămână să nu aud despre un copil de trei–patru ani care să aibă probleme la grădiniță și care se află în pericolul de a fi exmatriculat. Exmatriculat! Dau din cap și mă întreb: „Cum se poate ca atitudinea unui copil atât de mic să fie atât de nepotrivită, încât singura soluție este de a fi dat afară?".

Vorbind însă cu psihologi, grupuri de educatori și părinți din întreaga țară, constat că acest lucru reprezintă o trăsătură la nivel național. Copiii au probleme de comportament mai mult ca niciodată, iar acestea apar foarte devreme în viața lor. Probabil că și mai supărător este faptul că părinții și profesorii nu prea știu ce să facă. Prea des și prea repede se ajunge la măsuri drastice.

De exemplu, Owen, un băiețel de patru ani, mergea la o grădiniță particulară, unde era cunoscut de către toți educatorii ca „teroarea generală". Într-o zi obișnuită ajungea în biroul directoarei cam de trei ori, aceasta fiind pedeapsa pentru actele lui cele mai grave, acelea de a jigni, a-i lovi și mușca pe ceilalți copii. Directoarea îl mustra pe Owen și îl pedepsea pentru trei minute. De obicei, îl mai ținea cu ea timp de cincisprezece–douăzeci de minute, doar pentru a o mai elibera pe educatoarea acestuia.

Cele mai mici prostii pe care le făcea Owen constau în țipete, dărâmarea cuburilor, aruncatul jucăriilor și alergatul prin cameră. Unul dintre adulții din cameră stătea în permanenţă cu ochii pe Owen, dar acesta tot reuşea să creeze o atmosferă devastatoare. După trei luni de şcoală, personalul s-a dat bătut. Owen a fost trimis la o grădiniţă specială şi pus imediat pe tratament medical.

Există mii de copii în întreaga ţară care se poartă la fel ca Owen şi cărora li se dau medicamente, începând de la cinci ani, lucru de care nici măcar nu se auzea cu zece ani în urmă. Îmi place să cred că putem găsi alternative mai potrivite pentru cei mai mulţi dintre aceşti copii, dacă ne facem puţin timp pentru a învăţa limbajul secret al problemelor lor afective şi comportamentale.

Mulţi oameni cred că trebuie să acordăm o mai mare atenţie stilului de viaţă al copiilor cu probleme comportamentale. Ei susţin că atitudinea acestor copii s-ar putea îmbunătăţi dacă s-ar uita mai puţin la televizor, dacă ar avea o alimentaţie mai sănătoasă, ar dormi mai mult şi ar face mai mult sport. Nu pot să nu fiu de acord cu ei.

Dar mai cred şi că aceşti copii vor avea de câştigat de pe urma adulţilor din viaţa lor, care-şi vor îmbunătăţi abilităţile comunicării afective. Este cât se poate de adevărat că unii adulţi, atât profesori, cât şi părinţi, reuşesc să stăpânească mai bine comportamentul copiilor lor. Prin intermediul comunicării lor nonverbale, ei reuşesc să impună respect.

Cu toţii, adulţi şi copii, răspund în mod diferit în faţa unor figuri autoritare recunoscute. Gândiţi-vă la imaginea pe care v-o faceţi când vă închipuiţi oameni aflaţi în posturi cum ar fi: un ofiţer de instrucţie în marină, un director de şcoală, un poliţist şi un judecător. Iată ce văd, dacă închid ochii:

- Un ofiter de instrucție în marină: Postura impunătoare. Mâinile la șold. O voce puternică, transmițând o comandă.
- Un director de școală: O persoană bine îmbrăcată, stând dreaptă la birou și având pe chip un amestec de căldură și severitate.
- Un polițist: Uniformă albastră, cu un echipament impresionant, umeri largi și drepți, mâinile încrucișate pe piept sau la șold.
- Un judecător: O robă lungă și neagră, o expresie întunecată, o poziție dreaptă, care impune autoritate.

Imaginile care definesc o figură autoritară reprezintă, toate, aspecte ale limbajului secret al comunicării nonverbale: postura, expresia feței, îmbrăcămintea, gesturile și așa mai departe. Figurile autoritare folosesc comunicarea nonverbală pentru a transmite puterea de care dispun mai mult decât o pot face cuvintele pe care le spun. Mesajul lor este arareori greșit înțeles.

Acum, vă sugerez să vă purtați cu copiii voștri ca un ofiter de instrucție, ca un polițist sau ca oricare dintre aceste figuri autoritare recunoscute. Vă asigur că puteți învăța să fiți un părinte autoritar față de copilul vostru (sau un profesor autoritar față de elevii săi) pentru a-l ajuta pe acesta să învețe să-și controleze mai bine comportamentul. Copiii ar trebui să fie cooperanți. Copiii ar trebui să respecte cererile și îndrumările adulților fără să comenteze. Copiii trebuie să fie respectuoși, politicoși și interesați de ceilalți. Învățând cum să vă folosiți mai bine corpul și vocea pentru a impune autoritate, veți putea să-i ajutați pe copii să aibă un comportament mai controlat, lucru extrem de important pentru dezvoltarea lor afectivă și socială, precum și pentru succesul școlar.

Începeți cu gesturile

Gesturile reprezintă cea mai importantă parte a codului secret pe care-l folosim pentru a transmite autoritate. În mod obișnuit, când ne gândim la gesturi, ne referim la ceea ce fac mâinile, dar acestea includ și mișcările capului și chiar întreaga postură a corpului. Deși rareori ne oprim să le analizăm, avem multe modalități prin care transmitem îndrumări copiilor noștri prin intermediul gesturilor. Arătăm către ceva care este important. Dăm din cap pentru a spune „nu". Arătăm către ochii noștri atunci când vrem să spunem: „Uită-te la mine când îți vorbesc". Specialiștii în limbajul corporal le denumesc gesturi care „vorbesc singure", deoarece înțelesul lor este clar, fără a scoate un singur cuvânt.

Deși trebuie să ținem minte că gesturile pot varia în înțeles de la o cultură la alta, iată câteva gesturi pe care le folosim de obicei pentru a-i coordona pe copii.

Mesaj	Gest
la loc.	Făcând semn cu indexul în jos, arătând unde trebuie să se așeze copilul.
Taci din gură!	Ducând indexul în dreptul buzelor.
Vino aici.	Îndoind indexul și arătând către noi.
Te previn.	Ridicând indexul, de obicei ținându-l în dreptul feței și uneori scuturându-l.
Fii atent!	De obicei folosim privirea, ridicând din sprâncene și deschizând larg ochii. De

Mesaj	Gest
	asemenea, înclinăm capul în faţă sau într-o parte.
Urmează-mă.	Mişcând braţul în formă de arc, arătând mai întâi către copil şi apoi în direcţia de mers.
E timpul să plecăm.	Arătând la ceas sau la încheietura mâinii.
Priveşte.	Arătând emoţionat către un obiect, deschizând larg ochii.
Pleacă!	Arătând departe de tine sau făcând din mână gestul „du-te de aici".

Pentru a-l face pe copil mai cooperant, încercaţi să fiţi mai conştienţi de propriile voastre gesturi, mai cu seamă atunci când vreţi să subliniaţi ceea ce spuneţi. De exemplu, când vreţi să se dea jos din leagăn, spuneţi ferm: „Vino aici", şi arătaţi cu indexul către locul unde doriţi să vină acesta. Folosirea gesturilor direcţionale secondate de cuvinte reprezintă echivalentul sublinierii unui cuvânt atunci când îl scrieţi. Atunci când folosiţi gesturile pentru a vă sublinia cuvintele, copilul vostru ştie că cererea sau îndrumarea respectivă este mult mai importantă decât alte lucruri care au fost spuse.

Puteţi folosi gesturile şi pentru a-l susţine pozitiv atunci când se comportă în concordanţă cu cererile sau cu îndrumările date de voi. Încurajarea verbală poate constitui o modalitate puternică de a modela comportamentul copilului vostru, dar întărirea nonverbală poate fi chiar mai eficientă.

Încercaţi şi voi

Folosirea gesturilor de laudă

Ca părinte al unor copii de grădiniţă uneori încăpăţânaţi, încerc întotdeauna să modelez comportamentul fiicei mele aşa încât să se poarte frumos la masă, să-şi adune jucăriile şi să fie ascultătoare şi respectuoasă cu ceilalţi. Când face ceea ce îi spun, încerc să folosesc gesturile împreună cu cuvintele mele de laudă. Urmăriţi câte gesturi puteţi folosi pentru a vă arăta aprobarea pentru comportamentul bun al copilului vostru şi observaţi dacă se comportă mai cooperant. În continuare, vă voi da câteva exemple de gesturi care indică aprobarea voastră:

- degetul mare ridicat în sus
- indexul şi degetul mare în formă de cerc, iar celelalte trei degete ridicate (OK)
- scurtă bătaie din palme
- ambele mâini ridicate în sus, cu pumnii strânşi (aşa cum fac atleţii atunci când marchează un punct)
- indexul şi degetul mijlociu în formă de V, de la victorie.

În mod firesc, dacă aveţi şi voi un copil mic, veţi vrea să fiţi siguri că acesta înţelege semnificaţia gesturilor înainte de a le folosi. De pe vremea când era sugar, fiica mea ştia că bătutul din palme este semn de aprobare, dar până de curând nu ştia că semnul „degetul mare ridicat în sus" înseamnă şi el „bravo". Şi numai după ce l-am folosit de câteva ori, combinând o laudă cu acest gest (împreună cu un zâmbet de apreciere), a învăţat că acesta este unul dintre semnele mele preferate pentru a aprecia atitudinea ei ascultătoare.

Folosirea indiciilor nonverbale

Altă modalitate de a utiliza gesturile pentru a vă face copilul mai ascultător este de a le folosi ca indicii. Cei mai mulţi dintre profesori folosesc indiciile nonverbale pentru a obţine atenţia elevilor lor. Aprind şi sting lumina sau se aşază în faţa tablei şi bat în ea. Ştiu un părinte (fost profesor) care suna un clopoţel pentru a-şi atenţiona copiii că este timpul să se spele pe mâini pentru a merge la masă, iar altul care punea la casetofon un marş înflăcărat pentru a le indica celor mici că trebuie să „meargă la culcare".

Thomas Phelan, autorul cunoscutei cărţi de educaţie *1-2-3 Magic*, sugerează că puteţi folosi număratul pe degete pentru a-i face pe copii să înţeleagă că au trei şanse să se oprească când fac ceva rău. La prima avertizare, ridicaţi indexul. La cea de a doua, ridicaţi indexul şi degetul mijlociu. Iar la cea de a treia, ridicaţi indexul, degetul mijlociu şi inelarul, aceasta însemnând: „Nu te-ai oprit, acum vei primi o pedeapsă". Unul dintre mulţii părinţi pe care i-am cunoscut, fiind un susţinător entuziast al acestei tehnici, mi-a spus: „Nu-ţi vine să crezi cât de repede învaţă copiii să răspundă la aceste indicii când îşi dau seama că e ceva serios. O dată sau de două ori, a trebuit să-mi pedepsesc copilul când nu a răspuns la aceste indicii, dar asta a fost tot. Acum nu mai trebuie niciodată să număr mai departe de unu. Când ridic indexul, se opreşte imediat din ce ceea face, ştiind că, dacă continuă, dă de bucluc".

Vorbiţi serios

Oratorii eficienţi îşi folosesc vocea pentru a capta atenţia ascultătorilor lor. Cei ineficienţi aproape că nu au habar de calitatea vocii lor. Vorbesc pe un ton monoton sau mormăie cuvintele. Vorbesc atât de încet, încât ascultătorii lor abia dacă-i aud, sau vorbesc atât de tare, încât domină conversaţia într-un mod supărător. Cât de bine vă puteţi controla tonul vocii pentru a vă impune? Dacă aveţi copii mici, trebuie să ţineţi minte că aceştia sunt mult mai sensibili la tonul şi volumul vocii decât ceilalţi copii

şi trebuie să variaţi vocea conform importanţei mesajului
pe care vreţi să-l transmiteţi.

Totodată, trebuie să fiţi conştient că a ţipa la copilul
vostru nu este o cale eficientă în a-l determina să vă
asculte. Ţipatul reprezintă un atac verbal şi, ca răspuns,
persoana la care se ţipă are dreptul să se apere. O mămică
ţipă în mod constant la fiul ei de cinci ani atunci când
acesta nu vrea să facă ce-i spune ea — lucru ce se întâmplă
în mod frecvent. Când mama lui ridică vocea, acesta
izbucneşte în lacrimi, după care îi ia aproape o jumătate
de oră să-l liniştească. Dar asta nu contribuie cu nimic la
îmbunătăţirea comportamentului său. A învăţat că plânsul
opreşte ţipetele mamei sale, dar nu a învăţat nimic despre
cum să fie ascultător. Un alt băieţel pe care-l cunosc se
aşază într-o postură de carate atunci când strigă tatăl lui
la el şi-i răspunde strigând şi el: „Nu poţi striga la mine.
Te spun mamei". Ceea ce vreau să spun este că strigatul
îl va face pe copilul vostru să fie şi mai defensiv, în loc
să-l facă mai ascultător.

Este adevărat că fiecare carte care vorbeşte despre cum
să vă educaţi copiii subliniază faptul că trebuie să folosiţi
o voce fermă, dar calmă, atunci când vă confruntaţi cu
comportamentul inadecvat al copilului vostru. Oricare ar
fi pedeapsa unei purtări necuviincioase, aceasta trebuie
dată pe un ton neutru. În cartea lor *Backtalk: Four Steps to
Ending Rude Behavior in Your Kids* (*Vorbitul în răspăr: Patru
paşi pentru încetarea comportamentului necuviincios al copiilor
voştri*), Audrey Ricker şi Carolyn Crowder susţin că, după
ce este aplicată o pedeapsă corespunzătoare pentru un
comportament inadecvat, imediat trebuie să vă liniştiţi şi
să continuaţi viaţa în mod calm. Autoarele insistă asupra
faptului că, pentru a schimba în mod eficient comporta-
mentul copilului vostru, trebuie să evitaţi un război al

voințelor: „După ce dați o pedeapsă, nu mai răspundeți deloc prin intermediul limbajului corporal, al vocii și al expresiei faciale. Copilul va înceta curând, întrucât ceea ce face nu mai este urmat de un răspuns negativ din partea voastră: o pedeapsă corporală, furie, neputință sau iritare".

De ținut minte

Nu trebuie să fie dificil să găsiți modalități diferite de a comunica nonverbal cu copilul vostru. La urma urmei, sunteți deja capabili să vă modificați comunicarea non-verbală în funcție de diferite situații. Sunteți, desigur, conștient de atitudinea voastră nonverbală atunci când vă oprește pe dreapta un polițist, dacă mergeți la un interviu pentru a obține o slujbă sau dacă încercați să faceți impresie în cadrul unei întruniri. Probabil că nu v-a spus nimeni cum să vă comportați în aceste situații; trebuie doar să vă urmați instinctul. În aceste situații și în multe altele, sunteți atent nu numai la ceea ce spuneți, dar și la felul în care o faceți, prin intermediul tonului vocii, al gesturilor, al posturii și așa mai departe. Știți că a acorda atenție comunicării nonverbale vă va aduce rezultatele pe care le doriți.

Acest lucru este valabil și în cazul parentajului. A fi atenți la cum comunicați nonverbal cu copiii voștri vă va face să obțineți ceea ce doriți. Sigur că nu trebuie să fiți atent tot timpul la ceea ce faceți, dar, dacă vă veți gândi mai des la modul în care comportamentul vostru non-verbal influențează relația pe care o aveți cu copilul vostru, această puternică modalitate de îmbunătățire a comunicării dintre voi va deveni curând o a doua natură.

Partea a VI-a

Cele șapte secrete ale succesului social

Capitolul 21

Cum să vă ajutați copilul să devină popular

Samantha, o fetiță de nouă ani, coborî treptele școlii, deschise ușa mașinii și se așeză în spate. Apoi izbucni în lacrimi.

— Nimeni nu mă place, se plânse ea. Toți mă cred proastă.

— Nu este adevărat, îi răspunse Annie, mama ei. Sunt sigură că există mulți copii care te plac.

— Nu, nimănui din clasă nu-i place de mine, spuse Samantha printre suspine.

— De ce spui asta, iubito? întrebă Annie, întorcându-se înspre Samantha și strângând-o de mână.

— Pentru că toți copiii din clasă merg mâine la petrecerea lui Mary Ann, iar eu nu am fost invitată. Eu sunt singura care nu merg. Au ținut secret, dar Dominick mi-a spus. Mi-a spus că eu nu am fost invitată deoarece nu sunt nostimă și nimănui nu-i place de mine.

— Ei bine, asta a fost foarte urât din partea lui Dominick, a răspuns mama Samanthei, simțind și ea un amestec de furie și durere. Copiii care spun răutăți altor copii greșesc, iar tu nu trebuie să-i mai asculți.

— Dar are dreptate! spuse Samantha, vărsându-și o parte din mânie asupra mamei sale. Nimănui nu-i place de mine. Nici măcar unui singur copil.

— Știi că a fi popular nu este atât de important, spuse Annie, pornind mașina, acum că Samantha se oprise din plâns. Puțini dintre oameni sunt populari, însă, cu toate astea sunt fericiți. Chestia asta cu popularitatea e cam exagerată.

Annie făcea tot posibilul să-și înveselească fiica cea mâhnită, dar, de fapt, sfatul ei era greșit, și aproape sigur că Samantha știa și ea acest lucru.

Mulți dintre părinți reacționează precum Annie atunci când copiii lor se plâng de faptul că sunt respinși social. Ei le spun copiilor că a fi popular nu contează prea mult. Dar dacă se gândesc puțin la propria lor copilărie, știu că lucrurile nu stau așa. A fi popular este un lucru important, probabil chiar unul dintre cele mai importante lucruri pe care trebuie să le dobândească un copil.

Așa cum scrie și psihologa Hara Marano, în cartea sa *Why Doesn't Anybody Like Me? (De ce nu mă place nimeni?)*: „Adesea popularitatea este singurul și cel mai important factor determinant al fericirii și succesului unui copil. Dezvoltarea socială reprezintă leagănul dezvoltării intelectuale. În plus, majoritatea copiilor care nu au niciun prieten nici nu vor să meargă la școală. La un moment dat, tot renunță la ea... Viața socială a copiilor colorează întreaga experiență a copilăriei. Modelează personalitatea pe viață".

Se poate ca unul dintre motivele pentru care părinții se reped să descalifice ideea de popularitate ca factor important al dezvoltării copilului lor este acela că mulți dintre ei n-au reușit niciodată să dobândească statutul de a fi popular când erau copii. De fapt, doar aproximativ cinci la sută dintre copii sunt considerați populari — restul nu ajung să capete acest statut de invidiat.

Definiția noastră de popularitate este simplă și la obiect. Copiii populari sunt plăcuți de cea mai mare parte a celorlalți copii și antipatizați doar de o mică parte dintre aceștia. Nu este nevoie să fiți căpitanul echipei de fotbal sau șeful clasei pentru a fi populari. Nu trebuie să fiți cel mai frumos băiat sau cea mai drăguță fată dintre colegii voștri. Pur și simplu, trebuie să fiți doar simpatizați.

Copiii din cel de-al doilea grup (estimat la 25–30%) sunt considerați ca având succes din punct de vedere social, dar nu sunt populari cu adevărat. Sunt plăcuți de către multe persoane, dar și antipatizați de alții. Darnell, un elev de clasa a opta a unei școli generale dintr-o suburbie din California de Nord, era un exemplu de acest tip de copil. Darnell era foarte sociabil, un elev cinstit, dar de nivel mediu, pe care mulți dintre cei mai apropiați prieteni ai săi îl considerau un model. Purta cele mai la modă haine, știa ce formație este „în top" și care nu și avea întotdeauna cel mai nou joc video. Deși avea un cerc larg de prieteni, mulți dintre elevii cu care mergea la școală îl considerau „răsfățat" sau „încrezut". Chiar și prietenii lui cei mai apropiați se plângeau uneori că Darnell se lăuda prea mult și nu își dădea seama de efectul neplăcut pe care îl avea asupra celorlalți.

Ar mai fi și copiii care se situează sub medie pe scala socială.

Cel de-al treilea grup de copii este cel respins de grupul de copii de aceeași vârstă — displăcuți de cei mai mulți și plăcuți de foarte puțini. Există multe motive pentru care un copil ajunge să fie respins de colegii săi. Uneori, motivele sunt de înțeles, alteori nu. Copiii agresivi sunt aproape întotdeauna respinşi de către ceilalţi copii. Uneori au câte un grup mic de prieteni, care sunt văzuţi tot ca agresivi şi „singuratici", dar sunt consideraţi proscrişi în contextul şcolii sau al comunităţii din care fac parte.

La cinci ani, Abigail era atât de agresivă, încât niciunul dintre colegii ei nu voia să aibă nimic de a face cu ea. Făcea crize de nervi aproape zilnic, mai cu seamă după-amiaza, când era şi mai iritată. De obicei nu era agresivă fizic, dar îi necăjea şi îi ironiza pe ceilalţi copii, ţinând morţiş ca aceştia să facă taman cum vrea ea. Ceilalţi copii i-au spus profesoarei că Abigail era o „trişoare", şi nimeni nu o voia în echipa lui, indiferent de ce sport jucau sau de activitatea pe care o desfăşurau. Când a împlinit şase ani, mama lui Abigail nu a ştiut pe cine să invite la petrecerea de ziua ei. Abigail nu fusese invitată la nicio petrecere aniversară de mai bine de un an. În final, mama ei a hotărât să ţină o petrecere în familie, temându-se că niciunul dintre ceilalţi copii nu va accepta invitaţia de a participa la aniversarea lui Abigail.

Este uimitor faptul că nu doar copiii agresivi sunt respinşi, dar la fel se întâmplă şi cu cei care sunt prea pasivi şi supuşi. Ca multe alte specii de animale, în anumite condiţii, grupurile de oameni revin la instinctul primar de a-l ostraciza pe cel slab şi vulnerabil.

Uneori, copiii sunt respinşi de semenii lor deoarece sunt prea diferiţi. Copiii care sunt foarte înalţi, prea scunzi, obezi sau foarte slabi sunt adesea respinşi social, doar din cauza aspectului fizic. Alţi copii sunt respinşi deoarece provin din alte ţări sau din alte zone geografice ale Statelor Unite şi sunt pur şi simplu consideraţi „străini", din cauza accentului şi a experienţei de viaţă diferite. În ciuda programelor de „toleranţă" promovate în şcoli şi în biserici, vor exista în permanență unii tineri care vor fi tachinați, terorizați sau victimizați, din cele mai insignifiante motive. Dar, cum vom vedea cu toții, există modalități prin care puteți preveni ca acest lucru să se întâmple și copilului vostru.

Ultima clasificare socială include acei copii pe care psihologii îi denumesc „trecuți cu vederea" sau neglijați de colegii lor. Acești copii sunt neplăcuți unora și plăcuți de foarte puțini. Ei se estompează undeva în fundalul clasei sau al locului de joacă. Nu prea participă la activități sportive sau la alte activități extrașcolare, preferând să stea acasă. Acești copii trecuți cu vederea sunt de obicei foarte timizi în preajma celorlalți. Dar atunci când sunt observați acasă, împreună cu membrii familiilor lor, sunt cu totul diferiți. Dau dovadă de aptitudini sociale deosebite, care cu siguranță le-ar asigura o mulțime de prieteni dacă le-ar folosi față de colegii lor. Nu este nevoie decât de un singur adult care să observe potențialul și abilitățile acestor copii și să-i încurajeze.

Copiii populari nu sunt plăcuți numai de către ceilalți tineri, ci și de profesorii lor și de ceilalți adulți. Copiii populari au parte de mai multă atenție din partea tuturor celor din viața lor. Nu este de mirare că ajung să crească având un grad mai mare de încredere în sine și în scopurile lor, calități care contribuie la succesul lor școlar.

Încercați și voi

Test de popularitate

Știți dacă copilul vostru este plăcut de către ceilalți? Este posibil ca părinților să le fie greu să spună dacă micuții lor sunt populari sau nu. Copiii mici nu au posibilitatea să înțeleagă acest concept abstract. Alți copii sau adolescenți pur și simplu nu vor să

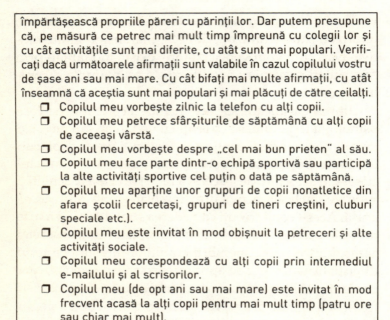

împărtăşească propriile păreri cu părinţii lor. Dar putem presupune că, pe măsură ce petrec mai mult timp împreună cu colegii lor şi cu cât activităţile sunt mai diferite, cu atât sunt mai populari. Verificaţi dacă următoarele afirmaţii sunt valabile în cazul copilului vostru de şase ani sau mai mare. Cu cât bifaţi mai multe afirmaţii, cu atât înseamnă că aceştia sunt mai populari şi mai plăcuţi de către ceilalţi.

❏ Copilul meu vorbeşte zilnic la telefon cu alţi copii.
❏ Copilul meu petrece sfârşiturile de săptămână cu alţi copii de aceeaşi vârstă.
❏ Copilul meu vorbeşte despre „cel mai bun prieten" al său.
❏ Copilul meu face parte dintr-o echipă sportivă sau participă la alte activităţi sportive cel puţin o dată pe săptămână.
❏ Copilul meu aparţine unor grupuri de copii nonatletice din afara şcolii (cercetaşi, grupuri de tineri creştini, cluburi speciale etc.).
❏ Copilul meu este invitat în mod obişnuit la petreceri şi alte activităţi sociale.
❏ Copilul meu corespondează cu alţi copii prin intermediul e-mailului şi al scrisorilor.
❏ Copilul meu (de opt ani sau mai mare) este invitat în mod frecvent acasă la alţi copii pentru mai mult timp (patru ore sau chiar mai mult).
❏ Copilul meu (de opt ani sau mai mare) doarme uneori la un alt copil sau invită alţi copii să doarmă la el acasă.
❏ Copilul meu (de opt ani sau mai mare) participă împreună cu alţi copii în cadrul unor activităţi şcolare, cum ar fi proiecte ştiinţifice, grupuri de studiu sau se ajută unii pe alţii în efectuarea temelor.

Fiecare dintre afirmaţiile din Testul de popularitate se referă la o piatră de hotar importantă în dezvoltarea socială a unui copil. În cazul în care copilul vostru nu a trecut printre aceste jaloane sociale, există câteva lucruri simple pe care le puteţi face pentru a-l ajuta să devină mai adaptat social.

Una dintre căile prin care puteţi să-i îmbunătăţiţi şansele succesului social este de a avea o relaţie apropiată cu acesta. În al doilea rând, trebuie să aveți voi înșivă aptitudini sociale bune, ieșind împreună cu prietenii voștri și invitându-i pe ei la voi acasă. Oferiți-i copilului vostru ocazia să vadă cum interacționați cu prietenii voștri și cum valorificați prieteniile pe care le aveți.

Copilul vostru poate beneficia și de pe urma unor lecții speciale despre aptitudinile sociale. În restul acestui capitol, vă voi vorbi despre cele șapte „secrete" ale succesului social. Unele dintre aceste secrete sunt de bun-simț, dar altele nu sunt atât de evidente. Este posibil ca sfatul pe care-l dați copilului vostru să fie cu totul greșit. Citiți restul acestui capitol și vedeți dacă există unele secrete pe care voi și copilul vostru nu le știți încă. Apoi alegeți o aptitudine socială care l-ar putea ajuta pe copilul vostru să-și facă prieteni și să capete acceptarea socială, după care împărtășiți-i acest secret.

Secretul nr. 1: Copiii care au succes social sunt distractivi și nostimi

Mulți dintre cei care-l cunoșteau pe Aaron considerau că are o înfățișare „haioasă". Cu o față prelungă, un păr roșcovan și nepieptănat, cu urechi mari și ochelari imenși, părea ca un personaj scos dintr-o revistă de benzi desenate. Dar, așa cum spunea mama lui, „A-l cunoaște pe Aaron înseamnă a-l iubi".

Aaron fusese un copil nostim încă de când mergea de-a bușilea, îndrăgit de familia lui, de prieteni și chiar de necunoscuți. Înainte de a putea vorbi, Aaron încerca să-i facă pe oameni să râdă. Își punea o găleată de plastic în cap sau scotea un sunet ca și cum elimina un gaz, deoarece văzuse că aceste lucruri îi fac pe oameni să chicotească. Pe parcursul școlii, Aaron a fost considerat „clovnul școlii". De la grădiniță până ce a terminat școala, Aaron a fost cel la care se gândeau cu toții dacă voiau să se amuze.

Toți copiii recunosc și apreciază umorul, dar unii dintre ei, precum Aaron, știu în mod instinctiv că umorul reprezintă cea mai bună cale de a-ți face și a-ți păstra prietenii. Ca și alte aspecte ale dezvoltării copilului vostru, umorul trece prin diferite stadii pe timpul maturizării. Pe la aproximativ șase luni, bebelușii încep să râdă tare când sunt gâdilați. Pe la un an, râd de lucrurile care par nepotrivite, cum ar fi atunci când v-ați pune un pantof pe cap sau o pălărie în picior. Pe la doi ani, copiii încep să râdă la anticiparea evenimentului ce va urma. Dacă știu că vă ascundeți după colț și că veți ieși de acolo ca să-i surprindeți, pot izbucni în râs în timp ce așteaptă să ieșiți la iveală. Cu toții suntem obișnuiți cu umorul scabros al copiilor de trei–patru ani. Cuvinte precum „pi-pi" și „ca-ca" sunt nostime pentru copiii mici, în orice context.

Glumele sub formă de ghicitori și cele de tipul „cioc-cioc, cine-i acolo?" încep de obicei când copiii au între patru și cinci ani. În timp ce limbajul unui copil se îmbogățește, acesta înțelege faptul că vorbele pot avea două înțelesuri și că modificarea contextului cuvintelor poate crea o idee nostimă (ex.: „Cine cade din cer și nu se lovește? Ploaia!"). De la șase la doisprezece ani, copiii descoperă că dacă spun multe glume ajung să capete un anumit statut social, chiar dacă glumele lor sunt uneori nepotrivite. Pe la șapte–opt ani, copiii încep să spună glume care discreditează („Mama ta e atât de toantă, încât s-a împiedicat de telefonul fără fir") sau să denigreze un anumit grup social. Acest tip de umor este foarte obișnuit și poate oferi temporar copiilor un oarecare statut social. Dar pe termen lung, ca orice altă formă de agresivitate, umorul jignitor va izola copilul, iar acesta va dobândi reputația de insensibil sau de răutăcios. Dacă vă auziți copilul folosind un umor care jignește, descurajați-l cu toată puterea, spunându-i că este împotriva valorilor morale și că în plan social nu va avea decât de suferit.

Pe la adolescență, umorul este folosit într-o manieră similară celei a adulților. Adolescenților le plac mai multe tipuri de umor, de la cel complex și ironic la cel ofensator și obscen. Pe la paisprezece–cincisprezece ani, cei mai mulți dintre adolescenți învață să râdă chiar și pe seama lor.

Potrivit psihologului Louis Franzini, autorul cărții *Kids Who Laugh (Copiii care râd)*, umorul nu aduce popularitatea unui copil doar pentru că este apreciat de colegii lui, ci și pentru că simțul umorului stimulează adesea alte abilități sociale, printre care flexibilitatea, spontaneitatea, perspicacitatea și capacitatea de a face față adversităților. Mulți copii cu succes social, precum Aaron, folosesc umorul la început ca pe o cale de a face plăcere sau a obține acceptarea celorlalți, dar curând își dau seama că acesta poate fi exploatat în mai multe moduri. Ca adult, Aaron povestea că au fost multe ocazii în copilăria lui în care umorul l-a ajutat să scape atunci când era neliniștit sau când îi era teamă de ceva. Râdea pentru a scăpa din multe dispute. Și-a depășit anxietatea de a merge la dentist făcând un pariu cu el însuși că-l va putea face pe dentist să râdă fără să spună un cuvânt. Și, de nenumărate ori, profesoara l-a iertat pentru că nu-și făcuse temele, deoarece venea cu niște scuze atât de străvezii și prostești, încât îl lăsa în pace. Umorul îl ajută și în ziua de astăzi. Soția sa, cu care este căsătorit de cincisprezece ani, susține că „umorul lui Aaron ne-a salvat căsnicia de mai multe ori. Nu pot să stau supărată pe un om care este atât de nostim".

Unii părinți și mulți dintre profesori se întreabă dacă unii copii nu exagerează bazându-se pe umor pentru a-și ascunde alte probleme, cum ar fi dificultatea de a învăța sau alte insuficiențe. În timp ce unele forme de umor pot fi nepotrivite și chiar distrugătoare, în cea mai mare parte, copiii nostimi aduc la clasă o atitudine pozitivă și un sentiment de bucurie pe care puțini profesori sunt în stare să le suscite. Desigur, clovnii clasei pot deveni supărători pentru profesori, dar acest lucru poate fi evitat dacă profesorii îi educă pe copii, spunându-le că există un moment potrivit în care se pot face glume în clasă, dar și unul nepotrivit pentru astfel de manifestări. Integrarea umorului în cadrul zilei de școală — prin intermediul orelor de spus glume, povestioare prostești sau jocuri amuzante — permite copiilor glumeți să-și etaleze talentele și le permite copiilor timizi sau mai ciudați să înțeleagă care este importanța umorului în obținerea acceptării sociale.

Simțul umorului ar trebui încurajat în cazul tuturor copiilor, așa cum se face și cu bunele maniere, cu învățatul sau eticheta de la masă. Cea mai bună cale de a vă învăța copilul despre importanța umorului este de a adopta în fiecare zi o atitudine hazlie și nostimă.

Aceasta este ușor de zis, dar realizez că, din cauza stresului resimțit de familiile din ziua de astăzi, a fi nostim este ultimul lucru pe care-l au părinții în minte. Așa încât începeți prin a face pași mici. Instituiți cel puțin o dată pe săptămână un timp pentru amuzamentul familiei, chiar și numai pentru cincisprezece–treizeci de minute, și faceți obligatorie participarea tuturor membrilor familiei. Scopul este simplu: toată lumea trebuie să râdă! Foloasele râsului și umorului vor avea cu siguranță un impact atât asupra fiecărui aspect al vieții familiei voastre, cât și asupra dezvoltării copilului vostru.

Încercați și voi

Timp de amuzament pentru familie

Iată câteva idei pentru timpul de amuzament al familiei. Nu puteți da greș dacă aveți în minte faptul că scopul este ca toată lumea să râdă. Cu cât râdeți mai mult, cu atât veți avea mai mult succes.

- Organizați o seară de bal mascat, în care fiecare membru al familiei trebuie să apară în cel mai ciudat costum.
- Puneți niște înregistrări video cu familia voastră, mai cu seamă cele vechi de câțiva ani.
- Urmăriți împreună un film de comedie.
- Țineți o seară de glume. Există multe cărți la bibliotecă sau în librărie cu glume pentru copii. Fiecare membru al familiei trebuie să aleagă să spună sau să citească o glumă. Votați pentru cine a spus cea mai amuzantă glumă.
- Împărtășiți cu ceilalți membri ai familiei desene luate din secția comică a ziarului. Membrii familiei care sunt creativi pot face propriile lor desene.
- Organizați o seară cu clovni. Fiecare membru al familiei trebuie să se îmbrace precum un clovn și să facă scamatorii.
- Organizați o întrecere de aruncat cu tartele. Cumpărați niște tarte gata făcute, scoateți-le din folie și umpleți-le cu frișcă. Ieșiți în curte și așezați-vă în cerc, fiecare făcând cu rândul în centru, pe post de țintă. Fiecare trebuie să aibă „șansa" să fie luat drept țintă pentru tartele umplute cu frișcă. Dacă mai rămâne cineva curat după ce au fost aruncate toate tartele, folosiți restul de frișcă pentru a îndrepta această greșeală.

Farsele sunt amuzante pentru copii, dar aveți grijă ca orice activitate să fie desfășurată în siguranță, în spiritul umorului de bun-gust. Așa cum știți, farsa are o conotație agresivă, și trebuie să aveți grijă ca acest lucru să nu vă strice plăcerea. Opriți-vă imediat dacă unul dintre voi nu se amuză.

Secretul nr. 2: Copiii care au succes social sunt apreciați pentru că sunt de ajutor, altruiști, atenți și cooperanți

Nu este un secret faptul că adulților le plac copiii care sunt amabili, atenți și respectuoși cu ceilalți. Copiii apreciază și ei aceste calități la semenii lor. Preocuparea copiilor pentru ceilalți apare de foarte devreme. Pe la unsprezece luni, cei mai mulți dintre copii devin triști și agitați atunci când văd un alt copil plângând. Între unu și doi ani, copiii vor încerca să-l ajute pe un altul care este neliniștit, anunțând un adult sau încercând să-l liniștească chiar ei. Atitudinea de ajutorare continuă să se profileze la copiii de vârstă școlară, aceștia fiind și mai capabili să perceapă nevoile altei persoane, observând totodată că atitudinea de ajutorare aduce după sine recunoașterea socială.

Atunci când copiii mai mari nu-i ajută pe ceilalți, nu înseamnă neapărat că sunt mai puțin altruiști decât alți copii, ci că se tem că ajutorul lor poate fi privit ca nepotrivit sau că acel copil care are nevoie de ajutor nu va fi de acord cu eforturile pe care le depun ei. Unii copii nu încearcă să-i ajute pe ceilalți deoarece se tem că se vor simți prost și că vor sfârși prin a se simți incompetenți. Pe de altă parte, copiii populari nu numai că socotesc important să-i ajute pe alții, ci o și fac. Deși există o percepție obișnuită cum că fetele sunt mult mai săritoare și mai grijulii decât băieții, cercetătorii au descoperit că există doar puține diferențe la nivel de sex în ceea ce privește preocuparea copiilor pentru semenii lor. Diferența în atitudinea de ajutorare dintre băieți și fete constă mai mult în felul în care este oferit acel ajutor; fetele tind să ofere mai mult confort psihic și îngrijire, în timp ce băieții oferă ajutor fizic, cum ar fi găsirea unui adult atunci când un copil este rănit sau împărtășirea bunurilor proprii cu alt copil pentru a-l binedispune.

Conform studiilor, copiii care sunt cei mai populari și mai bine adaptați sunt în mod obișnuit cei mai generoși, săritori și atenți dintre semenii lor. Unii copii sunt atât de altruiști, încât depășesc noțiunea noastră tradițională de a fi popular sau „a avea relații" și devin un model atât pentru cei de vârsta lor, cât și pentru adulți.

Barbara avea treisprezece ani și se pregătea pentru „bar mitzvah", o etapă de confirmare către viața de adult în tradiția iudaică, acesta fiind, în mod normal, marcată de petreceri și cadouri. Dar Barbara nu voia nici petrecere și nici cadouri pentru a marca acest important eveniment. Ea le-a cerut părinților să doneze banii pe care i-ar fi cheltuit pentru petrecerea ei unei școli de copii autiști. Barbara a scris de mână invitațiile pentru petrecerea de acasă și le-a cerut prietenilor și rudelor ei să aducă în loc de cadou mâncare la pachet, pentru a o duce la o cantină locală. Efuziunea dragostei și afecțiunii Barbarei este remarcabilă, dar nu surprinzătoare.

Este un eveniment nefericit faptul că acești copii precum Barbara reprezintă mai degrabă o excepție decât o regulă. În vremea în care cultura noastră promovează valorile morale ale egoismului și materialismului, mulți dintre părinți mă întreabă cum să-și învețe copiii să fie mai empatici și mai preocupați de ceilalți. Răspunsul meu este acela că ar trebui să înceapă prin a limita influențele negative ale culturii asupra copiilor lor. Îi sfătuiesc să închidă mai des televizorul și, când este deschis, să supravegheze ce emisiuni urmăresc copiii lor. Să le interzică copiilor să joace jocuri video violente și să le explice de ce nu este bine pentru ei. Copiii trebuie să știe că violența reală apare tot timpul în lume, iar acest subiect nu este de joacă. Totodată, să-și educe copiii referitor la fluxul de reclame care-i determină să creadă în mod greșit că vor fi mai fericiți dacă vor mai cumpăra o pereche de pantaloni sau un CD.

Apoi, înlocuiți influențele negative care vă afectează copiii cu unele pozitive. Creați o cultură de familie care valorifică grija, amabilitatea și lipsa de egoism. Încurajați-vă copilul să adune bani sau conserve de mâncare pentru a le dona. Puneți-l să presteze măcar câteva ore pe săptămână în cadrul proiectelor comunitare (vezi website-ul în engleză www.kidscare.org, pentru a afla despre sutele de modalități prin care copiii îi pot ajuta pe ceilalți). Ajutați-l să înțeleagă că micile gesturi de amabilitate și grijă față de ceilalți vor aduce o mare contribuție în viața lor și a celorlalți. Acordați câteva momente în fiecare zi pentru a vă încuraja copilul să fie amabil, săritor și atent și veți aduce o contribuție substanțială la dezvoltarea sa afectivă și socială.

Încercați și voi

Inițiați un jurnal al bunăvoinței

Programul de acte de amabilitate dezinteresate există în SUA de mai bine de douăzeci de ani (vezi www.actsofkindness.org), acesta încurajându-i pe oameni să găsească modalități de a fi buni unii cu ceilalți, ca o cale de reconcentrare asupra interacțiunilor pozitive pe care le putem avea unii cu ceilalți. Puteți face din bunătate o parte zilnică a vieții voastre de familie, încurajându-l pe copilul vostru să țină un jurnal al actelor de amabilitate, un raport zilnic al actelor binevoitoare. Seara, stați împreună cu el și întrebați-l ce a făcut în ziua respectivă pentru a ajuta pe cineva. Scrieți fapta în jurnal și eventual adăugați un desen ilustrativ. Împărtășiți-i propriile voastre gânduri și experiențe amabile din acea zi sau țineți propriul vostru jurnal de astfel de fapte. Veți fi uimiți de modul în care copilului i se vor schimba atitudinea și felul de a privi viața când va începe să caute modalități de a-i ajuta zilnic pe ceilalți și va înțelege cât de important este acest lucru pentru voi.

Secretul nr. 3: Copiii cu succes social știu cum să se alăture rapid unui nou grup de copii

Când familia lui Todd s-a mutat într-un alt cartier, acesta s-a temut că nu va fi acceptat de copiii pe care i-a văzut la locul de joacă și la piscină. Erau mulți copii, mici și mari, dar, după câteva zile în care i-a tot urmărit fără a fi invitat la joacă, Todd s-a descurajat. I-a spus mamei sale că preferă să stea în casă și să se uite la televizor decât să meargă afară, deoarece „ceilalți copii nu mă plac". Mama lui Todd era înțelegătoare și nu voia să-l forțeze pe Todd. „Poți să stai în casă azi", i-a spus ea consolator, „dar mâine am să-i invit pe verii tăi să se joace cu tine. Trebuie să ai răbdare până îți vei face alți prieteni. Asta necesită ceva timp. Pun pariu că în câteva luni vei avea o mulțime de prieteni."

Deși bine intenționat, sfatul acestei mame era greșit. Cercetările ne arată că unul dintre cei mai importanți factori care fac ca un copil să fie acceptat sau respins de un grup este prima sa interacțiune cu respectivul grup de copii. Copiii care sunt capabili să stabilească de la prima întâlnire legături cu cei de vârsta lor au mai multe șanse să devină populari în timp, în cadrul acelui grup, și există puține șanse de a fi respinși. Copiii care sunt pasivi și

„privesc" cum se joacă ceilalţi copii nu sunt invitaţi la joacă. Cu alte cuvinte, secretul succesului de a fi acceptat de un nou grup de copii constă în a fi activ şi a se alătura pe dată celorlalţi.

Există patru paşi pe care trebuie să-i facă un copil atunci când încearcă să găsească un nou grup de prieteni, iar voi puteţi să-l ajutaţi să facă fiecare dintre aceşti paşi.

Pasul 1: Copiii trebuie să caute grupuri cu aceleaşi valori morale şi aceleaşi interese

Potrivit cercetătorilor, copiii au cel mai mult succes atunci când se alătură grupurilor de copii care au aceleaşi trăsături şi interese. Dau greş atunci când încearcă să se alăture grupurilor închegate de copii care nu au aceleaşi interese ca şi ei. Lui Todd, băiatul din exemplul anterior, îi plac roboţii. A construit un robot şi l-a programat cu ajutorul computerului să-l facă să se ţină după el sau după orice obiect aflat în mişcare. Mutându-se într-un alt cartier, mama lui Todd l-ar fi putut ajuta să se adapteze, întrebându-l pe profesorul de ştiinţe de la şcoala acestuia dacă există copii interesaţi de roboţi sau vreun club de calculatoare.

Totodată, poate fi de ajutor şi căutarea unor copii care au aceleaşi trăsături personale. Todd era înalt şi slab pentru vârsta lui. Nu era cine ştie ce atlet, dar era un bun alergător. Bunicii lui erau descendenţi germano-irlandezi, iar părinţii aparţineau unei biserici metodiste. Aceste trăsături personale indicau faptul că ar fi putut să-şi găsească mai uşor un grup care să-l accepte dacă ar fi căutat o echipă de cercetaşi, copii cu aceleaşi rădăcini etnice sau alăturându-se unui grup al bisericii.

Pasul 2: Ajutați-i pe copii să vadă grupurile ca fiind alcătuite din indivizi diferiți social

Odată ce un copil identifică un grup de copii cu interese sau trăsături comune, se poate face acceptat mai ușor dacă alege să abordeze un membru al acelui grup. Mulți copii fac greșeala să considere un grup de alți copii ca fiind o singură identitate. Micky, un băiețel de șapte ani pe care-l cunosc, se ducea adesea la un grup de copii și le striga: „Hei, pot să mă joc și eu cu voi?". Dacă nimeni nu-i dădea atenție, el striga și mai tare: „Hei, mă pricep la fotbal (sau ce joacă ei acolo), pot să joc și eu?". Când nimeni nu-i răspundea nici la a doua întrebare, se simțea ofensat și pleca.

Ar fi fost mai bine dacă Micky ar fi stat puțin deoparte și s-ar fi uitat la fiecare copil din grup. Ar fi trebuit să își dea seama cine este liderul și cine pare prietenos. Micky ar fi putut aborda unul dintre copiii care e mai zâmbitor și are o figură plăcută. Apoi ar trebui să spună, pur și simplu: „Pot să mă joc și eu?".

Dacă îl veți învăța pe copilul vostru acest truc simplu prin care să îl abordeze pe copilul care pare cel mai prietenos dintr-un grup, copilul vostru va fi acceptat mai ușor.

Încercați și voi

Lista de accesibilitate

Vă puteți învăța copilul să distingă între membrii diferiți ai unui grup, punându-l să observe grupuri la televizor sau într-un loc public, cum ar fi un loc de joacă sau un magazin. Există multe emisiuni de televizor care arată copii diferiți interacționând la diferite vârste.

Urmăriți aceste emisiuni împreună cu copilul vostru și discutați despre modul în care copii diferiți interacționează în fiecare grup. Dați-i copilului vostru lista de mai jos, care-l va ajuta să-și dea seama ce copil din cadrul unui grup arată mai ușor de abordat:

___ Persoana se uită în ochii celorlalți membri ai grupului.

___ Persoana se uită la oamenii aflați în afara grupului.

___ Persoana râde și zâmbește adesea.

___ Persoana interacționează cu cei mai mulți dintre membrii grupului.

___ Persoana pare să fie mai deschisă decât ceilalți membri ai grupului.

Pasul 3: Ajutați-l pe copilul vostru să fie prietenos

În timpul în care copilul vostru învață cum să descopere persoana cea mai prietenoasă dintr-un grup, puteți să-l învățați și cum să fie el însuși mai prietenos. Așa cum am văzut în partea a V-a a cărții, cea mai importantă cale prin care ne putem comunica sentimentele este cea nonverbală, așa încât concentrați-vă în a-l ajuta pe copilul vostru cum să învețe să aibă posturi, gesturi și expresii faciale „amicale". Cei mai mulți dintre copii nu-și dau seama că ceilalți îi judecă în funcție de felul în care comunică nonverbal.

Încercați și voi

Fă-mi o poză într-o postură prietenoasă

Fotografiați-vă copilul într-o postură pe care el o consideră „prietenoasă". Apoi uitați-vă împreună la poză și vorbiți despre cum ar trebui să-și îmbunătățească atitudinea nonverbală. Iată câteva semne nonverbale care indică o deschidere amicală:

* postură dreaptă
* postură deschisă (mâini sau picioare neîncrucișate)

- palmele la vedere (acesta este un semn universal de prietenie)
- un zâmbet și o expresie plăcută a feței
- contact vizual.

Pasul 4: Învățați-vă copilul să fie perseverent atunci când vrea să găsească un grup în care să se integreze

Pentru unii copii este ușor să învețe cum să se alăture unui grup, însă pentru alții nu. Aproximativ 20–30% dintre copii sunt timizi, și cu siguranță aceștia vor fi mai puțin insistenți în găsirea unui grup de prieteni și se vor descuraja mult mai ușor dacă nu reușesc din prima. Dar toți copiii pot și trebuie să găsească un grup de prieteni. Acest lucru constituie o importantă piatră de hotar pentru cei cu vârsta cuprinsă între șapte și paisprezece ani, unii psihologi considerând că nereușita integrării într-un grup de copii în acest interval de timp poate duce la probleme care pot dura întreaga viață. Când copilul vostru este între aceste vârste și întâmpină greutăți în a se alătura unui grup de prieteni, insistați ca el să încerce să se alăture unui alt grup. Încurajat și susținut de voi și cu eforturi pe măsură, într-un final va reuși.

Secretul nr. 4: Copiii care reușesc social pot să rezolve conflictele pe care le au ceilalți, prin crearea unor situații echitabile

Dylan și Rodney erau în aceeași clasă și locuiau în aceeași clădire. Amândoi erau niște băieți străluciți și

aveau multe interese comune. Părinții lor erau prieteni
și îi încurajau pe băieți să se joace împreună după orele
de școală și la sfârșiturile de săptămână. Dylan și Rodney
nu se înțelegeau bine. Ori de câte ori erau împreună, se
certau, își spuneau porecle, se jigneau și uneori chiar își
spărgeau nasurile. În cele din urmă, mama lui Dylan a
cedat și i-a spus soțului ei: „Dylan nu se mai poate juca
cu Rodney. Se plânge ori de câte ori sunt împreună și
m-am săturat. Nu știu care dintre ei este de vină, dar, să-ți
spun sincer, nici nu-mi pasă. Prefer să-l văd pe Dylan că
se joacă singur decât să-l văd că-și petrece timpul cu
cineva cu care se ceartă mereu". Tatăl lui Dylan a încu-
viințat. Nu l-au mai invitat pe Rodney la joacă și găseau
scuze atunci când acesta îl invita pe Dylan. Nu e de mirare
că cele două cupluri au încetat să se mai frecventeze.

Singura alternativă găsită de părinții lui Dylan a fost
să-i țină pe cei doi băieți departe unul de celălalt. I-ar fi
putut arăta lui Dylan și lui Rodney cum să-și rezolve
micile divergențe. I-ar fi putut învăța cum să-și rezolve
problemele în așa fel încât să-și întărească prietenia în loc
să și-o destrame. Dacă i-ar fi învățat pe acești băieți cum
să-și rezolve problemele, nu numai că ar fi fost capabili
să-și mențină relația, dar i-ar fi învățat cum să dobândească
aptitudinile necesare pentru a se înțelege cu ceilalți.

Unii copii par a fi în mod natural niște pacifiști. Ei sunt
aceia care sugerează compromisuri pentru orice fel de
problemă. Acești copii înțeleg că un compromis nu în-
seamnă nici a renunța, nici a ceda, ci mai degrabă în-
seamnă a găsi soluții alternative în care oamenii care nu
se înțeleg găsesc o cale de rezolvare. Ei știu că un com-
promis înseamnă o alegere care-i va mulțumi pe toți, chiar
dacă nu e tocmai ce și-au dorit la început.

Copiii care nu știu să se împace cu ceilalți în mod firesc pot învăța cum să facă compromisuri sociale, așa cum învață și să se poarte. Este nevoie doar de un adult care să îi încurajeze să găsească noi modalități de a vedea conflictele, și apoi să exerseze acest comportament ori de câte ori apare un conflict. Modalitatea mea preferată de a-i învăța pe copii să găsească noi soluții problemelor lor interpersonale este de a juca Jocul Brainstorming. Încep prin a le cere copiilor să se uite la un obiect oarecare și să se gândească la toate felurile în care poate fi folosit. De exemplu, le-am cerut unor băieți de șase ani să se gândească la mai multe moduri în care pot folosi o găleată de gunoi din plastic, și iată ce au găsit:

- „Folosită pe post de tobă."
- „De pus pe cap în loc de pălărie atunci când plouă."
- „Folosită ca un coș de baschet."
- „Ca ascunzătoare."
- „Pentru făcut pipi în ea."
- „Căsuță pentru hamster."
- „Pentru păstrat jucăriile."

Apoi le-am cerut să se gândească la diferite lucruri pe care le pot face cu o linie de lemn, o cutie de șervețele și un șiret de pantofi. Cu fiecare alt obiect, acești copii deveneau din ce în ce mai creativi, învățând prin intermediul acestui joc că există diferite moduri de a vedea același lucru. Odată ce copiii înțeleg noțiunea de brainstorming, le puteți da apoi ca temă să exerseze crearea de noi soluții pentru conflictele obișnuite. În loc să-i interogați atunci când îi prindeți că se ceartă, spuneți-le ceva de genul: „Vreau să vă așezați amândoi împreună cu mine și să ne gândim cu toții la cinci moduri în care putem rezolva această problemă. Nu vă faceți griji dacă unele dintre idei par prostești sau nepractice. Pur și simplu, hai să încercăm să gândim și altfel".

Notați fiecare idee în parte, fără a face niciun comentariu. Apoi, împreună, hotărâți care soluție este cea mai bună. Cereți-le copiilor să-și dea mâna și să promită că vor face tot ce le stă în putință să accepte noua soluție. Dacă aveți copii precum Dylan și Rodney, care se ceartă în mod frecvent, este indicat să folosiți această tehnică de brainstorming. Curând, vor învăța că este mai ușor să se înțeleagă de la bun început.

Secretul nr. 5: Copiii cu succes social pot să-și regleze sentimentele negative și pe cele pozitive și pot răspunde nevoilor celorlalți

Adesea le spun copiilor care au probleme afective că „toate sentimentele sunt acceptabile, dar este important ce anume faceți cu ele." Le explic că, dacă le categorisim ca fiind pozitive (mândrie, bucurie, voioșie) sau negative (stinghereală, neliniște, vinovăție, teamă), putem întotdeauna alege modul în care să le exprimăm. Totodată le mai spun copiilor că există două tipuri de oameni: unii care se lasă conduși de ceea ce simt, iar alții care controlează aceste trăiri.

Copiii (și adulții) cu probleme de sănătate mentală nu-și dau seama că își pot controla trăirile. De aceea ajung la terapie și cer ajutor. Dar copiii care au succes social sunt capabili să-și controleze atât sentimentele negative, cât și pe cele pozitive. Atunci când sunt supărați pe un prieten care i-a rănit, vorbesc despre asta în așa fel încât să nu înrăutățească lucrurile. Când sunt fericiți, ca atunci când iau o notă bună la școală, sunt mândri de ei, dar își dau seama că prea mult entuziasm sau laudă de sine pot fi văzute din afară ca infatuare.

Unii copii reușesc în mod firesc să controleze ceea ce simt. Orice ar simți, sunt atenți la modul în care acest lucru îi afectează pe ceilalți. E de înțeles de ce acești copii au o ușurință în a se descurca în orice fel de situație socială și au încredere în faptul că se pot adapta oriunde.

Capacitatea unui copil de a-și înțelege și controla emoțiile pare să aibă o componentă genetică puternică, ceea ce explică diferențele pe care le vedem la copiii crescuți în același cămin. Să le comparăm pe Debra, o fetiță de șase ani, și pe sora ei, Regan, în vârstă de opt ani. Debra a fost un copil bun încă de când era bebeluș, zâmbea ușor și plângea puțin. De pe vremea când era mică, Debra părea să devină o „fetiță bună", neprovocând părinților ei niciun fel de problemă.

Pe de altă parte, sora ei mai mare, Regan, intra mereu în bucluc. Era încăpățânată, avea o gură „spartă" și rareori respecta regulile casei. Părinții lui Regan se certau în permanență cu ea pentru că nu voia să meargă la culcare, pentru că se încăpățâna să nu-și îndeplinească îndatoririle și pentru că nu era respectuoasă. Mi-a fost recomandată pentru terapie în urma unui incident în care spărsese barul părinților și băuse o sticlă mare de votcă (cu care se și înecase).

Însă Regan nu părea deloc preocupată de mâhnirea părinților ei. Nici de reacțiile pe care le provoca colegilor săi, pe care-i teroriza și îi tachina în permanență. Când Regan a ajuns să aibă probleme la școală din cauza comportamentului ei tiranic, a început să se vaite și s-a îmbufnat, lucru pe care profesorii l-au găsit la fel de supărător.

Pentru a o ajuta pe Regan să-și controleze mai bine sentimentele, i-am învățat pe părinții ei o multitudine de tehnici în limbajul secret al sentimentelor, cea mai mare parte dintre ele fiind menționate în această carte. Le-am cerut să inițieze jocuri de cooperare (vezi capitolul 8), am încurajat-o pe Regan să-și schimbe modul de a se vedea pe sine prin intermediul povestirilor (vezi capitolul 11) și am încurajat-o să fie mai sensibilă la reacțiile celorlalți, observându-le modul în care comunică nonverbal (vezi capitolul 19).

Regan făcea progrese în a-și controla trăirile și vedea ce impact are atitudinea ei față de ceilalți, dar eram încă îngrijorat de faptul că tot ceea ce făceam era să o întorc la un „punct de plecare" psihologic. Parcă nu o puteam ajuta să învețe să dobândească aptitudinile afective care păreau atât de naturale în cazul surorii ei, care era plăcută de toți cei care o cunoșteau. Nu simțeam că o învăț pe Regan aptitudinile necesare pentru a putea fi fericită.

Martin Seligman, fost președinte al Asociației Americane de Psihologie și autorul cărții *Fericirea autentică*, scrie că dilema mea este ceva obișnuit în cazul celor mai mulți psihologi, care petrec cea mai mare parte din timp gândindu-se la problemele pacienților lor, dar prea puțin timp la propria lor fericire. Seligman susține că adevărata fericire este mai mult decât o colecție de momente fericite, fiind mai degrabă o cale prin care fiecare din noi obține mulțumire, satisfacție și un sens al vieții. Acest tip de satisfacție profundă pare să aibă o legătură inextricabilă cu succesul social al fiecăruia.

În cadrul unui studiu despre fericire efectuat pe un eșantion de 222 de studenți, Seligman și colegii săi au măsurat fericirea folosind șase scale psihologice diferite, după care s-au concentrat asupra celor mai fericiți 10% dintre acești studenți. El notează: „Acești oameni «foarte fericiți» diferă marcant față de oamenii obișnuiți și de cei nefericiți printr-un singur lucru: au o viață socială bogată și împlinită. Cei mai fericiți oameni petrec foarte puțin timp singuri (cea mai mare parte din timp socializând cu ceilalți) și au obținut cele mai bune scoruri la capacitatea de a avea relații bune cu ei înșiși și cu prietenii lor".

Deși nu este clar dacă a fi fericit și optimist te face mai popular sau dacă a avea o viață socială bogată te face fericit, pare logic ca ambele presupuneri să fie adevărate. Seligman și alți cercetători au clarificat de ce oamenii care au sentimente mai optimiste au mai mult succes în cadrul relațiilor cu ceilalți, la orice vârstă.

Cu toate acestea, nu este ușor să faci fericiți și optimiști copii precum Regan. Așa cum probabil știți deja, nici copiii și nici adulții nu devin mai fericiți atunci când posedă bunuri materiale; de fapt, lucrurile pot sta chiar pe dos. Pentru mulți oameni, cu cât au mai mult, cu atât vor mai mult, așa că, la fiecare nouă achiziție, sunt din ce în ce mai puțin satisfăcuți.

Potrivit lui Seligman, fericirea noastră este influențată în mare parte de gene. Copiii moștenesc de la părinții lor un „grad" mai mic sau mai mare de optimism, care stabilește în mare măsură dacă vor privi partea plină a paharului vieții sau pe cea goală. Cu alte cuvinte, copilul vostru se naște cu tendința de a fi mai optimist sau mai puțin optimist, acest lucru fiind o parte destul de stabilă a temperamentului său. Dar cercetătorii ne mai spun și că cei mici (sau adulții) pot învăța cum să privească viața mai optimist, acest lucru făcându-i să aibă mai mult succes social.

Am încercat mai multe tipuri de abordare pentru a o ajuta pe Regan să fie mai fericită, acest lucru făcând-o să fie mai plăcută de familia și de prietenii ei. Umorul, așa cum am spus mai înainte în acest capitol, reprezintă o cheie importantă a succesului social, iar Regan știa cum să-i facă pe oameni să râdă. Părinții ei considerau că simțul umorului reprezintă unul dintre punctele ei tari, și era singurul lucru la care răspundeau pozitiv colegii ei de clasă. Am încurajat-o pe Regan să-și exerseze umorul spunând glume în fiecare zi, atât acasă, cât și la școală, dar fără a face glume pe seama altora.

Am mai încurajat-o pe Regan să facă remarci pozitive la adresa prietenelor ei. I-am cerut să facă un efort suplimentar și să le facă uneori complimente celor de la școală („Chiar ai dat un răspuns bun la problema aia de matematică") și, de asemenea, să aibă comentarii pozitive despre activitățile întreprinse („A fost un film nemaipomenit, nu-i așa?"). Le-am cerut și părinților ei să încurajeze acest tip de comportament și să facă, la rândul lor, remarci pozitive.

În sfârșit, am instruit-o pe Regan cum să facă sugestii pozitive colegilor ei de clasă despre activitățile pe care le pot desfășura împreună. Am făcut o listă cu astfel de activități, de care s-ar bucura atât ea, cât și colegii ei, având grijă ca Regan să ia în calcul și părerile celorlalți copii.

Copiii sunt atrași de cei care le oferă ocazii de a se distra. În șase luni, Regan a reușit să-și facă trei prietene mai apropiate. Așa cum spunea și mama lui Regan la telefon, „Regan nu este perfectă, dar cu siguranță că este mai fericită. Iar asta înseamnă mare lucru".

Încercați și voi

Chestionarul punctelor tari ale copiilor

Copilul vostru are o atitudine optimistă, bazată pe punctele sale tari și pe valorile sale? Dacă aveți un copil între opt și șaptesprezece ani, poate completa testul acesta întocmit de Katherine Dahlsgaard, de la Universitatea din Pennsylvania, pe care-l găsiți și pe internet, la adresa www.authentichappiness.org. După ce va răspunde celor 125 de întrebări, veți putea face o evaluare a punctelor lui tari și slabe, împărțite în șase categorii: înțelepciune și cunoștințe (curiozitate, dorință de a învăța, judecată, ingeniozitate, inteligență socială, perspectivă), curaj (vitejie, perseverență, integritate), umanitate (bunătate, exprimarea dragostei), dreptate (spirit civic, corectitudine, spirit de lider), echilibru (autocontrol, prudență, modestie) și transcendență (aprecierea frumuseții, recunoștință, speranță, spiritualitate, iertare, umor, implicare). Potrivit teoriei psihologiei pozitive, contribuția la tăria de caracter a copilului vostru este cea mai bună cale de a-i asigura o adevărată fericire, inclusiv o viață socială mai activă și mai mulțumitoare.

Secretul nr. 6: Copiii cu succes social au abilități conversaționale bine dezvoltate

De când Teresa avea numai opt ani, părinții ei vedeau cum ceilalți copii (și chiar și adulți) erau atrași de ea. Orice i s-ar fi întâmplat — s-au mutat dintr-o casă în alta de cinci ori într-un an, și-a schimbat școala, i-a murit o bunică ce locuia împreună cu familia ei —, Teresa avea întotdeauna un grup de prieteni care îi oferea sprijin afectiv.

Părinții Teresei puneau aceasta pe seama capacității ei de a vorbi cu oricine, aproape despre orice. Tatăl ei spunea: „În familia noastră, tuturor le place să stea de vorbă, și cred că și Teresa a preluat aceasta de la noi. Întotdeauna am crezut că oamenilor le place să le vorbești și mai cu seamă le place să le vorbești despre ei. Cred că și Teresa și-a dat seama de acest lucru".

Tatăl Teresei avea dreptate. Copiii care sunt plăcuți au de obicei aptitudini conversaționale mai bune decât ceilalți copii de vârsta lor. Sunt mult mai deschiși în ceea ce privește sentimentele lor, dovedesc mai mult interes față de ceea ce spun ceilalți și arată că sunt capabili să poarte o conversație din care fiecare se alege cu ceva.

Unii copii, precum Teresa, par să aibă o predispoziție genetică de a fi extravertiți și prietenoși. Pentru că unul sau chiar ambii părinți au probabil acest tip de temperament, acești copii observă și învață direct de la ei despre diferitele tipuri de schimburi sociale care pot lega prietenii.

Alții copii nu se nasc cu o personalitate atât de deschisă și nu au tot atât de multe aptitudini sociale ca primii. Din fericire, acești copii pot fi învățați cum să dobândească astfel de aptitudini pe care alții le au în mod natural și pot avea succes social similar, iar uneori chiar mai mult decât atât. Următoarele subcapitole conțin sugestii care să-i ajute pe copii să poarte conversații cu alți copii, potrivit vârstei lor. Să nu credeți că copilul vostru trebuie să le învețe pe toate deodată. Ajutați-l să progreseze pas cu pas. După ce învață cum să-și facă prieteni, propriile lor capacități naturale vor începe să fie stimulate și curând vă veți întreba: „Despre ce or tot vorbi copiii ăștia?".

Învățați-vă copilul să-și exprime sentimentele, nevoile și dorințele

Încurajați-i pe copii să construiască propoziții care să descrie ceea ce simt și să explice de ce simt astfel. Adeseori, terapeuții îi încurajează pe copii (și pe adulți) să folosească afirmații care încep cu „eu", completând spațiile libere ale acestei propoziții simple: „Eu simt .... deoarece .... și mi-ar plăcea să ....". Când copiii își exprimă emoțiile și explică ceea ce simt, ceilalți pot să le răspundă într-un mod mult mai adecvat. Când se petrece acest lucru, copiii reușesc să obțină ceea ce vor.

Învățați-vă copilul că poate să vorbească mai mult despre el

Copiii timizi sau pasivi simt adesea că nu sunt interesanți și că ar fi mai plăcuți dacă ar fi interesați de ceea ce spun ceilalți copii. Dar conversațiile unidirecționate nu leagă prietenii. Încurajați-vă copilul să recunoască și să vorbească despre propriile lui interese, precum și despre valorile, gândurile și trăirile sale. Cea mai bună cale să faceți acest lucru este să vorbiți chiar voi cu el. Obișnuindu-se să vorbească despre lucruri personale, va ajunge în curând să o facă în mod regulat.

Învățați-vă copilul să fie atent la schimbul conversațional

Conversațiile sunt precum balansoarele; este nevoie de doi pentru a le face să se legene. Copiii își transmit unii altora multe indicii nonverbale, prin care arată când vor să vorbească și când să asculte. Când un copil vrea să vorbească, își ridică capul, ridică degetul arătător, se apleacă înainte, se uită în ochii celeilalte persoane sau ridică vocea. Când este pregătit să asculte, se oprește din vorbit, se lasă pe spate sau își schimbă poziția corpului și cere părerea celeilalte persoane („Tu ce crezi?").

Pentru unii copii, acest lucru se petrece în mod natural, dar pentru alții nu. Unii copii domină în mod obișnuit conversația, nerealizând că celălalt copil se simte exclus. Alți copii sunt buni ascultători, dar nu știu cum să-și exprime opinia în cadrul unei conversații și sunt percepuți de către ceilalți ca pasivi și neinteresanți. Pentru a-l ajuta pe copilul vostru să devină cât mai conștient de schimbul care are loc în cadrul unei conversații, încercați să urmăriți la televizor un talk-show sau un interviu la știri, mai întâi cu sonor și apoi fără. Arătați-i diferitele modalități prin care cineva arată că vrea să vorbească sau să asculte ce spune cealaltă persoană.

Încurajați-vă copiii să dea telefoane și să folosească e-mailul

Copiii care se tem de respingerea socială ezită să dea telefoane celorlalți copii. Ei se tem pentru că nu-l pot vedea pe copilul cu care vorbesc, că acesta poate râde de ei în timp ce vorbesc sau chiar mai rău, să râdă de ei în fața celorlalte persoane din cameră.

Copiii trebuie încurajați să dea telefoane scurte colegilor lor și telefoane lungi persoanelor pe care le cunosc și în care au încredere, cum ar fi verișori, bunici sau alte rude. Aproximativ 30–40% dintre oameni se luptă la un moment dat în viață cu timiditatea și cu teama de respingere socială. Cei mai mulți reușesc să o depășească abordând noi situații sociale, cu pași mici. Când realizează că temerile lor sunt mai puțin importante decât răsplata prieteniei, tovărășiei și a acceptării în cadrul unui grup, capătă curajul să facă următorul pas.

Folosirea e-mailului și a chat-ului pe internet a devenit o cale de comunicare din ce în ce mai populară pentru copii. Un studiu recent a descoperit că adolescenții petrec în medie opt până la paisprezece ore pe săptămână vorbind cu prietenii lor prin intermediul computerelor. Mulți dintre copiii timizi sau mai ciudați preferă această cale de comunicare, deoarece le dă ocazia să se gândească mai mult la ce vor să spună. Pentru că este o cale de conversație mai limitată, ei se simt mai puțin vulnerabili.

Deoarece e-mailul poate constitui o parte importantă a dezvoltării sociale a copilului vostru, trebuie să fiți foarte atent la modul cum îl învățați să folosească e-mailul și internetul. Am auzit cu toții povești despre copii și adolescenți care au fost seduși în propriile lor case de „amici" de pe internet și, deși acest lucru este rar, totuși, el trebuie luat în calcul. Un bun ghid de navigare pe internet pentru copiii și părinții lor este cartea *The Everything Kids Online Book (Ghidul online pentru copii)*, scrisă de Richard și Carol Mintzer. Cel mai bun sfat pentru a-i învăța pe copii cum să folosească internetul în siguranță este de a așeza computerul în casă într-un loc la vedere, așa încât să vă puteți supraveghea copilul în timp ce învață din beneficiile și capcanele comunicării prin intermediul acestei noi tehnologii.

Învățați-i pe copii să pună întrebări

Fiecăruia îi place să vorbească despre el însuși și tuturor le plac oamenii care sunt curioși să afle despre ei. Învățați-vă copilul cum să pună întrebări celorlalți, ca o modalitate de a iniția o conversație.

Copiii prietenoși oferă mereu invitații simple colegilor lor. Îi invită pe ceilalți copii la masă, la film, la cumpărături sau să doarmă la ei. Copiii populari nu simt nicio dificultate în a-i invita pe ceilalți copii să se joace împreună cu ei, deoarece arareori sunt refuzați. Însă copiii timizi sau mai puțin băgați în seamă se tem că vor fi refuzați sau că nu li se vor întoarce invitațiile. Adesea sunt atât de temători în a face invitații, încât respingerea lor socială devine o profeție autoîmplinită.

Lui Patrick, un băiat timid în vârstă de unsprezece ani, îi plăcea să joace popice și dorea să-l întrebe pe vecinul său Mark dacă nu vrea să meargă cu el, la sfârșit de săptămână, să joace popice împreună. Mark era un copil foarte popular în școală și-l plăcea pe Patrick, în ciuda timidității acestuia. Uneori se ducea acasă la Patrick pentru a se uita împreună la televizor. Dar Patrick se temea atât de tare că Mark are alte planuri, încât găsea scuze după scuze pentru a nu-l suna pe acesta. Așa încât, în fiecare sfârșit de săptămână, Patrick stătea singur acasă, în timp ce Mark se întâlnea cu colegii lui. Într-un final, Patrick a găsit curajul necesar pentru a-l întreba pe Mark dacă vrea să meargă să joace popice împreună cu el, acesta fiind imediat de acord. Acest moment a reprezentat o schimbare pentru relația lor și, totodată pentru conștientizarea socială a lui Patrick.

Învățați-i pe copii să-și exprime aprobarea față de ceilalți

Copiilor le place să fie lăudați sau să primească remarci pozitive de la adulți, dar acestea sunt și mai importante atunci când vin de la colegii lor. Copiii populari fac acest lucru în mod firesc, începând de pe la trei–patru ani. Fiica mea de patru ani face imediat un compliment atunci când îi place ceva. Am tot auzit-o spunându-i unei prietene de-ale ei: „Ah, ce rochie frumoasă ai!" sau „Îmi place ce desenezi". Tess face frecvent complimente atât mamei ei, cât și mie. Ne spune adesea: „Îmi plac pantofii tăi, mă-mico" sau „Îmi place cum te-ai tuns, tăticule". Desigur, la cei patru ani ai săi, Tess dă atenție mai întâi lucrurilor noi sau care i se par frumoase, dar totuși pare să știe că asta este o cale de a crea legături cu ceilalți. Am încredere că acest lucru va constitui o parte socială importantă când se va face mare.

Învățați-i pe copii cum să desfășoare o conversație prelungită

Copiii mici, de până la cinci sau șase ani, poartă conversații scurte. Un copil întreabă ceva, iar celălalt îi răspunde. Însă după ce capătă mai multe aptitudini lingvistice și o capacitate crescută de atenție, încep să poarte conversații din ce în ce mai lungi. Când ajung pe la nouă–zece ani, părinții lor se supără adesea pentru cât de mult vorbesc la telefon.

Într-o seară, Ellen a întrebat-o pe Heather, fiica ei în vârstă de unsprezece ani: „Despre ce tot vorbiți voi două?", după ce aceasta a încheiat o conversație telefonică ce durase aproape trei ore, cu prietena ei cea mai bună, Sandy. „N-ați stat toată ziua împreună?"

„Vorbim de-ale noastre", a venit răspunsul previzibil al lui Heather. „Am avut să-i spun încă ceva care s-a întâmplat după ce am discutat după-amiază."

Însă copiii timizi sau mai retrași întâmpină dificultăți în a purta o conversație mai lungă. O altă fată de unsprezece ani, Rachel, s-a scuzat de la masa de seară spunând că vrea să-și sune prietena referitor la tema pentru acasă. În mai puțin de două minute, era înapoi. „Nu ai găsit-o acasă?", a întrebat mama ei. „Era acasă", a răspuns Rachel indiferentă. „Era prea ocupată și nu a putut vorbi cu tine?", a întrebat mama ei, îngrijorată fiindcă Rachel nu părea să relaționeze prea bine cu colegii ei. „Nu știu", a răspuns Rachel distrată, „nu am întrebat-o ce făcea. Cred că nu era ocupată. Am întrebat-o doar despre tema pentru acasă, mi-a spus despre ce este vorba și asta a fost tot."

Copiii precum Rachel nu par să aibă aceeași nevoie înnăscută de a vorbi așa cum au copiii de genul lui Heather. Sunt mult mai introvertiți și probabil că nu găsesc aceeași plăcere în a sta de vorbă așa cum se întâmplă în cazul copiilor extravertiți. Puteți accepta acest lucru în cazul copilului vostru, dar dacă acesta este nepopular și nu a trecut peste treptele importante ale vârstei (vezi Testul de popularitate de la începutul acestui capitol), atunci puteți să îl încurajați să învețe să converseze mai bine.

Copilul vostru poate dobândi aceste aptitudini vorbind cu voi sau cu un alt adult cu care are o relație aparte. În cazul în care sunteți introvertit, ca și copilul vostru, atunci poate ar fi mai bine să petreacă un timp cu o mătușă, un unchi sau un prieten de familie care este mai vorbăreț. Un adult extravertit îl va trage după sine pe copilul vostru, arătându-i cum să pună întrebări și să facă unele comentarii referitoare la cele spuse. Sau, așa cum am menționat în capitolul 7, există și unele jocuri care pot fi achiziționate, cum ar fi *Ungame*, care-i pot ajuta pe copii să afle importanța unei conversații intime. Aceste jocuri, care se găsesc în multe magazine cu jucării educative sau pe website-uri, pot fi jucate de întreaga familie sau de grupuri de copii. Ele îi încurajează pe copii să capete obiceiul de a vorbi și de a-i asculta pe ceilalți, obicei ce le va folosi cu prisosință în toate relațiile lor viitoare.

Învățați-i pe copii să-și exprime preocuparea față de sentimentele celorlalți

Cea mai ușoară cale de a scoate la iveală faptul că cei mici pot să-și exprime receptivitatea față de sentimentele celorlalte persoane este prin a comenta ceea ce văd. Ei spun: „Pari supărat" sau „Asta te va face fericit", sau „Probabil că te-ai speriat cu adevărat". Copiii trebuie să învețe că uneori observațiile lor pot fi greșite, dar asta nu contează cu adevărat. Dacă fac o observație incorectă, așa cum se va vedea din conversația dintre cele două fete în vârstă de paisprezece ani, cealaltă persoană o va corecta.

Kyla: Nu știu de ce nu mă sună Jimmy. Mi-a spus că o să mă sune. Am așteptat telefonul lui tot weekendul, iar când l-am sunat, am dat peste robot.

Darlene: Probabil că asta te-a enervat.

Kyla: Da, îi spun eu vreo două când o să-l văd la şcoală.

Darlene: Ce ai de gând să-i spui?

Kyla: O să-i spun că s-a terminat. Să-şi găsească altă fată pe care să o ignore.

Darlene: Presupun că te simţi uşurată să termini relaţia cu el. Nu l-am plăcut niciodată prea mult.

Kyla: Nu. (Umezindu-i-se ochii.) Încă îl mai iubesc. Numai că nu vreau să mă rănească.

Darlene: Ah, cred că trebuie să-ţi fie foarte greu (arătând şi ea tristeţe în voce). Îmi pare rău...

Kyla: Da... mă rog... o să trec peste asta (ţinând fruntea sus). Hai să mergem şi să ne distrăm. Să uităm de Jimmy.

Darlene: Da. Hai să vedem ce filme sunt.

Darlene a interpretat greşit ceea ce simţea Kyla, dar acest lucru nu le-a întrerupt conversaţia. Kyla a corectat-o şi a continuat să vorbească. Copiii răspund aproape întotdeauna la o exprimare naturală de empatie şi atenţie din partea colegilor lor. Este important pentru construirea unei relaţii apropiate.

Încercaţi şi voi

A face conversaţie

Cea mai uşoară cale de a vă învăţa copilul să facă conversaţie este pur şi simplu de a sta de vorbă cu el mai des şi de a-i modela în acest fel abilităţile de comunicare. Staţi faţă în faţă cu el, fără a vă distrage nimic din afară. Totuşi, dacă simţiţi că acesta are probleme în a relaţiona cu cei de vârsta lui, puteţi formaliza acest tip de instruire. Înregistraţi video o convorbire a copilului vostru cu un alt membru ale familiei, făcând-l să se concentreze asupra unuia dintre „secretele" purtării unei conversaţii. Apoi uitaţi-vă împreună la înregistrare şi cereţi-i să arate ce a făcut diferit. Aşa cum am menţionat şi anterior, a învăţa noi abilităţi afective, comportamentale sau sociale este la fel ca și a învăța noi abilități școlare sau sportive. Este nevoie doar de un răspuns binevoitor și încurajator, de multă practică și de un instructor înțelegător, care să poată împărți fiecare aptitudine în mici părți componente.

Secretul nr. 7: Învățați-vă copilul diverse aptitudini de lider

Sunt convins că ați auzit despre unii copii spunându-se că sunt niște „lideri înnăscuți". Dar pun pariu că nu ați auzit niciodată de un copil despre care să se spună că este un „discipol înnăscut". A spune așa ceva despre un copil ar fi o insultă. Nimănui nu-i place să se gândească la copilul lui că este pasiv și dependent de toanele celorlalți, deși unii copii mai mici se poartă astfel încât să corespundă perfect acestei descrieri.

Copiii care sunt niște discipoli înnăscuți sunt mult mai dependenți de adulți, plâng mai repede sau arată semne de anxietate și fac mult mai des gesturi de conciliere (gesturi menite exclusiv să câștige aprobarea celorlalți).

Pe de altă parte, liderii înnăscuți sunt mult mai asertivi decât ceilalți copii. Ei sunt primii care propun efectuarea unei noi activități sau o nouă modalitate de rezolvare a unei probleme. „Discipolii" au idei la fel de bune sau poate chiar mai bune, dar ezită să facă sugestii sau nu le fac deloc. Liderii înnăscuți fac și ei gesturi de conciliere (zâmbesc, dau jucării sau mâncare, fac un compliment), dar o fac cu alt scop. Discipolii folosesc aceste gesturi nonverbale pentru a se face plăcuți; liderii le folosesc pentru a atinge un scop.

Copiii agresivi pot să se bucure de un statut înalt în cadrul unor grupuri, dar nu sunt considerați lideri adevărați. Copiii agresivi domină prin intermediul fricii și al intimidării. Când nu pot obține ceea ce vor înfricoșându-i pe ceilalți copii, rămân fără putere și ajung să fie izolați social.

Mulți dintre copii cred că a fi popular înseamnă a fi cel mai atractiv, cel mai bine îmbrăcat sau cel mai bun sportiv. Însă acestea sunt cele mai superficiale înțelesuri ale acestui cuvânt. Adevărata persoană populară este cea care are multe relații și care este iubită de către cei mai mulți și displăcută de foarte puțini. Acest tip de popularitate apare cel mai frecvent la copiii care se impun prin exemplul pe care-l dau, modelând virtuțile și valorile care formează fundamentul societății noastre.

La cincisprezece ani, Linda era considerată o persoană cu o înfățișare foarte comună. Nu era neatrăgătoare, dar coafura și hainele pe care le purta nu erau neapărat strălucitoare și nu părea să fie interesată de machiaj sau de alte aspecte ale modei. Potrivit standardelor convenționale, Linda nu era „populară", dar o plăceau cu toții. An după an, Linda era votată ca șefa școlii și era considerată liderul grupului bisericesc și al comunității din care făcea parte. Gândea liber, având standarde și valori clare. Orice acțiune întreprinsă de ea reflecta faptul că în sinea ei știa să facă diferența între ce este bine și ce este rău.

Linda a absolvit liceul cu brio și a mers la facultate să învețe cum să devină soră medicală. Ajunsă acum la treizeci de ani, cu propriii ei copii, Linda este sora-șefă a secției de pediatrie a unuia dintre spitalele mari ale orașului. Este încă activă în cadrul comunității sale și al programelor care se desfășoară la școala copiilor ei, iar nenumărații ei prieteni o admiră pentru felul în care reușește să facă foarte bine atât de multe lucruri.

A avea copii populari este, ce-i drept, satisfăcător, însă ceea ce contează cu adevărat este să știți să implementați copilului vostru calitățile de lider care îi vor aduce succesul intelectual, afectiv și social, în timp ce crește. Aceste calități nu numai că vor contribui la stima de sine, dar îl vor face mai puțin susceptibil la presiunea colegilor și la adoptarea comportamentelor de risc, cum ar fi consumul de alcool sau de droguri.

Deși există multe trăsături de caracter ce contribuie la construirea unui lider (cum ar fi dorința de a obține perfecțiunea, respectul celorlalți și capacitatea de a persevera în fața frustrărilor), acum ne vom concentra doar asupra unor comportamente care definesc noțiunea de „lider" la copii și adolescenți și asupra modului în care acestea pot fi învățate. Copilul vostru nu trebuie, desigur, să învețe toate aceste aptitudini. Unele pot fi mai dificile decât altele în cazul copilului vostru. Dar și o mică îmbunătățire a abilităților sale de „leadership" poate aduce o contribuție la dezvoltarea socială și afectivă a copilului vostru.

Învățați-vă copilul să inițieze programe și activități

Copiii vin cu idei noi, mai cu seamă atunci când sunt interesați de un subiect sau de o activitate anume. De aceea este important să vă ajutați copilul să dezvolte o pasiune pentru cel puțin un lucru care-l interesează. De exemplu, pe Zach îl interesa geografia de când avea trei ani. Pe la cinci ani, îi uimea pe părinții prietenilor lui, știind să numească fiecare dintre capitalele celor cincizeci de state ale Americii.

Nu este de mirare faptul că cei mai mulți dintre semenii lui Zach nu-i împărtășeau atracția pentru hărți sau interesul acestuia pentru efectul climei asupra agriculturii mondiale, dar părinții lui l-au încurajat oricum. Îl duceau la muzee și la prelegeri și-și plănuiau vacanțele în așa fel încât acestea să includă vizitarea unor situri istorice, plimbări în natură și chiar săpături arheologice. Cel puțin de două ori pe lună, Zach plănuia pentru întreaga familie o excursie pe teren. Acordau o zi întreagă și un buget de cincizeci de dolari pentru o activitate aleasă de Zach.

Pe la unsprezece ani, arheologia a devenit pasiunea principală a lui Zach, părinții lui descoperind o tabără de mici arheologi în care acesta să meargă pe perioada verii. Acolo, capacitatea lui de lider s-a canalizat pe ceva concret. Încrederea în cunoștințele acumulate și încurajate de părinții săi i-au adus titlul de „arheolog al anului".

Învățați-vă copilul cum să refuze

Pe la mijlocul anilor '80, când educația despre droguri a devenit o prioritate, cel mai cunoscut slogan pentru a motiva copiii să evite experimentarea drogurilor era „Pur și simplu, spune NU". Îmi aduc aminte de vremea când presupuneam cu naivitate că este ușor pentru copii să facă acest lucru.

Dacă vă veți uita înapoi, la propria copilărie sau la anii de adolescență, vă veți aduce aminte că este greu să faci față presiunilor celor de aceeași vârstă cu tine. Acest lucru este adevărat mai cu seamă în cazul copiilor care sunt predispuși în mod natural la a „se înclina după cum bate vântul" și care încearcă să obțină aprobarea celorlalți. Singura cale pe care o cunosc pentru a-i proteja pe copii și adolescenți în fața presiunii colegilor lor care-i pot îndemna să participe la comportamente riscante și nepotrivite este de a-i pune să exerseze cum să reacționeze în astfel de situații. Adesea, este de ajutor să le dați copiilor sau adolescenților un scenariu pe care să-l folosească atunci când joacă o scenă asemănătoare uneia reale, pe care o pot experimenta împreună cu colegii lor.

Am încercat această tehnică cu Carrie, o fată de șaptesprezece ani, care mi-a fost recomandată deoarece părinții ei erau îngrijorați că felul ușuratic în care se purta și slabul ei autocontrol o vor face să intre în bucluc. Carrie fusese diagnosticată cu ADHD pe când avea șapte ani. Zece ani mai târziu, nu mai era atât de activă sau neatentă ca atunci când era mică, dar, ca mulți adolescenți cu ADHD, nu prea avea discernământ și nici abilități prea bune de socializare. Unei fete drăguțe precum Carrie îi era greu să reziste atenției pe care i-o dădeau băieții care voiau să o ducă în dormitor sau la vreun motel.

Pentru a o face pe Carrie să exerseze cum să facă față situațiilor pe care le trăia, am cerut ajutorul unui consilier voluntar, elev al liceului lui Carrie. Nate, în vârstă tot de șaptesprezece ani, fusese instruit să-i ajute pe ceilalți elevi într-o multitudine de probleme, inclusiv în consilierea acelora care se implicau în comportamente riscante. Programele cu consilierii-elevi sunt considerate „tratamente opționale" pentru mulți dintre adolescenții care nu vor să vorbească cu adulții despre problemele lor personale. Le-am sugerat lui Nate și lui Carrie să scrie împreună un scenariu în care el să joace rolul unui băiat seducător, iar ea pe al ei însăşi. Le-am sugerat ca scena să fie compusă dintr-un singur act şi am subliniat ca acesta să includă diferite moduri prin care Carrie să facă faţă cu succes unui astfel de băiat. Le-am cerut să înregistreze video în timp ce joacă piesa, aşa încât să o putem vedea ulterior cu toţii.

A o pune pe Carrie să se vadă cum acţionează a constituit o parte importantă a educaţiei ei. Cea mai rapidă cale pe care o cunosc în a schimba un comportament este de a te vedea executând o nouă îndemânare, chiar dacă asta înseamnă să serveşti o minge la tenis sau să exersezi o nouă aptitudine socială.

O altă tehnică importantă pe care am folosit-o a fost cea de a o pune pe Carrie să fie atentă la noua manieră de a refuza. I-am cerut să ţină un jurnal zilnic al gândurilor şi sentimentelor ei şi să noteze când simte că foloseşte în mod corespunzător noile cunoştinţe acumulate. Îi citea lui Nate din acest jurnal în fiecare săptămână.

Câteva luni mai târziu, Carrie m-a anunţat că este o „femeie nouă" şi că băieţii insistenţi nu mai constituiau o problemă pentru ea. Deşi ştiam că vor mai apărea în viitor probleme asemănătoare date de presiunea colegilor, aşa cum se întâmplă în cazul celor mai mulţi tineri, am simţit că noua sa abilitate socială poate constitui baza luării unor decizii mult mai responsabile.

Încercaţi şi voi

Scenariul de aptitudini sociale

Dacă sunteţi îngrijorat de faptul că copilul vostru este influenţat de presiunea colegilor săi, scrieţi împreună cu el un Scenariu de aptitudini sociale, pentru a exersa un comportament mai asertiv. Scenariul nu trebuie să fie mare şi e bine să fie destul de realist.

Spuneți-i copilului că nu este vorba despre el, ci despre cineva ca el, care are probleme similare cu colegii săi. Înregistrați video piesa și apoi urmăriți-o împreună. Inversați rolurile și vedeți cum arată pe video. Spuneți-i copilului că presiunea colegilor săi nu este numai o problemă a copiilor sau adolescenților, ci reprezintă o îngrijorare care persistă toată viața, și în cazul multor adulți. Totuși, dacă învățați și exersați noi aptitudini sociale, puteți deveni genul de persoană care ia decizii pe baza credințelor și valorilor sale, și nu a dorinței de a le face plăcere celorlalți.

De ținut minte

Mulți dintre părinți simt că odraslele lor își țin secretă viața socială. De multe ori, au dreptate. Îmi aduc aminte clar când le duceam cu mașina pe Jessica, fiica mea cea mare, și pe Megan, prietena ei, la film, pe când aveau șapte ani, și încercam să trag cu urechea la ce șușoteau între ele.

— Despre ce vorbiți voi? le-am întrebat într-un final.

— Ei, discuții între fete, mi-a răspuns Megan indiferentă, ceea ce reprezenta modul ei diplomatic de a spune „nu te privește".

— Ei bine, a vorbi în șoaptă când este și altcineva de față nu este tocmai politicos, i-am răspuns eu. Poate că există ceva despre care putem vorbi cu toții. Și asta am și făcut.

Este important să respectați intimitatea copilului vostru. Este clar că există și unele lucruri pe care vor să le vorbească doar cu prietenii lor. Dar este important și să-l învățați cum să se poarte și să nu credeți că rolul vostru în a-l ajuta să se dezvolte social este mai puțin important decât în celelalte aspecte ale maturizării sale. Cea mai mare parte din timp, puteți să-l învățați să fie conştient de importanţa relaţiilor sociale stând de vorbă cu el, indicându-i valorile morale şi discutând despre importanţa de a-şi face prieteni şi de a fi parte integrantă a comunităţii. Totuşi, unii copii au nevoie de o educaţie specială a acestor aptitudini sociale. Aveţi grijă ca şi copilul vostru să capete o astfel de educaţie dacă este nevoie, dacă nu de la voi, atunci din partea unui alt adult. Dacă sunteţi foarte îngrijorat de lipsa de experienţă socială a copilului vostru, atunci puteţi consulta un consilier. Nu-l lăsaţi pe copilul vostru să se izoleze, să stea singur în casă. Nu-l lăsaţi să ajungă să fie respins social. Există multe căi eficiente de a-i ajuta pe copii să înveţe cum să-şi facă prieteni. Vă rog, nu ţineţi secret acest lucru faţă de ei.

Importanța educației emoționale

C ei mai mulți dintre părinți acceptă rapid rolul pe care-l au în ajutorarea copiilor lor în ceea ce privește educația tradițională. Aceștia îi încurajează pe copii să citească de mici, le verifică temele pentru acasă și-i îndrumă în alegerea cursurilor pe care să le urmeze și care să-i ajute în cariera pe care și-au ales-o. Dar copiii de astăzi au nevoie de mai mult de la părinții lor. Ei au nevoie ca aceștia să aibă un rol activ în educația lor afectivă.

Ajutorarea copiilor în dezvoltarea lor emoțională nu a constituit o aptitudine parentală necesară pentru generațiile anterioare. S-a presupus că micuții vor trece prin stadiile obișnuite ale dezvoltării emoționale și sociale fără o îndrumare deosebită din partea părinților lor. S-a presupus că ei vor învăța singuri despre sentimentele pe care le au față de ei și față de ceilalți și că vor acționa conform valorilor convenționale. Acesta era cursul firesc al lucrurilor.

Dar pentru copii, acest curs s-a modificat. Astăzi există influențe asupra dezvoltării emoționale și sociale a copiilor, pe care nimeni nu le-ar fi anticipat nici măcar în urmă cu zece ani, iar părinţii trebuie să se schimbe odată cu evenimentele. Divorţul afectează 40% dintre copii. Creşterea vieţii sedentare şi modificările alimentaţiei familiei au făcut ca obezitatea în copilărie să se extindă. În ziua de azi, copiii sunt diagnosticaţi aproape de două ori mai mult cu depresie decât în urmă cu douăzeci de ani, având simptome la vârste mult mai mici. În ciuda celor zece ani de programe de prevenire a consumului de droguri, abuzul de droguri şi de alcool este prezent în fiecare şcoală gimnazială şi liceu din Statele Unite şi nu există semne de diminuare a acestei probleme. Un număr incredibil de mare de copii este diagnosticat cu probleme comportamentale, cum ar fi ADHD, iar un număr tot atât de mare de tineri se tratează pentru consumul de droguri. Părinţii trebuie să fie mai atenţi la ce li se întâmplă copiilor lor.

Cu siguranţă că mass-media poartă o parte din vina creşterii problemelor afective ale copiilor. James Steyer, apărător al cauzelor copiilor, vorbeşte în cartea sa *The Other Parent: The Inside Story of the Media's Effect on Our Children* (*Celălalt părinte: povestea lăuntrică a efectului mass-mediei asupra copiilor noştri*) despre îngrozitoarea expunere a copiilor din ziua de astăzi la sex şi violenţă. Un studiu efectuat în 2001 a scos la iveală faptul că copiii normali din Statele Unite, care se uită la televizor aproape douăzeci de ore pe săptămână, sunt expuşi la mai mult de 14 000 de aluzii sexuale pe an. Un alt studiu a estimat că, în momentul în care copiii americani intră la gimnaziu, aceştia au văzut deja opt mii de crime şi o sută de mii de acte de violenţă numai la televizor. Niciunul dintre aceste studii nu a inclus influenţa jocurilor video, a filmelor sau a muzicii.

În mod evident, părinții pot limita factorii de risc care pot afecta atât de drastic dezvoltarea emoțională a copiilor lor. Aproape fiecare carte pentru părinți vă sfătuiește să reveniți la elementele de bază: să supravegheați dieta copilului, să nu-l răsfățați, să vă asigurați că doarme suficient și face exerciții fizice și să-i reduceți cât de mult posibil orele de televizor și jocurile video. Dar luând în considerare modificările culturii noastre din ultimii douăzeci de ani, consider că părinții trebuie să facă încă un pas în plus. Trebuie să fie proactivi în modelarea vieții emoționale a copiilor lor, așa cum sunt proactivi și în îndrumarea lor intelectuală.

Așa cum ați descoperit și în această carte, există multe moduri de a susține creșterea emoțională a copilului vostru — prin intermediul jocului, al artei, al poveștilor și prin sporirea conștientizării voastre în ceea ce privește comunicarea nonverbală și a dezvoltării sociale a copilului. Sper că veți găsi timp în orarul vostru pentru a încerca aceste tehnici. Creșterea problemelor emoționale și comportamentale ale copiilor nu ar mai trebui să fie un secret, și nici faptul că părinții pot juca un rol important în ajutarea copiilor de a-și rezolva aceste probleme. Voi fi încântat dacă oricare dintre gândurile sau ideile din această carte v-au ajutat să creșteți un copil fericit, sănătos și de succes.

Ghid succint al activităților

Pentru bebeluși

480   Lawrence E. Shapiro

Jocul

Povestiri și vise

- **Lista de evaluare a poveștilor:** Indicații pentru părinți
  pentru a lua în considerare modul în care poveștile
  influențează viața zilnică a copiilor lor 221
- **Cum să scrieți povești motivaționale pentru copiii
  voștri:** Cum să scrieți pentru copiii voștri povești de
  rezolvare a problemelor 269
- **Povestea vieții familiei voastre:** Alcătuirea unui
  jurnal în care să fie notate toate etapele importante
  ale familiei................................ 271

Arta
- **Lecția de artă:** O tehnică prin care se clădește
  încrederea în sine a copiilor care-i ajută pe copiii
  mai mici să creeze 314
- **Cartea pentru calmare:** Copiii alcătuiesc o carte cu
  imagini liniștitoare care să-i ajute atunci când sunt
  supărați sau neliniștiți...................... 334
- **Desenul cooperativ al familiei:** Membrii familiei
  desenează fiecare o parte a unui desen, scoțând la
  iveală rolul fiecăruia în cadrul familiei. 332
- **Colorați-vă ziua:** Îi ajută pe copii să-și exprime
  și să înțeleagă sentimentele, folosind culori cu care
  să reprezinte diferitele sentimente pe care le
  trăiesc...................................... 328
- **Desenați o dorință:** O tehnică artistică prin care
  copiii sunt ajutați să-și folosească imaginația pentru
  a-și împlini dorințele 289
- **Desenează o altă planetă:** Copilul face un desen
  și spune o poveste despre personajele unei alte
  planete. Această tehnică ajută la scoaterea la
  iveală a diferitelor aspecte ale personalității unui
  copil 297
- **Muzeul familiei:** Copiii desenează o cameră
  dintr-un muzeu, arătând trei lucruri care sunt
  importante în familiile lor. Acest lucru scoate

Referințe

Barkley, Russel. *Taking Charge of ADHD*. New York: Guilford Press, 2000.

Bennet, William J. *Book of Virtues*. New York: Simon & Schuster, 1995.

Bodiford McNeil, Cheryl și Eyeberg, Sheila M. *Short-Term Play Therapy for Disruptive Children*. Plainview, NY: Childswork/Childsplay, 1996.

Cohen, Cathi. *Raise Your Child's Social IQ: Stepping Stones to People Skills for Kids*. Silver Spring, MD: Advantage Books, 2000.

Devine, Monica. *Baby Talk: The Art of Communicating with Infants and Toddlers*. New York: Insight Books, 1991.

Duke, Marshal P., Stephen Nowicki și Elisabeth A. Martin. *Teaching Your Child the Language of Social Success*. Atlanta, GA: Peachtree Publishing, 1996.

Elmore, Tim. *Nurturing the Leader Within Your Child: What Every Parent Needs to Know*. Nashville, TN: Nelson Publishers, 2001.

Franzini, Louis R. *Kids Who Laugh: How to Develop Your Child's Sense of Humour*. Garden City Park, NY: Square One Publishers, 2002.

Freedman, Judy S. *Easing the Teasing: Helping Your Child Cope With Name-Calling, Ridicule and Verbal Bullying*. New York, NY: Contemporary Books, 2002.

Garcia, Joseph. *Sign with Your Baby*. Seattle, WA: Northlight Communications, 1999.

Gardner, Richard A., *Dr. Gardner's Stories About the Real World, v. 2*, Cresskill, NJ: Creative Therapeutics, 1983.

——. *The Boys and Girls Book About Divorce*. New York: Bantam Ypung Readers, 1985.

Goleman, Daniel, *Inteligența emoțională*, București: Curtea Veche, 2001.

Gross, Ruth Belov. *You Don't Need Words: A Book about Ways People Talk without Words*. New York: Scholastic Inc., 1991.

Hogg, Tracey. *Secrets of Baby Whisperer: How to Calm, Connect, and Communicate with Your Baby*. New York: Ballantine Publishing, 2001.

Kincher, Jonni. *Dreams Can Help: A Journal Guide to Understanding Your Dreams and Making Them Work for You*. Minneapolis, MN: Free Spirit Press, 1988.

Jones, Sandy. *Crying Baby, Sleepless Nights: Why Your Baby Is Crying and What You Can Do about It*. Boston, MA: The Harvard Common Press, 1992.

Laborde, Genie Z. *Influencing with Integrity: Management Skills for Communication & Negotiation*. Palo Alto, CA: Syntony Publishing, 1983.

Levick, Myra. *See What I'm Saying: What Children Tell Us Through Their Art*. Dubuque, IA: 1998.

Lewis, David. *The Body Language of Children: How Children Talk before They Can Speak*. Londra: Souvenir Press, 1978.

——. *How to Get Your Message Across: A Practical Guide to Power Communication*. Londra: Souvenir Press, 1996.

Lieberman, David J. *Get Anyone to Do Anything and Never Feel Powerless Again: Psychological Secrets to Predict, Control and Influence Every Situation*. New York: St. Martin's Press, 2000.

——. *Never Be Lied to Again*. New York: St. Martin's Press, 2000.

Malachiodi, Cathy A. *The Art Therapy Sourcebook*. Lincolnwood, IL: Contemporary Books, 1998.

Marano, Hara Estroff. *"Why Doesn't Anybody Like Me?" A Guide to Raising Socially Confident Kids*. New York: Quill, 1998.

Masi, Wendy S. și Roni Cohen Liederman (eds.). *Baby Play.* San Francisco, CA: Creative Works Publishing International, 2001.

Medhus, Elisa. *Raising Children Who Think for Themselves.* Hillsboro, OR: Beyond Words Publishing, 2001.

Nowicki, Stephen Jr. și Marshall P. Duke. *Helping the Child Who Doesn't Fit In.* Atlanta, GA: Peachtree Publishers, 1992.

Oppenheim, Joanne. *Kids and Play.* New York: Ballantine Books, 1984.

Orlick, Terry. *The Second Cooperative Sports & Games Book.* New York, NY: Pantheon Books, 1982.

Ozonoff, Sally, Garaldine Dawson și James McPartland. *A Parent's Guide to Asperger Syndrome & High-Functioning Autism.* New York: The Guilford Press, 2002.

Phelan, Thomas W. *1-2-3 Magic: Effective Discipline for Children 2-12.* Glen Ellyn, IL: Child Management, 1995.

Sammon, William A.H. *The Self-Calmed Baby.* New York: St. Martin's Press, 1991.

Seligman, Martin E.P. *The Optimistic Child.* New York, NY: Harper, Perennial, 1995.

———. *Fericirea autentică. Ghid practic de psihologie pozitivă,* București: Humanitas, 2007.

Shapiro, Lawrence E. *How to Raise a Child with a High EQ: A Parents' Guide to Emotional Intelligence.* New York: HarperPerennial, 1997.

———. *An Ounce of Prevention: How Parents Can Stop Childhood Behavioral and Emotional Problems Before They Start.* New York: HarperCollins, 2000.

———. *The Very Angry Day that Amy Didn't Have.* Plainview, NY: Childswork/Childsplay, 1997.

Shure, Myrna B. *Raising a Thinking Child: Help Your Young Child to Resolve Everyday Conflicts and Get Along With Others: The "I Can Problem Solve" Program.* New York: Pocket Books, 1996.

Silberg, Jackie. *Games to Play with Toddlers.* Beltsville, Md.: Gyphon House, 1993.

Steyer, James P. *The Other Parent: The Inside Story of the Media's Effect on Our Children*. San Francisco, CA: Atria Press, 2002.

Thompson, Michael și Catherine Grace. *Best Friends, Worst Enemies: Understanding the Social Lives of Children*. New York: Ballantine Books, 2001.

Webb, Nancy Boyd (ed.). *Play Therapy with Children in Crisis*. New York: Guilford Press, 1991.

Weston, Denise Chapman și Mark Weston. *Playful Parenting: Turning the Dilemma of Disciplining into Fun and Games*. New York: Tarcher/Putnam, 1993.

White, Michael și David Epston. *Narrative Means to Therapeutic Ends*. New York, NY: W.W. Norton & Co., 1990.

Zinna, Kelly A. *After Columbine: A Schoolplace Violence Prevention Manual... Written by an Expert Who Was There*. Silverthorne, CO: Spectra Publishing, 1999.

Semnele
trupului la copil

PP

PSIHOLOGIE
PRACTICĂ

Un ghid despre sănătatea, din cap
până în picioare, a copilului dumneavoastră,
la naștere și în primii ani de viață

JOAN LIEBMANN-SMITH
JACQUELINE NARDI EGAN

TREI

Semnele trupului la copil
Un ghid despre sănătatea, din cap până în picioare, a copilului dumneavoastră, la naștere și în primii ani de viață

Titlul original: Baby Body Signs
Autori: Joan Liebmann-Smith, Jacqueline Nardi Egan
Limba originală: engleză
Traducere de: Marilena Dumitrescu

Cum aflăm ce-l doare pe copilul care încă nu știe să vorbească? De unde știm dacă bășicuțele de pe piele, buricul bombat, respirația greoaie, capul țuguiat sau căscatul excesiv trebuie să ne îngrijoreze sau sunt doar niște manifestări trecătoare? După succesul cărții *Semnele trupului. Cum să afli de ce suferi fără să mergi la medic*, autoarele propun o completare absolut necesară, de vreme ce tipurile de afecțiuni diferă semnificativ de la copiii mici la adulți.

Joan Liebmann-Smith este sociolog specializat în probleme medicale și autor de lucrări medicale, cu o activitate recompensată prin mai multe premii. Articolele pe care le-a semnat au fost publicate în American Health, Ms., Newsweek, Redbook, Self și Vogue.

Jacqueline Nardi Egan este jurnalistă specializată în domeniul medical și s-a implicat în dezvoltarea și redactarea unor programe educative pentru medici, pacienți și consumatori.

Psihologie practică

Cel mai bine este
să începeți devreme,
deși niciodată nu
este prea târziu

LINDA & RICHARD EYRE

Cum să le vorbim copiilor
despre sexualitate

Un ghid de urmat pas cu pas, la orice vârstă

TRei

Cum să le vorbim copiilor despre sexualitate.
Un ghid de urmat pas cu pas, la orice vârstă

Titlul original: How to talk to your child about sex
Autor: Linda Eyre, Richard Eyre
Limba originală: engleză
Traducere și note de: Marilena Dumitrescu

Dificultatea și jena de a le vorbi copiilor despre sex au devenit aproape un clișeu cultural: părintele nervos, îmbujorat își găsește cu greu cuvintele corecte pentru a le folosi în fața fiului sau a fiicei care chicotește spunând: „Nu-ți face probleme, mamă (sau tată). Deja știu totul despre sex!" „Copiii americani trăiesc din plin o revoluție sexuală care îi lasă pe părinți perplecși și îi face neputincioși." (*Time*) În România, dificultățile sunt și mai mari, după 50 de ani de reprimare a sexualității în comunism. Autorii, specializați în probleme de educație și familie, propun cititorului mai multe modele de dialog ale părinților cu copiii lor, în funcție de vârstă, ceea ce le permite și unora, și altora să depășească inhibițiile de comunicare pe tema delicată a sexualității.

Linda și **Richard Eyre** sunt autorii unor cărți de mare succes dedicate educației copiilor, cum ar fi: *Să-i învățăm pe copii adevă ratele valori* (*Teaching Your Children Values*), aflată pe primul loc în lista de bestselleruri alcătuită de *The New York Times*.

Printed by

Tel.: 0733 100 645
E-mail: office_trendcom@yahoo.com